DELIUS KLASING

SEGELN

Das Handbuch
für Einsteiger und Könner

Delius Klasing Verlag

Titel der englischen Originalausgabe: »The Sailing Handbook – A Complete Guide for Beginners«
Entwickelt, herausgegeben und gestaltet von Marshall Editions, London.

Bibliografische Information der Deutschen Nationalbibliothek
Die Deutsche Nationalbibliothek verzeichnet diese Publikation in der Deutschen Nationalbibliografie; detaillierte bibliografische Daten sind im Internet über http://dnb.dnb.de abrufbar.

3. Auflage
ISBN 978-3-7688-2531-3
Die Rechte für die deutsche Ausgabe liegen beim Verlag Delius, Klasing & Co. KG, Bielefeld

Übersetzer sowie Autor der Seiten 140–153: Christian Corssen
Herausgeber: Claudia Martin, Johanna Geary
Layout: Ivo Marloh, Hart McLeod
Satz: H&P Verlag und Marketing GmbH
Umschlaggestaltung: Gabriele Engel
Printed in China 2014

Delius Klasing Verlag, Siekerwall 21, D - 33602 Bielefeld
Tel.: 0521/559-0, Fax: 0521/559-115
E-Mail: info@delius-klasing.de
www.delius-klasing.de

Autoren einzelner Fachgebiete

Halsey Herreshoff. Der Mitherausgeber ist ein weltweit bekannter Yachtkonstrukteur. Der Enkel des großen amerikanischen Yachtbauers Nat Herreshoff ist Präsident des »Herreshoff Naval Museum«. Er hat wegen seiner Erfahrungen, die er als Fahrten- und Regattasegler gemacht hat, bei mehreren Büchern über das Lotsenwesen und die Navigation mitgewirkt. Er war der Navigator der COURAGEOUS, die 1974 den America's Cup gewonnen hat.

Matthew Sheahan ist Fachredakteur des Segelmagazins »Yachting World« und hat Hunderte bekannter Segelyachten getestet und über sie geschrieben. Schon als Kind begann er mit dem Yachtsegeln, und er studierte Yachtkonstruktion, bevor er für »Proctor Masts« arbeitete und einen Bestseller über Riggs und Riggen schrieb (deutscher Titel »Das Rigg«, inzwischen vergriffen). Er war Vorstandsmitglied des Royal Ocean Racing Club und hat dort im Technischen Komitee und im Komitee für besondere Regelungen mitgewirkt.

Mike Richey MBE war der Direktor von »London's Royal Institute of Navigation« und Gründer von dessen Magazin »Journal of Navigation«. 1979 erhielt er für seine hervorragenden Dienste für die Navigationswissenschaft die Goldmedaille dieses Instituts, 1986 erhielt er die Medaille für Seemannschaft des Royal Cruising Club. In den letzten 40 Jahren hat er an vielen Ozeanregatten und mehrfach an Einhand-Transatlantikrennen teilgenommen.

Ian Dear war bei den »Royal Marines«, bevor er Bücher veröffentlichte. Er ist seit 1979 Autor auf dem Gebiet der Seefahrtsgeschichte, besonders der des Yachtsports. Zu seinen Büchern gehören: »Enterprise to Endeavour: *The J-Class Yachts«, »The Royal Yachtsqadron: 1815–1985«, »The Champagne Mumm Book of Ocean Racing«, »The Great Year of Yachting«* und *»The Royal Ocean Racing Club: The First 75 Years«.*

Zu Verbesserungen und Erweiterungen hat Mike Senior beigetragen.

Inhalt

Einführung

Die Pioniere

Der Begriff »Yacht« stammt von dem niederländischen Wort *Yaght* oder *Joghte* ab und bezeichnet ein schnelles, leichtes Kriegs-, Handels- oder Vergnügungsschiff. In England war 1660 die erste Yacht ein Geschenk der Niederländer an König Charles II. Das Segeln als Sportart begann jedoch erst mit der Gründung von Segelclubs. Der erste Segelverein der Welt war der »Water Club of Cork Harbour«, der heute »Royal Cork Yacht Club« heißt. Ihn gibt es seit 1720, zu Anfang übten die Mitglieder lediglich Segelmanöver. Spätere Clubs, wie die um 1775 gegründete »Cumberland Sailing Society«, heute der »Royal Thames Yacht Club«, und der seit 1815 bestehende »Yacht Club«, heute die »Royal Yacht Squadron«, organisierten Regatten – ein venezianischer Begriff, der um diese Zeit eingeführt wurde – auf der Themse und auf dem Solent. 1844 wurde in Amerika der »New York Yacht Club« gegründet, und Yachtwettfahrten wurden enorm populär, als 1851 der Comodore dieses Clubs mit seinem Schoner AMERICA britische Yachten in deren Heimatgewässern herausforderte. Der erste deutsche Yacht-Club war der 1855 gegründete »Segel-Club Rhe« in Königsberg (heute Kaliningrad).

Seetörns waren den organisierten Wettfahrten vorausgegangen. Die Gründer des »Yacht Club« gehörten zu den ersten kühnen Fahrtenseglern. 1851 besuchte einer von ihnen mit seiner Yacht St. Petersburg, und ein anderer kreuzte im Mittelmeer. Diese frühen Pioniere ermutigten andere, zunehmend abenteuerliche Reisen zu unternehmen. So segelte z. B. Thomas Brassey mit seinem Dreimastschoner Sunbeam von 1876 bis 1877 um die Welt; er war der Erste, der das mit einer Privatyacht schaffte. Seine Frau Lady Anne Brassey schrieb darüber einen Bestseller. Andere Yachtsegler folgten dem Kielwasser der SUNBEAM; einige von ihnen, die einhand segelten, schrieben über ihre Entdeckungen und ihre Bücher inspirierten spätere Generationen, Männer wie Frauen, die ebenfalls besondere Reisen unternahmen und dabei seemännische Leistungen vollbrachten.

Richard McMullen (1830–1891) widmete sein Leben dem Segeln mit kleinen Yachten vor der britischen Küste. Auch wenn er manchmal von seiner Frau begleitet wurde, war er ein früher Vertreter der Einhandsegler. Er schrieb das klassische Buch »Down Channel« (Auf dem Kanal), in dem er die besonderen Fähigkeiten guter Seemannschaft beschrieb und

Joshua Slocum (1844–1910) war ein amerikanischer Handelsschiffkapitän, dessen Schriften viele begeisterten, die auf See Abenteuer suchten. Im 1894 veröffentlichten Buch »The Voyage of the Liberdade« beschreibt er eine Reise über 8000 km von Brasilien nach New York, die er in einem aus dem Wrack

Claude Worth (1864–1936), von Beruf Augenchirurg, war ein früher Enthusiast des Hochseesegelns in kleinen Yachten. Mit seinen Büchern »Yacht Cruising« (1910) und »Yacht Navigation and Voyaging« (1927) wurde er für dieses Thema zur Autorität. Er tat sehr viel für die Verbreitung dieses Freizeitvergnügens unter seinen Zeitgenossen, von denen einer der amerikanische Segeljournalist William Nutting war, der 1922 den »Cruising Club of America« gründete.

Bill Tilman (1898–1980) war ein britischer Yachtsegler und Entdecker. Mit seinem Kutter MISCHIEF machte er zwischen 1950 und 1960 mehrere außergewöhnliche Reisen, einschließlich einer in die Arktis und die Antarktis. Er schrieb mehrere Bücher, bevor er auf See blieb.

Sir Francis Chichester (1901–1972) gewann 1960 das erste Einhand-Transatlantikrennen. Chichester war auch der Erste, der einhand in 107 Tagen mit der GIPSY MOTH IV (Bild rechts) von Plymouth nach Sydney segelte. Von dort aus segelte er nonstop zurück nach Plymouth, wo er geadelt wurde. Seine Rekordfahrten sowie seine Bücher waren der Zündfunke für eine neue Form des Hochseesegelns.

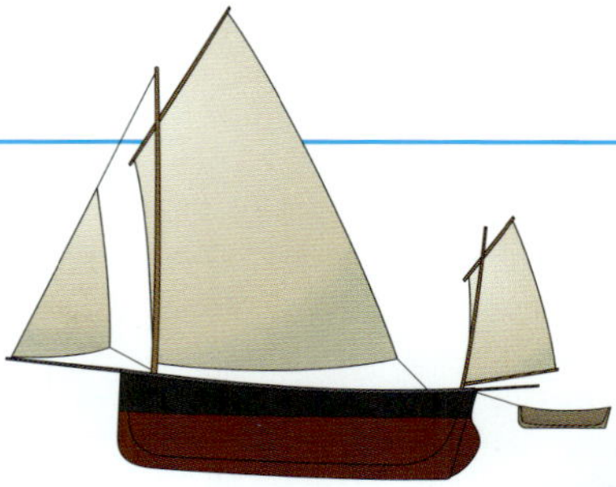

das heute unbestrittene Konzept vertrat, bei Sturm draußen zu bleiben, anstatt das Risiko einzugehen, beim Aufsuchen eines Schutzhafens auf Grund zu laufen.

seines auf Grund gelaufenen Schiffs selbst gebauten Kanu bewältigte. 1895–1898 segelte er als Erster einhand um die Welt. Sein Buch »Allein um die Welt« ist zum Klassiker geworden. Er verschwand spurlos auf einer Reise, die er im November 1909 angetreten hatte.

Joshua Slocum

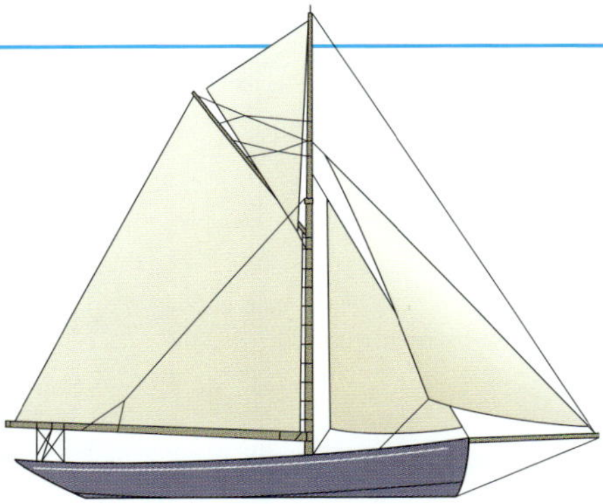

TERN II (links), das 9-m-Boot, mit dem Claude Worth 1912 die französische Küste entlangsegelte, war ein typischer Vertreter seiner Fahrtenboote, die alle TERN hießen.

Die Entwicklung des Segelsports

Die ersten Fahrzeuge, die man Yachten nennen konnte, wurden wie ihre größeren Geschwister in der Handelsschifffahrt gebaut. Es gab davon nur wenige, und 1815, als »The Yacht Club« gegründet wurde, war die Gruppe der Eigner auf eine Handvoll Aristokraten beschränkt. Auch wenn geordnete Regatten auf See erst um 1826 organisiert wurden, wurden oft große Geldsummen in Wettfahrten »Boot gegen Boot« gesetzt. Deshalb war Geschwindigkeit für die ersten Yacht-Freunde von besonderer Bedeutung. Ein Wettbewerber engagierte sogar einen freigelassenen Schmuggler, der dafür bekannt war, dass seine Boote den Zollschiffen davonfuhren, um eine Siegeryacht zu bauen.

Aber der Yachtbau steckte noch in den Kinderschuhen, als der Schoner America 1851 die Elite der »Royal Yacht Squadron« schlug. Erst dann gab es ernsthafte Überlegungen auf britischen Yachten, die wenig effizienten Segel und die plumpen Buge, von denen man annahm, dass sie ein Boot vor dem Kopfübergehen schützen könnten, abzuändern.

Die Form der Yachten änderte sich auch, als eine Methode zur Vermessung eingeführt wurde und ein faires Wettsegeln zwischen verschiedenartigen Yachten möglich machte. Die Vermessungsregeln haben die Yachtkonstruktionen von der Zeit der Königin Victoria bis heute bestimmt, aber es gab auch andere bedeutsame Faktoren. So hat sich z. B. die Leistung der Riggs dramatisch verbessert – der Wechsel vom vierseitigen Gaffelsegel zum dreieckigen Bermudasegel war besonders bedeutsam –, und auch das Material für die Herstellung von Segeln, Rümpfen und Riggs hat vieles verändert.

Jahrzehntelang war Holz das wichtigste Baumaterial, Flachs und Baumwolle dienten zur Herstellung von Segeltuch und Schotwinschen waren unbekannt. Heute wird immer mehr mit Hightechmaterial gearbeitet. Für die mörderischen Ozeanrennen, die den heutigen Regattakalender dominieren, werden Techniken eingesetzt, die sich auch auf die bescheidensten Serienboote auswirken.

1661 Der Chronist John Evelin beschreibt die erste Wettfahrt in England, in der König Charles' II neue Yacht Catherine und Anne, die für seinen Bruder, den Duke of York, gebaut wurde, von Greenwich nach Gravesend und zurück segelten.

1720 wurde der erste Yachtclub, der »Water Club of the Harbour of Cork«, gegründet.

1844 gründeten neun Yachtsegler an Bord des Schoners Gimcrack den »New York Yacht Club«. Sie veranstalteten anschließend bei einer Geschwaderfahrt nach Boston »Geschwindigkeitsversuche« und 1845 die erste Regatta.

1875 baute E. H. Bentall die Yawl Jullanar. An ihr zeigen sich die Fortschritte des Baus schneller Boote nach dem Prinzip großer Länge bei geringer benetzter Fläche.

1876 baute der Amerikaner Nat Herreshoff Amaryllis, den ersten Rennkatamaran.

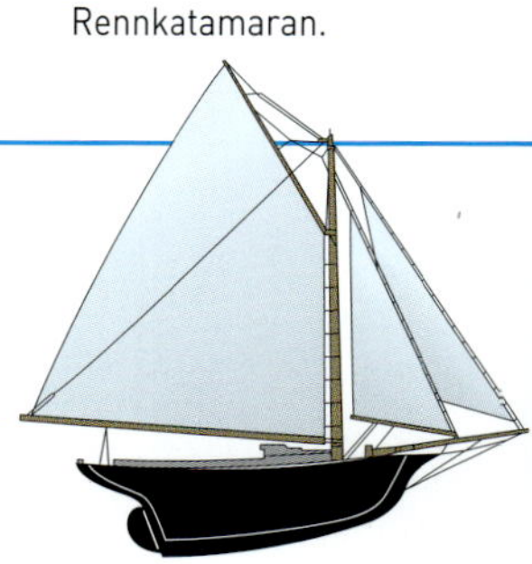

1893 wurde für den Prince of Wales, den späteren König Edward VII., die Britannia, die wohl berühmteste Rennyacht aller Zeiten, von G. L. Watson nach der Längen-und-Segelflächen-Regel gebaut. Sie nahm zwischen 1893 und 1935 an 569 Rennen teil und gewann 231 davon.

1901 wurden für Fischer in Maine, USA, »Freindship Sloops« (oben) gebaut.

1775 wurde der erste Club, der Yachtwettfahrten organisierte, der »Cumberland Sailing Club«, heute »Royal Thames Yacht Club«, gegründet. Seine Mitglieder fahren in kleinen Booten Regatten auf der Themse, später auch auf offener See.

1815 trafen sich 42 Herren im einer Londoner Gaststätte und gründeten »The Yacht Club« für die, die am Seesegeln interessiert waren. Durch königliche Unterstützung angeregt, wurde er 1820 zum »Royal Yacht Club« und 1833 zur »Royal Yacht Squadron«.

1817 war die 191 Tonnen schwere Brigantine Cleopatra's Barge die erste private Yacht, die den Atlantik überquerte. Sie gehörte George Crownshield Jr., der 1801 die erste amerikanische Yacht bauen ließ, die einem seiner Handelsschiffe nachempfunden war.

1826 veranstaltete die »Royal Yacht Squadron« für ihre Mitglieder die erste Seeregatta. Sieben Yachten segelten um einen £100 teuren Goldpokal. Sie wurde ein großer Erfolg, und die Leute aus Cowes stifteten zwei weitere Preise, um die in einer weiteren Regatta im gleichen Jahr gesegelt wurde.

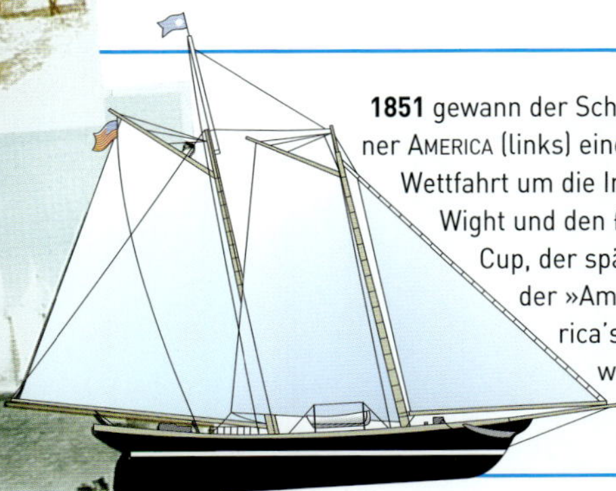

1851 gewann der Schoner America (links) eine Wettfahrt um die Insel Wight und den £100-Cup, der später der »America's Cup« wurde.

1855 wurde die »Thames Tonnage«-Regel eingeführt, mit der die Geschwindigkeiten von Yachten unterschiedlicher Größe ausgeglichen wurden. Sie führte schließlich zu extrem schmalen Yachten mit tiefen Rümpfen.

1875 wurde die »Yacht Racing Association«, heute »Royal Yachting Association« gegründet, die sicherstellt, dass in allen Vereinen ein einheitliches Vermessungssystem und die gleichen Regattaregeln gelten.

1880 wurde der erste Verband für Fahrtensegler, der »Cruising Club«, heute »Royal Cruising Club«, gegründet.

1881 wurde der Kutter Madge nach einem moderaten Entwurf des Schotten G. L. Watson gebaut. Er war stark von amerikanischen Entwürfen beeinflusst und gewann außer einem alle Matchraces gegen amerikanische Yachten.

1882 übernahm der amerikanische »Seawanhaka Yacht Club« eine Version von Dixon Kemps Längen-und-Segelflächen-Regel, die die »Thames Tonnage Rule« ersetzte. Die »Yacht Racing Association« übernahm sie erst 1886.

1891 baute der Yachtarchitekt Nat Herreshoff Gloriana, einen revolutionären Kutter mit großen Überhängen und einem verkürzten Vorfuß, der in einen sehr kleinen Kiel überging. Sie segelte jedem Herausforderer davon.

1906–1907 entstanden die »International Yacht Racing Union«, heute »International Sailing Federation«, und die International Rule. Nach ihr wurden Yachten von 5 bis 23 m gebaut. Seit etwa 1920 haben fast alle Yachten das leistungsstärkere Bermudarigg.

1922 gründete der amerikanische Journalist William Nutting den »Cruising Club of America« nach dem Vorbild des »Royal Cruising Club«. Er hatte 36 Gründungsmitglieder, die 1923 das Bermuda Race wiederbelebten.

1925: Sieben Fahrtenyachten kämpften im ersten Fastnet Race gegeneinander. Gewinner wurde E. G. Martins Jolie Brise, deren Besatzung den »Ocean Racing Club«, heute »Royal Ocean Racing Club«, gründete und Martin zu ihrem Commodore wählte.

1969 gewann Robin Knox-Johnston mit der Suhaili das erste Einhandrennen um die Welt. Dieses Rennen, das von Francis Chichesters Leistungen inspiriert war, gab den Anstoß zu den heutigen Wettbewerben für einhand und von Crews gesegelten Yachten.

Lerne dein Boot kennen

Teile der Yacht

Beim Segeln werden viele besondere Begriffe benutzt. Die gibt es nicht nur für spezielles Zubehör, sondern vor allem auch für Teile des Bootes. Man spricht nicht vom Vorderteil des Bootes, sondern vom Bug, und das hintere Ende wird Heck genannt. Die Richtung zum Bug heißt nach vorn, zum Heck nach achtern. Die normale Fahrtrichtung des Bootes ist voraus und im Rückwärtsgang achteraus. Die rechte Seite des Bootes heißt Steuerbord und die linke Backbord. Die Bootsmitte wird als mittschiffs bezeichnet, und ein Objekt, das sich genau seitlich eines Bootes befindet, liegt querab an Steuerbord oder an Backbord.

Das Boot wird vom Cockpit oder von der Plicht aus gesegelt; das ist eine Vertiefung, meistens achtern im Deck, mit Sitzbänken, die Duchten genannt werden. Dort wird man durch ein Süll, einen niedrigen Rand, ein wenig vor Spritzwasser und Wind geschützt. Oft sitzt man auch auf dem Süll, um bessere Sicht zu haben oder das Gewicht nach außen zu verlagern.

Unter Deck befinden sich eine oder mehrere Kajüten, darin sind Kojen zum Schlafen und Polster zum Sitzen, die oft auch als Kojen dienen. Gekocht wird auf Yachten weniger in einer Kombüse als vielmehr in der Pantry. Auch eine Zwischenwand unter Deck hat einen eigenen Namen, man nennt sie Schott, je nach Einbaurichtung sind es Quer- oder Längsschotten.

Die wichtigsten Unterscheidungsmerkmale eines Segelbootes unter Wasser sind der Kiel und das Ruder. Bei traditionellen Booten ist der Kiel ein integrierter Teil des Rumpfes, der über die ganze Länge des Bootes verläuft und an den das Ruder angehängt ist. Diese Form gibt einem Boot gute Stabilität, macht es aber weniger beweglich. Ein schmaler, tief reichender Flossenkiel unter dem Boot bringt dessen Schwerpunkt nach unten. Die Kielflosse macht das Boot sehr leicht steuerbar und beweglich, das aber auf Kosten der Stabilität in rauer See. Eine moderate Flosse mit einem Ruder an einem separaten Skeg ist ein guter Kompromiss. Einige Bootstypen haben einzieh-

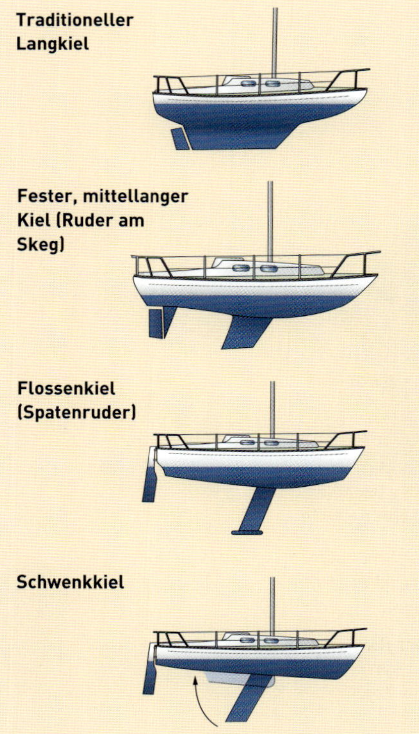

Manche Kiele können von Hand eingezogen werden, andere haben dazu mechanische Vorrichtungen. Rennyachten können computergesteuerte Flügel an den Kielflossen haben.

Takelungsarten
Eine Slup kann besonders gut nach Luv segeln. Ketsch-, Kutter- und Schonertakelungen ermöglichen weiter gefächerte Segelkombinationen, um sich nach dem Seegang und dem Wind richten zu können.

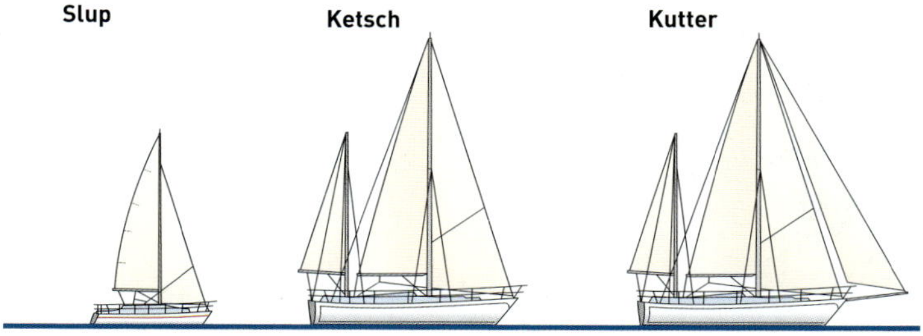

bare Flossenkiele, damit können sie in sehr flachem Wasser fahren. Der Kiel wird entweder in einem Schacht senkrecht nach oben gefahren (Hubkiel) oder um einen Bolzen nach oben geschwenkt (Schwenkkiel). Wenn der Kiel vollständig im Boot verschwindet, kann es bei Ebbe stabil und eben trockenfallen.

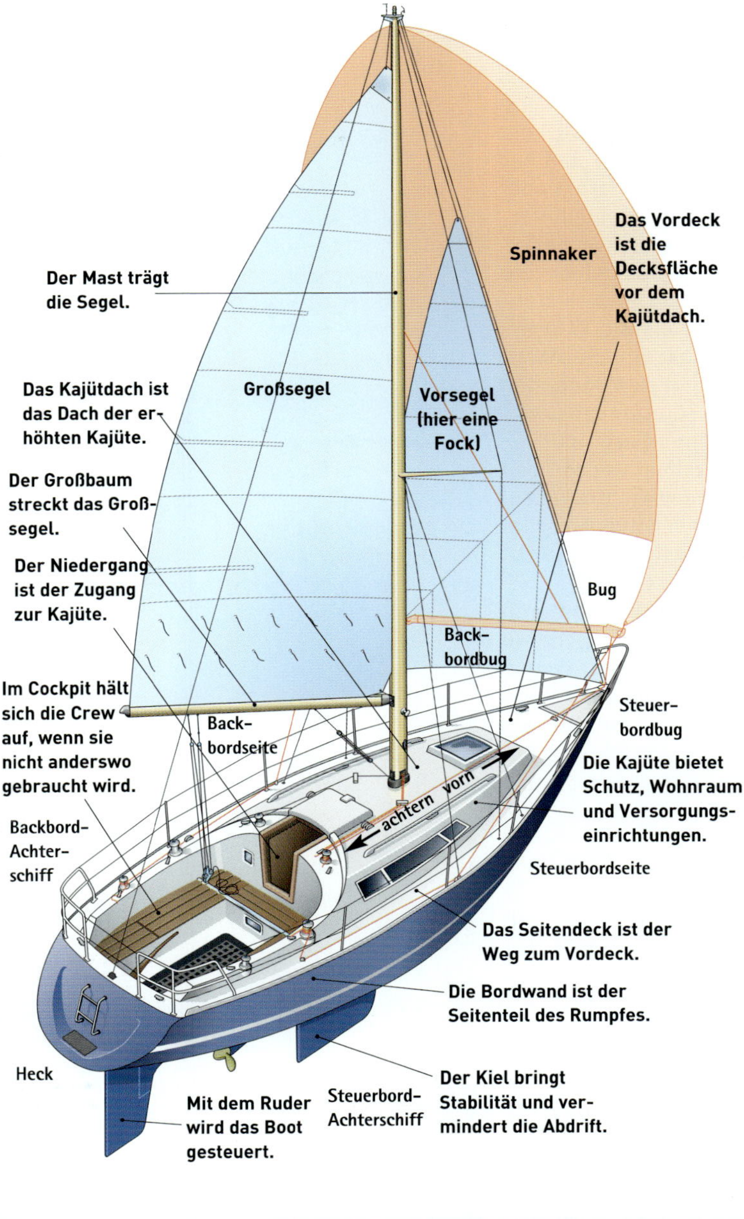

Eine Slup mit **Bermudarigg** (unten) hat zwei dreieckige Segel. Das **Großsegel** ist mit seinem ganzen Vorliek (Vorderkante) am Mast befestigt. Das Unterliek dieses Segels wird normalerweise an einem Großbaum angeschlagen (befestigt), der mit einem Gelenk am Mast angebracht ist. Der Luftstrom, der über ein Segel streicht, gibt ihm die Form einer Tragfläche und bewirkt einen Vortrieb so, wie die Tragfläche eines Flugzeugs Auftrieb erzeugt. Das Großsegel kann durch Reffen verkleinert werden. Das Achterliek (hintere Kante) des Großsegels ist meistens ausgebuchtet, um seine Gesamtfläche größer zu machen, und Segellatten sorgen dafür, dass es gut steht.

Das **Vorsegel** ist mit seinem ganzen Vorliek am Vorstag befestigt. Zwei Schoten (Leinen zum Einstellen) sind am Schothorn (freie Ecke des Segels) angeknotet und laufen von dort beiderseits des Bootes nach achtern. Es gibt unterschiedlich große Vorsegel. Das größte ist die **Genua**. Weitere Segel sind der Größe nach die Fock I, Fock II und die Sturmfock. Auf Fahrtenyachten werden gern Rolleinrichtungen für die Vorsegel benutzt, mit denen die Segelgröße nach den herrschenden Bedingungen eingestellt werden kann.

Ein anderes Vorsegel ist der **Spinnaker**, der vor dem Wind benutzt werden kann. Das Segel ist symmetrisch geschnitten, und der Kopf (obere Ecke) wird am Masttopp (Spitze) gesetzt, beide Seiten fliegen frei.

Aufbau eines Bootes

Von allen Fahrzeugen, die die Menschen erdacht haben, um von einem Ort zum anderen zu kommen, ist das Boot wohl das faszinierendste. Alle Menschen, vom Teenager bis zum erfahrenen Blauwassersegler, kennen das befriedigende Gefühl, beim Segeln etwas Besonderes zu leisten.

Jeder kann dieses Gespür fürs Boot in der Praxis und in der Theorie entwickeln. An einer modernen 9-m-Fahrtenyacht (gegenüber) lassen sich Form und Aufbau eines Bootes gut darstellen. Vom Bug bis zum Heck muss ein solches Boot durchdacht, entworfen, peinlich genau gebaut und vom Eigner liebevoll gepflegt werden, damit es den Herausforderungen auf See gewachsen ist.

Der Bugkorb und die Reling um das Vordeck umschließen einen Ankerkasten für das Ankergeschirr. Weiter achtern findet man das erhöhte Kajütdach mit einem Vorluk und Seitenfenstern sowie den Handläufen, an denen die Crew sich bei rauer See festhalten und sichern kann. Das selbstlenzende Cockpit liegt höher als die Wasseroberfläche, damit hereingekommenes Wasser durch die Abläufe im Cockpitboden wieder abläuft. Auf dem Süll um das Cockpit sind die Winschen montiert, die von Hand mit einer Kurbel bedient werden und mit denen die entsprechenden Kräfte erreicht werden können, die nötig sind, um Vorsegel- und Spinnakerschoten durchzusetzen.

Der einzige Mast einer Slup wird durch das stehende Gut gehalten, dazu gehören üblicherweise Wanten sowie Vorstag und Achterstag aus Drahttauwerk. Die Unterwanten greifen in ungefähr zwei Dritteln seiner Höhe am Mast an; die Oberwanten laufen über die Salinge zum Masttopp und verhindern, dass der Mast sich unter dem Winddruck nach Lee biegt.

Der Krängung, die durch den Winddruck in den Segeln verursacht wird, wirkt das Gewicht des Kiels entgegen – in diesem Fall ist es ein strömungsgünstiger Kurzkiel, der mit Blei oder Eisen gefüllt ist.

Kleine Kreuzer von 5 bis 8 m Länge und mit einziehbarem Gewichtskiel oder einem leichten Schwert können getrailert werden.

Fahrtenkreuzer von 7 bis 10 m Länge sind familiengerecht gebaut und segeln stabil.

Cruiser-Racer sind Wettfahrtboote und zugleich – wenn auch weniger komfortable – Fahrtenyachten.

Motorsegler sind ein Kompromiss zwischen Segel- und Motorboot. Sie genügen den Anforderungen vieler Fahrtensegler.

Der Mastkopf trägt meistens das Topplicht, das Windmessgerät und die UKW-Antenne.

Der Mast ist meistens aus Aluminium, in ihm können die Fallen laufen.

Wanten halten den Mast seitlich.

Salinge spreizen die Oberwanten und unterstützen deren Wirkung.

Ein Paar Unterwanten, eins davon führt etwas nach vorn, das andere etwas nach achtern aufs Deck, um optimal den Mast zu halten.
Vor- und Achterstag halten den Mast aufrecht.

Fallwinschen am Mast dienen zum Setzen der Segel.

Die Dirk hält den Großbaum, wenn das Segel nicht gesetzt ist.

Die Großschottalje verbindet den Baum mit dem Traveller, der auf einer Schiene gleitet.

Relingsdurchzüge an Relingsstützen verhindern ein Überbordgehen. Handläufe dienen zum Festhalten.

Der Rudergänger steuert mit der Pinne, die am Ruderschaft angebracht ist.

Das Süll schützt das Cockpit und den Niedergang vor Spritzwasser und trägt Klampen und Winschen.

Am Heckspiegel sichert der Heckkorb die Crew, oft befindet sich dort eine Badeleiter.

Der Propeller kann faltbar sein, damit sein Widerstand geringer ist, wenn er nicht benutzt wird.

Der Bugkorb vor dem Ankerkasten bietet sicheren Schutz und trägt die Navigationslichter.

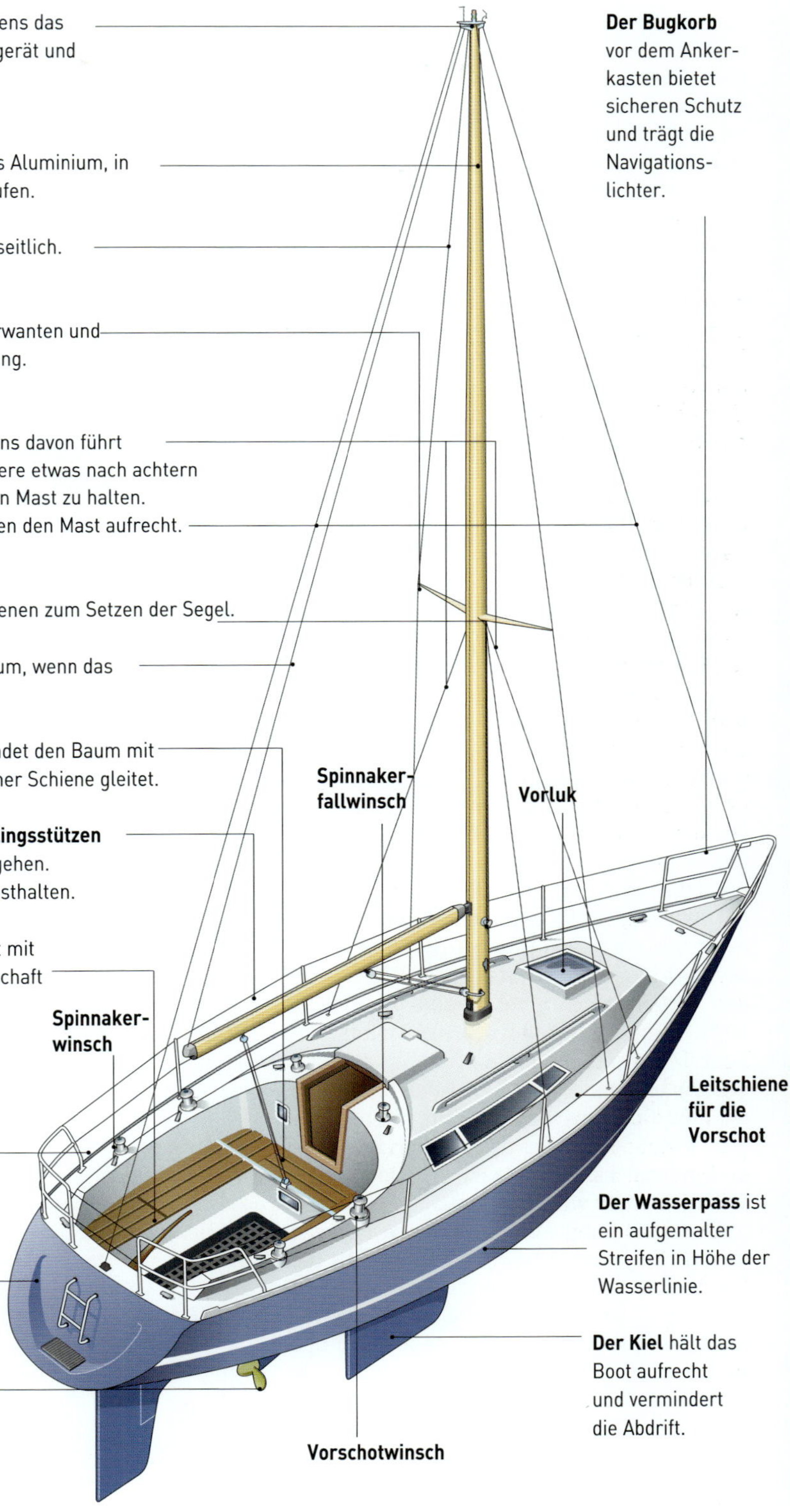

Der Wasserpass ist ein aufgemalter Streifen in Höhe der Wasserlinie.

Der Kiel hält das Boot aufrecht und vermindert die Abdrift.

Bootsbau aus GFK

Heute werden die meisten Boote aus glasfaserverstärktem Kunststoff (GFK) gefertigt. Dieses starke und widerstandsfähige Material verbindet Kunstharz (der aushärtet oder chemisch zum Härten gebracht wird) mit kräftigem verstärkendem Material, meistens mit Glasfasern. Daher stammt auch einer der Namen: Fiberglas.

Das Harz kann Polyester, Lösungsmittel, Katalysatoren und andere Zusätze enthalten. Die Verstärkung besteht entweder aus Glasfasermatten (ein Gewebe aus Glasfasern) oder aus losen Glasfasern, die kreuz und quer übereinanderliegen.

Die Herstellung beginnt mit dem Bau einer Negativform (die ihrerseits auch aus GFK besteht) über einem sehr genau gearbeiteten Holzmodell, das die Form des zukünftigen Bootes hat. Die Farbe des späteren Rumpfes wird als erste Schicht mit Gelcoat auf das Trennmaterial, das vorher in die Negativform eingebracht wurde, gespritzt.

Dann werden von Hand Glasfasern eingelegt und mit Kunstharz getränkt, so entsteht die Form des Rumpfes. Die Dicke kann dabei durch die Zahl der Schichten bestimmt werden. Sie richtet sich nach dem Kompromiss zwischen geforderter Stärke und gewünschter Leichtigkeit in den einzelnen Abschnitten des Rumpfes. Auf die gleiche Weise wird auch das Deck hergestellt.

Danach folgt die eigentliche Herausforderung: der Ausbau. Das ist der Einbau von Querschotten zur Verstärkung, das Einpassen der Inneneinrichtung und die richtige Verbindung aller Teile aus Kunststoff, Holz oder Metall. Die »Sandwich«-Bauweise ist das Verbinden zweier GFK-Schichten durch leichtes Füllmaterial wie Schaumstoff oder Balsaholz. Sie zeichnet sich durch Steifigkeit und geringes Gewicht aus, ist jedoch gegen Stöße weniger widerstandsfähig. Beschläge müssen auf Sandwichschichten sehr gewissenhaft montiert werden, damit sie gut halten und kein Wasser in das Kernmaterial eindringen kann. Im Bootsbau werden zunehmend neue Materialien eingesetzt. Epoxidharze mit Kohlefasern wie Kevlar oder anderen Verstärkern versprechen höchste Festigkeit, Steifigkeit und ein gutes Verhältnis von Festigkeit zu Gewicht.

Rumpf und Deck werden üblicherweise im sogenannten Handauflegeverfahren in einer Hohlform laminiert.

Einzelne Bauteile wie Tische, Kojen, Schapps, Decksbeschläge und Relingsstützen werden danach eingebaut.

Querschotten und Einbauten werden einlaminiert, bevor das Deck aufgesetzt wird.

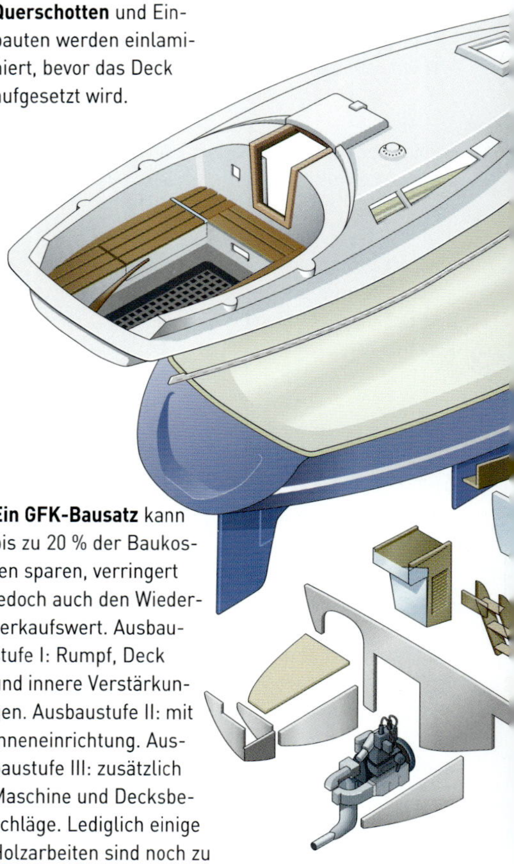

Ein GFK-Bausatz kann bis zu 20 % der Baukosten sparen, verringert jedoch auch den Wiederverkaufswert. Ausbaustufe I: Rumpf, Deck und innere Verstärkungen. Ausbaustufe II: mit Inneneinrichtung. Ausbaustufe III: zusätzlich Maschine und Decksbeschläge. Lediglich einige Holzarbeiten sind noch zu erledigen. Ausbaustufe IV: vollständig fertiges Boot.

Das Laminat setzt sich aus **1.** Matten und **2.** losen Fasern, die mit Kunstharz getränkt werden, zusammen und wird mit **3.** Gelcoat versiegelt.

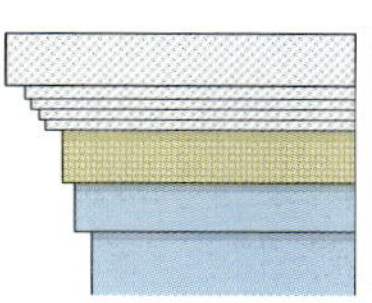

Bolzen und Beschläge, die durch den Rumpf geführt werden, müssen mit Unterlegscheiben und -platten montiert werden, damit die Kräfte besser verteilt werden.

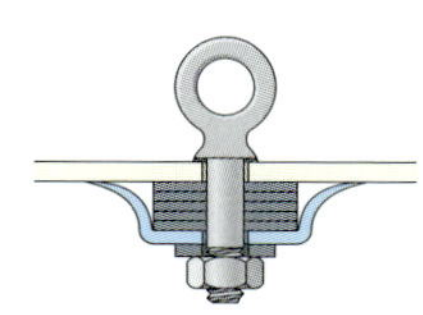

Die Fertigstellung einer Yacht umfasst auch das Trimmen, Anstreichen, Lackieren und das Überprüfen aller Systeme.

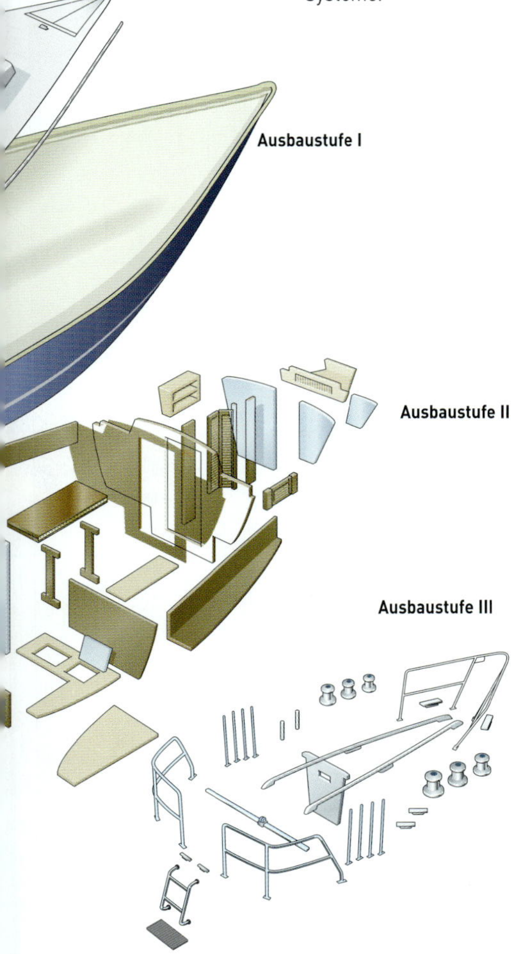

Schaum in den Zwischenräumen erhöht den Auftrieb und die Isolierung gegen Wärmeverlust, Schall und eindringendes Wasser.

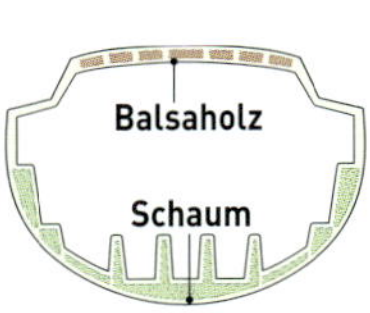

Eine Möglichkeit der wasserdichten Verbindung von Rumpf und Deck ist das Verschrauben in kleineren Abständen.

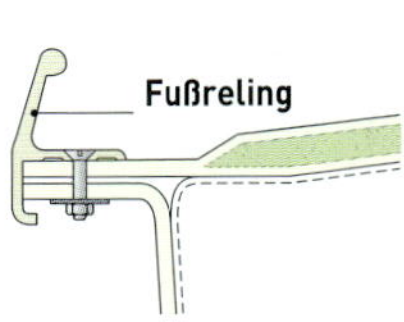

Bau des Decks

Das Deck wird normalerweise aus dem gleichen Material wie der Rumpf gebaut; allerdings kann ein traditionelles Teakdeck einen Rumpf erheblich verschönern, besonders einen aus GFK. Teakholz ist außerdem besonders rutschfest. Die Fugen zwischen den Stäben werden wie bei einer Karweelbeplankung (s. S. 22) abgedichtet und mit einer schwarzen Paste verfugt. Alternativ kann man eine Art dünneres Teaksperrholz verlegen, um den gleichen Effekt zu erreichen. Weil Wasser das Teakdeck verfärbt, muss es regelmäßig gescheuert werden.

Checkliste für den Bau

1. Alle Ecken und Kanten auf GFK-Booten sollten gut abgerundet und glatt sein, damit sie haltbar sind und Blasenbildung und Absplitterungen vermieden werden.
2. Versteifungen sollten an den Enden abgeschrägt sein oder an ein anderes Bauteil stoßen. An der Kante von Versteifungen können sonst Risse und Spalten entstehen.
3. Der Rumpf sollte glatt sein und keine Blasen oder Beulen aufweisen.
4. Ein Anstrich mit einer rutschfesten Farbe erhöht die Trittsicherheit auf dem Deck.
5. Veränderungen der Farbe wie Ausbleichen oder Vergilben sind Zeichen der Alterung und können überstrichen werden.
6. Blasen sind ein mögliches Zeichen von Osmose, dem nachgegangen werden muss. Osmosebehandlung kann recht teuer werden.

Holzbootsbau

Seit Urzeiten ist Holz das traditionelle Material für den Bootsbau. Vom Altertum bis ins 19. Jahrhundert waren alle Handels- und Kriegsschiffe aus Holz gebaut. Das wachsende Interesse am Yachtsport und an immer höherer Geschwindigkeit führte zu leichter und stärker gebauten, sorgfältig konstruierten Holzbooten. Selbst hundert Jahre alte Yachten, die ordentlich entworfen, gebaut und instand gehalten sind, können immer noch gesegelt werden.

Bei den Entwürfen hölzerner Boote war die Karweelbeplankung am weitesten verbreitet. Üblicherweise wird dabei ein Skelett aus in Dampf gebogenen Eichenspanten gebaut, das mit vom Bug bis zum Heck reichenden Brettern beplankt wird. Diese Planken sind bei kleineren Booten aus leichterem Holz, bei größeren aus härterem Holz, wie Ulme, geschnitten. Die Fugen zwischen den Planken werden kalfatert, um den Rumpf wasserdicht zu machen.

Die Klinkerbeplankung ist bei kleineren Booten üblich gewesen: Bei ihr werden relativ dünne, in Form geschnittene Planken so am Rumpf befestigt, dass sie einander an der Fuge überlappen. Meistens werden zum Beplanken Kupfernieten genommen, die die Planken so zusammenhalten, dass das Boot wasserdicht wird, und die diese zugleich an den Spanten befestigen. Weichere Formen kann man erreichen, wenn die ganze Bootsform aus Furnierstreifen zu einem Sperrholzrumpf verleimt wird.

In den letzten Jahren hat der Holzbootbau so etwas wie eine Renaissance erlebt; immer mehr Menschen haben Freude an traditionellen Schiffen. Alte Konstruktionstechniken und die traditionellen Riggs früherer Arbeitsschiffe werden kombiniert mit modernen Baumaterialien wie GFK; so erreicht man, dass die Schiffe nicht nur widerstandsfähiger, sondern auch pflegeleichter sind als ihre damaligen Schwestern und trotzdem das klassische Aussehen haben.

Die Wahl guten Baumaterials und feste Verbindungen zwischen den Bootsteilen sind für die Haltbarkeit einer Yacht von entscheidender Bedeutung. Bei qualitativ hochwertiger Verarbeitung halten die Boote lange, bleiben wasserdicht und verrotten nicht.

Der Kielbalken bildet das Rückgrat des Bootes; er trägt die Kielflosse und den Ballastkiel.

Die quer verlaufenden Spanten bilden das Gerüst, an dem die Planken befestigt werden und das für die Steifig-

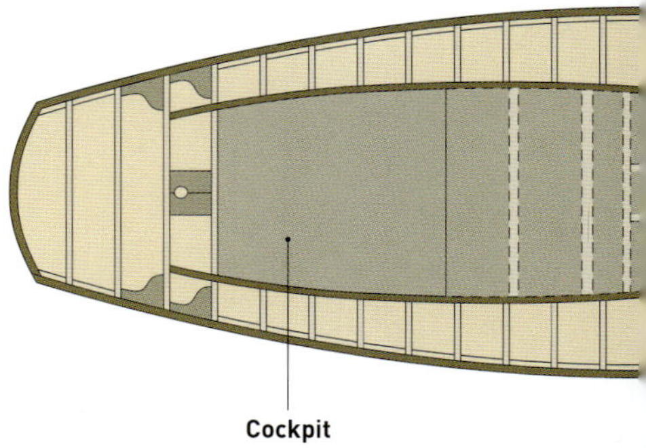

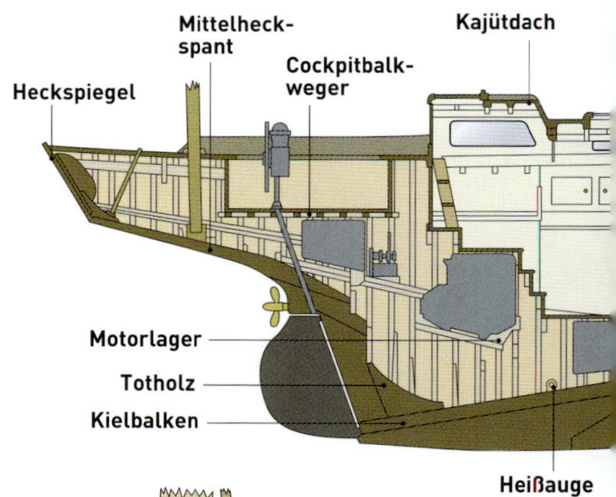

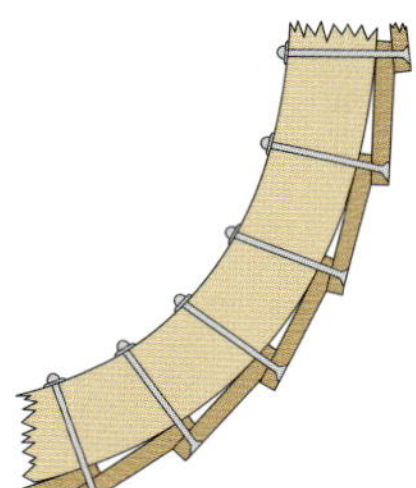

Bei der **Klinkerbeplankung** werden beide Planken aneinander und am Gerippe mit Nieten befestigt. Im Wasser quillt das Holz und macht die Fugen wasserdicht.

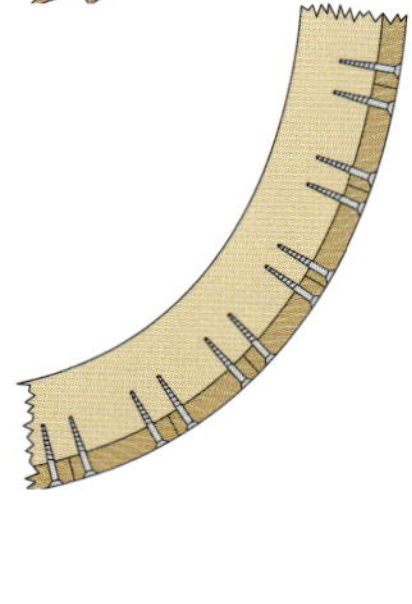

Die **Karweelbeplankung** führt zu einer glatteren Oberfläche. Die Planken werden Kante an Kante auf dem Gerippe befestigt. Die Fugen werden kalfatert, damit das Boot nicht leckt.

keit des Rumpfes sorgt. Die anderen Teile des Gerüstes sind die Stringer, der Schergang und der Seitengang.

Die quer verlaufenden Decksbalken sind am längs laufenden Balkweger angebracht.

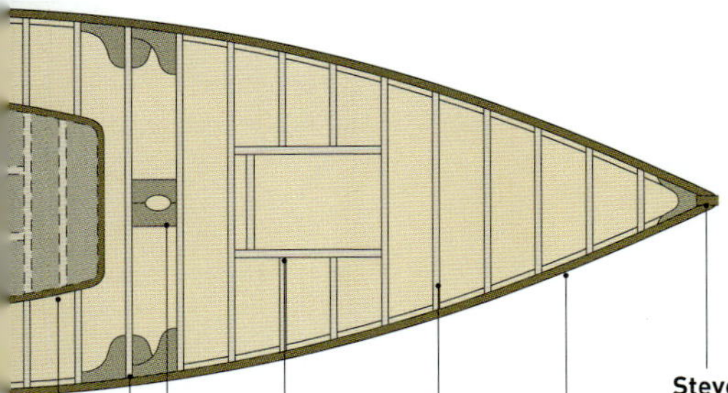

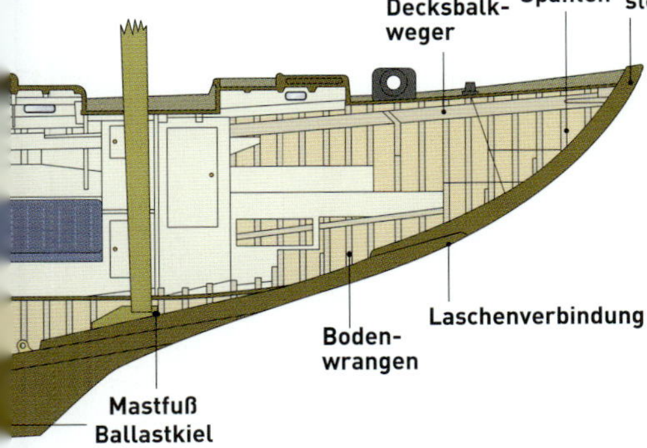

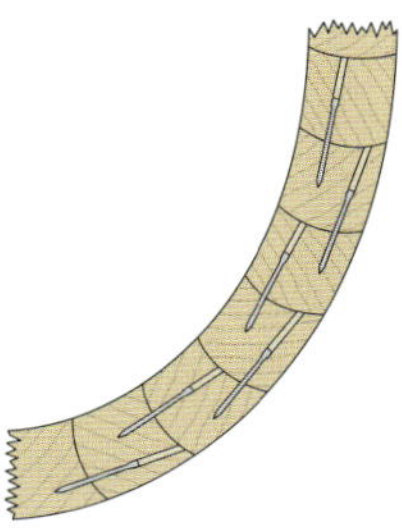

Bei der **Leistenbauweise** werden schmale, im Querschnitt fast quadratische Planken miteinander verleimt und vernagelt. Sie werden nicht kalfatert, dadurch entsteht eine sehr glatte fugenlose Oberfläche.

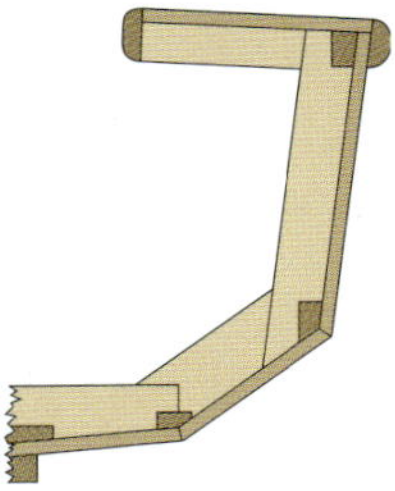

Bei der **Sperrholzbeplankung** wird das Gerüst mit zugeschnittenen Sperrholzplatten beplankt. Dabei treffen die Seiten und der Boden in einem Winkel aufeinander.

Formverleimtes Sperrholz
Ein formverleimter Rumpf wird aus mindestens drei Lagen Furnierholz über einem Kern oder einem innen verbleibenden Gerüst hergestellt. Die Furniere werden so verleimt, dass ihre Maserungen kreuzweise verlaufen; das bringt in jeder Richtung die nötige Steifigkeit und verhindert Risse. Formverleimte Rümpfe, besonders solche mit mehrfachen Biegungen, sind steif, haltbar und verhältnismäßig leicht. Sie sind innen und außen glatt, und das Fehlen von Fugen erleichtert die Pflege und mindert die Gefahr von Lecks. Erst die Entwicklung starker Klebstoffe wie Epoxidharz, die bei Raumtemperatur aushärten, machte die Anwendung formverleimten Sperrholzes möglich. Manchmal werden formverleimte Rümpfe noch mit ein oder zwei Lagen GFK überzogen, um sie noch widerstandsfähiger zu machen. Heute werden Rümpfe oft mit Polyurethanlacken gespritzt, die haltbarer als die früheren Lacke sind.

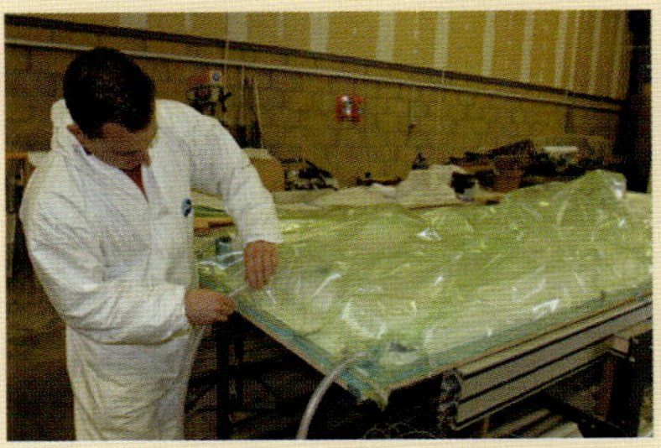

Vakuumsäcke
Beim formverleimten Sperrholz werden Vakuumsäcke benutzt, um die Furniere an die Form zu pressen. Der Überzug wird an die Rumpfoberfläche geklebt und bildet einen Sack, aus dem die Luft herausgepumpt wird. Netzförmige Kanäle erlauben es, die Luft gleichmäßig abzusaugen.

Bootsbau aus Metall

Seine Haltbarkeit und Widerstandskraft macht Metall zum beliebten Werkstoff, besonders für größere Yachten. Das Vernieten des Stahl- oder Aluminiumrumpfes ist – außer bei kleinen Booten – dem Verschweißen gewichen.

Es gibt zwei Möglichkeiten, Metallgerüste für Boote zu bauen. Einmal innen quer verlaufende Spanten: Sie sind gebogen, gewinkelt oder haben ein T-Profil und bilden damit wie beim Holzbau ein Gerippe. Die zweite Variante sind Stringer, die von Schotten gehalten werden; sie verlaufen von vorn nach achtern.

Zunächst werden zugeschnittene und vorgebogene Rumpfplatten an Punkten so ans Gerippe geschweißt, dass sie mit den Kanten aneinanderliegen. Dann werden mit Schweißnähten Stöße und Fugen geschlossen, damit der Rumpf fest und wasserdicht wird. Schließlich wird die Außenhaut so an das Gerippe geschweißt, dass sie fest mit ihm und den Verstärkungen verbunden ist.

Beim Schweißen kann das Schrumpfen des abkühlenden Schweißmaterials für die endgültige Form kritisch werden. Deshalb ist es wichtig, dass in einer bestimmten Reihenfolge vorgegangen wird: von Backbord nach Steuerbord und vom Deck zum Kiel. Wird das nicht sorgfältig eingehalten, kann sich der Rumpf verwinden und es können innere Spannungen entstehen, die seine Belastbarkeit begrenzen.

Gekonntes Straken – d. h. das Einhalten des richtigen Verlaufs aller Biegungen, die im Entwurf festgelegt sind – und die richtige Reihenfolge beim Schweißen führen zu einer hinreichend glatten, gut geformten Rumpfoberfläche. Nach einem Anstrich mit Primer, der Korrosion verhindert und eine gut bindende Unterlage für weitere Anstriche bildet, wird Spachtelmasse aufgetragen und bis zur gewünschten Genauigkeit von Hand abgeschliffen. Mit aufgestrichenem oder gespritztem Polyurethanlack wird die Arbeit abgeschlossen.

Bei quer verstrebtem Gerippe wird die gewünschte Kurvenform mit Winkel- oder T-Profilen erreicht. Von Hand werden die Linien für den genauen Zuschnitt der Platten angezeichnet. Lange Platten ergeben eine glattere Oberfläche, sie sind jedoch schwer zu handhaben. Breite Platten werden bei der Knickspantbauweise eingesetzt. Zusammengesetzte Platten unterschiedlicher Größe beschleuni-

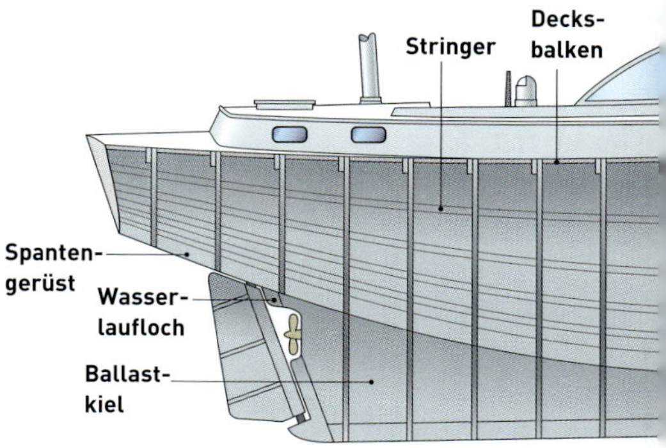

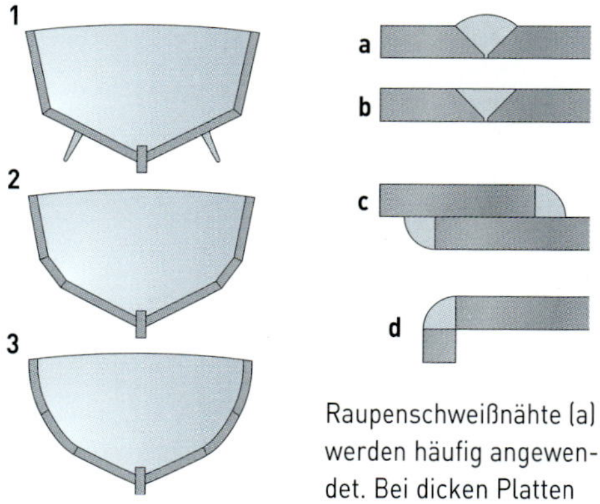

Der einfache Knickspantbau (1) erlaubt den Bau mit flachen Platten. Beim Doppelknickspantbau (2) werden kleinere Platten genommen. Beim Rundspant werden gerundete Streifen an den Kanten angeschweißt (3).

Raupenschweißnähte (a) werden häufig angewendet. Bei dicken Platten müssen die Kanten vorher abgeschrägt werden. An den Seitenteilen und auf dem Deck werden die Nähte flachgeschliffen (b). Überlappende Stöße sind sehr haltbar (c). Schweißnähte an offenen Eckstößen (d) ergeben einen runden Übergang.

gen den Bau. Die Platten werden mit Walzen oder mit Schraubzwingen am Gerippe gebogen. Mit dem Lichtbogen-Schweißverfahren werden die Platten miteinander und am Gerippe verschweißt. Auch die Deckskanten-Verbindungen, die Süllränder und die Grundplatten für stark belastete Beschläge werden angeschweißt. Kielschwein, Motorträger und andere Verstärkungen werden mit mehrfachen Schweißnähten eingebaut.

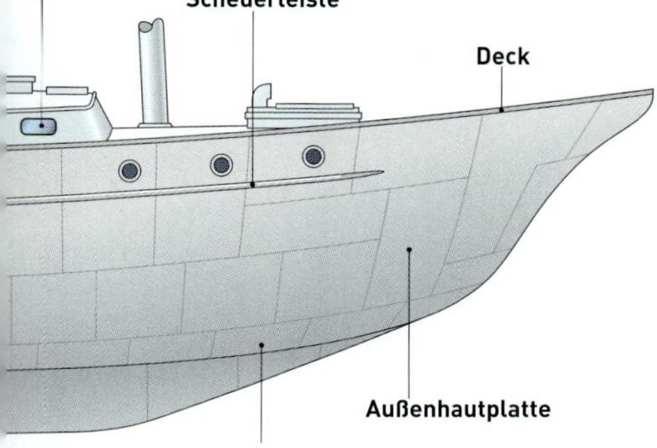

Aluminiumbau
Der große Vorteil eines Aluminiumbaus ist sein geringeres Gewicht. Als diese Bauweise in den Bootsbau eingeführt wurde, war sie extrem teuer sowie sehr anfällig für Schäden durch Elektrolyse. Aber die Verwendung einer Aluminium-Magnesium-Legierung, die seit 1930 üblich wurde, verringerte diese Gefahr, und heute sind kleinere Alu-Serienboote kaum teurer als GFK-Bauten. Alu ist das ideale Baumaterial für Regattaboote.

Wahl des Baumaterials
1 GFK ist widerstandsfähig und braucht in den ersten Jahren weniger Pflege als Holz, auch wenn das Boot einmal im Jahr gereinigt und mit Antifouling und Wachs behandelt werden muss. Der glatte, nahtlose Rumpf ist im Prinzip wasserdicht, auch wenn die Rumpf-Deck-Verbindungen bisweilen Sorgen bereiten. Bei älteren Booten kann jedoch die Osmose, die durch ins Laminat dringendes Wasser ausgelöst wird, sehr teure Schäden verursachen. Für GFK-Bauten werden weniger Arbeitsstunden benötigt, deshalb kosten sie weniger. Alle Großserien-Segelyachten sind aus GFK.
2 Holz ist das schönste und einzige natürliche Baumaterial für Rümpfe. Es ist aber anfällig gegen Verrotten und Bewuchs. Auch wenn sie lange benutzt werden können, brauchen Holzboote sehr viel Pflege. Weil abgelagertes Holz und Arbeitszeit teuer sind, wird oft Marine-Sperrholz eingesetzt. In jüngerer Zeit werden mit Epoxid hergestellte Holzboote mit geringerem Pflegebedarf zu konkurrenzfähigen Preisen angeboten.
3 Stahl ist im Verhältnis zu seinem Gewicht das kräftigste Material, auch wenn eingestoßene Dellen oft Probleme machen, weil Reparaturen schwierig sind. Stahl splittert nicht wie Holz, er wird auch nicht so leicht abgenutzt wie GFK. Wirtschaftlich ist er für Boote von mehr als 12 m Länge sinnvoll und besonders gut für Einzelbauten geeignet. Rost ist der größte Feind von Stahlbooten.
4 Ferrozement (Eisenbeton) ist ein weniger häufiges Baumaterial, es ist kräftig und wird noch bis zu zehn Jahre nach dem Bau härter. Wenngleich sehr haltbar und praktisch pflegefrei, ist Ferrozement recht schwer und nur für Boote ab 9 m geeignet. Es ist sehr zeitaufwendig und schwierig, ein Boot aus Ferrozement genau nach Maß zu bauen und glattzubekommen.

Das stehende Gut

Ein Mast wird durch das stehende Gut – Vorstag, Achterstag und Wanten – gehalten oder aufgerichtet. Der Mast und das stehende Gut werden zusammen als Rigg oder Takelage bezeichnet. Es gibt zwei unterschiedliche Arten, das Vorstag am Mast angreifen zu lassen: die Topptakelung und je nach der Höhe der Befestigung z. B. die Dreivierteltakelung.

Bei der Topptakelung setzt das Vorstag ganz oben am Mast an, dort, wo auch das Achterstag und die Oberwanten befestigt sind. Diese Anordnung ist belastbar, die Kräfte werden gleichmäßig verteilt; sie ist kaum veränderbar, wenn das Rigg einmal steht. Der senkrecht nach unten wirkende Druck ist hoch, deshalb muss der Mastkopf kräftig gebaut sein.

Die Vorsegel sind bei der Topptakelung größer und können das Großsegel gut überlappen. Die Größe kann jedoch die Handhabung schwieriger machen und die Schoten höher belasten. Die Salinge sind rechtwinklig am Mast befestigt, d. h. sie stehen in einem Winkel von 90° zur Längsachse des Bootes ab. Die Zeichnung auf der gegenüberliegenden Seite zeigt eine typische Hochtakelung mit zwei Paaren Unterwanten, die am Deck etwas weiter vorn und achtern fest sind, um die Kräfte des unteren Mastteils besser zu verteilen.

Bei einer Dreivierteltakelung oder Siebenachteltakelung greift das Vorstag an der entsprechenden Höhe des Mastes (¾ bzw. ⅞) an. Diese Takelungsart ist für Schwert- und Kieljollen typisch. In den vergangenen Jahren hat sie sich auch immer mehr bei größeren Booten durchgesetzt, weil die Vorsegel einfacher zu handhaben sind und der Mast besser getrimmt werden kann. Mit dem besser trimmbaren Mast muss man jedoch umgehen können, sonst führt die falsche Vorstagspannung dazu, dass das Boot weniger hoch am Wind segeln kann.

Einfacher wird es mit nach etwas achtern gepfeilten Salingen oder, bei Rennyachten, mit zusätzlichen Backstagen, von denen je eins an jeder Seite vom Angriffspunkt des Vorstages nach achtern führt. Sie werden je nach der Seite des einfallenden Windes bei einer Wende oder Halse dichtgeholt oder gelöst.

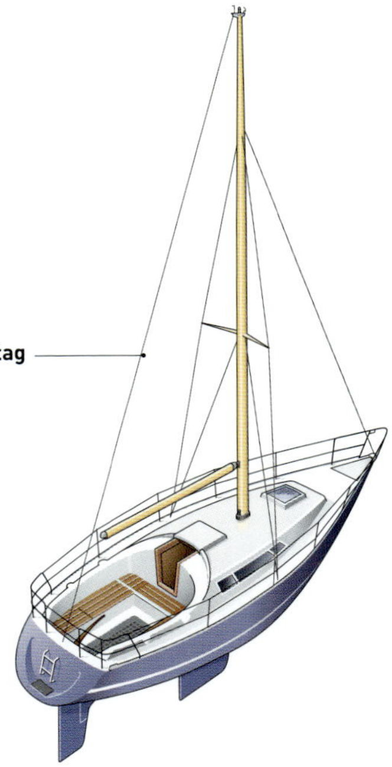

Die besonders hohe Flexibilität beim Segeltrimm wird durch die einstellbare Mastbiegung ermöglicht. Die Backstage nehmen die Kräfte des sich verjüngenden Teils des Mastes auf, das Vorstag und die Wanten greifen in ¾ oder ⅞ der Masthöhe an.

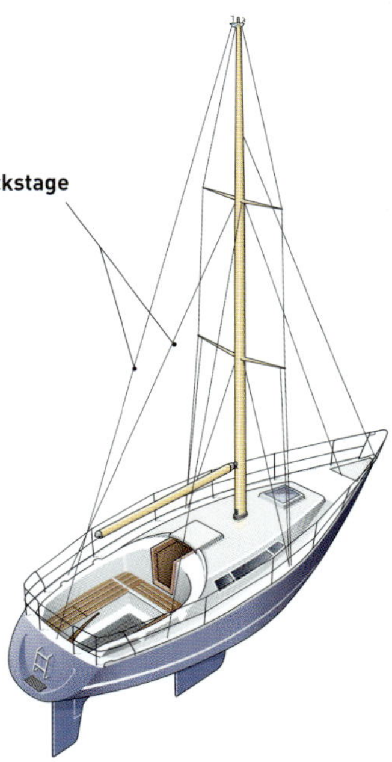

Die kürzeren Salinge eines Riggs mit zwei Salingspaaren erlauben es, das Vorsegel am Wind dichter zu holen. Der dünnere Mast wird durch mehrere Wanten und Stage gehalten.

Die Topptakelung mit einem Salingspaar ist bei den meisten Serien-Fahrtenyachten üblich. Der Mast steht auf dem Kajütdach. Er wird von Vorstag, Achterstag, Oberwanten und einem Paar, besser noch zwei Paar Unterwanten, die in Höhe der Salinge angreifen, gehalten.

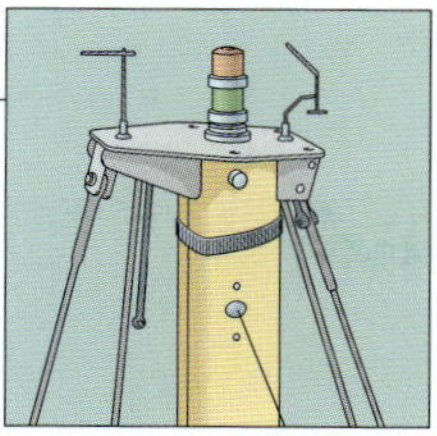

Damit der Masttoppbeschlag genügend Platz bietet, ist er mit »Kränen« vergrößert, an denen das Achterstag und das Vorstag angreifen.

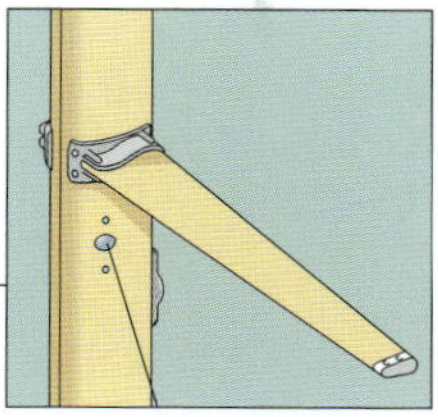

Die Salinge übertragen die Kräfte der Oberwanten auf den Mast. Sie sind ganz leicht nach oben geknickt, sodass der Winkel des Oberwants an der Saling halbiert wird.

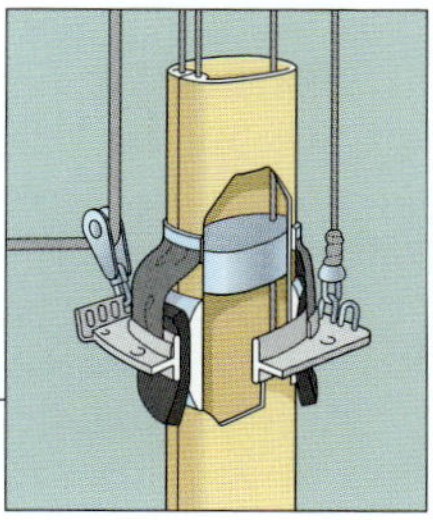

Auf dem Kiel stehende Masten (Steckmasten), wie sie bei besser ausgestatteten Serienbooten häufig sind, werden im Mastloch des Decks mit einer Mastschlinge und Mastkeilen gehalten. Ein Mastkragen verhindert das Eindringen von Wasser.

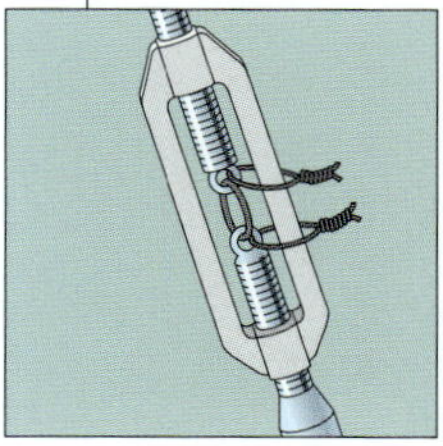

Die Wantenlänge wird mit Spannschrauben (Wantenspannern) eingestellt. Achte darauf, dass sie mit Sicherungsdraht gesichert und mit Tape umwickelt sind, damit Segel und Kleidung geschützt sind.

1 

2 

3 

Für die unterschiedlichen Bootstypen gibt es geeignete Mastprofile.

Das Profil 1 findet man auf Jollen, das ovale Profil 2 und das mit tropfenförmigem Querschnitt 3 sind für moderne Fahrtenyachten typisch.

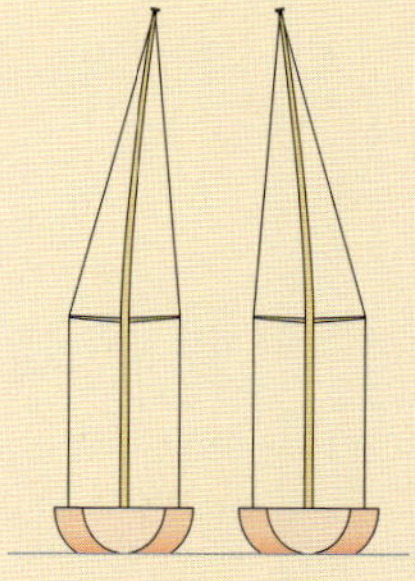

Um zu überprüfen, ob der Mast gerade steht, lege ein zum Masttopp führendes Fall an die Pütting eines Oberwants und dann an die des anderen. Stell die Wantenspanner so ein, dass die Wanten gleich lang sind. Mit dem Achterstag wird die Vorstagspannung eingestellt.

Das laufende Gut

Man hat einmal gesagt, dass das einzige Seil an Bord das Glockenseil sei. Das ganze übrige Tauwerk hat je nach seiner Anwendung andere Namen. Zum laufenden Gut gehören drei Arten: Fallen, Schoten und Leinen zum Einstellen.

Fallen werden zum Setzen der Segel gebraucht, sie laufen bei moderneren Booten im Mast, kommen etwa in Kopfhöhe unten aus dem Mast heraus und werden von dort auf eine am Mast montierte Winsch geführt oder laufen über Umlenkrollen auf dem Deck und über Hebelklemmen zu Winschen im Cockpit. Ist das Fall genügend stramm durchgesetzt, sollte es nicht recken. Deshalb werden Stahldrahtvorläufer so an ein Fall angespleißt, dass sie bis zur Winsch reichen. Heute wird zunehmend reckarmes Tauwerk aus Kunstfasern wie Kevlar oder Dyneema eingesetzt.

Schoten werden gebraucht, um den richtigen Winkel der Segel zum einfallenden Wind einzustellen. Weil Schoten meistens kürzer als Fallen sind und weil sie ohnehin oft dichtgeholt oder gefiert werden, kommt es nicht so sehr darauf an, dass sie reckarm sind. Deshalb kann dafür weniger teures Material verwendet werden.

Leinen zum Einstellen sind unter anderem Dirk, Niederholer und Toppnant. Einige von ihnen sind als Taljen geschoren, für diese dienen dünnere, reckarme Leinen. Der Toppnant und der Baumniederholer werden ebenfalls zum Mastfuß geführt. Man findet sie, hoffentlich sauber markiert, auf dem Kajütdach.

Überprüfe regelmäßig alle Leinen, besonders dort, wo sie in Klemmen oder auf Klampen gehalten werden. Achte auch genau auf sogenannte »Fleischhaken« im Drahttauwerk der Fallen.

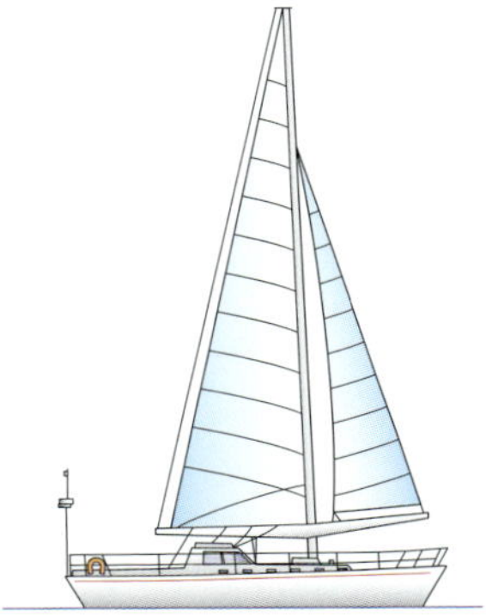

Drehbare Riggs, wie das Aerorigg von Carbospars, werden immer häufiger eingesetzt. Sie haben Spieren aus Kohlefasern, sehr wenig laufendes und kein stehendes Gut.

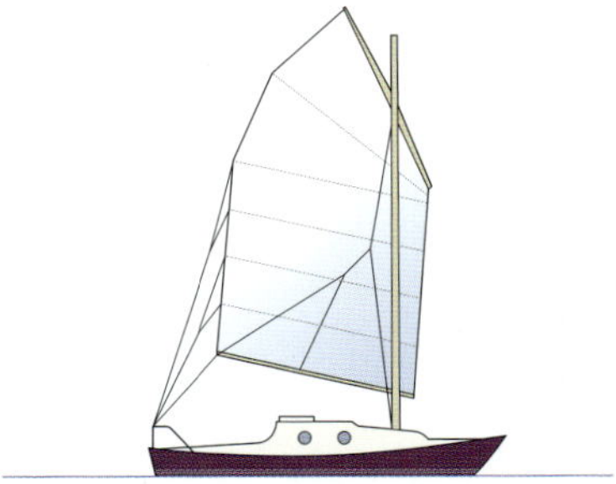

Das Dschunkenrigg hat sich bisher bei Fahrtenyachten nicht durchgesetzt. Das durchgelattete Segel braucht nur eine Schot und ein Fall. Zum Reffen wird der untere Segelteil mit dem Fall einfach in die Lazy Jacks heruntergelassen.

Beim Plattbodenschiff aus Holland fallen die gebogene Gaffel und das lose Unterliek des Großsegels auf. Bei leichtem Wind können seitlich noch Wassersegel an Spieren gesetzt werden.

Winschen
Einfache Winschen können von einer Person kaum bedient werden. Selbstholende Winschen (oben) haben eine Einrichtung, mit der ein Crewmitglied Segel leicht setzen und dichtholen kann. Sie werden immer häufiger eingesetzt, obwohl sie teurer sind.

Spinnaker und das dazugehörige laufende Gut befinden sich vorlicher als alle anderen Segel bzw. das übrige laufende Gut. Bei einem ¾- oder ⅞-Rigg ist die Handhabung einfacher, muss jedoch genauer sein.

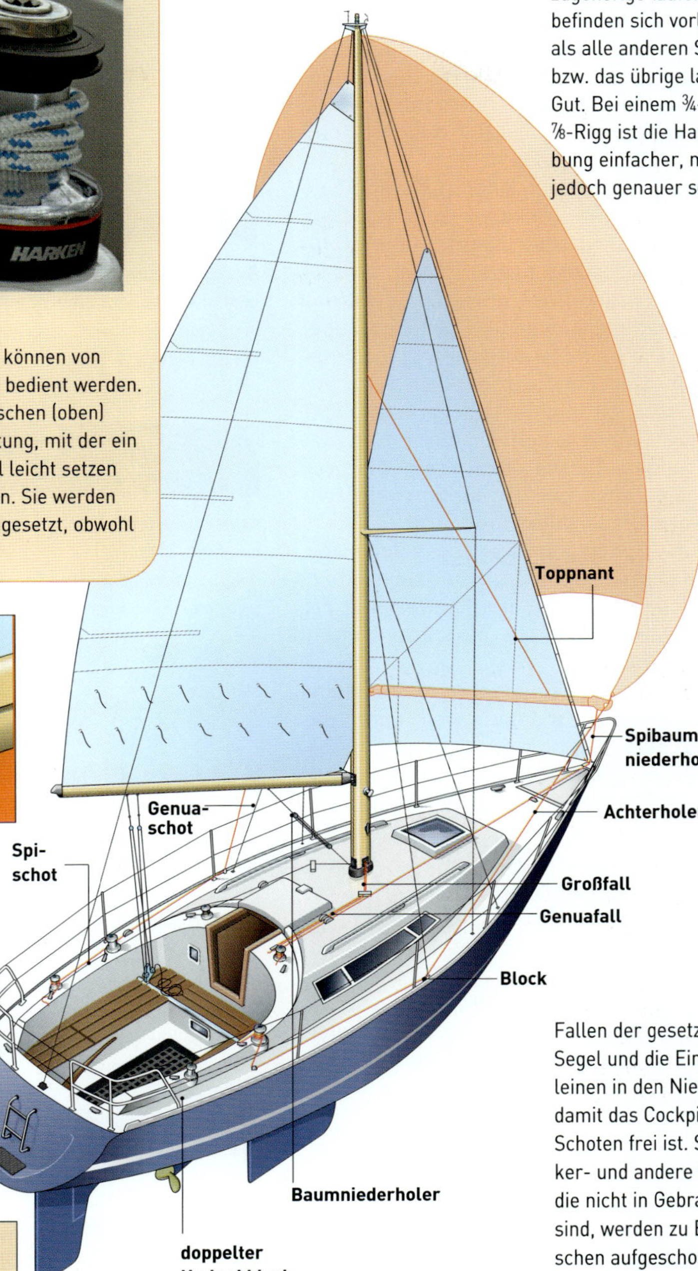

Der Schothorn-Ausholer erlaubt das Spannen des Groß-segel-Unterlieks. Er läuft im Baum und wird über eine Talje durchgesetzt.

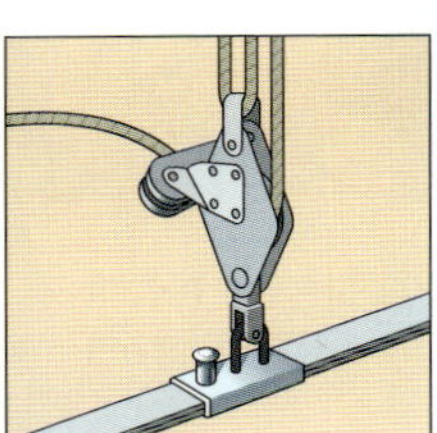

Mit dem **Großschot-Traveller** kann der Baum querschiffs fixiert werden, um das Segelprofil fein einzustellen.

Um ein Durcheinander zu vermeiden, gibt es ein System für alle Leinen, die ins Cockpit geführt werden. Man wirft alle Fallen der gesetzten Segel und die Einstellleinen in den Niedergang, damit das Cockpit für die Schoten frei ist. Spinnaker- und andere Schoten, die nicht in Gebrauch sind, werden zu Bunschen aufgeschossen und an der Reling aufgehängt. Beim Segeln mit Spi gilt: große Winsch – Achterholer und Fall, kleine Winsch – Toppnant und Spibaumniederholer.

Tauwerk

Der Schlüssel für die richtige Wahl des Tauwerks ist, genau zu wissen, wozu man es verwenden will. Schoten müssen nicht reckarm sein, weil sie relativ kurz sind. Deshalb ist eine herkömmliche, doppelt geflochtene Leine (eine geflochtene Seele in einem geflochtenen Mantel) aus Polyester (Dacron) bestens geeignet.

Für ein Fall jedoch oder für einen Spi-Achterholer, die reckarm sein müssen, braucht man ein neuartiges Material für den Kern (oder die Seele). Davon gibt es zwei Arten: Aramidfasern wie bei Kevlar und Polyethylenfasern wie bei Dyneema oder Spectra. Die Leinen sind teurer, jedoch bei gleichem Durchmesser erheblich belastbarer und auch leichter als herkömmliche Leinen, ein Vorteil, den vor allem Regattaboote nutzen. Dieses »exotische« Material eignet sich auch gut für dünnere Einstellleinen wie Niederholer oder Strecker.

Kevlar, Spectra und anderes hochwertiges Kernmaterial wird von einem herkömmlichen geflochtenen Mantel umhüllt, um den Kern vor Abrieb und ultraviolettem Licht zu schützen.

In Leinen aus Aramidfasern sollten keine Knoten gemacht werden, weil dann das Material sehr stark geschwächt wird.

Die Erzfeinde aller Kunstfaserleinen sind Sand und Sonnenlicht. Sand kriecht zwischen die Fasern der Seele und sägt dort die Fasern durch. Ultraviolettes Licht beschleunigt das Altern und den Verfall der Fasern. Deshalb sollten diese Leinen hin und wieder gründlich in Frischwasser gespült und im Dunkeln gelagert werden. Bei Fallen und Einstellleinen ist oft der Abrieb ein Problem, weil sie immer an den gleichen Stellen gebogen und belastet werden.

Dreikardeeliges geschlagenes Tauwerk ist gut für Festmacheleinen geeignet. Das leichteste synthetische Material, Polypropylen schwimmt und eignet sich gut für die Dingi-Vorleine.

Dyneema-Tauwerk hat einen Kern aus hochmolekularen Polyethylenfasern. Diese sind weniger anfällig gegen Abrieb und Sonnenlicht als Aramidfasern.

Kevlar-Tauwerk wird aus Aramidfasern gemacht und ist besonders reckarm. Es verliert jedoch seine hohe Haltbarkeit, wenn es, wie in einem Knoten, geknickt wird.

Nylontauwerk ist dehnbar und doppelt so haltbar wie Manilahanf. Es ist trocken und feucht leicht handhabbar, 16-fach geflochtene Leinen sind gutes Ankertauwerk.

Doppelt geflochtenes Tauwerk hat eine geflochtene Seele aus starken Fasern in einem abriebfesten geflochtenen Mantel. Es ist leicht zu handhaben und lässt sich gut greifen. Eine solche Leine ist sehr dehnbar, belastbar und eignet sich gut als Ankertau, auch, weil sie nicht zu Kinken neigt und nicht verhärtet.

Geflochtenes Tauwerk wie dieses 16-fach geflochtene aus Polyester ist besonders belastbar, dehnt sich um etwa 3,5 % und ist hervorragend für Festmacheleinen geeignet.

Bootsmannstasche

Jeder Fahrtensegler sollte Werkzeug zum Reparieren und Bearbeiten von Tauwerk an Bord haben.

Plastiktape dient zum Sichern der Tauenden gegen Aufdröseln. Ein Feuerzeug kann benutzt werden, um ein Leinenende heiß zu versiegeln. Dazu kommt Werkzeug zum Betakeln und Spleißen sowie Rollen mit gewachstem und ungewachstem Takelgarn, zwei Segelnadeln und ein gut sitzender Segelmacherhandschuh, der statt eines Fingerhuts gebraucht wird. Ein schwedischer Marlspieker (Fitt), eine Spielart des Marlspiekers, eignet sich gut zum Spleißen von synthetischem Tauwerk. Selbstklebendes Segelband muss ebenso dabei sein wie Stücke des Segeltuchs aller vorhandenen Segel zum Flicken sowie zum Schutz vor dem Schamfilen beim stehenden und laufenden Gut. Ein Messer mit Holzgriff ist ebenfalls gut zu gebrauchen.

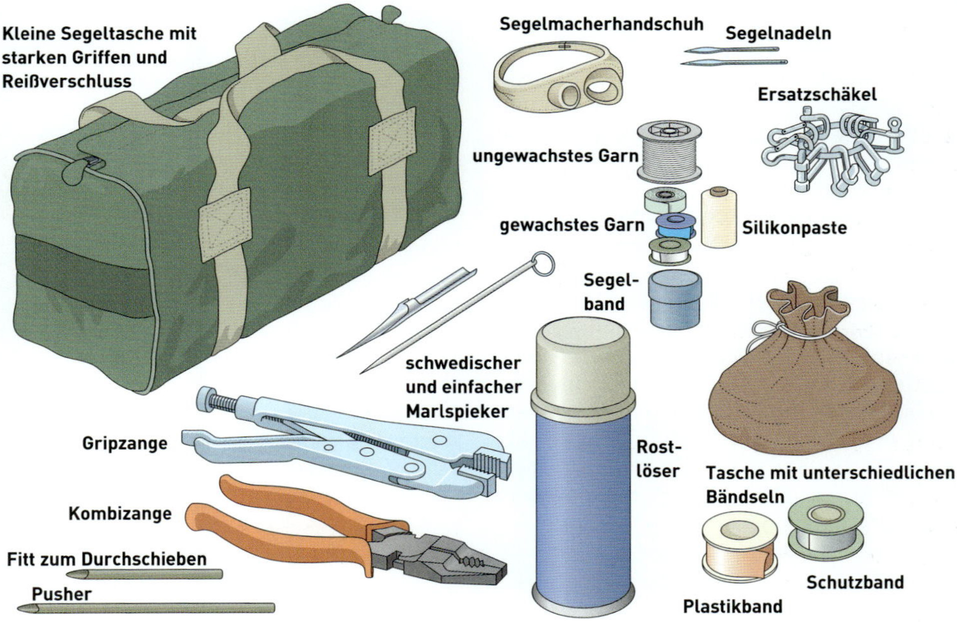

Damit man sie auseinanderhalten kann, sind auf vielen Booten die Leinen farblich gekennzeichnet. Das hier gezeigte System kann ein guter Anhalt sein.

Fallen

1 Vorsegel – blau
2 Spinnaker – orange
3 Großsegel – schwarz

Schoten

4 Vorsegel – gelb
5 Spinnakerschot – rot
6 Spi-Achterholer - blau

Einstelleinen

7 Spi-Niederholer – rot
8 Babystagspanner - schwarz
9 Großsegel-Unterliekspanner – golden
10 Cunningham (Großsegel-Vorliekspanner) – blau

Reffleinen fürs Großsegel

11 Erstes Reff – rot
12 Zweites Reff – blau 13 Drittes Reff- gelb

Backstage

Backbord – rot Steuerbord – blau

Fallenstopper
dienen zum Festklemmen ins Cockpit geführter Leinen.

Wichtige Knoten

Genau genommen bezeichnet der Begriff »Knoten« nur Stopper am Ende von Leinen, aber heute ist er der Oberbegriff, welcher Steke, Verbindungsknoten und Zierknoten einschließt. Die einfachste Art, einen Knoten und seine Anwendung zu erlernen, ist, auf einem Boot beim Festmachen und bei Takelarbeiten zu helfen.

Der vielseitigste Knoten ist der Palstek. Er dient zum Befestigen einer Leine an einem Poller, einem Ring oder einer Stange, zum Sichern einer Person mit einer Leine um die Brust, um sie wieder an Deck zu holen, oder dazu, einen Bootsmannsstuhl oder eine improvisierte Leiter zu bilden. Er lässt sich leicht wieder öffnen und schont eine Leine besser als andere Knoten (unter Last werden alle Knicke in Leinen zu Schwachstellen).

Ein Bootsmannsstuhl kann mit einem doppelten Palstek gemacht werden (s. gegenüber). Ein Crewmitglied kann in den zwei entstandenen Schlingen sitzen und mit einem Fall nach oben gezogen werden. Das kann allerdings sehr ungemütlich sein, weil die Schlingen in die Beine schneiden. Einen dauerhaften Bootsmannsstuhl kann man mit einem Brett bauen, das als Sitz dient. Damit kann man auch längere Zeit im Rigg arbeiten. Ziehe einfach zwei Tampen so durch vier Löcher in den Ecken des Bretts, dass sie rechts und links zu je einem Tauring unter dem Brett verspleißt werden können. Diese Stropps werden dann über dem Brett zu einem gemeinsamen Auge zusammengeführt.

Unter keinen Umständen sollte ein Schnappschäkel, wie er häufig an Fallen angebracht ist, für den Bootsmannsstuhl benutzt werden, nimm besser einen normalen Schäkel und zieh den Bolzen mit einer Zange fest. Zwei Fallen werden benutzt, eines zum Hochziehen und ein zweites zum Sichern. Die Sicherheitsleine wird am Gurt der Person festgemacht.

Ist ein Fall am Bootsmannsstuhl angeschlagen, führe es auf die größte verfügbare Winsch, und wenn die Person sitzt, winsche sie langsam hoch. Achte darauf, keine Überläufer zu bekommen. Ein anderes Crewmitglied nimmt über eine weitere Winsch die Lose aus der Sicherheitsleine und beobachtet die Person sehr genau.

Ein **Bootsmannsstuhl** in Gebrauch. Auch wenn man eine Seilschlinge benutzen kann, haben die meisten einen Plastik- oder Holzsitz. Manche bestehen nur aus Gurten.

Der einfachste ist der **Überhandknoten,** der als Stopper benutzt wird, damit eine Leine nicht durch einen Block oder eine Öse rutscht.

Der **doppelte Überhandknoten** kann am Ende einer Schot, eines Falls oder einer Reffleine angewendet werden, nicht jedoch am Ende einer Spischot oder eines Achterholers, weil die im Notfall schnell ausrauschen müssen.

Der **Achtknoten** ist ebenfalls ein Stopper. Nach längerer Zeit kann es schwierig werden, ihn zu lösen. Um ihn größer zu machen, steckt man das Ende ein zweites Mal durchs Auge.

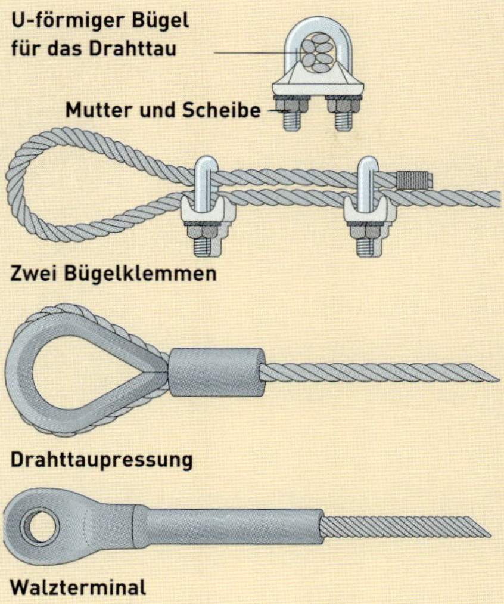

Anschlüsse für Drahttauwerk
Wo Drahttauwerk des Riggs am Mast oder an Spannschrauben befestigt werden, muss es zu einem Auge gebogen oder mit einem Endbeschlag versehen werden. Im Notfall, wie bei einem Mastbruch, kann man ein passendes Auge formen, indem man das Drahtseil biegt, mit einer Gripzange festhält und eine Bügelklemme aufsetzt. Eine Drahttaupressung, wie sie auf kleineren Yachten üblich ist, besteht aus einem weichen Stück Nickelrohr, das mit großem Druck auf das Auge gepresst wird. Das Drahttau wird vorher um eine Kausch gelegt, um das Auge haltbarer zu machen. Beim Walzterminal wird der Draht in ein Terminal gesteckt und mit einer Walzpresse darin festgewalzt.

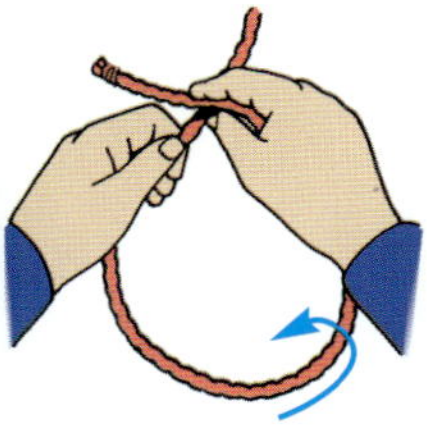

Um einen **Palstek** zu machen, halte die Leine etwa 15 cm vom Ende in deiner »Arbeitshand«. Leg das Ende über die Leine und halte das »Kreuz« mit der anderen Hand fest.

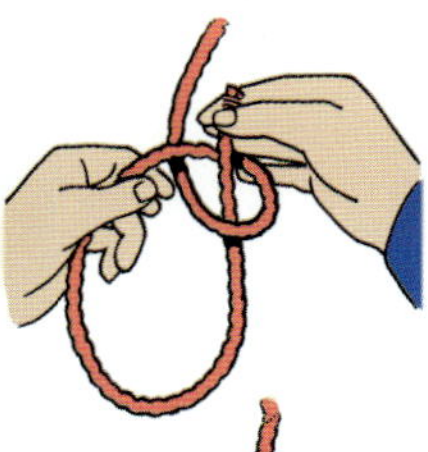

Dreh dann die Arbeitshand von dir fort, so, dass das Leinenende durch das entstandene Auge aufwärts auf dich zu zeigt.

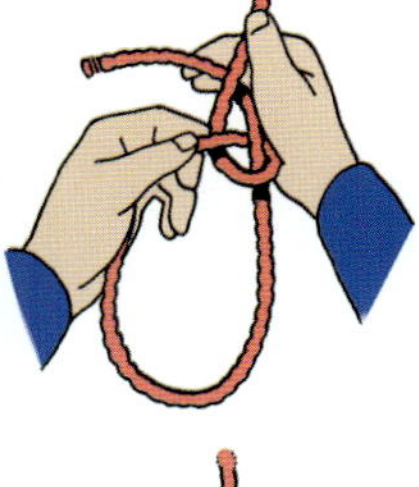

Halte das »Kreuz« zwischen Zeigefinger und Daumen, führe das Ende hinten um die Leine herum und steck es dann durch das Auge nach unten zurück.

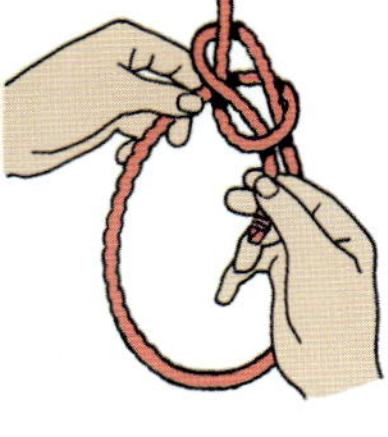

Zieh den Knoten langsam zu, Auge und »Bucht« (der um die Leine gebogene Teil) haben dabei die gleiche Spannung. Die Schlinge sollte dann etwa 5–8 cm lang sein.

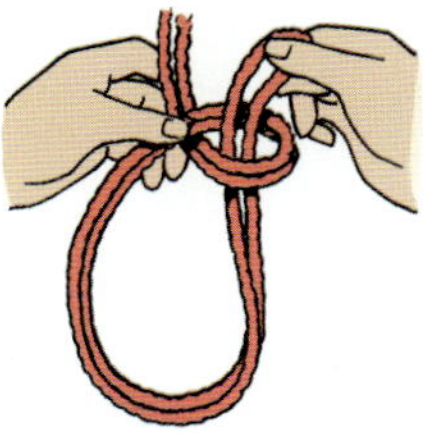

Um den **doppelten Palstek** (zwei Schlingen) zu machen, verdopple ein genügend langes Stück der Leine und beginne wie beim einfachen Palstek.

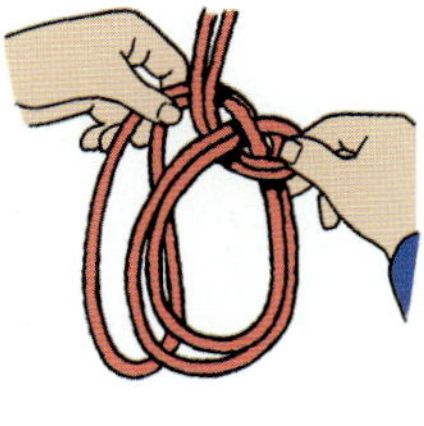

Das Ende ist durchs Verdoppeln zu einer Bucht geworden. Steck diese Bucht von unten durchs Auge, um die doppelte Leine herum und wieder von oben durchs Auge zurück.

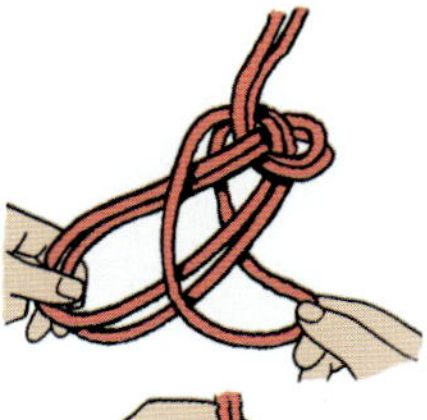

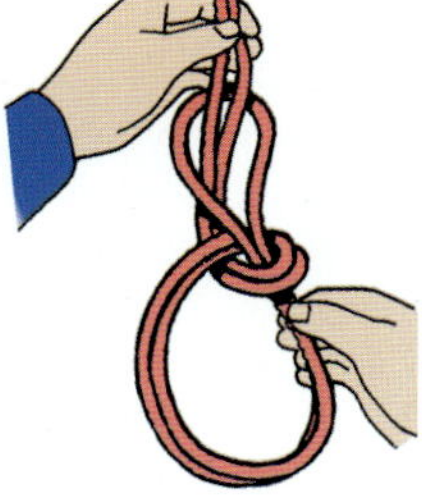

Öffne die Bucht im Ende, steck den ganzen bisherigen Knoten hindurch und zieh ihn dann fest. Steckst du dann deine Beine durch die beiden entstandenen Schlingen, dann sitzt du schon im selbstgemachten Bootsmannsstuhl.

Umgang mit Tauwerk

Das Aufschießen von Leinen und der Umgang mit ihnen

Alle nicht gebrauchten Leinen und Leinenenden sollten aufgeschossen werden. Damit werden Kinken verhindert, die das Material schwächen und in einem Block hängenbleiben. Nimm zum Aufschießen beide Hände. Halte den Bunsch in der linken und führe die Leine mit der rechten Hand. Schwing dabei die Arme auseinander und bestimme so die Länge des Bunsches, lass die Arme wieder zurückschwingen und leg mit der rechten Hand die Leine in den Bunsch.

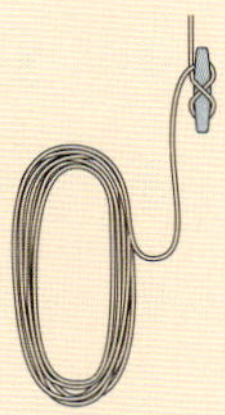

Schieß im Uhrzeigersinn auf.

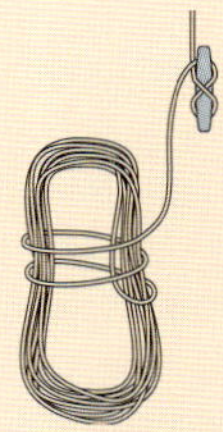

Wenn noch ca. 1 ¼ m übrig ist, wickle drei Törns um den Bunsch.

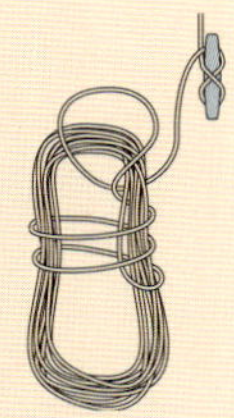

Zieh das letzte freie Stück als Schlinge oben durch den Bunsch.

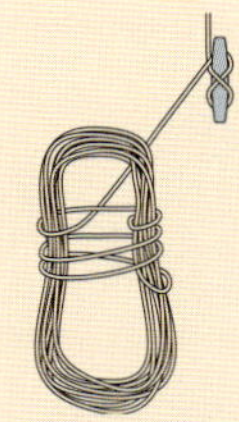

Leg die Schlinge oben über den Bunsch und zieh ihn damit zu.

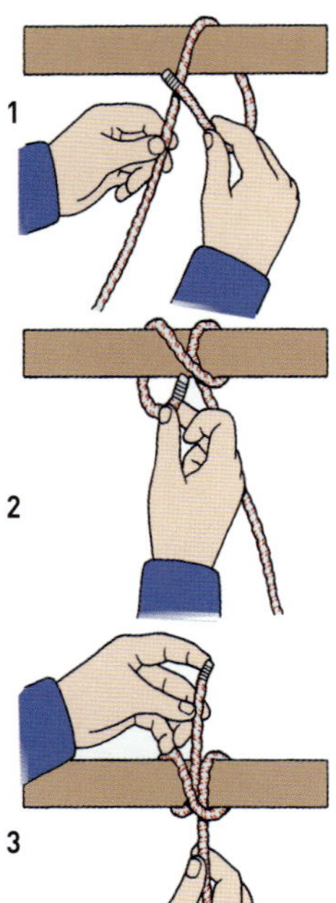

Ein **Webeleinstek** kann dazu dienen, einen Fender an der Reling zu befestigen. Leg das Ende über die Reling (1), führe es nach rechts hinter die feste Part (2). Leg das Ende noch mal über die Reling und steck es unter der »Kreuzung« durch (3).

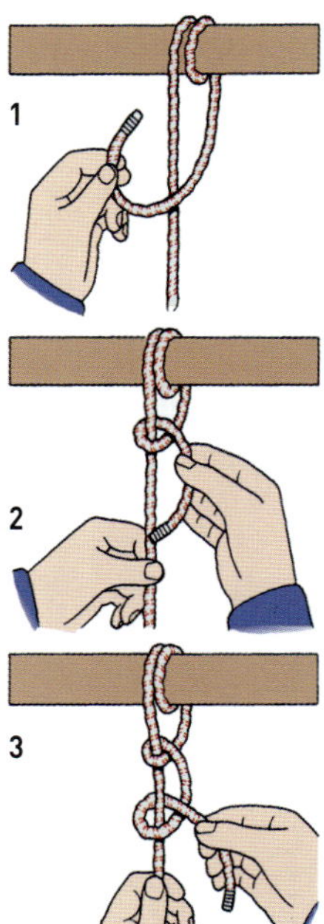

Ein **Rundtörn und zwei halbe Schläge** ist ein festerer Knoten als der Webeleinstek. Führe die Leine um die Reling herum (1) und steck zwei halbe Schläge um die feste Part (2+3). Er wird zum Anknoten von Leinen benutzt.

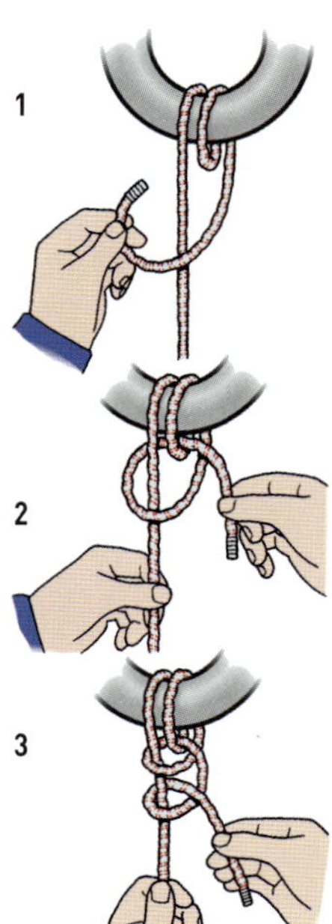

Mit dem **Ankerstek** wird eine Leine an einen Ring, den Anker oder eine dünne Leine geknotet. Führe sie zweimal durch den Ring (1), deren Ende durch die zwei Wicklungen (2) und mach zwei halbe Schläge (3).

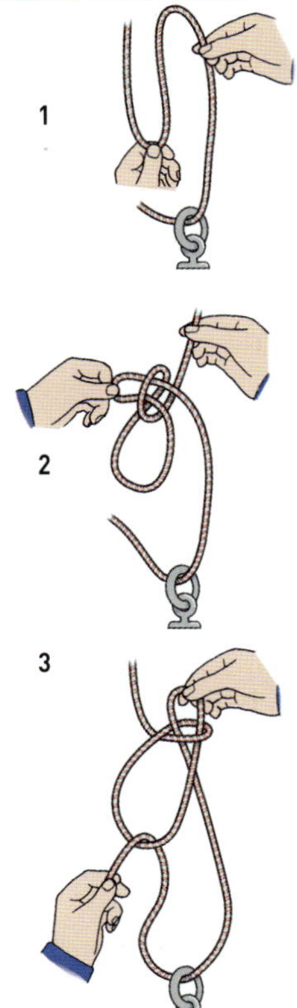

Truckerstek: Leg ein Auge (1), zieh eine Bucht hindurch (2), steck das Ende durch einen Ring und dann durchs Auge (3).

Eine Leine werfen
Beim Werfen einer Leine wird der Bunsch neu aufgeschossen. Der Bunsch wird geteilt, einen Teil hält man in der einen Hand, den Rest in der Wurfhand. Mit einem kräftigen Schwung nach vorn wird die Leine in hohem Bogen geworfen. Wenn sie fast gestreckt ist, wird der Restbunsch einfach losgelassen.

Eine Leine auf der Klampe belegen
Ist eine Leine nicht ordentlich auf einer Klampe belegt, kann sie durchrutschen oder sich verklemmen. Führe die Leine immer zuerst hinten herum, mehrmals kreuzförmig darüber und zum Schluss noch einmal um den Fuß der Klampe.

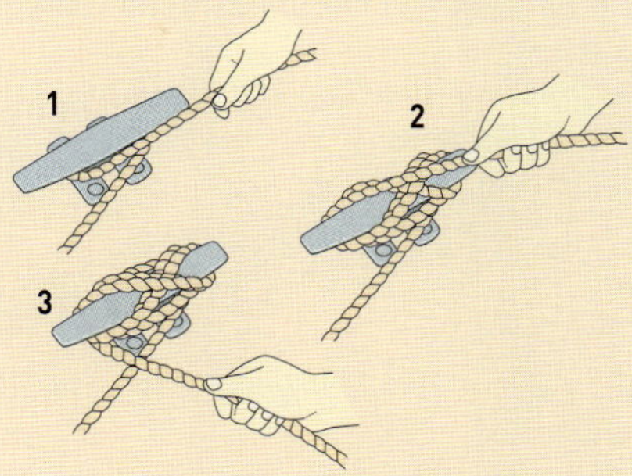

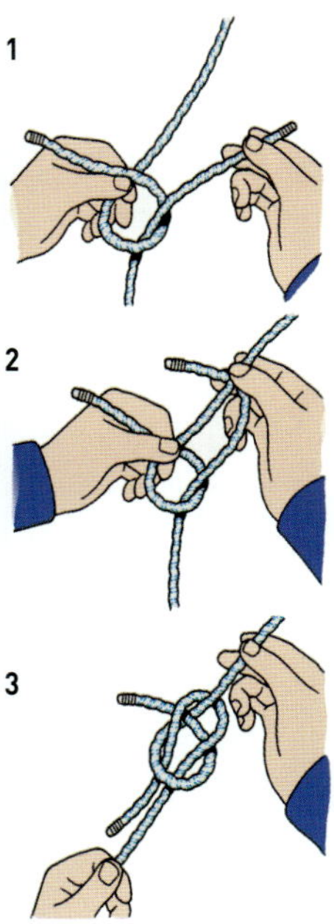

Zwei Leinen werden mit dem **Schotstek** verbunden. Leg die dickere Leine zu einem Auge (1), steck die andere von unten hindurch, um die feste Part der ersten hinten herum (2) und dann durchs Auge zurück (3).

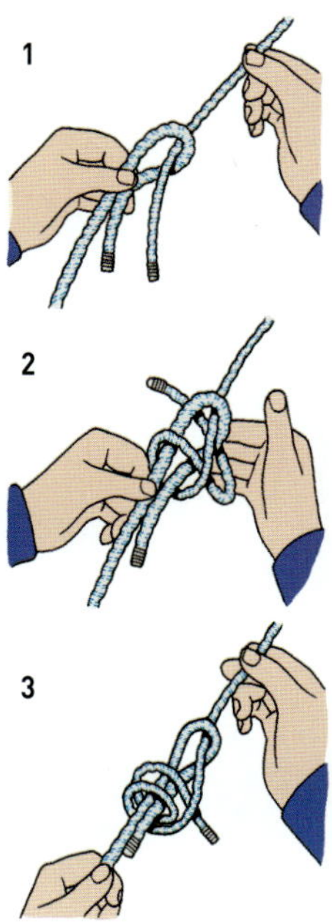

Ein **doppelter Schotstek** wird benutzt, wenn eine der Leinen dünner ist. Leg ein Auge in die dickere Leine (1) und mach wie beim Schotstek weiter (2), vor dem Durchstecken wird jedoch ein weiterer Törn gemacht (3).

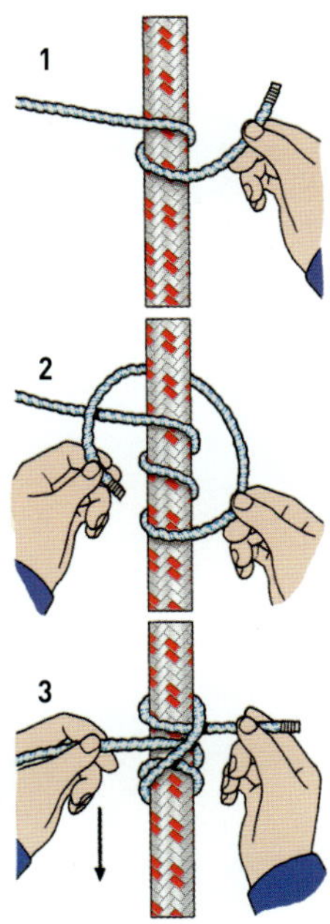

Stopperstek: Wickle das Ende einer Leine zweimal um die Schot (1), mach dann an der anderen Seite auf der Schot einen halben Schlag (2) und zieh den Knoten fest (3). Mit einer anderen Winsch wird die Schot dann durchgeholt.

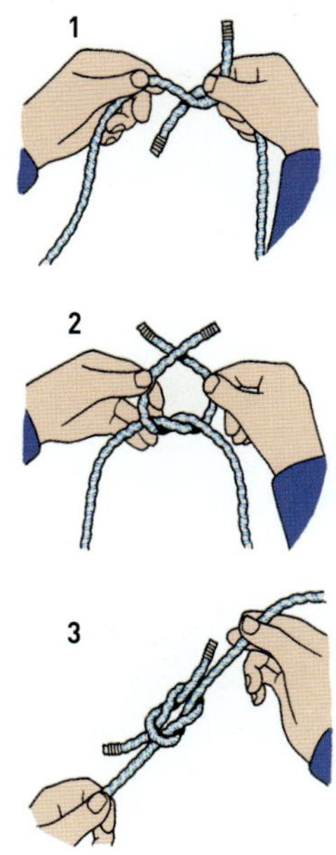

Der **Kreuzknoten** wird benutzt, wenn man etwas zubindet. Unter Zug hält er gut, lässt sich aber einfach lösen. Richtig gemacht (1+2), besteht er aus zwei ineinandergreifenden symmetrischen Buchten (3).

Spleiße

Spleißen
Ein Spleiß ist die Verbindung zweier Leinen, ohne dass deren Haltbarkeit geschwächt wird. Die einfachste und schnellste Art ist der Krähenfuß-Spleiß. Beim Verbinden werden die beiden Leinenenden gespleißt (1). Das gespleißte Auge (2) wird gebildet, indem das Ende der Leine unter mehrere Kardeele derselben Leine durchgesteckt wird. Die Enden werden mit einem Takling oder mit Tape gesichert.

1

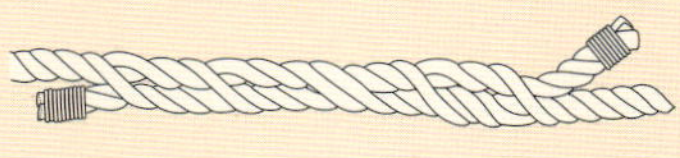

2

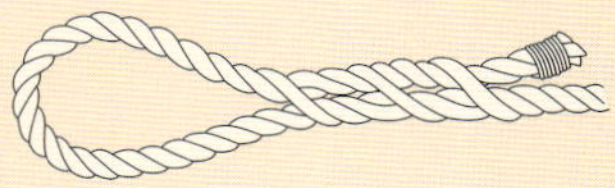

Das Tauwerk zum Spleißen vorbereiten
Besonders Tauwerk aus Kunstfasern muss sorgfältig vorbereitet werden, weil es leicht aufdröselt. Alle Spleiße beginnen mit dem Lösen der Kardeele bis zur erforderlichen Länge. Die Stelle, an der das Lösen endet, und die Enden der Kardeele werden betakelt oder mit Tape gesichert, damit das Tauwerk nicht weiter aufdröselt. Es wird immer gegen den Schlag (die Drehrichtung) der anderen Leine und im richtigen Winkel durchgesteckt.

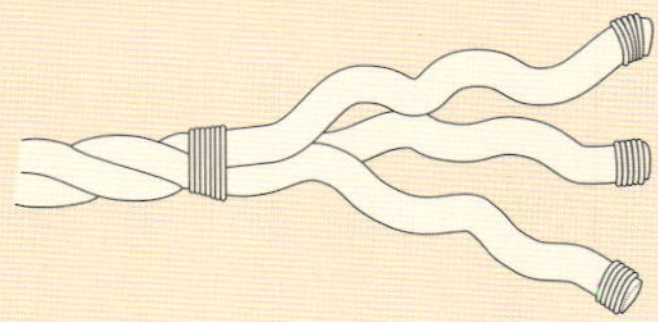

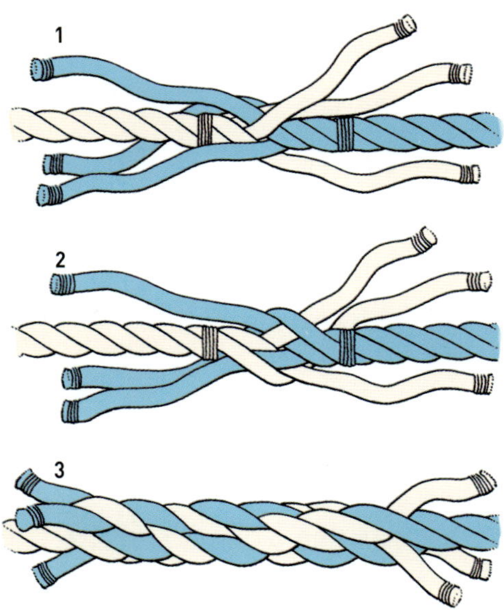

Für einen **Kurzspleiß** werden drei Windungen jeder Leine aufgedreht (1). Leg die Kardeele so aneinander, dass jedes zwischen zweien der anderen Leine liegt (2). Spleiße immer erst eine Seite, indem du ein Kardeel über das nächste legst und dann gegen den Schlag unter das folgende steckst. Wiederhol das noch zweimal. Zieh die Kardeele stramm und spleiße dann dreimal an der anderen Seite (3). Zieh wiederum alles stramm und roll den ganzen Kurzspleiß zwischen den Handflächen. Schneide die Enden glatt und versiegle sie.

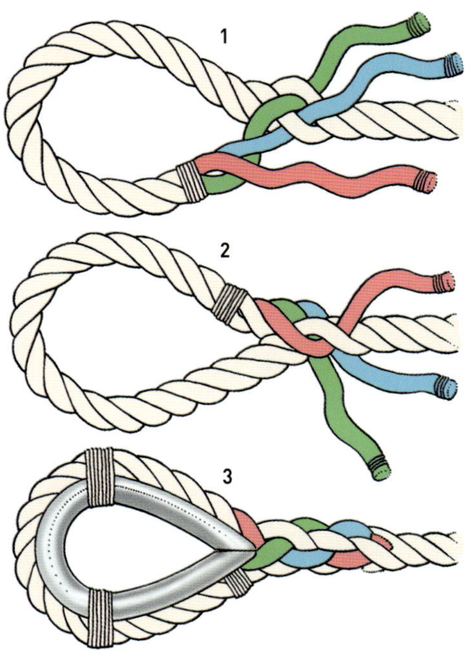

Um ein dauerhaftes Auge zu spleißen, löse die Kardeele vier Windungen weit und steck dann erst das mittlere und dann das linke Kardeel gegen den Schlag durch (1). Dreh den Spleiß herum und steck das dritte durch (2). Tu das noch zweimal, schneide die Enden sauber und versiegle sie. Um das Auge zu verstärken, kannst du eine Kausch einsetzen (3) und mit einem Takling sichern.

Fasertauwerk an Drahttauwerk spleißen
Um für ein Fall eine Leine an Drahttauwerk zu spleißen, dreh zunächst etwa 22 cm des Drahtes auf und betakle ihn dort. Bei Drahtseilen 7 x 19 oder 7 x 7 kann man die Kardeele in 2 x 2 und 1 x 3 aufteilen, um zu drei Kardeelen zu kommen. Löse die Leine auf 2,5 cm (1) und verteile die Kardeele des Drahtes und der Leine so gleichmäßig wie möglich. Betakle die Leine fest am Draht. Steck dann die Drahtkardeele gegen den Schlag durch die Leine und achte dabei darauf, dass sich im Draht keine Kinken bilden (2). Beschneide die Leine und betakle den Spleiß wie in (3) oder auf der ganzen Länge.

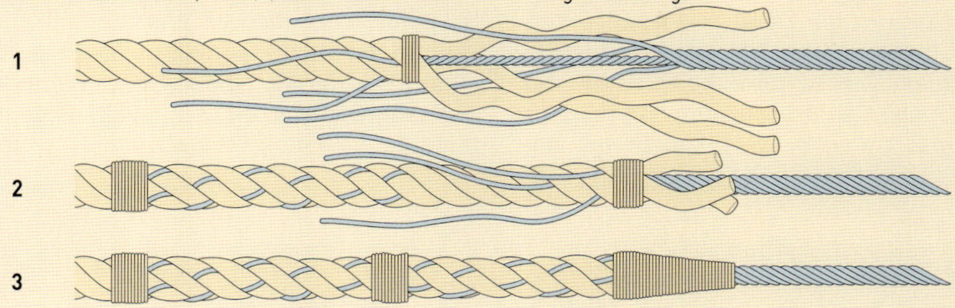

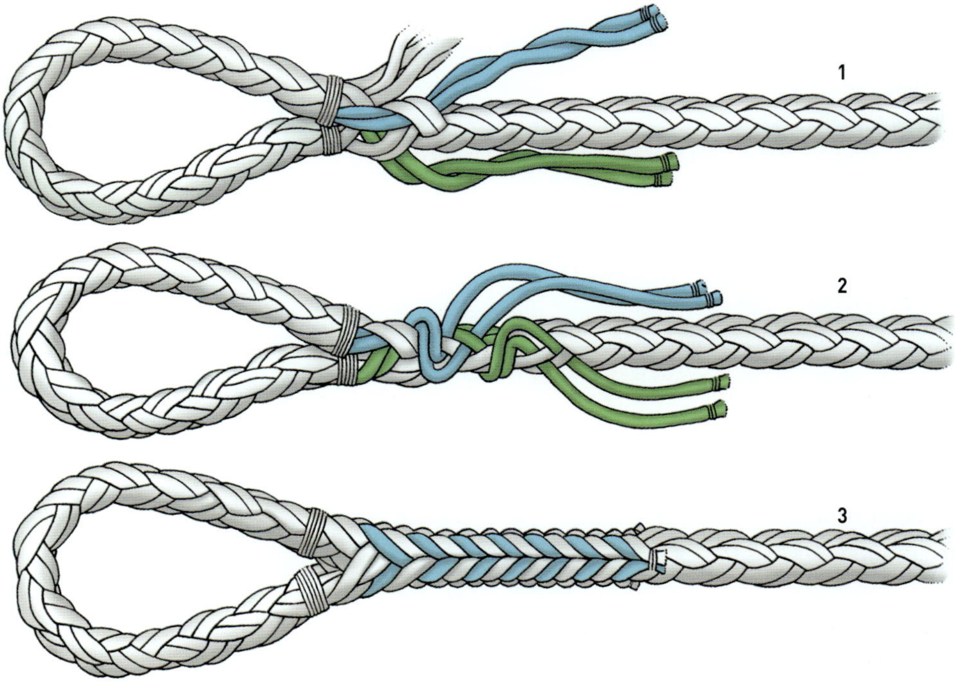

Festmacheleinen bestehen oft aus acht Kardeelen, von denen zwei Paare rechtsherum und zwei Paare linksherum laufen. Beim Spleißen werden die rechtsherum laufenden Kardeele linksherum durchgesteckt. Sichere jedes Paar Kardeele mit einem Tape, dessen Farbe die Laufrichtung anzeigt. Löse drei Windungen und betakle sie wie abgebildet (1). Steck das oberste Paar, das rechts dreht, unter einem rechts laufenden Paar hindurch (2). Arbeite dann wie gezeigt weiter (3).

Betakeln und beibändseln

Das Arbeiten mit Takelgarn ist ideal, um jüngeren Mitseglern die Fähigkeiten guter Seemannschaft nahezubringen. Weil die meisten Hitzeversiegelungen nur begrenzte Zeit halten, nehmen viele Eigner wieder Takelgarn, Segelmacherhandschuh und Segelnadeln in die Hand, wie es ihre Vorgänger getan haben. Alle Taklinge werden gegen den Schlag gewickelt, damit das Tauwerk nicht aufdröselt. Beginne mit dem Wickeln 2 cm vom Ende, indem du eine Bucht in der Richtung, in die du wickeln möchtest, an die Leine legst und diese mit strammen Törns mit einwickelst. Ist der Takling lang genug, wird das Ende durch die Bucht gesteckt und mit dem anderen Ende der Bucht unter den Takling gezogen. Schneide die Enden ab und du hast einen sauberen, haltbaren Takling.

Ist bei einer Verbindung oder bei einem Auge das Spleißen nicht möglich, kann man die Leinen mit Takelgarn in strammen

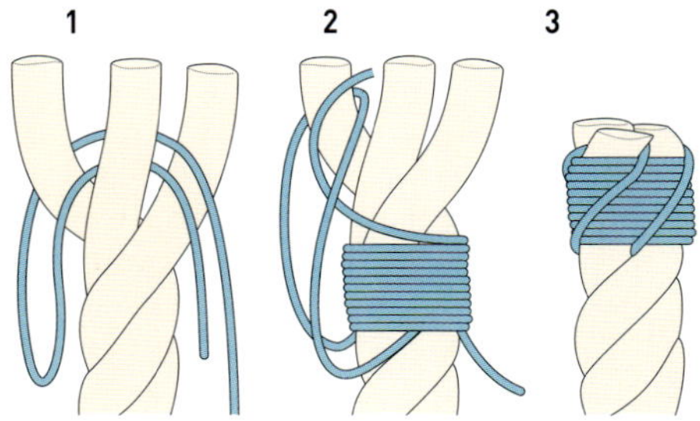

Für einen **Segelmachertakling** werden die Kardeele aufgedreht, dann wird um ein Kardeel lose eine Schlinge des Takelgarns gelegt (1). Dreh die Kardeele wieder zusammen und wickle das Garn fest um die Leine, leg die Anfangsbucht wieder über das gleiche Kardeel (2) und zieh sie mit dem anderen Ende durch. Leg dieses Ende um das nächste Kardeel und mach so weiter, bis alle Kardeele benutzt sind (3).

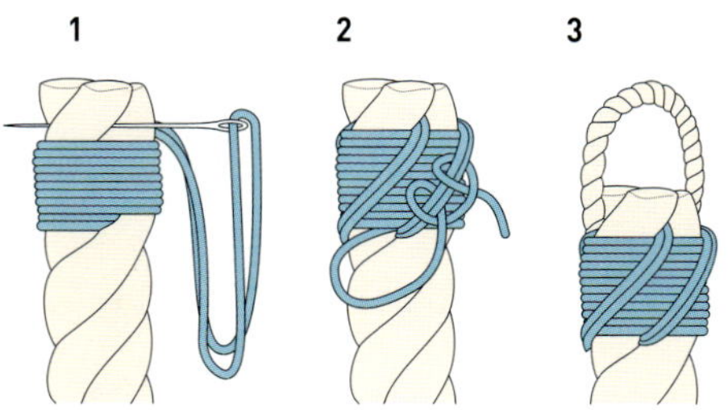

Beim **genähten Takling** wird das doppelt genommene Takelgarn unter ein Kardeel geschoben. Wickle die Törns fest bis zum Leinenende und zieh es fest über ein anderes Kardeel (1). Führe das Garn zurück zum Anfang und stecke es mit der Nadel durch, bis alle Kardeele dran waren. Beende den Takling mit halben Schlägen (2). Du kannst auch eine Bucht einnähen (3). Du beginnst mit zwei Stichen durch die Leine, wickelst einen festen Takling und beendest ihn mit jeweils drei Stichen so, dass das Garn im Abstand von 120° diagonal über den Takling genäht ist.

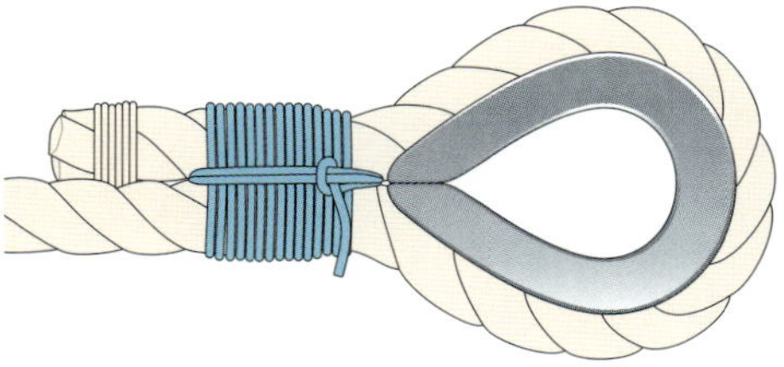

Um ein Auge beizubändseln, mach am Ende des Taklings einen Marlspiekerschlag (unten) ins Takelgarn und wickle damit acht weitere, wirklich feste Törn um die verdoppelte Leine. Zieh zum Schluss das Garn noch zweimal zwischen den Leinen über den Takling und verknote es mit einem Überhandknoten.

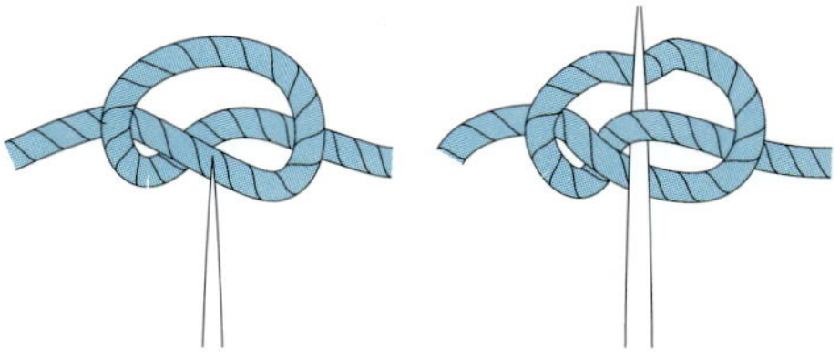

Der Marlspiekerschlag dient zum Einsetzen eines Marlspiekers in die Bucht eines Slipsteks, um damit mehr Kraft zum Wickeln eines Taklings aufzubringen.

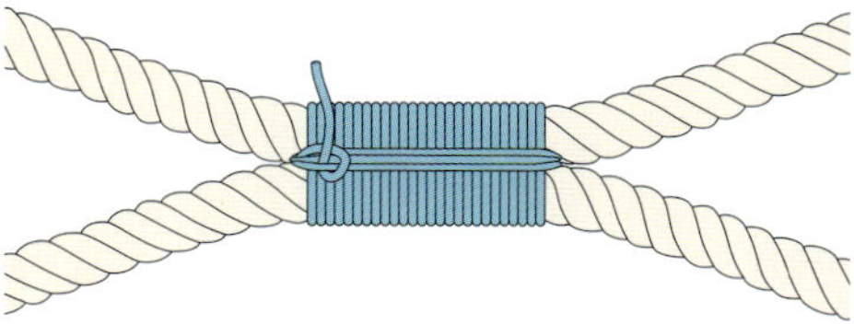

Um zwei Leinen längs miteinander zu verbinden, wird der gleiche Takling wie beim Beibändseln eines Auges gemacht, nach zwei bis drei Längstörns wird das Garnende mit zwei halben Schlägen gesichert oder in einer Leine vernäht.

Törns zusammenbinden. Das wird Beibändseln genannt. Besonders sinnvoll ist das bei geflochtenem Tauwerk. Eine weitere Methode ist das Aneinandernähen beider Enden.

Ausprobieren und Herumspielen mit Tauwerk hilft, all diese Techniken bald zu beherrschen. Oft kann man beim Händler geeignete Reste dafür bekommen. Besorge dir doch einfach deine eigene Bootsmannstasche, in der sich verschiedenartiges Tauwerk befindet!

1 2 3 4

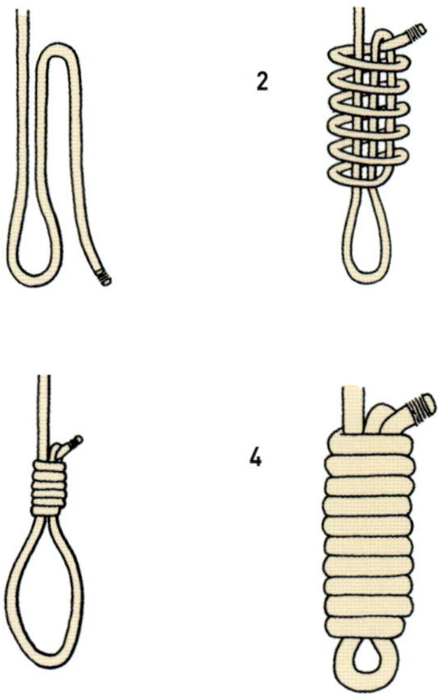

Für den **Henkersknoten** leg eine Bucht ins Ende der Leine und führe sie dann wieder zurück (1). Mach mit dem Ende 13 Rundtörns und steck es oben durch die Bucht (2). Zieh die Rundtörns fest, sodass sie gut halten (3). Unten aus dem Knoten schaut die verstellbare Schlinge heraus (4).

Ein **laufender Achtknoten** eignet sich z.B., um etwas aus dem Wasser zu fischen. Mach eine Bucht, knote einen Achtknoten herum und zieh ihn zu.

Blöcke und Taljen

Als es noch keine Winschen gab, wurden Blöcke und Taljen benutzt, um schwere Lasten zu heben, Segel zu setzen und Spieren zu bewegen. Auf modernen Booten ist die Großschot das beste Beispiel für eine Talje mit Blöcken, das zeigt, wie die Kräfte des Seglers verstärkt werden. Der Kraftgewinn wird berechnet, indem man die Leinen zählt, die vom beweglichen Block oder Blöcken kommen. Die einfachste Art ist der Gebrauch eines Blocks an der beweglichen Last wie dem Großbaum. Er halbiert die Zugkraft und hat so eine Wirkung von 2:1 (1). Der Block an Deck ist hierbei nur eine Umlenkrolle für die Schot. Man gewinnt noch mehr Zugkraft, wenn man einen weiteren Block am beweglichen Teil anbringt; damit erhält man eine Wirkung von 3:1 (2). Ein vierter Block mit eigenem Verankerungspunkt verdoppelt die Wirkung auf 6:1 (3). Er kann z. B. beim Baumniederholer genutzt werden.

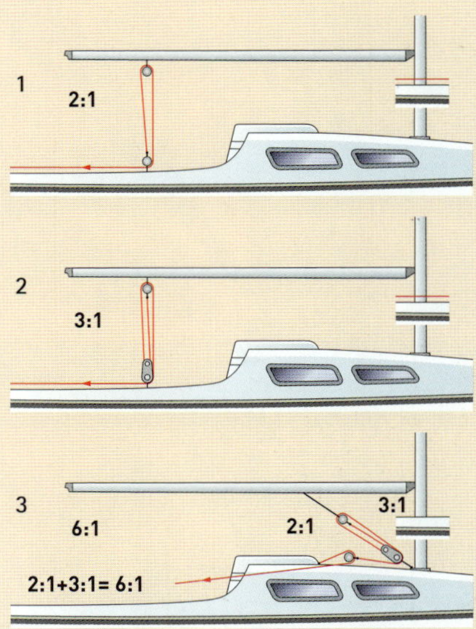

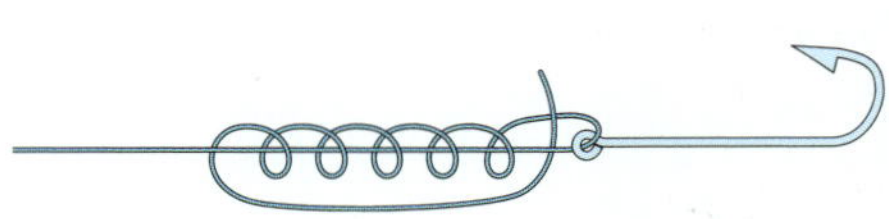

Ein **Blutknoten** wird beim Angeln zum Befestigen des Hakens an der Schnur benutzt. Steck die Schnur durch die Öse, mach vier oder fünf Wicklungen und steck dann das Ende neben der Öse durch.

131
SLINGSHOT

Wind und Segel

Wahl der Segel

Das herkömmliche Bermudarigg einer durchschnittlichen Fahrtenyacht trägt mindestens ein Groß- und ein Vorsegel. Mit einer Rollanlage für das Vorsegel ist das für den größten Teil einer Segelsaison völlig ausreichend. Es ist jedoch immer besser, zur Sicherheit noch zusätzlich eine kleinere Fock an Bord zu haben, weil die Rollgenua schadhaft werden kann, so wie man auch einen zweiten Anker zur Sicherheit mitnimmt.

Wer an einem Wochenende einen Törn macht und am nächsten an einer Regatta teilnimmt, braucht mehr Segel. Das Rollvorsegel ist für Wettfahrten nicht gut geeignet, weil es, besonders wenn es teilweise aufgerollt ist, tiefer wird und man nicht sehr hoch an den Wind gehen kann. Deshalb braucht man mehrere unterschiedlich große Vorsegel.

Für gelegentliche Wochenendregatten braucht man mindestens ein Großsegel, eine normale Genua, eine Genua 2, eine Genua 3 und einen mittelschweren Spinnaker. Für Hochseeregatten braucht man unbedingt eine Sturmfock, zur Sicherheit, nicht nur, weil sie gefordert wird.

Heute entwickelt sich das Segeln jedoch immer mehr dahin, dass es vor allem leicht zu handhaben sein soll. Das Bermudarigg benötigt eine größere Crew und eine Vielzahl von Segeln, um erfolgreich zu sein. Wegen der so entstehenden hohen Kosten wird nach neuen Lösungen gesucht.

So bieten sich durchgelattete Großsegel, Großsegelrollanlagen im Mast und verbesserte Rollgenuas an. Sie haben gute Am-Wind-Eigenschaften und können vom Cockpit aus bedient werden.

Zu den eher ungewöhnlichen Takelungen gehört das Freedom-Rigg. Bei ihm sind die Masten unverstagt und werden nur vom Deck gehalten. Die Segel sind entweder mit dem Vorliek um den Mast gelegt oder laufen auf herkömmliche Art in Mastschienen oder Keeps (Hohlschienen).

Beim Kauf von Segeln hüte dich vor billigen Sonderangeboten. Gib dein Geld für starke, gut geschnittene Segel aus, die vielleicht teuerer sind, aber sieben oder acht Jahre lang in Form bleiben. Wähle fürs Fahrtensegeln ein hinreichend schweres Tuch, laminierte Segel sind dafür zu anfällig.

Die Gaffeltakelung ist das traditionelle Rigg europäischer Handels- und Fischerboote, das heute wieder öfter zu sehen ist.

Das um den Mast gelegte Segel vermindert dort Turbulenzen, sein Vorliek ist zwar stumpf, bildet aber eine günstige Anströmkante. Hier wird eine Jolle gezeigt, aber auch auf Yachten wird diese Art des Vorlieks genutzt.

Amerikanische Handelsschoner mit riesigen Segelflächen sollten die Waren möglichst schnell transportieren und so gute Preise sichern.

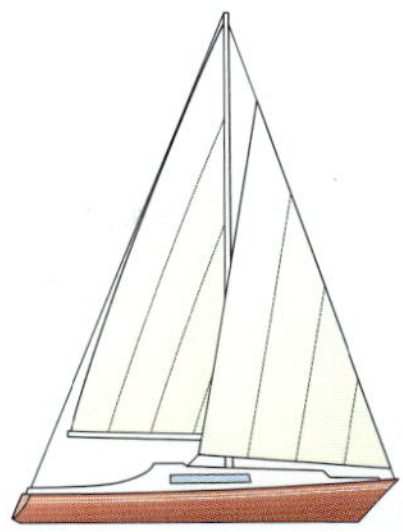

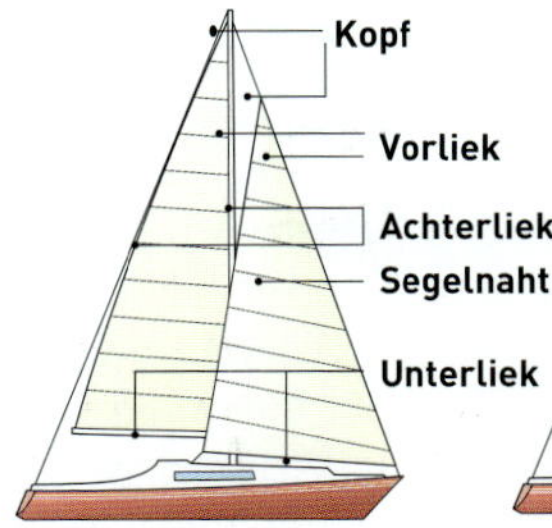

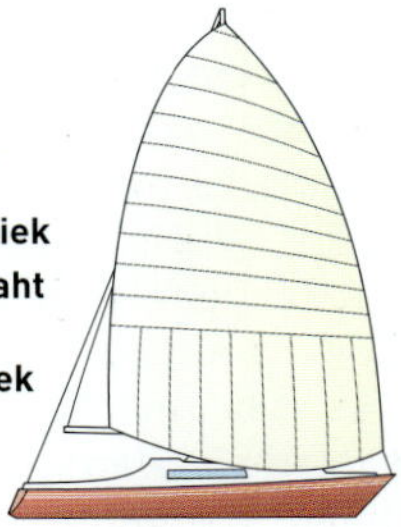

Vertikal geschnittene Segel haben viele Jahre lang in Wettfahrten ihre Leistungsfähigkeit bewiesen.

Der Horizontalschnitt ist besonders für Großsegel üblich, weil sich bei ihm das lose Achterliek nicht dehnt.

Der Blister ist etwas kleiner als ein Spinnaker und einfacher zu handhaben. Er erhöht raumschots und vor dem Wind die Segelleistung einer Fahrtenyacht.

Der Vertikalschnitt mit Mittelnaht (1) und der Vertikalschnitt (2) sind für Vorsegel weit verbreitet.

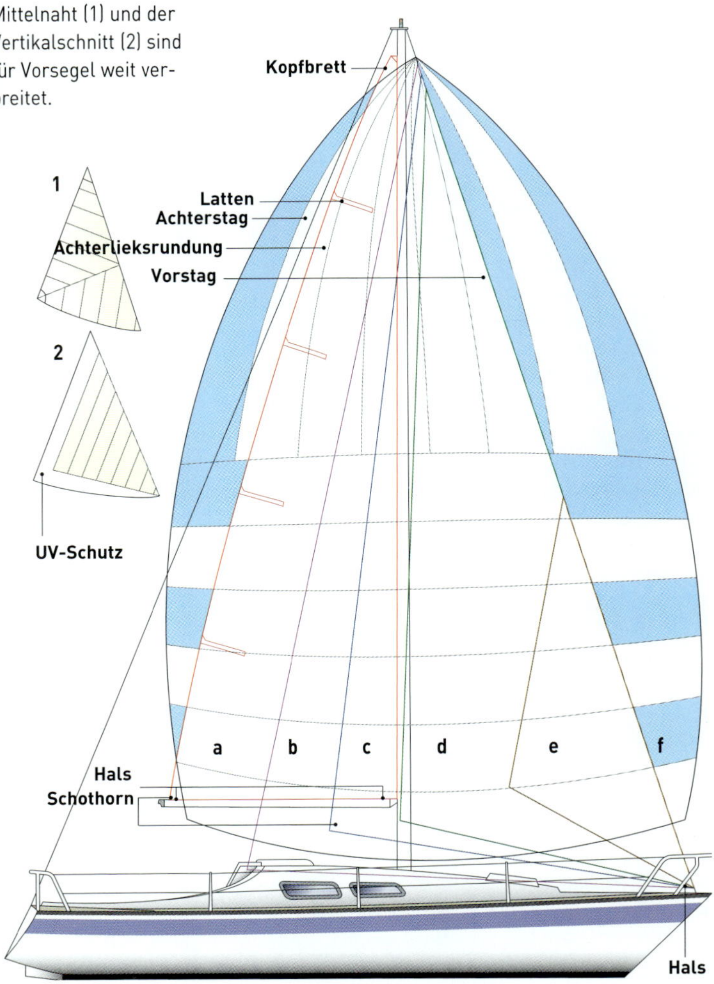

a **Das Großsegel** wird mehr als jedes andere Segel belastet und muss für starken Wind ausgelegt sein. Mit Latten wird die Achterlieksrundung (Gillung) gehalten.

b **Die Genua für mittleres Wetter** muss hoch genug sein, um Sicht nach vorn und nach Lee zuzulassen.

c **Die Genua 2**, die zur Genua 3 gerefft werden kann, ist bei starkem Wind brauchbar, sie ist jedoch ein Kompromiss.

d **Die Genua 3** ist eine gute Alternative.

e **Die Sturmfock** muss aus schwerem Tuch und vorzugsweise orangefarben sein.

f **Der Spinnaker** mit Radialschnitt am Kopf wird aus leichtem Tuch gemacht. Er sollte nicht reinweiß sein, um die Augen zu schonen.

Wie ein Boot segelt

Ein Boot kann nicht gegen den Wind segeln, es braucht immer den Wind von einer Seite, der die Segel füllt, damit das Boot durchs Wasser vorankommt.

Der Winkel zur Windrichtung bestimmt die Segelstellung und auch, welche Segel zu setzen sind. Der beste Winkel, mit dem der Wind ins Segel weht, hängt von der Form des Segels, dem Bootstyp und von der Bauart des Riggs ab. Aber bei allen Segelfahrzeugen und bei allen Einfallswinkeln des Windes muss ein Segel richtig eingestellt sein, damit das Boot für den jeweiligen Wind optimal segelt.

Die Stärke des Windes bestimmt die Größe der Segelfläche. Bei Windstärke 4 Bft, um 16 kn, 30 km/h oder 8 m/s erreicht der Druck 4,9 kg/m², bei stärkerem Wind von 8 Bft, um 34 kn, 64 km/h oder 17 m/s wächst der Druck auf 24 kg/m².

Um für das Boot bei 8 Bft den gleichen Segeldruck zu haben wie bei 4 Bft und um starkes Krängen zu vermeiden, muss die Segelfläche verkleinert werden.

Alle Segel sollten anteilig verkleinert werden, damit das Boot ausbalanciert bleibt. Zu viel Fläche im Großsegel und zu wenig in der Fock macht das Boot luvgierig: Es will mit dem Bug in den Wind, weil der Segeldruckpunkt SDP (der Punkt in der Segelfläche, in dem der Wind rechnerisch angreift) nach achtern wandert. Ist die Vorsegelfläche zu groß und das Groß zu klein, liegt der Segeldruckpunkt zu weit vorn und das Boot wird abfallen. Der Kiel verhindert die seitliche Abdrift beim Segeln. Er trägt auch erheblich zur Stabilität bei. Weil der Wind das Boot nicht seitwärts durchs Wasser bewegen kann, treibt die resultierende Kraft es vorwärts.

Für die Geschwindigkeit des Bootes ist auch der Krängungswinkel von Bedeutung. Große Krängung macht das Boot langsamer, auch wenn es scheint, als würde es schneller. Deshalb ist es effizienter und bequemer, möglichst aufrecht zu segeln. Der Ballast im Kiel wirkt als aufrichtender Hebel gegen den Winddruck und verhindert, dass sich das Boot ganz auf die Seite legt.

Die verschiedenen Kurse zum Wind erklärt die Abbildung auf S. 51.

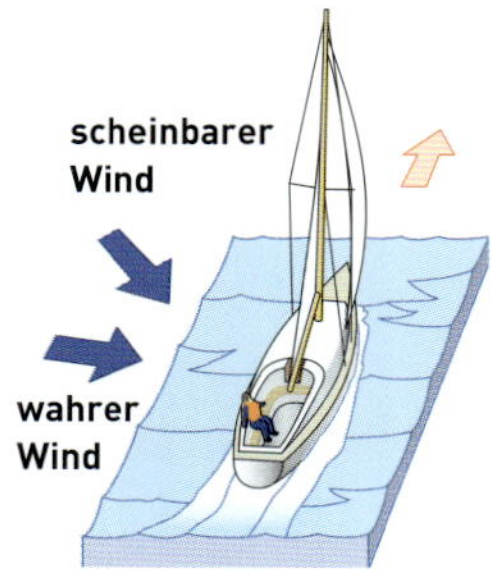

Der scheinbare Wind setzt sich aus dem wahren Wind und dem Fahrtwind des Bootes zusammen und ist deshalb auf Am-Wind-Kursen am stärksten. Vorm Wind ist der scheinbare Wind leichter als der wahre Wind. Weht der wahre Wind mit 15 kn und segelt das Boot mit 5 kn vorm Wind, dann bläst der scheinbare Wind mit 10 kn übers Deck.

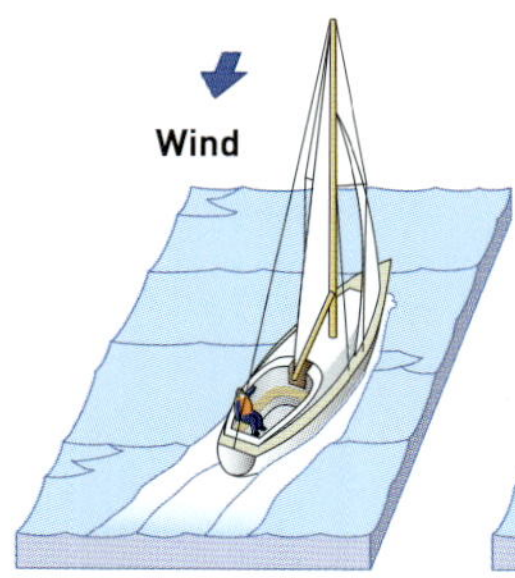

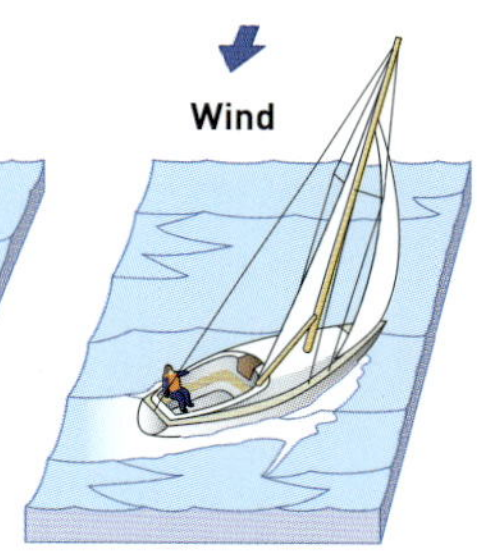

Oben: Die Segel müssen so getrimmt werden, dass der Wind **ungestört an ihnen entlangströmt**. Fällt man ab, müssen die Schoten gefiert werden.

Unten: **Am Wind und raumschots** wirken die Segel wie eine Düse. Der Wind strömt an der Außenseite des Großsegels schneller als innen und erzeugt einen Sog, der das Boot vorwärtstreibt.

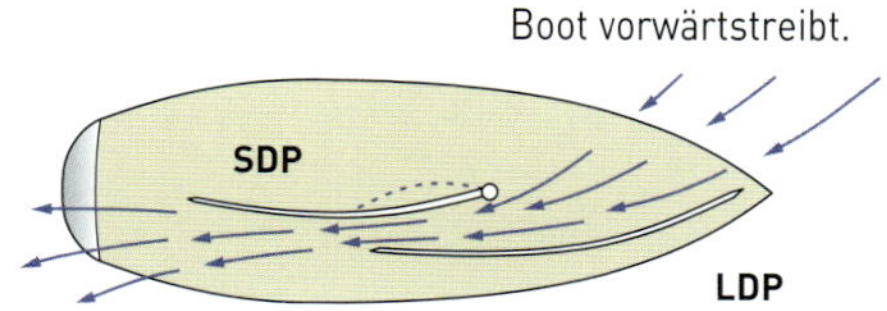

Der **Segeldruckpunkt** (SDP) ist der Punkt, in dem alle Windkräfte angreifen. Der **Lateraldruckpunkt** (LDP) ist der Punkt, in dem alle Kräfte des Wassers am Unterwasserschiff angreifen. Beide Punkte sind nicht fest, sie wandern je nach den Umständen nach vorn oder achtern.

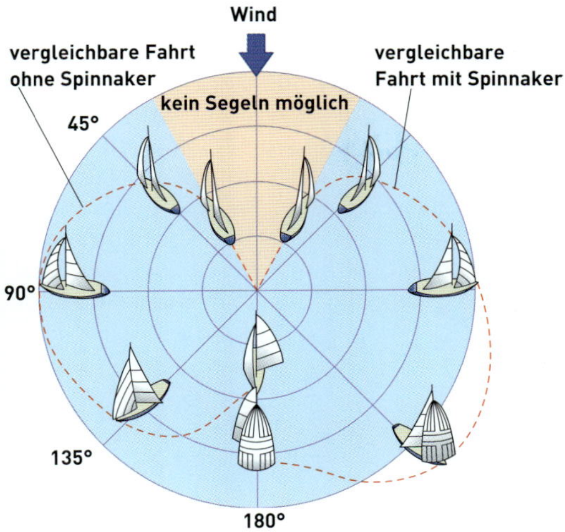

Kurse zum Wind

Die Geschwindigkeit eines Bootes wird vom Winkel des einfallenden Windes, d. h. von der Höhe am Wind bestimmt (vgl. S. 51).

1 Zu hoch am Wind oder im Wind killen (schlagen) die Segel, das Boot macht keine Fahrt.

2 Hoch am Wind nimmt die Fahrt zu, wenn die Segel bis zur günstigsten Stellung dichtgeholt sind.

3 Bei Am-Wind-Kursen (um 70° zum wahren Wind) sind die Schoten gefiert und das Boot läuft leicht.

4 Bei Halbwind nimmt die Fahrt noch zu.

5 Bei Raumschotskursen (um 135°) segelt ein Boot am schnellsten, wenn noch zusätzliche Segel gesetzt werden.

6 Vorm Wind werden die Segel so weit wie möglich gefiert. Werden dann nicht zusätzliche Segel gesetzt, wird das Boot langsamer.

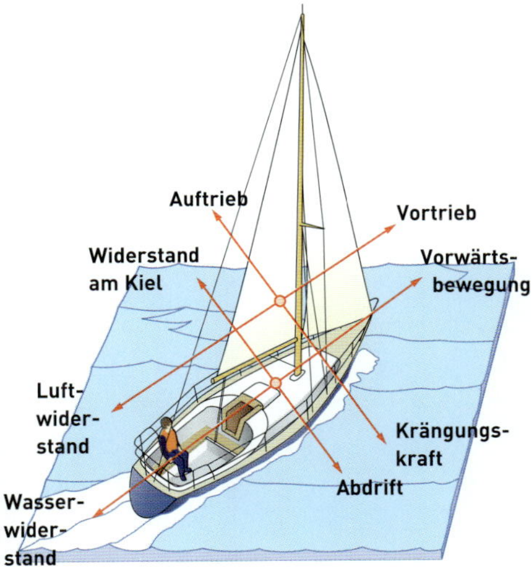

Fällt das Boot vom Am-Wind-Kurs ab, nimmt die Geschwindigkeit bis zum Raumschotskurs zu. Danach verringert sich der scheinbare Wind deutlich und die Fahrt nimmt ab, wenn nicht der Spinnaker gesetzt wird, um dem Boot mehr Fahrt zu geben.

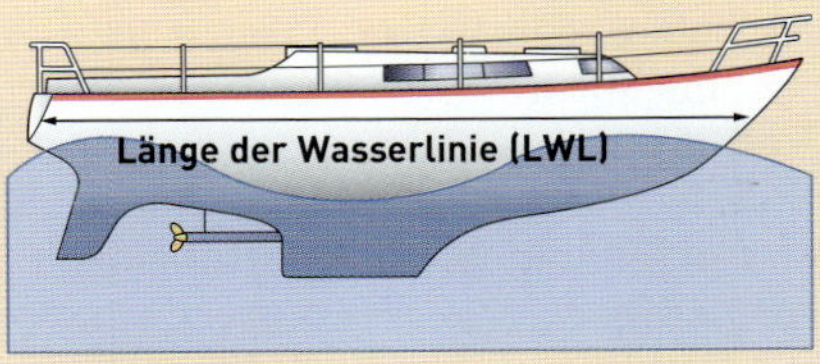

Rumpfgeschwindigkeit

Die Rumpfgeschwindigkeit ist bei Booten, die nicht gleiten, die Höchstgeschwindigkeit. Rechnerisch ermittelt man sie folgendermaßen: R (in kn) = 2,43 x √LWL (in m). Diese Höchstgeschwindigkeit wird erreicht, wenn die durch das Boot hervorgerufene Welle die gleiche Länge wie das Boot hat.

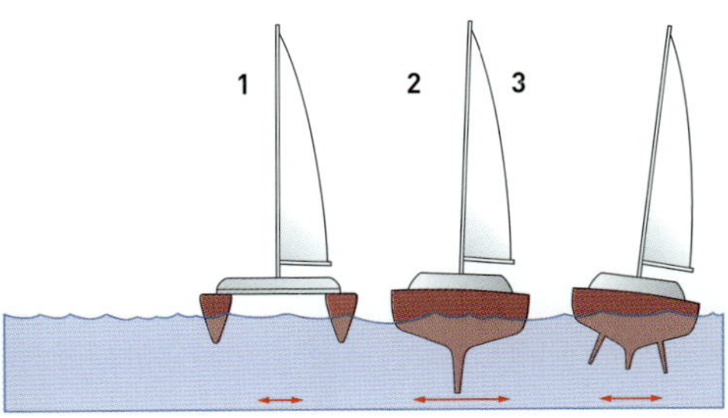

1 Ein **Katamaran** hat zunächst eine hohe Stabilität; liegt er jedoch ganz auf der Seite, ist er nur schwer wieder aufzurichten.

2 Eine **Fahrtenyacht** krängt wegen der Rumpfform und des tiefliegenden Ballastes nur bis zu einem mittleren Winkel.

3 Auch ein **Kimmkieler** trägt Ballast in den Kimmkielen, manchmal auch wegen eines geringeren Tiefgangs in einem zusätzlichen Mittelkiel.

Segel setzen

Zu Beginn eines Segeltages werden die Vor- und Großsegel angeschlagen. Dabei sollte man sehr sorgfältig vorgehen, damit es später keine Störungen gibt, wie z. B. das Herausfliegen der Segellatten.

Die ersten Überlegungen gelten dem Wetter, besonders, wenn man mit kleiner Crew segelt. Der Wind, der am Morgen noch leicht weht, kann im Lauf des Tages auffrischen und schon bald einen Segelwechsel nötig machen. Deshalb sollte man, besonders bei kleiner Crew, das Vorsegel anschlagen, das für den stärksten vorhergesagten Wind geeignet ist.

Der Hals des Vorsegels wird am Bugbeschlag entweder mit einem Schäkel oder, wegen der besseren Sicht nach vorn, mit einem Stropp (kurzes Stück Drahttauwerk) befestigt. Das Vorliek des Vorsegels wird mit Stagreitern am Vorstag angeschlagen oder in die Nut eines Profilvorstags geführt, das die anströmende Luft weniger verwirbelt.

Sind die Segel angeschlagen, werden die Schoten und Fallen angebracht. Dann wird das Boot in den Wind gedreht. Zuerst wird das Großsegel gesetzt. Steht jedoch der Wind gegen den Strom, segelt man zunächst nur mit dem Vorsegel los.

Sind die Segel gesetzt, sollte man kontrollieren, ob die Spannung stimmt. Auf manchen Booten wird augenscheinlich nie auf die richtige Spannung des Vorsegels geachtet. Ist dessen Vorliek nicht stramm genug durchgesetzt, laufen waagerechte Falten vom Vorliek aus übers Segel und zwischen den Stagreitern bilden sich Buchten, damit segelt ein Boot kaum gut am Wind. Setz das Vorsegelfall genügend stramm durch. Keine Sorge: Solange alles intakt ist, wird nichts kaputtgehen! Es ist immer einfacher, ein Fall etwas zu fieren, als es durchzusetzen; je stärker der Wind ist, desto strammer sollte das Fall sein. Wenn der Wind nachlässt, wird das Fall so weit gefiert, dass die Falte verschwindet. Nimmt er zu, muss das Fall entsprechend durchgesetzt werden. Das Gleiche gilt für das Vorliek des Großsegels.

Jedes Vorsegel wird auf genau die gleiche Art gesetzt. Bei allen Vorsegeln sollten sich die Stagreiter nach der gleichen Seite öffnen lassen. Damit verhindert man Verwechslungen von Hals und Kopf und setzt das Segel, besonders bei Nacht, nicht verkehrt herum. Es hilft auch zu verhindern, dass ein Stagreiter verdreht wird. Achte darauf, dass das Vorsegelfall vor dem Segelsetzen nicht um das Vorstag geschlagen ist.

Ist das Fall eines Rollvorsegels einmal durchgesetzt, kann es über die Segelsaison gut beiseitegeräumt werden; es wird nur noch gelegentlich geprüft. Beim Ausrollen

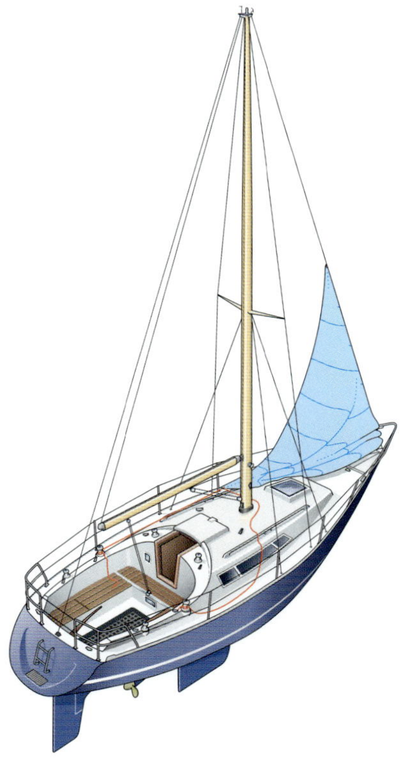

Zum Setzen des Vorsegels wird der Segelsack aufs Vordeck gebracht und der Hals am Bugbeschlag befestigt. Die Stagreiter werden von unten nach oben am Vorstag eingehängt, sie dürfen nicht verdreht sein. Mit einem Palstek werden die Schoten am Schothorn befestigt. Man sollte besser zwei getrennte Schoten statt einer endlosen fahren. Befestige das Fall am Kopf des Segels, führe die Schoten durch die Leitösen ins Cockpit und mach einen Achtknoten in jedes Ende. Zum Setzen wird das Fall kräftig gezogen, bis der Kopf des Vorsegels oben ist. Dann wird das Fall belegt und die Schot an der Leeseite mit der Winsch dichtgeholt.

des Vorsegels wird die Reffleine, die zum Cockpit geführt ist, langsam gefiert, während die Schot an der Leeseite durchgeholt wird. Beim Einrollen läuft es umgekehrt; dabei achtet man darauf, dass immer ein wenig Zug auf der Schot bleibt, damit das Segel sauber aufgewickelt wird.

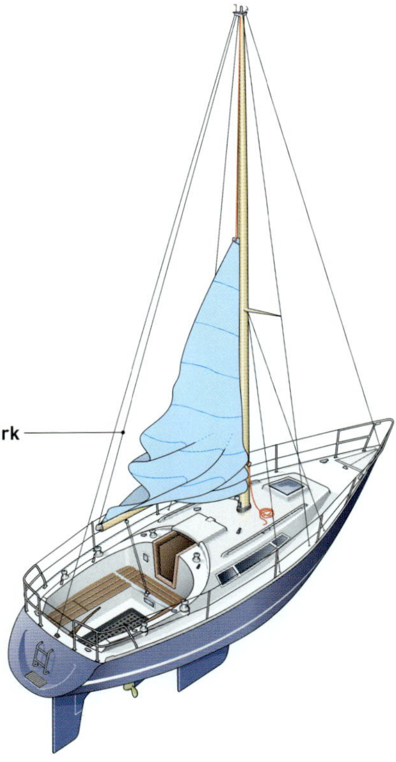

Zum Setzen des Großsegels wird der Segelsack zum Mast gebracht, das Schothorn und die Unterliekrutscher werden in die Baumschiene geschoben und der Hals wird am Lümmelbeschlag (Baumende am Mast) mit einem Schäkel befestigt. Dann wird das Unterliek gespannt. Das Fall wird am Kopf des Segels befestigt, dann werden die Rutscher von oben nach unten in die Mastschiene eingeführt. Prüfe vorm Setzen, ob das Fall frei ist, und setz das Großsegel. Löse die Dirk so weit, dass alle Spannungen von den Lieken übernommen werden. Beim Bergen wird die Dirk wieder angezogen, bevor das Fall gelöst wird.

Pflege des Segels

Der größte Feind der Segel ist das Sonnenlicht, deshalb sollten sie bedeckt werden, wenn sie nicht in Gebrauch sind. Ein UV-Schutz (s. S. 43), der an Achter- und Unterliek eines Rollvorsegels angenäht ist, schirmt das Segel vor den schädlichen Strahlen, aber auch vor Staub und Schmutz ab. Vor Schimmel, der die Farbe zerstören kann, wird das Segel durch Waschen (2 x pro Saison) und trockenes Lagern geschützt.

Achte auf Abrieb der Segel und prüfe dabei besonders die Stellen, die irgendwo schamfilen können. Aufgeklebte Verstärkungen können, wenn nötig, helfen.

Segel verstauen

Um das Großsegel aufzutuchen, lege das Segel in Falten über den Baum; dabei wird das Achterliek kräftig nach achtern gezogen. Sichere das gefaltete Segel mit Zeisingen (kurze Stücke Band oder Leine) oder Gummistropps.

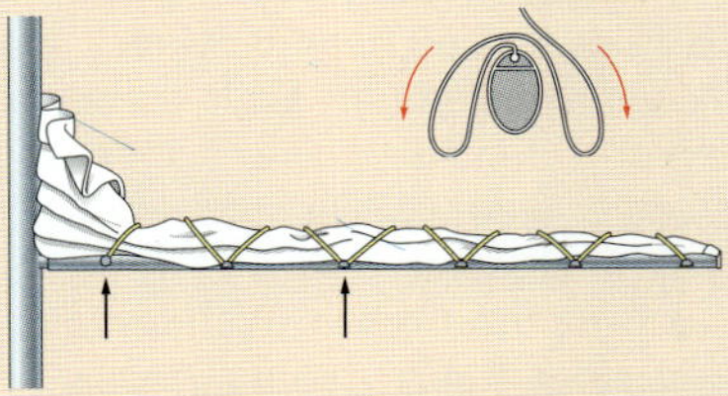

Ein sauber zusammengelegtes Vorsegel kann vorübergehend am Relingsdraht angebunden werden. Um es unter Deck zu lagern, wird es der Länge nach gefaltet (1) und vom Vorliek zum Achterliek hin fest aufgerollt (2). Achte darauf, die Lieken nicht zu knicken. Pack dann das Segel in den beschrifteten Segelsack.

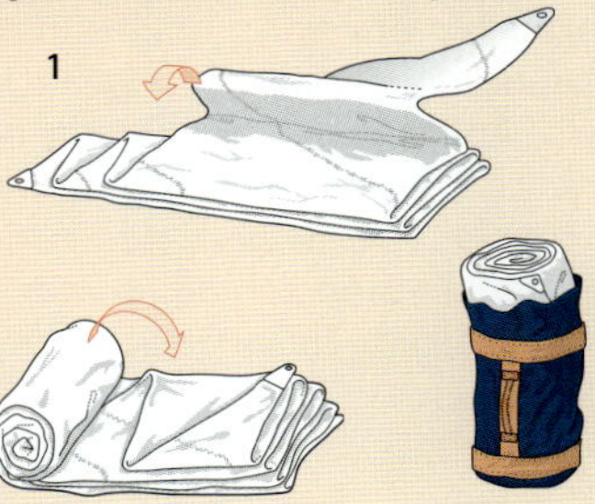

Segeln hoch am Wind

Das Segeln hoch am Wind ist die größte Herausforderung für den Segler, der aus seinem Boot das Beste herausholen möchte. Weil es nicht machbar ist, direkt gegen den Wind zu segeln, ist es nur durch Kreuzen möglich, d. h. indem man sich mit einer Reihe von Schlägen (Zickzack-Strecken) einem Ziel in Luv nähert.

Die entscheidende Frage dabei ist, wie hoch man an den Wind herangehen kann, und die kann man nur durch Versuch und Irrtum beantworten. Der normale Wendewinkel (Winkel zwischen den Kursen beider Schläge am Wind) für eine Fahrtenyacht ist bei durchschnittlichen Bedingungen 80–90°.

Bei manchen Bootsarten, besonders bei Kimmkielern, ist er 90–100°. Rennyachten mit hohem Rigg und tiefen Kielen können sogar mit 70–80° wenden. Dieser Winkel hängt nicht nur von der Bauart des Bootes und der Form der Segel ab, sondern auch von der Windstärke, dem Strom, dem Seegang und sogar von der Lufttemperatur.

Das Ziel des Kreuzens ist, so hoch wie möglich an den Wind zu gehen und dabei die höchste mögliche Geschwindigkeit zu erreichen. Geht das Boot höher an den Wind, ist der Kurs zum Ziel zwar direkter, aber es segelt dann langsamer. Fällt es weiter ab, ist die Fahrt durchs Wasser höher, aber es muss eine weitere Distanz über Grund (DüG) zurücklegen.

Kreuzt man mit einem Wendewinkel von 90° und einer Fahrt durchs Wasser (FdW) von 5 kn, nähert sich das Boot mit 3,53 kn dem Ziel in Luv. Ist der Wendewinkel 80° und sinkt die FdW auf 4 kn, geht die Fahrt zum Ziel auf 3,06 kn zurück. Manchmal lohnt es, etwas weiter abzufallen und schneller zu sein, weil man sehr konzentriert steuern muss und ein Hochleistungsrigg braucht, um ganz hoch am Wind zu segeln und dabei noch genügend Fahrt zu machen. Auf langen Strecken ist es wahrscheinlich, dass der Wind dreht, bevor das Ziel erreicht ist; deshalb solltest du den Kurs für den ersten Schlag so wählen, dass er dem Kurs zum Ziel am nächsten ist.

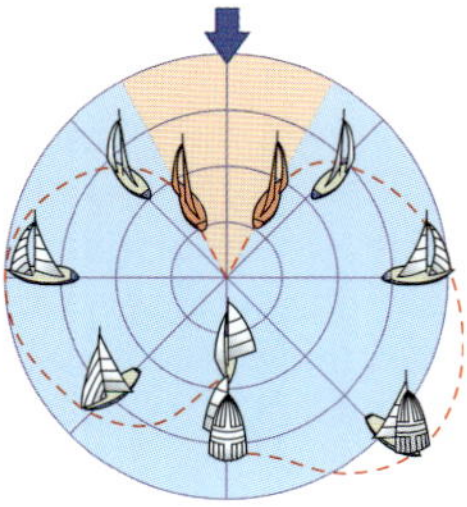

Der höchste Kurs am Wind, den Boote gewöhnlich laufen können, liegt bei 38–45°. Die Schoten werden ganz dichtgeholt, und das Boot wird so gesteuert, dass die Segel nicht killen. Der scheinbare Wind nimmt zu und das Boot krängt.

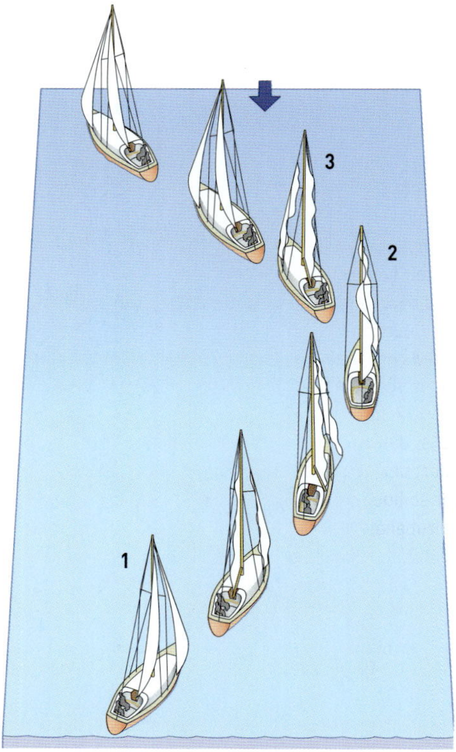

Bei der Wende nimmt ein Crewmitglied die Vorsegelschot von der Klampe oder löst die Klemme, lässt sie aber auf der Winsch (1). Eine zweite Person legt die luvwärtige Schot einmal um eine Winsch, um fürs Dichtholen bereit zu sein. Achte darauf, dass die Winschkurbel an ihrem Platz ist. Steure das Boot langsam in den Wind (2+3). Wenn der Großbaum nach achtern kommt, wird die leewärtige Schot losgeworfen und die Pinne hart übergelegt. Wenn das Boot durch den Wind gegangen ist, wird die andere Schot dichtgeholt.

1 Die Schoten sind durchgesetzt.
2 Die Crew sitzt, um der Krängung entgegenzuwirken, in Luv.
3 Der Baumniederholer ist so eingestellt, dass der Baum parallel zur obersten Segellatte steht.

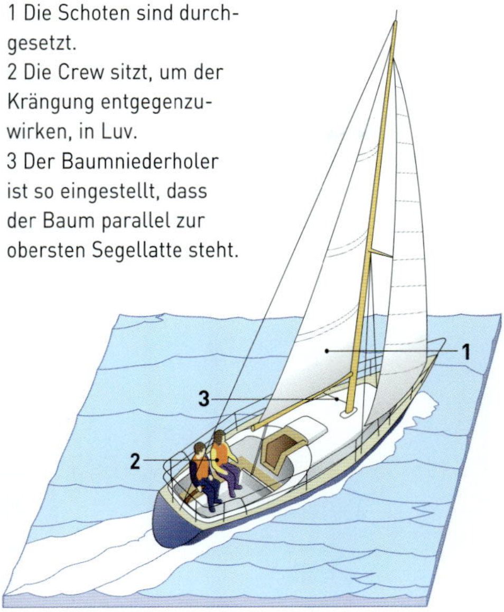

Die optimale Geschwindigkeit beim Kreuzen wird durch die Bauart des Bootes bestimmt und wird eingehalten, indem man sie nach jeder Wende überprüft. Es ist das Ziel, diese Fahrt bei jedem Manöver so hoch wie möglich beizubehalten. Das bedeutet, dass du langsam in die Wende gehen musst; eine schnelle Wende bremst das Boot ab. Es ist wichtig, die Schoten nicht zu schnell ganz dichtzuholen, sondern die letzten Zentimeter bei zunehmender Fahrt langsamer zu holen, bis die optimale Fahrt erreicht ist.

Windfäden anbringen
Windfäden zeigen an, wie der Wind über die Segelfläche streicht und damit auch, ob die Segel richtig getrimmt sind. Sie sind besonders am Vorsegel sinnvoll. Als Windfäden braucht man Wollfäden oder Fäden aus Spinnakertuch von etwa 20–25 cm Länge, die 30–45 cm hinter dem Vorliek in der Mitte zwischen den Nähten (damit die Fäden nicht an einer Naht hängenbleiben) ins Segel geklebt werden (mit Tape oder einem runden Stück selbstklebendes Segeltuch). Die Windfäden sollen an beiden Seiten nach hinten geweht anliegen. Wenn der Faden beim Segeln am Wind an der Luvseite flattert, ist das Boot zu weit abgefallen. Geschieht das raumschots, steht das Segel zu dicht. Windfäden am Achterliek des Großsegels sollen waagerecht fortwehen; wenn die Strömung dort abreißt, weil das Segel nicht richtig steht, wirbeln sie herum.

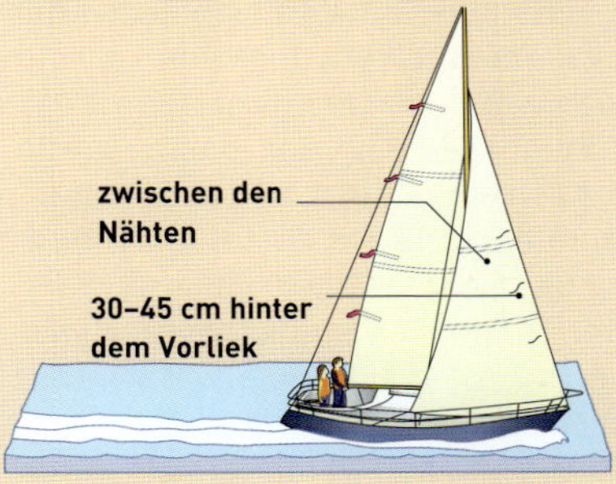

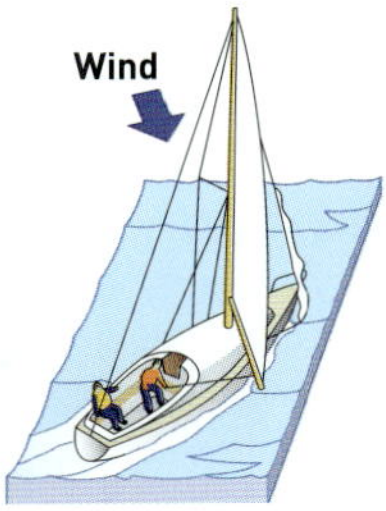

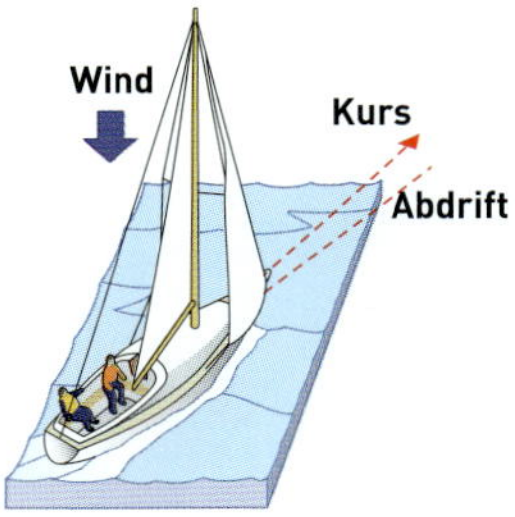

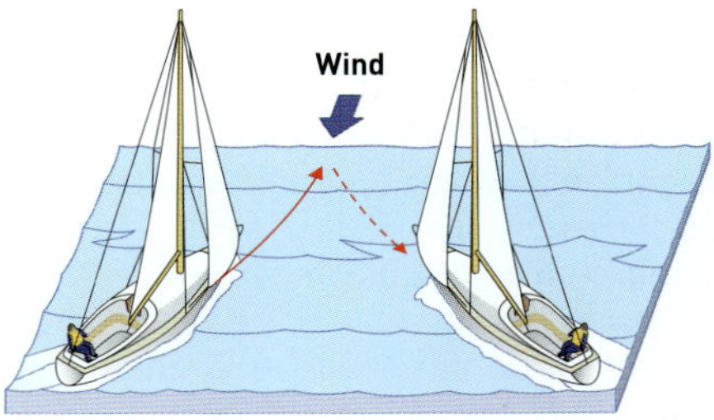

Wenn die Schoten zu stark durchgesetzt sind und die Krängung sehr stark geworden ist, fiere die Schoten ein wenig, um den Druck aus den Segeln zu nehmen.

Denk daran, dass ein Boot hoch am Wind die meiste Abdrift hat. Ein Boot mit tiefem Kiel treibt vielleicht 2–5° ab, bei einem Kimmkieler können es bis 15° sein.

Wenn das Boot in der Wende abstoppt, versuch durch Ziehen an der Pinne das Heck zu einer Seite zu bewegen. Zeigt der Bug in deine Richtung, setz das Vorsegel back, indem du die eben losgeworfene Schot dichtholst, dann fiere die Großschot, bis der Bug dreht. Dann hol das Vorsegel auf der richtigen Seite dicht.

Halbwindkurs und Raumschotskurs

Auf diesen Kursen segelt man am schnellsten. Bei schwerem Wetter muss man jedoch besonders auf die richtige Segelfläche achten, damit das Boot nicht zu sehr krängt und um es nicht zu luvgierig zu machen. Ein gerefftes Großsegel und ein verhältnismäßig großes Vorsegel lässt den Segeldruckpunkt nach vorn wandern. Dabei wird der Ruderdruck geringer und auch die Krängung nimmt ab; so kann das Boot sehr schnell seine Höchstgeschwindigkeit erreichen.

Bei schönem Wetter kann raumschots zudem der Spinnaker gesetzt werden, auch wenn bei geringem Wind ein leichtes großes Vorsegel oft besser geeignet ist, weil es beim Rollen nach Lee nicht einfällt. Wenn ein Spinnaker gesetzt wird, muss man genau auf die richtige Spannung der Anströmkante (das Liek an der Seite des Spibaums) achten. Allgemein gilt: Hals (am Spibaum) und Schothorn sollen gleich hoch über dem Deck stehen. Nimmt der Wind zu, sollte der Spibaum höher genommen werden. Fällt der Spinnaker ein, zieh das ganze Vorliek (die Anströmkante) nach unten oder mach es zumindest in der Mitte strammer, dann steht das Segel wieder.

Der Spinnaker sollte raumschots nicht »übertrimmt« sein: Die Schot muss so weit gefiert werden, dass das Vorliek gerade einfällt, und dann wieder geholt werden, bis der Spi gut steht.

Raumschots sollte bei schwerem Wetter die gesamte Crew achtern an der Luvseite sitzen. Das hilft, aufrechter zu segeln und das Heck unten zu halten. Dadurch behält das Ruder seine Wirkung und der Bug kommt höher aus dem Wasser; das Boot segelt so weniger luvgierig und ist leichter zu steuern.

Bei sehr leichtem Wind muss das Gegenteil erreicht werden, die Crew sitzt dann vor dem Mast an der Leeseite. Damit wird der Bug tief gehalten und die benetzte Fläche wird kleiner, weil die flachen Teile des Rumpfes weiter aus dem Wasser kommen. Durch eine geringe Krängung nach Luv werden die Segel bei sehr leichtem Wind durch ihr Gewicht in Form gehalten.

Wichtig ist der **richtige Trimm** der Segel. Achte besonders auf die Windfäden und die Vorlieken. Sobald das Boot auf Kurs ist, fiere Groß- und Vorschot, bis die Segel leicht killen, und hole sie wieder dicht, bis das Killen aufhört.

Luv- und Leegierigkeit

Luvgierigkeit ist die Eigenschaft eines Bootes, das ohne Rudereinwirkung mit dem Bug in den Wind geht. Aus Gründen der Sicherheit ist das gewollt; lässt der Rudergänger die Pinne los, stoppt auf diese Weise das Boot. Raumschots ist die Wirkung am stärksten und kann nur durch Verkleinern der Vorsegelfläche aufgehoben werden. Das Gegenteil ist Leegierigkeit. Sie tritt auf, wenn der Segeldruckpunkt (SDP) zu weit vor dem Lateraldruckpunkt (LDP) liegt (s. S. 44).

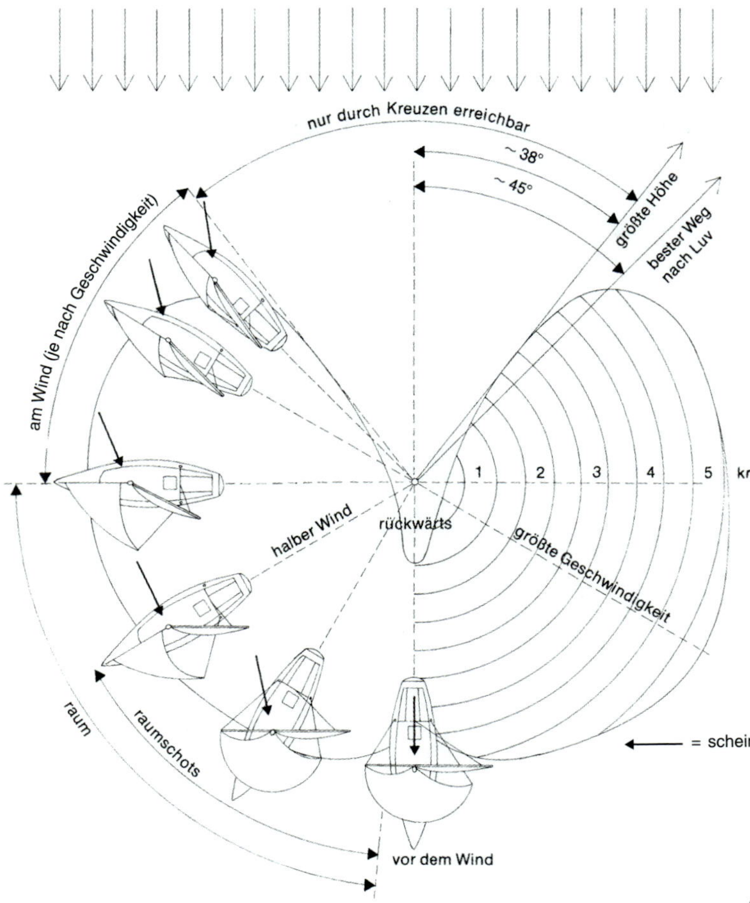

Kurse zum Wind
Die Kurse: Segeln mit »halbem Wind« ist stets quer zum scheinbaren und nicht zum wahren Wind. Die Kurse zwischen »am Wind« und »vorm Wind« werden verallgemeinernd auch als »raum« bezeichnet. Die Raumschots-Kurse sind Spinnaker-Kurse. Rechts die Kurve der wahrscheinlichen Geschwindigkeit eines etwa 7 m langen Fahrtenbootes relativ zum Wind.

Die Windrichtung
Vorm Ablegen lässt sich die Windrichtung mit folgenden Hilfen erkennen:
1 Ein Stander, ein Windsack oder ein Windrichtungsanzeiger wird im Masttopp montiert.
2 Die Segelstellung auf Booten in der Nähe zeigt die Richtung des scheinbaren Windes.
3 Flaggen, Rauch und Bäume am Ufer.
4 Eine Windfahne oder ein elektronischer Windrichtungsanzeiger zeigt den wahren Wind an, wenn das Boot sich nicht bewegt, und den scheinbaren Wind, wenn es unterwegs ist.
5 Die Richtung der Wellen auf offener See und die Zugrichtung von Wolken können zu Fehleinschätzungen führen.

1 Bei viel Wind sitzt die Crew achtern.
2 Die Schoten sind gefiert.

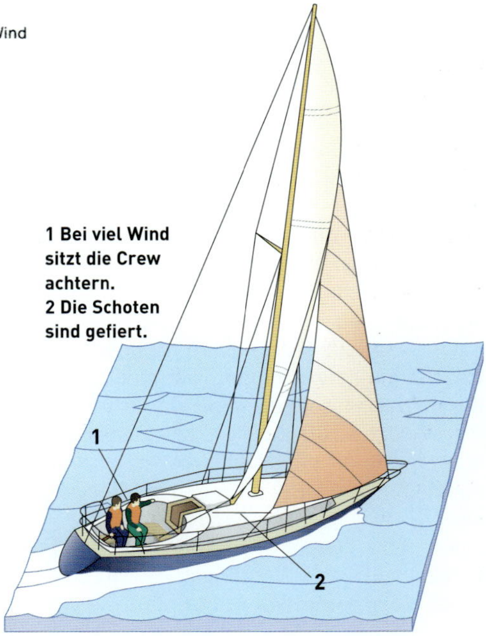

Vor dem Wind segeln

Vor dem Wind zu segeln ist ein bisschen so wie das Segeln im Passat. Die Richtung ist nicht begrenzt, es ist trocken und meistens auch wärmer, weil der scheinbare Wind schwächer weht. Der Kurs muss nicht so genau gehalten werden und man kann mehr Segelfläche, z. B. einen Spinnaker setzen.

Nur der Kurs, der nach dem Ziel und der herrschenden Strömung festgelegt ist, bestimmt den Einfallswinkel des Windes. Ist der zwischen 90° und 180° und ist die Crew groß genug, kann der Spinnaker gesetzt werden. Das ist für dieses Segel der ideale Bereich. Der Spi sollte nur zusammen mit dem Großsegel gesetzt werden, die Genua wird beborgen und an Deck gesichert.

Der Blister, eine Art Spi, der ohne Baum gefahren wird, kann bis zu 3 Bft bei Wind, der 70–100° vom Bug aus einfällt, gesetzt werden; bei einem Winkel von 100–135° auch bei 4–5 Bft. Läuft das Boot genau vorm Wind, sogar bei 6 Bft (s. Windstärkentabelle S. 212). Der Blister kann auch von einer kleineren Crew gut beherrscht werden.

Weht der Wind sehr stark, kann eine Genua oder eine Fock zusammen mit dem Großsegel, das gerefft sein kann, gefahren werden. Und wenn der Einfallswinkel kleiner als 135° ist, stehen beide an der gleichen Seite. Kommt der Wind achterlicher als 160°, kann man »Schmetterling« segeln: Dazu wird das Vorsegel auf der dem Großsegel gegenüberliegenden Seite ausgestellt und bei Seegang am besten mit einer Spiere ausgebaumt. Das ist besonders bei stärkerem Wind eine gute Segelführung. Der »Schmetterling« eignet sich auch bei gerefftem Großsegel und einer kleineren Fock. Kommt der Wind genau von achtern, sollte sich die Crew teilen und so an beiden Seiten sitzen, dass das Boot ausbalanciert ist, bei leichten Winden mittschiffs und so weit außen wie möglich; dadurch wird das Rollen vermindert. Nimmt der Wind zu, rutscht die Crew weiter nach achtern, damit das Heck im Wasser bleibt, dabei muss die Balance beibehalten werden.

Vor dem Wind zu segeln ist der gefährlichste Kurs, weil jederzeit der Baum in einer »Patenthalse« (ungeplante Halse) überkommen kann und der Wind stärker ist, als es scheint.

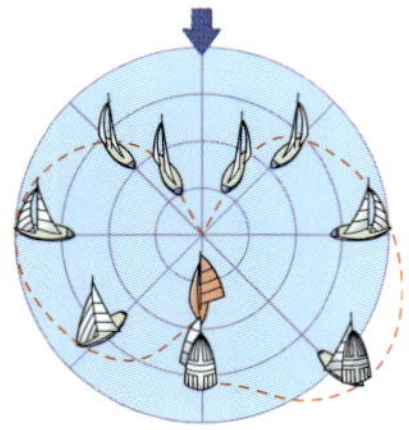

Als **Vorm-Wind-Kurs** bezeichnet man den Bereich von raumschots bis 180°. Bei diesen achterlichen Winden wirken die Segel eher wie ein Fallschirm und nicht als Flügelprofil.

Ist das Boot »überpowert«, kann es leicht **querschlagen**, es krängt stark und hat dann keine Ruderwirkung mehr. Es »schießt in den Wind« und legt sich auf die Seite. Um das Querschlagen zu vermeiden, solltest du langsamer und weniger aggressiv segeln.

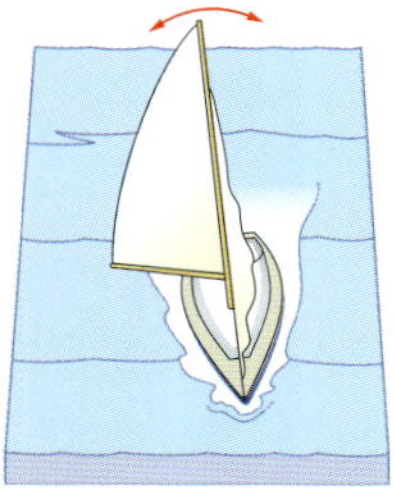

Um das **Rollen** zu vermindern, wird der Baumniederholer stärker durchgesetzt, damit das Großsegel flacher wird und das Achterliek sich oben nicht verwindet. Nimm auch die Schot etwas dichter.

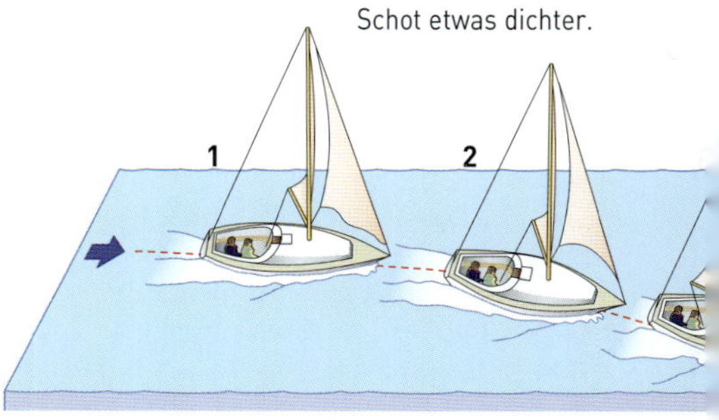

Beim **Halsen** wird der Baum auf die andere Seite gebracht. Der Rudergänger überprüft, ob der neue Kurs frei ist, und fällt etwas ab (1). Er gibt das Kommando: »Klar zur Halse!«, und zieht die Pinne herüber. Die Großschot wird

1 Das Großsegel, nicht der Baum, soll rechtwinklig abstehen, wenn der Wind genau von achtern kommt.
2 Lass den Wind 5–8° vorlicher von der Seite gegenüber des Großsegels einfallen und kreuze, wenn das nötig ist, vor dem Wind. Dadurch wird die Gefahr einer Patenthalse vermindert.
3 Lass die Crew achtern sitzen, damit dem Winddruck nach vorn entgegengewirkt wird.
4 Beachte, dass der scheinbare Wind schwächer als der wahre ist, und verringere die Segelfläche, bevor du an den Wind gehst.
5 Setz die Dirk etwas durch, damit das Großsegel bauchiger wird und der Baum beim Rollen nicht ins Wasser taucht.
6 Hat das Boot Backstage, wirf das leewärtige los.
7 Besonders ein Katamaran läuft erheblich schneller, wenn er vor dem Wind kreuzt, statt genau vor dem Wind zu segeln.

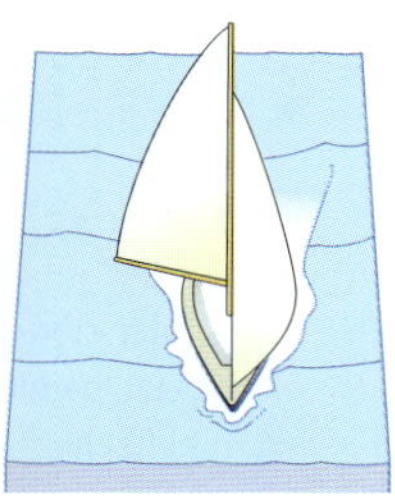

Beim **Segeln vor dem Wind** soll der Rudergänger gut auf den Wind achten und sorgfältig steuern, um eine Patenthalse zu vermeiden. Bei unstetigem Wind und bei starkem Rollen kann der Wind an der falschen Seite einfallen und das Großsegel zwingen, auf die andere Seite zu schlagen. Dabei kann das Boot und die Crew großen Schaden erleiden. Ein »Bullenstander« (Leine von der Baumnock zum Vorschiff) kann das verhindern. Ist das Vorsegel nicht ausgebaumt, warnt es vor einer Patenthalse, wenn der Wind es auf der dem Großsegel gegenüberliegenden Seite füllt. Soll das Vorsegel Vortrieb bringen, sollte es ausgebaumt werden, damit man »Schmetterling« segeln kann.

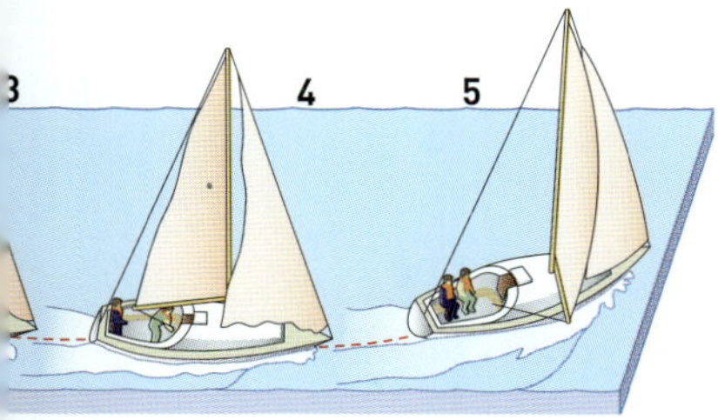

schnell dichtgeholt und belegt (2). Der Vorschoter wirft die Vorschot los und holt sie an der anderen Seite dicht (3). Wenn der Baum überkommt, wird er von der Großschot gehalten (4), die anschließend gefiert wird (5).

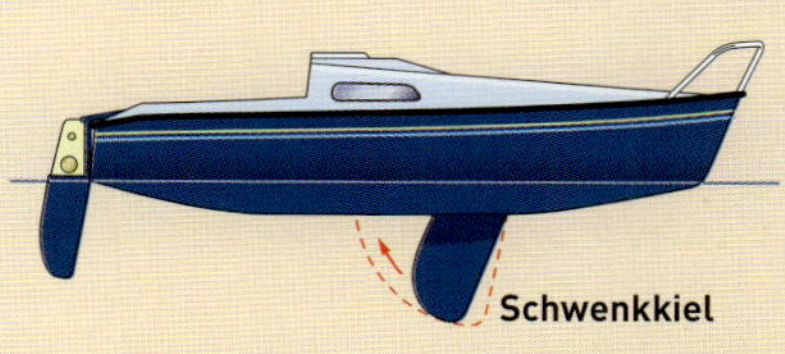

Boote mit Schwenkkiel oder Schwert sind fürs Fahrtensegeln ideal und werden zunehmend beliebter, besonders als Trailer-Boote. Ist das Schwert oben, können sie gut in flachem Wasser liegen oder auf dem Trailer befestigt werden. Ist es abgesenkt, zeigt es am Wind gute Wirkung. Bei manchen Booten kann der Schwenkkiel auch nach achtern angehoben werden, damit wandert der Lateraldruckpunkt ebenfalls nach achtern und vermindert so raumschots die Luvgierigkeit und die Gefahr des Querschlagens. Vorm Wind kommen manche Boote mit aufgeholtem Kiel ins Gleiten.

Spinnaker und Blister

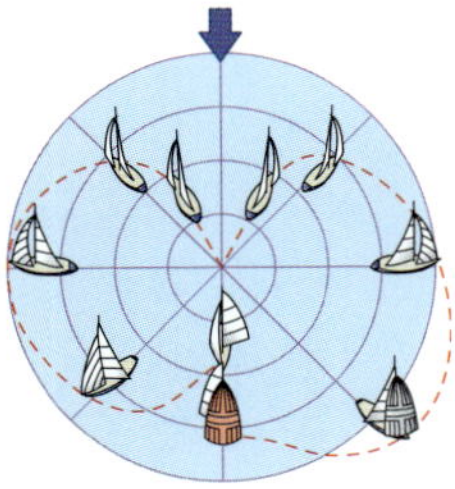

Ein Spinnaker kann vom Halbwind bis zum Vorwindkurs gesetzt werden.

Von **Spinnakern** sagt man, dass sie einschüchternd und verwirrend seien und dass sie viele gute Crews rasend machen. Weil sie frei gesetzt werden und mit keinem Liek an einem Stag befestigt sind, können sie kaum gebändigt werden, wenn sie einmal ausbrechen. Aber das alles ist kein Grund, sie zu fürchten.

Um einen Spi zu setzen, befestige dessen Schot und Achterholer, wenn du die anderen Segel für den Tag klarmachst. Willst du das Segel aus dem Bugkorb setzen, hak die Schnappschäkel an beiden Seiten des Bugkorbs ein, damit sie beim Setzen zur Hand sind.

Sicherer ist es, das Segel von der leewärtigen Seite aus zu setzen, wo das Großsegel Windschutz gibt. In dem Fall werden beide Schäkel ineinandergehakt, sie werden dann um das Vorstag herum dahingezogen, wo sie gebraucht werden. Stell sicher, dass das Fall zur Hand ist, es kann ebenfalls am Bugkorb oder an Schot und Achterholer eingehakt werden.

Mit den angenähten Karabinern oder Schäkeln wird der Segelsack an den Bugkorb oder die Reling gehängt. Öffne den Sack und nimm die drei Ecken heraus, die oben liegen, wenn der Sack richtig gepackt wurde. Befestige dann die Schnappschäkel an den Ecken.

Heb den Spibaum an den Mast, klink ihn ein und häng an seinem Ende den Achterholer ein. Mach Toppnant und Niederholer am Spibaum fest und hol mit ihnen den Baum in die richtige Höhe. Am Mast kann jetzt das Spifall geholt werden, im Cockpit ist einer am Achterholer und einer an der Schot. Wird das Fall ins Cockpit geführt, kümmert sich ein drittes Crewmitglied darum.

Nun wird das Segel zügig gesetzt – nichts führt so schnell zum Querschlagen wie ein halb gesetzter Spi, in den plötzlich der Wind einfällt. Ist das Segel oben, wird der Winkel des Baums eingestellt. Eine Daumenregel sagt: Er soll im rechten Winkel zum scheinbaren Wind stehen. Dann nimm die Genua herunter.

Auf Fahrtenyachten mit kleiner Crew wird oft ein »Bergeschlauch« benutzt, das ist eine strumpfähnliche Hülle, mit der der Spi gesetzt und geborgen werden kann.

Blister sind z. T. auch deshalb entwickelt worden, um Fahrtenseglern den schwierigen Umgang mit einem Spi und dessen Widerspenstigkeit zu ersparen. Es wird kein Baum benötigt, weil das Segel wie andere Vorsegel einen Hals hat, der ebenfalls unten am Vorstag festgemacht wird. Das Segel wird auch wie eine Genua gesetzt, jedoch nicht am Vorstag eingehakt. Wie beim Spi ist es einfacher, den Blister von der leeseitigen Reling aus statt aus dem Bugkorb zu setzen; es ist auch sicherer.

Das Halsen ist viel einfacher, du musst aber darauf achten, dass die neue Schot vorher außen um das Vorstag herumgelegt war.

Asymmetrische Spinnaker für Rennboote wurden nach dem Prinzip des Blisters entwickelt. Sie werden oft an einem ausziehbaren bugspritähnlichen Baum gefahren, mit dem es möglich ist, noch mehr Segelfläche zu führen.

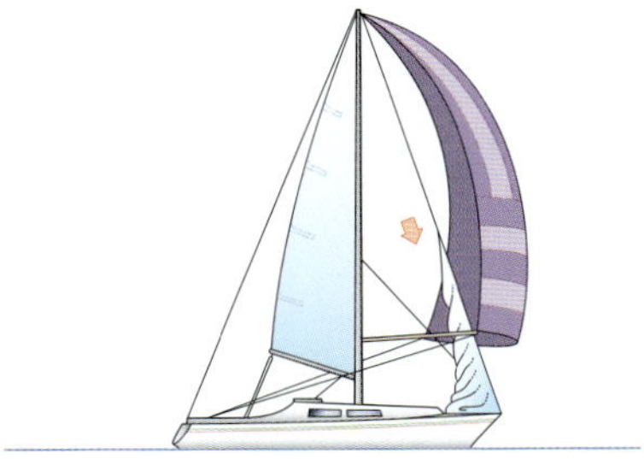

Den Spi vor dem Bergen der Genua zu setzen verhindert das Öffnen des Segels, bevor das Fall durchgesetzt ist. Es ist auch einfacher, ihn zu bergen, wenn die Genua vorher wieder gesetzt ist.

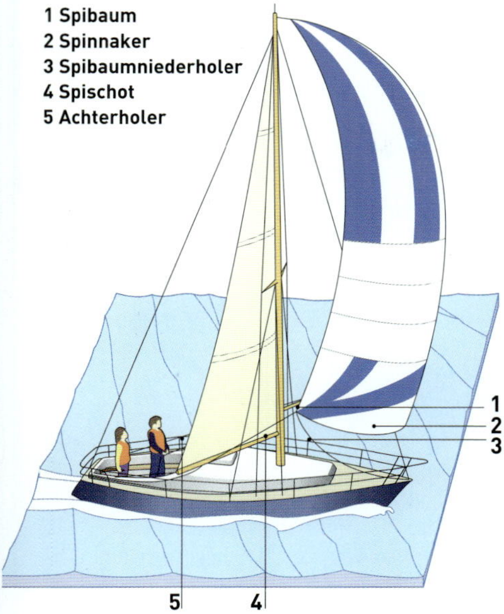

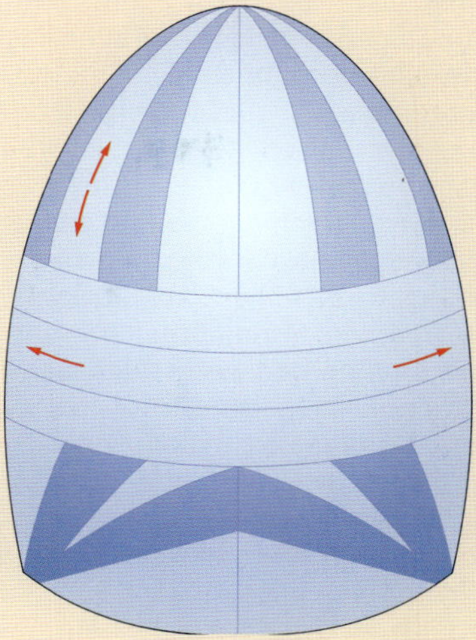

Triradiale Spinnaker
Die meisten Spinnaker sind triradial geschnitten. Das gibt ihnen eine sehr effiziente Form und große Haltbarkeit, weil die Nähte entlang den Linien großer Belastung laufen. Das Spinnakertuch ist sehr viel weniger haltbar als anderes Segeltuch, und man muss gut darauf achten, dass es nicht an scharfe Ecken, Kanten oder gar an Splinte und »Fleischhaken« in Drahttauwerk kommt.

Fürs Spi-Bergen ist es am einfachsten, das Boot vor den Wind zu bringen und den Achterholer so weit zu fieren, dass der Spibaum ans Vorstag kommt. Fiere den Toppnanten so weit, dass der Baum dort in Reichweite kommt.

Wenn der Achterholer aus dem Beschlag des Spibaums gelöst ist, wird die Schot so eingeholt, dass der Spi in Lee hinter das Großsegel kommt. Das Fall wird dann so schnell gefiert, wie die Crew das Segel zusammenpackt.

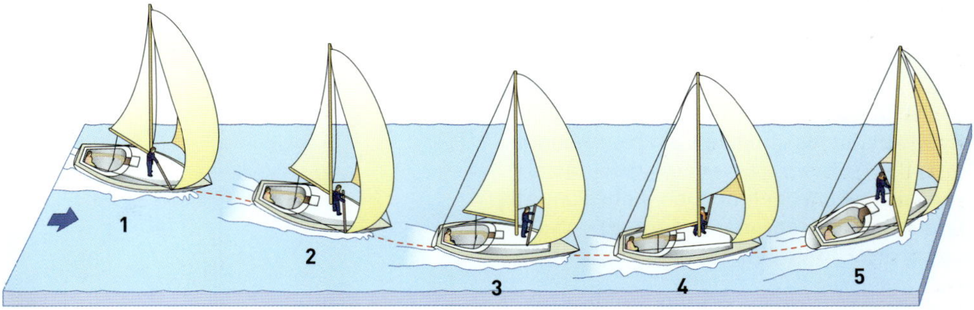

Halsen sollte man mit Spi nur, wenn die Crew groß genug ist. Wenn der Wind stärker weht, ist es oft leichter, den Spi zu bergen, zu halsen und ihn wieder zu setzen. Für Boote bis zu 9 m Länge ist es am einfachsten, von Nock (Ende des Baums) zu Nock zu schiften. Geh ganz vor den Wind und stell den Spibaum rechtwinklig aus, sodass die Schot so weit es geht gefiert ist (1). Löse den Baum vom Mast, nimm seine bisher innere Nock auf der anderen Seite nach außen und führe die Schot durch den Beschlag (2). Nimm den bisherigen Achterholer aus der Baumnock, schiebe diese Nock an den Mast und klinke sie ein (3). Halse das Großsegel und hole gleichzeitig die alte Schot, die jetzt zum Achterholer geworden ist, bis der Spibaum rechtwinklig absteht (4). Fiere dann die neue Schot (5).

Leichtwettersegeln

Das Leichtwettersegeln kann erholsam sein und Spaß machen. Um allerdings ein Boot mit der höchstmöglichen Fahrt laufen zu lassen, muss die Segelfläche größtmöglich und das Gewicht so gering wie möglich gehalten werden.

Nur auf wenigen Yachten wird eine vollständige Segelgarderobe mitgeführt, und Extra-Segel sind eher für Starkwind gedacht. Wenn der Wind nur leicht weht, sollten die größten und leichtesten Segel, die an Bord sind, gesetzt werden, so wie ein Blister oder eine Leichtwind-Genua.

Bei ganz leichtem Wind den Spi zu setzen, kann sehr frustrierend sein, besonders vorm Wind oder wenn das Boot rollt, außer man kann den Spibaum weit vorn fahren: Dann fällt der Wind seitlicher ein und der Spi fällt nicht zusammen.

Ein weit verbreiteter Fehler ist, bei Leichtwind die Schoten zu dicht zu fahren, besonders am Wind. Das Boot sollte besser um 10° weiter abfallen, und die Schoten sollten entsprechend gefiert werden, damit es Fahrt macht. Vorsegel- und Großfall müssen etwas Lose haben, damit die Segel voller stehen. Das Großsegel bringt auch mehr Vortrieb, wenn der Unterliekstrecker etwas gelöst wird, der Traveller nach Luv gesetzt wird und der Baum um 75–90 cm von der Mittellinie nach außen steht. Stell die Verwindung (Twist) im Segel mit der Schot und dem Baumniederholer so ein, dass der Windeinfallwinkel-Unterschied zwischen unten und oben ausgeglichen wird.

Die beste Art, Fahrt in das Boot zu bekommen, ist, es zunächst ein paar Minuten lang frei laufen zu lassen und dann anzuluven, um den zunehmenden Fahrtwind zu nutzen und so das Boot mit dem von ihm selbst erzeugten Wind voranzubringen. Es hilft, wenn die Crew anfangs das Boot nach Lee krängt, weil sich dann die Segel leichter füllen.

Leichter Wind erfordert Geduld, ein gutes Auge für Wolken und Anzeichen von Wind auf dem Wasser sowie eine ruhige Hand an der Pinne.

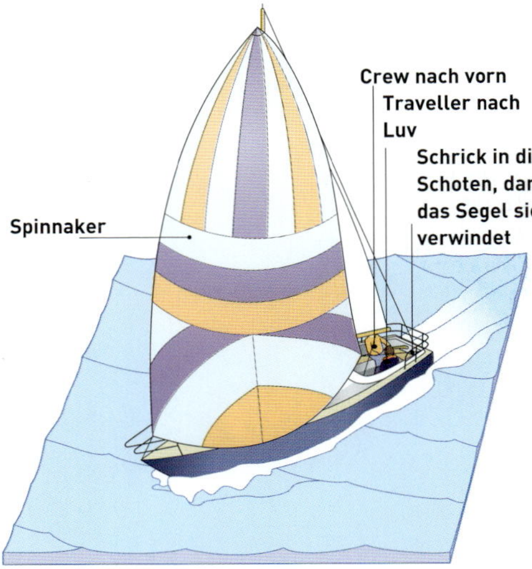

Bei ganz ruhigem Wetter ist unter der Küste mehr Wind zu erwarten; die Seebrise beginnt am späten Vormittag in Richtung Land zu wehen. War am Morgen eine Landbrise zu spüren, setzt die Seebrise erst um Mittag ein. Dicht unter Land ist sie am stärksten und bis zu zehn Seemeilen vor der Küste wahrnehmbar. Die Seebrise ist im Frühling und im Frühsommer besonders ausgeprägt. Am Abend schläft die Seebrise ein, und etwa eine Stunde später beginnt die Landbrise von der Küste her zu wehen. Auch die ist unter Land am stärksten, reicht jedoch weniger weit aufs offene Wasser hinaus.

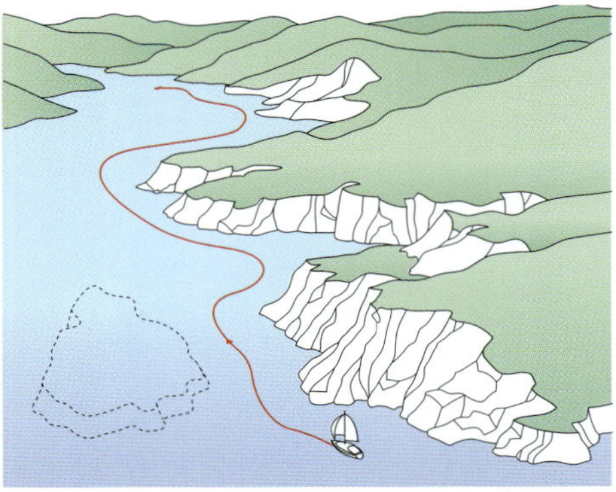

Wenn man an der Küste entlangsegelt, sollte man der alten Weisheit folgen: »Der Wind wandert immer mit der Sonne.« Auf der Nordhalbkugel verändert sich die Windrichtung mit dem Verlauf des Tages so, dass die Seebrise vor einer Südküste nach Südwesten oder gar Westen dreht, bevor sie einschläft.

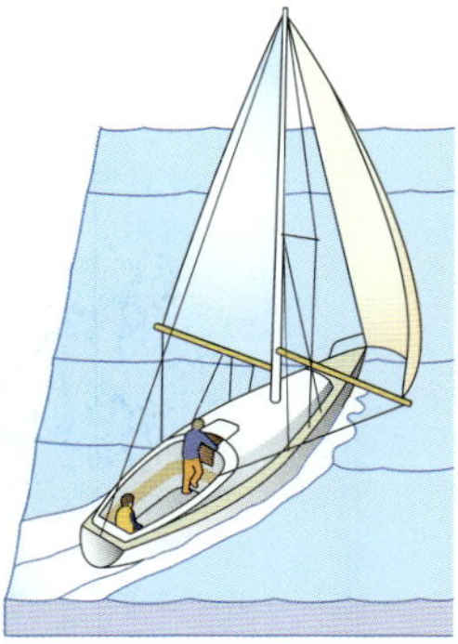

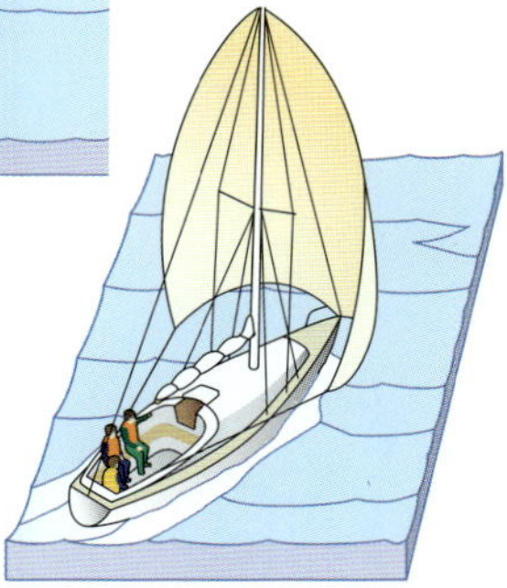

Um eine größere stabil stehende Segelfläche zu bekommen, wird an der dem Großsegel gegenüberliegenden Seite die Genua 1 ausgebaumt. Ein sogenannter Bullenstander von der Nock des Großbaums zum Vordeck verhindert eine Patenthalse (vgl. S. 53).

Hat man einen zweiten Spibaum an Bord und die Möglichkeit, ein zweites Vorsegel zu setzen, kann man vor dem Wind zwei Genuas, eine nach jeder Seite, ausbaumen und so »Schmetterling« segeln. Sei mit dieser Art der Segelführung in engen Gewässern sehr vorsichtig, falls sich der Wind ändert.

Ein Spinnaker bei leichtem Wind.

Motorsegeln

Ist der Wind so gering, dass er die Segel nicht füllt, ist es nur mit der Maschine möglich, voranzukommen. Mit gesetzten Segeln und vorlich einfallendem Wind kann eine niedrige Drehzahl ausreichen. Gegenüber einer reinen Motorfahrt kann man so um 20 % Treibstoff sparen.

Für diese besondere Art des Antriebs sind Motorsegler entwickelt worden, deren Leistungen weder an die reiner Segelyachten noch an die von Motoryachten heranreichen. Der Vorteil liegt in ihrem zusätzlichen Komfort und der einfachen Handhabung, die besonders für weniger aktive Wassersportler schnellere Überfahrten und einfacheres Manövrieren zulässt.

Checkliste fürs Leichtwindsegeln

Starke Sonnenstrahlung und Hitze kann einer nicht eingewöhnten Crew stark zusetzen, achte deshalb auf die Anzeichen für einen Sonnenstich wie Kopfweh, Müdigkeit, Übelkeit oder Fieber und tu etwas dagegen.

1 Um einen Sonnenstich zu vermeiden, trage eine Kopfbedeckung oder halte den Kopf nass.

2 Um Dehydrieren (Wasserentzug) zu vermeiden, sorge dafür, dass große Mengen nichtalkoholischer Gertränke getrunken werden. Über den Tag muss auch Salz zugeführt werden.

3 Denk daran, dass Wasser das Licht reflektiert und Sonnenbrände beschleunigt. Kinder haben eine noch empfindlichere Haut. Spül das Salz von der Haut und trage Sonnenschutzmittel auf.

4 Nutze den leichten Wind, um Kinder ans Ruder zu lassen, ihnen Knoten beizubringen usw. Vermeide, den Fokus der Konzentration zu lange innerhalb des Bootes zu lassen.

Fahrtensegeln

Lange Segeltörns sollten erholsam sein und Freude machen – deshalb ist es gut, eine volle Besatzung an Bord zu haben, damit die Arbeit geteilt werden kann. Heutzutage werden die meisten Langzeittörns jedoch mit kleiner Crew unternommen, oft nur mit zwei oder drei Seglern an Bord.

Auch wenn das so ist, muss eine kleine Crew nicht überfordert sein, vorausgesetzt, dass an die richtige Ausrüstung und an genügend Vorrat gedacht wird. Eine gute Selbststeueranlage und ein hinreichend großer Vorrat an Nahrungsmitteln und Wasser sind ein Anfang.

Für lange Segeltörns haben sich die Ketsch, die Yawl und der Schoner bewährt, weil auf ihnen mehrere kleinere Segel gesetzt werden können und so das Gewicht und die Belastung jedes einzelnen Segels verringert wird. Verbesserte technische Hilfen haben jedoch dazu geführt, dass die Boote der Blauwassersegler derzeit zum großen Teil Slups sind.

Rollreffanlagen sind praktisch und heute in fast alle Boote eingebaut. Eine möglichst große Genua, die von einer Person geborgen oder gerefft werden kann, macht nicht nur das Mitnehmen zusätzlicher Segel unnötig, man muss auch keine Segel wechseln, wenn sich der Wind ändert.

Eine Großsegelrollanlage im Mast (s. S. 60) lässt das Segel einfacher reffen und ermöglicht jede gewünschte Segelfläche.

Auf den meisten Langzeittörns wirst du in die Passatwinde kommen, besonders auf dem Weg in die Karibik, auf der »Barfußroute«, wie sie genannt wird. Weil dort der Wind mit 4–6 Bft genau von achtern kommt, sollte so viel Segelfläche wie möglich vor dem Mast gesetzt werden, indem man zwei Vorsegel ausbaumt. Beide können frei gesetzt werden, aber eines kann auch am Vorstag eingehakt sein.

Ein anderes System nutzt ein Doppelvorstag, wobei ebenfalls beide Vorsegel ausgebaumt sind. Das spart Arbeit und funktioniert gut, sogar bei böigem Wind, weil die Segel einander ausbalancieren. Um das Rollen zu vermeiden, wird das doppelt gereffte Großsegel mittschiffs festgesetzt.

Der Autopilot

Dies ist eine Selbststeueranlage für eine Pinne oder eine fest eingebaute Einrichtung für eine Radsteuerung. Autopiloten stellen eine Abweichung vom eingestellten Kurs fest und bewegen das Ruder so, dass das Boot wieder auf Kurs geht. Die Batterien müssen täglich nachgeladen werden. Kleine Solarpaneele, wie sie heute üblich sind, laden sie automatisch auf; sie leisten bis zu 4–5 Ampere (A), sind wartungsfrei, können leicht an Deck montiert werden und sind oft tritt- und rutschfest.

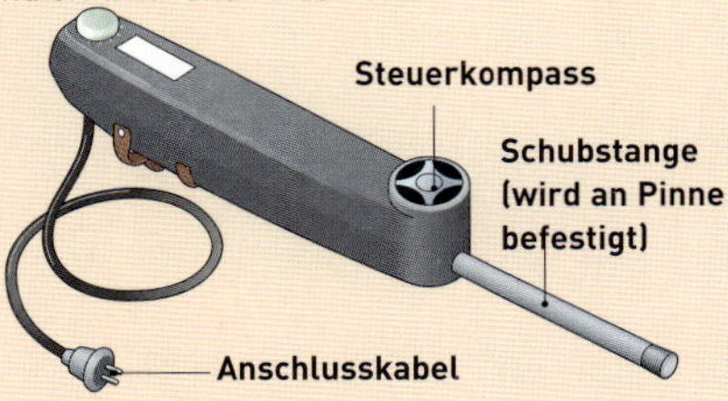

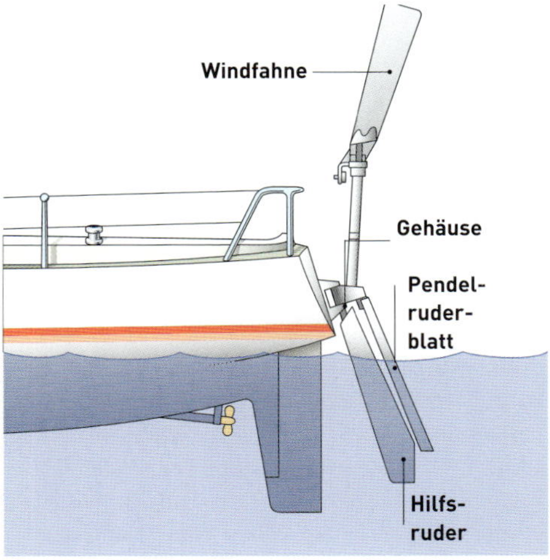

Eine mechanische Windfahnen-Selbststeueranlage braucht keinen Strom und ist sehr zuverlässig. Der einzige Nachteil ist, dass das Boot damit einer Winddrehung folgt. Bei einigen Typen wie auch beim oben gezeigten sorgt ein Kompass fürs Kurshalten. Ein Pendel-Ruderblatt verstärkt die Wirkung des Windes und gibt den Wert an ein großes Hilfsruder.

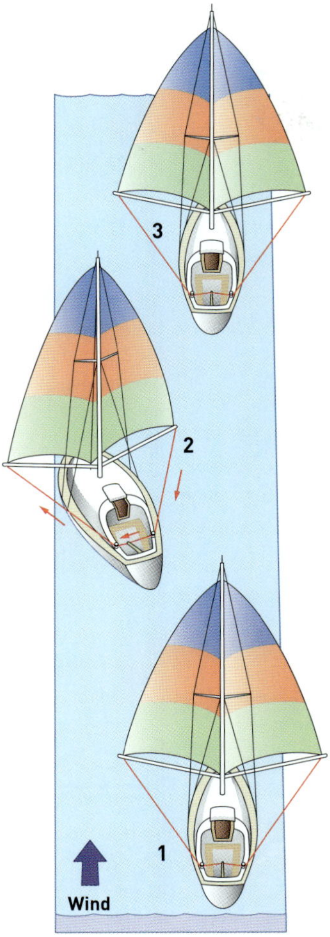

Die Wachzeiten richten sich nach der Stärke der Crew und der Dauer des Törns. Ideal ist es, wenn jeweils zwei Personen auf Wache sind; wenn nur zwei an Bord sind, ist ein zweistündiger Wechsel bei Nacht und ein drei- bis vierstündiger bei Tag zu empfehlen (s. S. 212).

Checkliste fürs Fahrtensegeln

1 Um deine Augen zu schonen, kannst du auch farbige, nicht weiße Segel wählen.

2 Achte auf Scheuerstellen. Anfällig sind die Salingsenden, die Rückseiten der Salinge und auch die Stellen, an denen Segel am Drahttauwerk der Stage und Wanten sowie an deren Beschlägen an Deck scheuern.

3 Achte darauf, dass die Schoten nicht beschädigt sind, gegebenenfalls kannst du sie einfach umdrehen, wenn der Kern Abnutzung erkennen lässt. Ändere täglich die Spannung der Fallen etwas, damit nicht immer dieselbe Stelle aus dem Mast kommt. Nimm genügend langen Ersatz mit, um gebrochene Fallen ersetzen zu können.

4 Überprüfe regelmäßig die Segel auf Dehnung, Abrieb, Schimmel, Schäden durch UV-Strahlung und sich lösende Nähte.

5 Achte darauf, dass die Dichtungsmasse um Beschläge oder Bolzen nicht ausgetrocknet ist, denn das kann zu Lecks führen.

6 Lass regelmäßig die Maschine laufen, um die Batterien zu laden, und achte auf störungsfreien Lauf. Nimm hinreichend viele Ersatzteile mit, auch für die Selbststeueranlage. Überprüfe regelmäßig die Bilge.

Bevor es Selbststeueranlagen gab, haben viele Segler eigene, improvisierte Steuerhilfen benutzt. Vor dem Wind werden die Schoten der ausgebaumten Vorsegel durch Blöcke geführt und mit der Pinne oder dem Rad verbunden (1). Dreht das Boot zu weit nach backbord (2), hat das Segel in Lee (an Steuerbord) weniger Druck, und das erlaubt der Pinne, das Ruder nach Steuerbord zu legen und das Boot auf diese Art automatisch wieder auf Kurs zu bringen (3). Es gibt auch Möglichkeiten, die Groß- oder Vorschoten auf die Pinne zu führen.

Reffen in schwerem Wetter

Schweres Wetter ist aufreibend, herausfordernd und kann gefährlich werden, wenn man nicht ausreichend darauf vorbereitet ist. Weil die meisten Menschen nur schlecht damit zurechtkommen, ist es wichtig, dass alle Vorsichtsmaßnahmen vorher getroffen werden und dass alle Teile der Sicherheitsausrüstung an Bord sind und eingesetzt werden können, falls etwas Unvorhersehbares passiert.

Zunächst ist es wesentlich, die Segelfläche so rechtzeitig genügend zu verkleinern, dass das Boot gut steuerbar bleibt. Mach ein Reff ins Großsegel und wechsle das Vorsegel oder rolle entsprechend weit auf, sodass die Segelfläche der erwarteten Windstärke entspricht.

Der richtige Zeitpunkt zum Reffen ist der Augenblick, in dem du erwägst, das zu tun. Wenn das Boot überpowert scheint und/oder auf dem Ohr (der Seite) liegt, muss gerefft werden. Wenn du dann zehn Minuten wartest, um zu sehen, ob der Wind nicht wieder abnimmt, wird er, nur um dich zu ärgern, noch weiter zunehmen, und das Reffen wird zur Qual.

Bei besonders schwerem Wetter ist ein Boot auf offener See mit genügend Seeraum oft sicherer, deshalb ist es bisweilen klüger, die Zähne zusammenzubeißen und einen Sturm draußen abzureiten, statt die Sicherheit eines Hafens zu suchen, vor dem die See sich noch höher aufbaut und vor dem Felsen, Sandbänke oder starker Tidenstrom drohen. Besonders schwierig wird es, wenn zusätzlich noch die Sicht schlecht ist.

Häufig ist das größte Problem bei schwerem Wetter die Crew, die eher noch als das Boot von den Umständen überfordert wird. Deshalb ist es besonders wichtig, dass das Boot so simpel wie möglich gehandelt wird und die Crew darauf vorbereitet ist.

Bei schwerem Wetter beweist sich ein funktionierendes und gut handhabbares Reffsystem.

Eine Drehreffeinrichtung ist einfach zu bedienen, aber nur selten steht das Segel damit gut. Zum Reffen wird das Fall gefiert und der Baumniederholer gelöst. Damit das Segel faltenfrei bleibt, wird das Achterliek nach hinten gezogen.

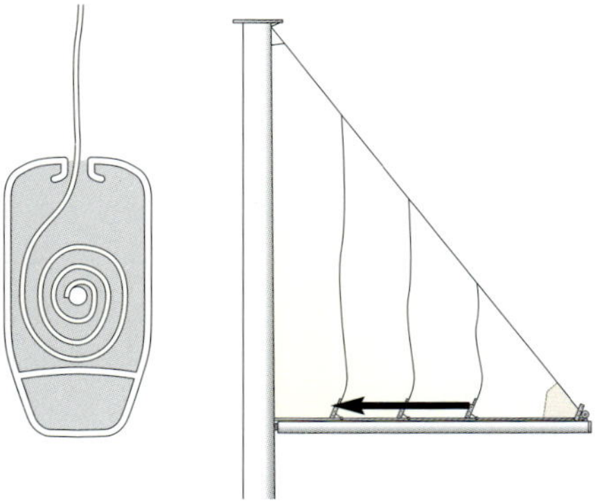

Rollreffgroßsegel, die in einem Hohlkammermast aufgerollt werden, sind auf Fahrtenyachten häufig zu finden. Ihr Nachteil ist neben dem schwereren Mast ein Verlust an Segelfläche, weil die Rollsegel keine Latten tragen können und deshalb keine Achterlieksrundung haben.

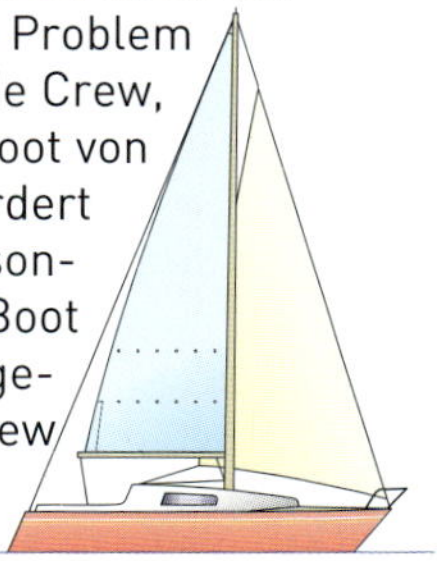

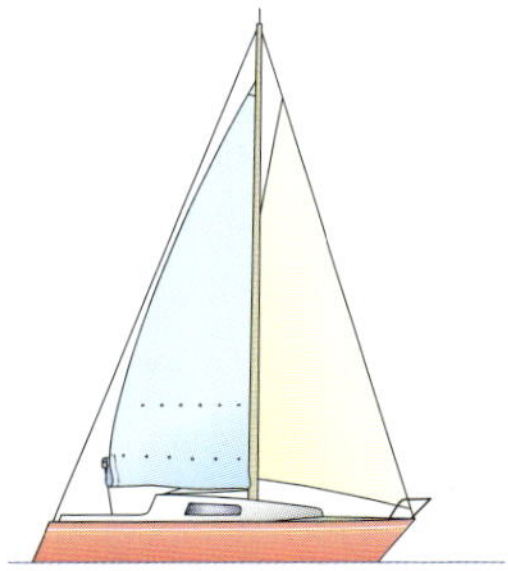

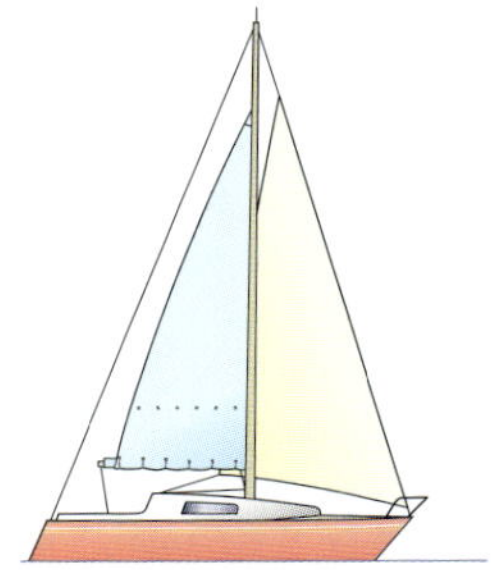

Bei einem Binde- oder Schnellreff wird erst die Dirk durchgesetzt, dann werden Großschot und Großfall gefiert, bis die Reffkausch in den Reffhaken am Lümmelbeschlag eingehängt werden kann. Dann wird die Reffleine durchgeholt. Das Fall wird durchgesetzt, die Dirk gefiert und das lose Segel mit Reffbändseln zusammengebunden.

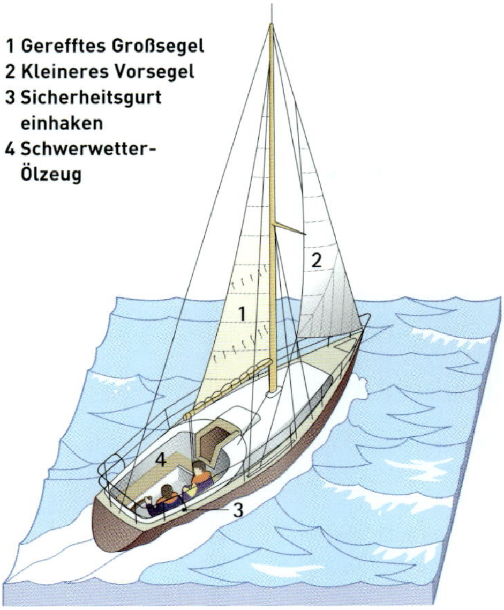

1 Rechtzeitiges Reffen schont die Ausrüstung und die Crew.
2 Beibehalten einer ausgewogenen Segelfläche durch Verkleinern des Groß- und des Vorsegels im gleichen Verhältnis zueinander.
3 Am Wind segeln. Baum beim Reffen über das Deck bringen.
4 Das Vorsegel auf Vormwindkurs wechseln: Das Deck bleibt trockener und das Boot segelt stabiler.
5 Der Sicherheitsgurt wird an der Fußreling oder am Strecktau eingehakt, damit beide Hände frei sind.
6 Beim Reffen eines Segels an Luv stehen.
7 Pass beim Bindereff auf, dass du die verschiedenen Reffs nicht verwechselst.
8 Ausgerefft wird in umgekehrter Reihenfolge. Erst die Reffbändsel lösen, dann die Reffkauschen.

Kleidung
Die ideale Wetterbekleidung ist warm, aber nicht zu dick: Thermo-Unterwäsche auf der Haut, ein Troyer, eine wattierte Jacke und ein guter Satz lose sitzendes Ölzeug mit dicht schließenden Bündchen und wasserdichten Taschen. Die meiste Körperwärme geht an den Extremitäten verloren, deshalb sind wasserdichte Handschuhe wichtig, zwei Paar bis zum Knie reichende Socken (inneres aus reiner und äußeres aus wasserabweisender Wolle) und rutschfeste Gummistiefel; ein um den Hals gelegtes Handtuch und eine Wollmütze. Wolle nimmt mehr Wasser auf als synthetische Stoffe, sie braucht jedoch auch länger zum Trocknen.

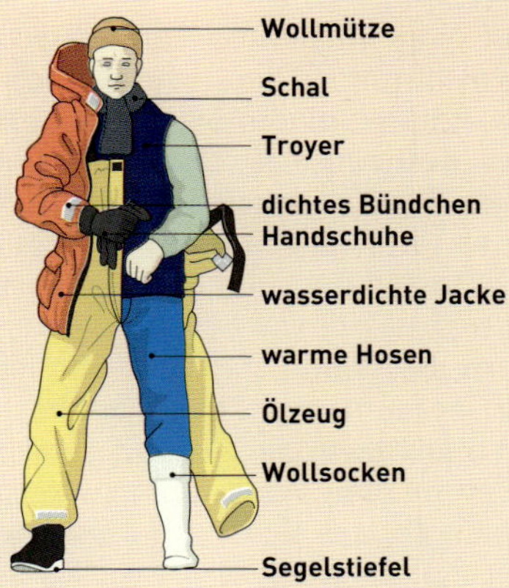

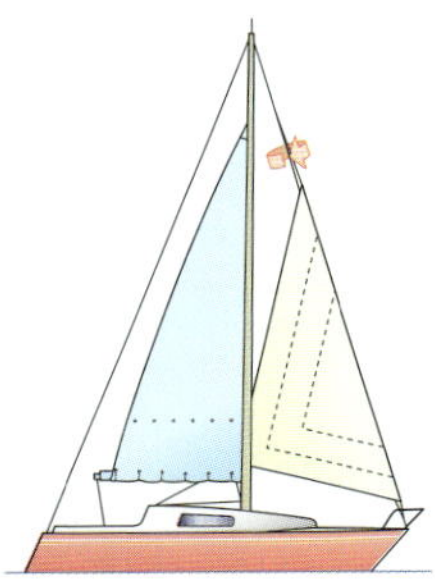

Eine Rollreffanlage fürs Vorsegel erspart den Segelwechsel. Der Schotwinkel bleibt beim Einrollen gleich.

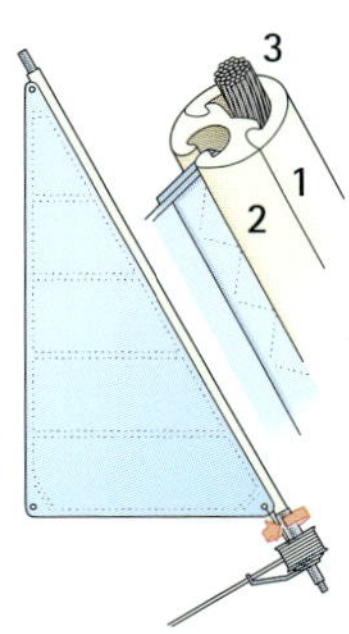

Beim Einbau einer Rollreffanlage wird ein Rohr (1) mit einer Nut (2) für das Vorliek um das Vorstag (3) montiert.

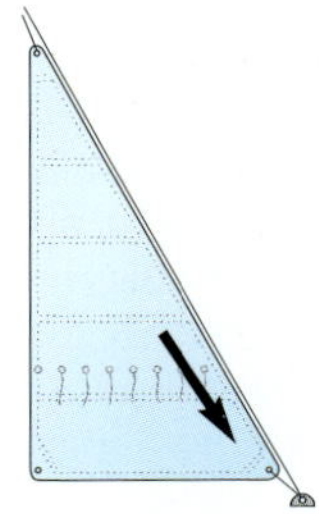

Um ein Vorsegel zu reffen, werden beide Schoten an eine höher liegende Kausch gebunden und dann die Vorliek-Reffkausch am Bugbeschlag befestigt.

Einen Sturm abreiten

Wie man ein Boot in schwerem Wetter führt, hängt von seiner Konstruktion ab. Einige Boote können gut unter Segeln beiliegen, andere besser vor Topp und Takel (ohne Segel); manche laufen besser vor Topp und Takel ab und andere brauchen einen Treibanker. Die einzige Möglichkeit, herauszufinden, welche Methode sich für ein bestimmtes Boot am besten eignet, ist das Ausprobieren.

Eines der seetüchtigsten Boote, die je entwickelt wurden, ist der Bristol Pilot Cutter. Er kann unter lediglich einem Stagsegel (Fock) beiliegen, und weil er einen sehr langen Kiel hat, kann er auch vor einem Treibanker liegen. Ein Kurzkieler würde über den Anker segeln und mit dem Propeller oder dem Ruderblatt in die Ankerleine geraten.

Auf einer modernen Fahrtenyacht kann man nicht immer die Pinne einfach festlaschen und mit einem Stagsegel sicher beiliegen, deshalb ist es ratsam, das Boot etwa 80° am Wind zu segeln – langsam, um gerade so viel Fahrt zu machen, dass man in den gröbsten Wellen anluven oder abfallen kann.

Wird der Wind sehr stark und ist genügend Seeraum da, ist es oft am besten, vor Topp und Takel oder nur mit einer Sturmfock abzulaufen. Auch wenn sie recht klein ist, hilft sie, das Boot steuerbar zu halten. Sie bringt nur wenig Fahrt voraus und vermindert das Rollen des Bootes.

Weht es wirklich stark, hängt es sehr von den Umständen ab, was am besten zu tun ist. Weht der Sturm in der Richtung deines geplanten Kurses, ist es möglich, mit einiger Geschwindigkeit unter der Sturmfock zu segeln.

Auch wenn es laut und unangenehm wird, ist das Beiliegen vor Topp und Takel oft die sicherste Art, einen Sturm abzureiten. Dazu müssen nur die Segel geborgen, der Baum festgezurrt, alle Luken geschlossen und alle Mann unter Deck gebracht werden, bis der Sturm durchgezogen ist. Die Pinne wird dabei nach Lee festgelascht, damit das Boot immer an den Wind kommt. Die Abdrift wird um 1–2 kn nach Lee betragen, und das Boot macht noch etwas Fahrt voraus.

Brechende Wellen sind die größte Gefahr für ein Boot in schwerem Wetter. Eine außergewöhnlich hohe Welle in einem schlimmen Sturm kann ein Boot kopfüber durchkentern lassen. Häufig geschieht es, dass ein Brecher über das Heck einsteigt. Schließe den Niedergang und versuche, dein Tempo zu verringern.

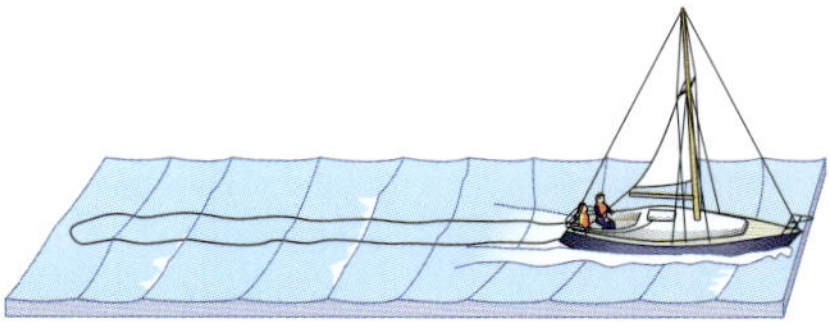

Läuft man vor einem Sturm ab oder fährt man auf eine Leeküste zu, kann man die Fahrt durch am Heck ausgebrachte Leinen verringern, beispielsweise durch fünf oder sechs aneinandergebundene 50-Meter-Leinen, die im Bogen hinter dem Boot hergeschleppt werden.

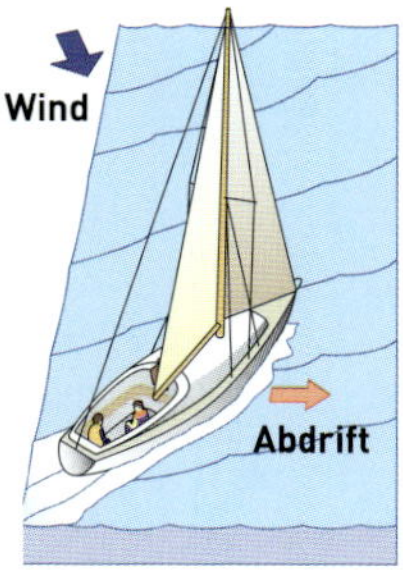

Um beizudrehen (ins Beiliegen zu kommen), fier die Großschot und lasch die Pinne an Lee (Luvruder) fest. Das Boot segelt langsam weiter und hat eine hohe Abdrift.

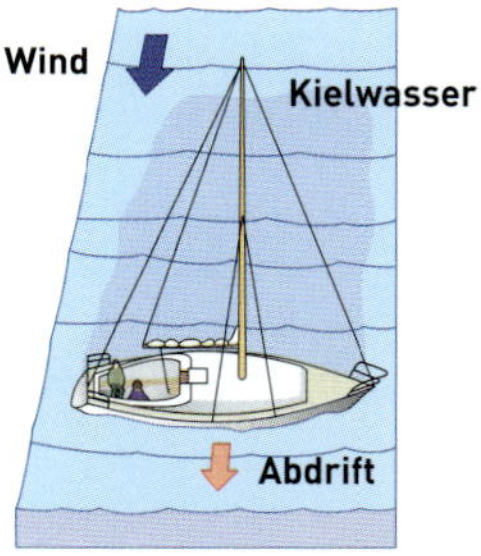

Beim Beiliegen unter Topp und Takel wird die Pinne in Lee festgelascht, das Boot kommt in einen natürlichen Winkel zum Wind. Das Kielwasser in Luv beruhigt die See.

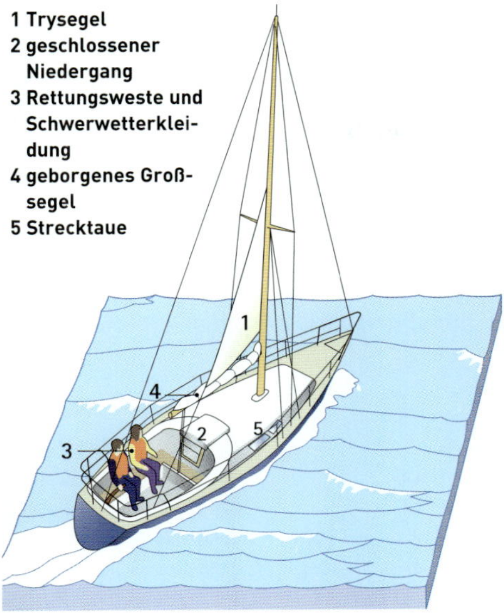

Mit dem Trysegel und der Sturmfock läuft das Boot selbst bei stärksten Winden stabil. Das Trysegel wird oft unterbewertet, weil bei Starkwind das Setzen jedes Segels schwierig ist, doch es erlaubt, das Großsegel vollständig zu bergen. Es wird oberhalb des geborgenen Großsegels in die Mastnut geführt. Das Unterliek wird fliegend (ohne befestigt zu sein) gesetzt und wie eine Fock mit zwei Schoten geführt. Um den Windkräften widerstehen zu können, ist das Segel an vielen Stellen verstärkt.

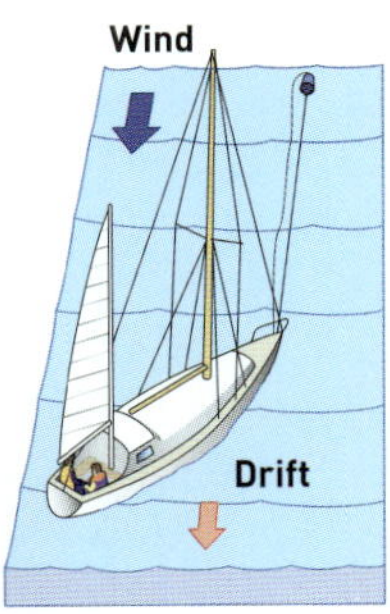

Mit einem Treibanker am Bug und einem Stützsegel am Besanmast liegt eine Ketsch hoch am Wind und treibt nach Lee. Die Rückwärtsfahrt kann aber das Ruder stark belasten.

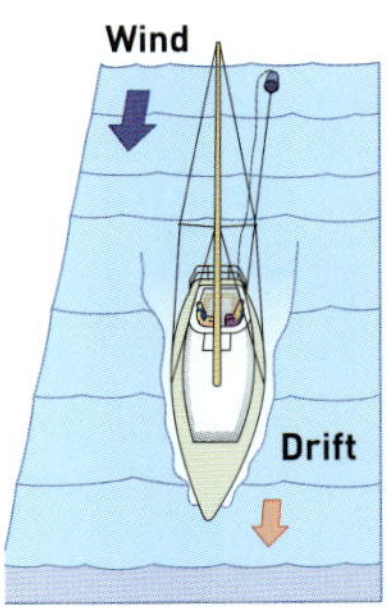

Ein Treibanker am Heck erlaubt dem Boot, mit dem Bug nach Lee zu liegen. Das kann ein Querschlagen verhindern, aber es verhindert auch das weiche Einsetzen in die Wellen.

Treibanker

Ein Treibanker aus Segeltuch (ggf. auch ein leichter Bruce-Anker) wird vom Boot aus mit einer langen Leine (niemals mit einer Kette) ins Wasser gebracht. Mit einer losen Trippleine, die am hinteren Ende des Ankers angreift, kann er mit nur geringem Widerstand leichter eingeholt werden.

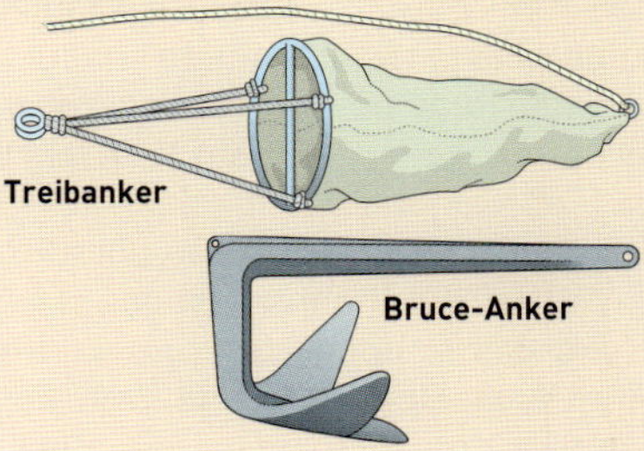

Checkliste zum Abreiten eines Sturms

Beim ersten Anzeichen von schwerem Wetter oder bei einer Starkwindwarnung (ab 8 Bft) muss man sich auf einen Sturm vorbereiten.

1 Überprüfe noch einmal, ob alles unten im Boot gut verstaut ist und ob an Deck alles festgelascht ist, besonders das Beiboot. Alle Fächer schließen. Eine gute Hilfe ist die Vorstellung, dass das Boot durchkentert!

2 Sorge dafür, dass das Boot wasserdicht ist. Schließe und verriegle alle Luken. Mach die Lüfter zu und schließe (bis auf die für den Motor relevanten) die Seeventile, auch die zur Spüle und zur Toilette.

3 Bring Strecktaue an und lass Rettungswesten und Sicherheitsgurte anlegen, auch wenn das schon vorher gemacht worden sein sollte.

4 Stell sicher, dass die Crew warme Kleidung trägt, sich eventuell auf die Seekrankheit vorbereitet und eine Mahlzeit eingenommen hat. Füll warmes Getränk und Suppe in die Thermoskannen.

5 Wechsle rechtzeitig die Segel und mach die Sturmsegel und die Signalmittel klar.

6 Reinige die Cockpitabläufe. Prüfe die Pumpen. Lass von Zeit zu Zeit den Motor laufen.

7 Hör die Wetterberichte an.

8 Notiere die Schiffsposition, halte Ausguck.

9 Stelle einen strikt einzuhaltenen Wachplan auf (s. S. 212).

Wettfahrtregeln

Wer an einer Wettfahrt teilnimmt, stimmt den Wettfahrtregeln zu, die dann die Kollisionsverhütungsregeln (KVR) ersetzen (s. S. 124–125). Die Wettfahrtregeln (WR) werden von der International Sailing Federation (ISAF), in der Vertreter der Segelnationen sitzen, herausgegeben. Alle vier Jahre werden sie überarbeitet, und sie basieren zwar auf den KVR, unterscheiden sich jedoch in mancher Hinsicht von ihnen, besonders, wo es um das Runden von Tonnen oder von Hindernissen geht. Trifft ein Wettfahrtteilnehmer auf ein Fahrzeug, das nicht teilnimmt, gelten für beide immer die KVR.

Ein Wettfahrtteilnehmer ist von der Vorbereitung des Rennens bis zum Verlassen des Wettfahrtgebietes an die Wettfahrtregeln gebunden, auch wenn ein Boot nur dann bestraft wird, wenn das Vergehen in den Zeitraum zwischen dem Vorbereitungssignal (normalerweise fünf Minuten vor dem Start) und dem Erreichen der Ziellinie fällt.

Ein Boot, das im Rennen eine Wendemarke berührt, kann sich von einer Bestrafung befreien, wenn es frei von allen anderen Booten einmal um 360° dreht. In anderen Situationen können auch zwei Runden (720°) nötig werden. Wird eine Schuld an einem Verstoß nicht akzeptiert, legen einer oder beide Beteiligten Protest ein, indem sie einen roten Wimpel setzen. Das protestierende Boot muss dann der Wettfahrtleitung einen schriftlichen Bericht vorlegen, in dem der Vorfall geschildert wird. Bei den meisten Match-Racing-Wettfahrten (Boot gegen Boot), wie dem »America's Cup«, begleiten Schiedsrichter die Boote und entscheiden an Ort und Stelle über mögliche Regelverstöße.

Sie zeigen dann eine grün-weiße Flagge, wenn kein Verstoß vorliegt, oder eine blaue bzw. eine gelbe, um anzuzeigen, welches Boot einen »Strafkringel« zu drehen hat. Hat der Verstoß vor dem Start stattgefunden, muss die Strafe sofort nach Überfahren der Startlinie ausgeführt werden, sonst kann das bis zur Ziellinie warten. Auch bei kürzeren Hochseeregatten, an denen Ozean-Rennyachten teilnehmen, werden Schiedsrichter eingesetzt.

Das Boot mit dem Wind von Backbord muss sich von dem Boot mit dem Wind von Steuerbord freihalten.

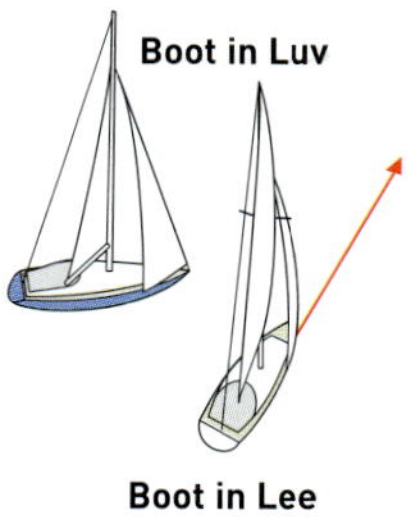

Haben zwei Boote den Wind von derselben Seite und überlappen sich, hat das Boot in Lee Wegerecht und das in Luv weicht aus.

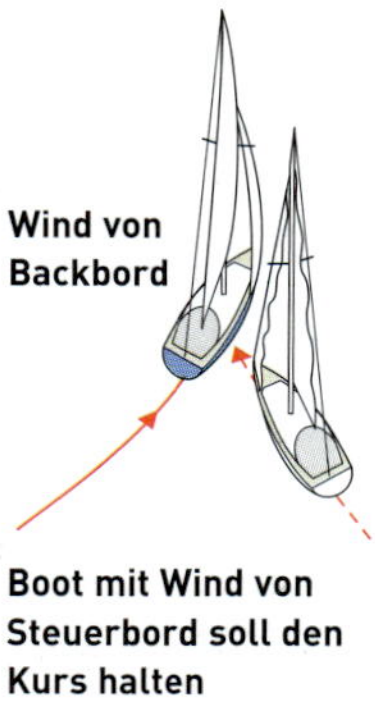

Ein Boot, das Wegerecht hat, soll den Kurs nicht ändern und ein anderes Boot, das ausweicht, nicht behindern.

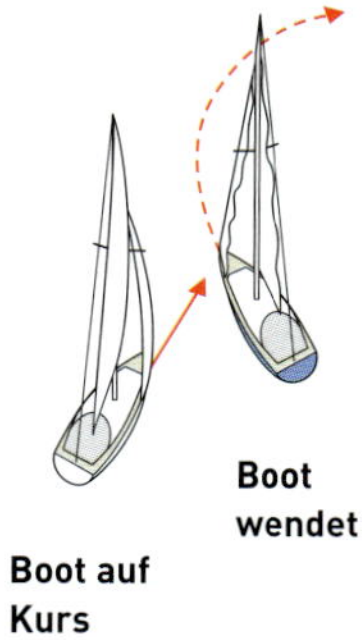

Ein Boot, das wendet, hält sich frei von dem, das auf Kurs bleibt. Wenden beide gleichzeitig, hält sich das Boot an Backbord frei. Ein Boot darf nicht in die Position wenden, die ihm Wegerecht gibt, wenn es damit das andere Boot zu einer Kursänderung zwingt, bevor die Wende beendet ist.

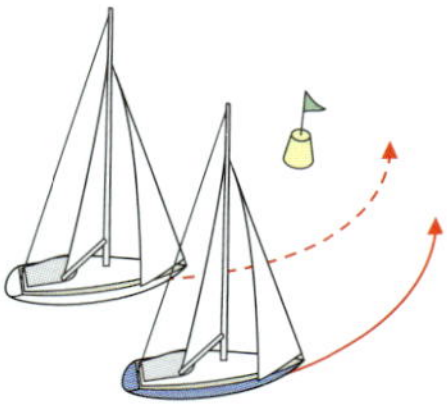

Das Boot außen muss sich freihalten

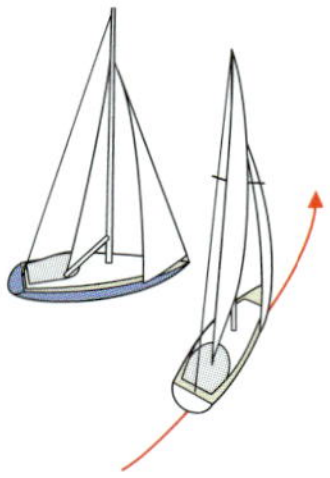

Boot in Lee

An einer Wendemarke oder einem Hindernis muss das Boot außen dem inneren ausweichen. Nähern sich jedoch zwei Boote mit dem Wind von unterschiedlichen Seiten einer Luvtonne, hält sich das Boot mit dem Wind von Backbord frei.

Das leewärtige Boot hat das Recht, sich durch Anluven zu verteidigen. Wenn es das tut, gibt es dem luvwärtigen Raum, um sich freizuhalten.

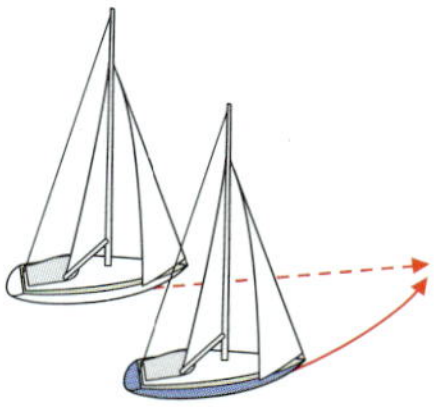

Hält sich das ausweichpflichtige Boot nicht frei und es kommt zu einer Kollision, kann das Boot mit Wegerecht ebenso wie das ausweichpflichtige disqualifiziert werden, wenn es den Zusammenstoß hätte verhindern können, das aber nicht getan hat.

Das 32. Match um den America's Cup vor Valencia: Das Schweizer Team Alinghi hat die Überlappung hergestellt und jagt Herausforderer Team New Zealand in der Vorstartphase.

Der Bootsmotor

Bei der Auswahl eines Motors für ein Sportboot entscheidet sich ein Eigner zunächst zwischen Benzin- und Dieselmotor. Benzinmotoren sind leichter, laufen leiser, rütteln weniger und sind billiger als Dieselmotoren, aber sie sind teurer im Betrieb, ihr Treibstoff ist gefährlicher und sie brauchen eine zuverlässige elektrische Zündanlage. Dieselmotoren brauchen einen stärker riechenden, aber billigeren Treibstoff und sind auch bei langen Ruhezeiten sehr zuverlässig. Heute werden kaum noch Benzinmotoren in Sportboote eingebaut.

Beide Motorarten gibt es als Zwei- und Viertakter. Zweitakter sind leichter, brauchen aber mehr Treibstoff und werden eigentlich nur dort eingebaut, wo es auf geringes Gewicht ankommt. Zweitakt-Außenbordmotoren mit Benzin werden deshalb für kleine schnelle Motorboote gebraucht, Viertakt-Diesel in großen schnellen Motoryachten.

Die nächste Überlegung gilt der Antriebsform. Der traditionelle gerade Wellenantrieb hat einen permanent unter dem Boot angebauten Propeller, der mehr oder weniger direkt über eine gerade Welle mit dem Einbaumotor verbunden ist. Das hat den Vorteil der Einfachheit, auch wenn der Propeller Beschädigungen ausgesetzt und schwer zugänglich ist. Soll ein kleineres Boot öfter aufliegen oder getrailert werden, sollte man überlegen, einen Außenbordmotor in einem Schacht zu fahren. Bei kleinen Yachten ist es ohnehin einfacher, einen Außenborder zu nehmen.

In leichte Segelboote werden immer öfter Motoren mit angebautem S-Antrieb eingebaut. Diese Systeme mit Diesel- oder Benzinmotoren sind recht preiswert. Motoren mit Z-Antrieb sind häufig bei Motorbooten zu finden.

Zwei weitere Faktoren sollten die Auswahl ebenfalls beeinflussen. Denk erstens daran, dass unabhängig von der Leistung des Motors ein größeres Boot auch eine größere Schraube braucht. Zum Zweiten muss viel Pflege aufgewendet werden, wenn der Motor seine Leistung über lange Zeit bringen soll. Brauchst du den Motor nur selten, wähle einen Benzin-Außenborder oder einen Diesel-Einbaumotor.

Außenbordmotoren sind preiswert und für kleinere Boote gut geeignet, die geringeren Wartungskosten heben die teureren Treibstoffkosten auf. Sie können beim Segeln hochgekippt oder auch verstaut werden.

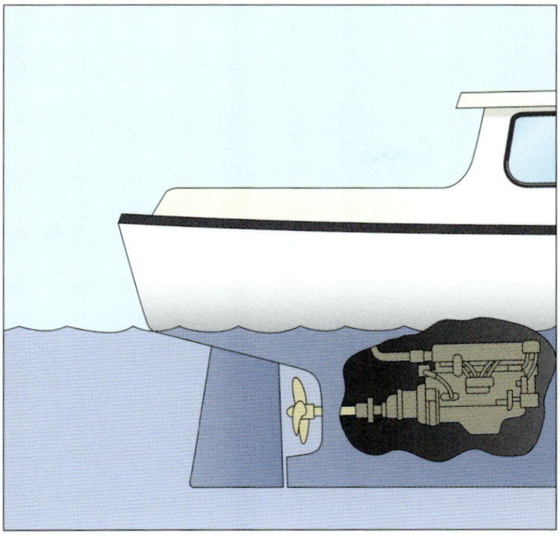

Der Wellenantrieb ist am einfachsten einzubauen, er hat den geringsten Leistungsverlust. Der Motor ist über die Welle direkt mit dem Propeller verbunden. Er kann geschützt in einem Schraubenbrunnen laufen (oben) oder frei im Wasser an einer Welle drehen.

Volle Marinas und Häfen machen einen Hilfsmotor erforderlich.

Propellerarten

Bei einem Schiffspropeller entsteht an jedem strömungsgünstig geformten Flügel ein Schub in Richtung der Propellerwelle – ganz ähnlich wie bei einem Flugzeugpropeller.

Der schmale zweiflügelige Propeller dreht langsam und ist besonders für geringere Motorleistung bei größeren Rümpfen geeignet. Er braucht jedoch fast immer ein Getriebe, das die Drehzahl herabsetzt.

Bei mehr Leistung muss die Flügelfläche größer werden, und mit zunehmender Drehzahl ist es erforderlich, den Durchmesser in Grenzen zu halten, um die Geschwindigkeit an den Flügelenden nicht zu hoch werden zu lassen. Deshalb wählt man dreiflügelige Propeller mit oft sehr breiten Flügeln.

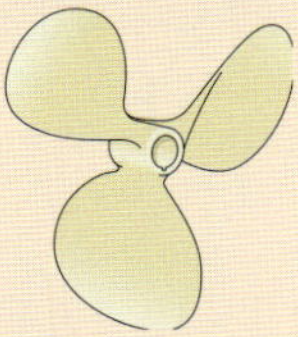

dreiflügeliger Propeller

zweiflügeliger Propeller

Durch die Zentrifugalkraft werden die Flügel eines Faltpropellers in die Arbeitsstellung gebracht. Die Flügel eines Drehflügelpropellers arbeiten in unterschiedlichen Anstellungen, dazu gehören auch die für Rückwärtsfahrt und eine neutrale Segelstellung mit geringem Widerstand.

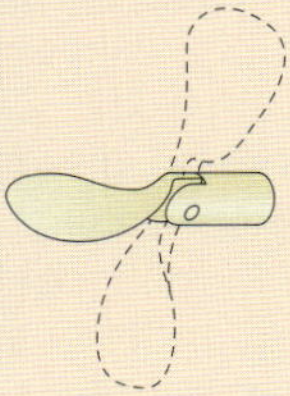

Faltpropeller

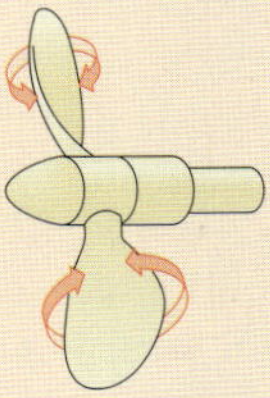

Drehflügelpropeller

Wie viel Motorleistung?

Die Antriebskraft, die erforderlich ist, um ein Boot mit hinreichender Geschwindigkeit voranzubringen, steigt mit seinem Gewicht und bei gleichem Gewicht mit seiner Länge. Die mögliche Höchstgeschwindigkeit und die ökonomische Marschfahrt hängen weitgehend von der Bauart des Rumpfes ab.

Schwere Verdrängerrümpfe, wie sie Motorbarkassen und traditionelle Segelboote haben, sind in ihrer Geschwindigkeit durch das Wellensystem, das sie erzeugen, begrenzt; sie erreichen ihre Höchstgeschwindigkeit, wenn sie so schnell wie ihre Bug- und Heckwelle sind. Modernere leichte Segelboote und schnellere Motorboote sind so gebaut, dass bei höherer Fahrt am Heck kein bremsender Sog entsteht. Das bedeutet, dass mehr Motorleistung in Geschwindigkeit umgesetzt werden kann und so das Boot schneller als eine einzelne Welle läuft. Bei dieser »Halbgleiterfahrt« wird der Rumpf teilweise vom dynamischen Auftrieb stabilisiert und getragen. Darüber hinaus können Boote, die entsprechend gebaut sind, über die Bugwelle steigen und in Gleitfahrt kommen; sie werden dabei eher vom Wasserdruck als von der Verdrängung getragen.

Ganz gleich, wie der Rumpf gebaut ist, eine auch nur mäßige Erhöhung der Geschwindigkeit benötigt erheblich mehr Motorleistung und Treibstoff. Wenn man die benötigte Motorleistung für ein Boot einschätzen soll, muss man jedoch einige andere Fakten bedenken. Erstens, lokale Erfordernisse wie einen zu überwindenden Tidenstrom. Zweitens müssen der Luftwiderstand und der Widerstand des Seegangs, die 10–50 % betragen können, berücksichtigt werden. Wenn höhere Geschwindigkeit gefordert wird, müssen auch 10 % Verlust berücksichtigt werden, die durch das Altern der Maschine entstehen. Weitere 15 % Verlust sind bei höheren Umgebungstemperaturen schnell erreicht.

Jedes Erhöhen der Motorleistung macht auch eine Änderung des Propellers erforderlich, weil jede zunehmende Belastung die Strömung an den Propellerflügeln abreißen lassen kann, was wiederum eine noch höhere Leistung erforderlich macht und dem Propeller schadet.

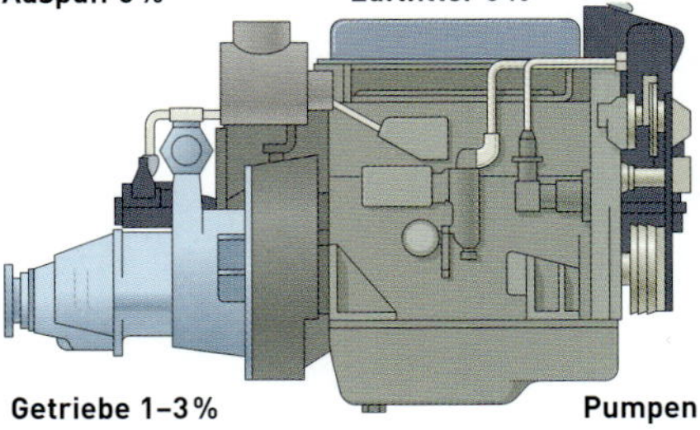

Die angegebene Leistung gilt üblicherweise bei idealen Bedingungen für einen Motor im Basiszustand. In der Praxis ist weder das Klima ideal, noch hat der Treibstoff die beste Qualität. Zusätzliche Leistung wird auch für Aggregate wie Lichtmaschine und Pumpen verbraucht. Weitere Verluste entstehen durch das Getriebe, die Lager und Dichtungen. Die Propellerwirkung ist letzten Endes nur halb so hoch wie die Motorleistung.

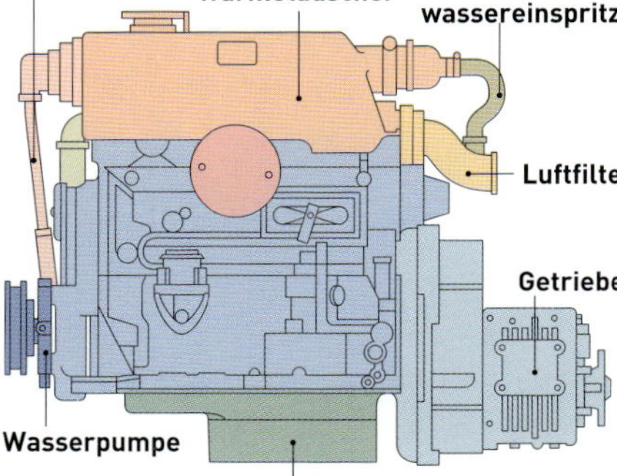

Ein guter Bootsmotor hat einen gusseisernen Block mit weiten Kanälen, die nicht durch kristallisierendes Salzwasser verstopft werden. Er ist zwar besonders zuverlässig, aber weniger wirtschaftlich als ein marinisierter Automotor. Das Marinisieren umfasst das Ersetzen aller Aluminiumteile durch solche aus seewasserbeständigen Legierungen und den Einbau eines Zweikreiskühlsystems. Auch die Ölwanne, der Anbau des Getriebes, die Auspuffanlage und die Zündkerzen bzw. die Einspritzdüsen müssen geändert werden.

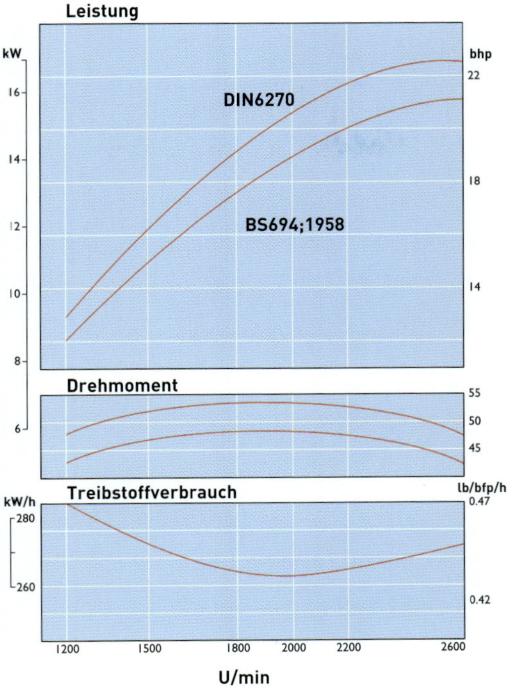

Die Leistungskurven in den Herstellerangaben geben die maximale Leistung für bestimmte Drehzahlen an. Die obere Kurve zeigt, wie die Leistung mit der Drehzahl ansteigt. Die mittlere Kurve zeigt die Abhängigkeit des Drehmoments von der Drehzahl. Unten wird die Abhängigkeit des Treibstoffverbrauchs von der Drehzahl gezeigt. Man erkennt, dass der Motor bei etwa 2000 U/min am wirtschaftlichsten ist.

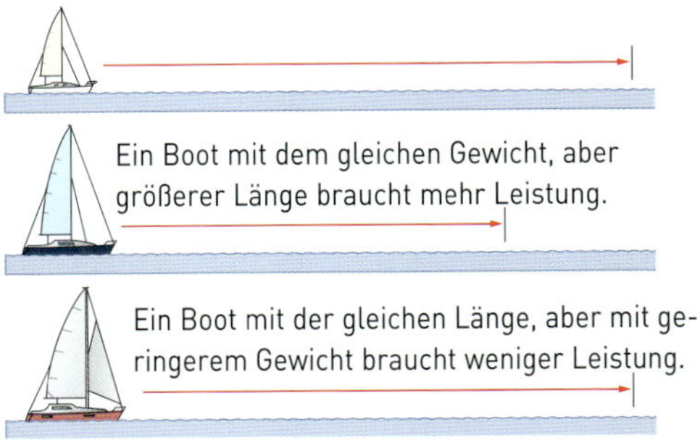

Von zwei Booten, die die gleiche Größe und den gleichen Luftwiderstand haben, braucht das schwerere mehr Leistung, um eine gegebene Geschwindigkeit zu erreichen. Bei Booten mit gleichem Gewicht ist die Rumpflänge entscheidend, das kürzere braucht weniger.

Geschwindigkeitspotenzial
Unterschiedliche Leistungsanforderungen lassen sich vergleichen, wenn man die Quadratwurzel der Wasserlinienlänge ins Verhältnis zur Geschwindigkeit setzt. Für einen Verdrängerrumpf gilt: $\sqrt{V/L} = 1$ (Wurzel aus Geschwindigkeit durch Länge der Wasserlinie = 1). Das heißt, dass 5 kn für ein Boot von 7,60 m Länge wirtschaftlich zu erreichen sind. Ein Halbgleiterrumpf hat die gleiche wirtschaftliche Geschwindigkeit, jedoch den Faktor 3,5 für die maximale Geschwindigkeit von 17,5 kn. Ein reines Gleitboot hat, wenn es über seine Bugwelle gestiegen ist, eine wirtschaftliche Geschwindigkeit von 22 kn oder mehr.

Typische Motorleistungen für neue Boote

Länge in Metern	Verdrängung (kg)		Motorstärke in PS und kW	
5	400	800	2–4	1,5–3
6	550	2700	4–8	3–6
7,5	1800	4500	6–12	4,5–9
9	3600	8150	10–30	7,5–25
10,5	6350	11,300	20–40	15–30

Elektrolyse
In Salzwasser oder salzhaltiger Luft hat jedes Metall ein bestimmtes elektrisches Potenzial. Zwischen allen Metallen mit unterschiedlichen Potenzialen fließt ein elektrischer Strom von dem mit dem höheren Potenzial, der Kathode, zu dem mit dem niedrigeren, der Anode, die dadurch korrodiert. Die Potenzialunterschiede verschiedener Metalle findet man in einer Liste, in der Niro (nicht rostender Stahl), Titan und Nickel ganz oben bei den Kathoden und Aluminium und seine Legierungen sowie Zink ganz unten bei den Anoden stehen. Bei Gegenwart eines Metalls mit höherem Potenzial zersetzt sich im Salzwasser jedes Metall. Stücke eines Metalls mit niedrigem Potenzial wie Zink werden oft als Opferanoden am Rumpf angebracht, um wichtige Metallteile wie den Propeller zu schützen.

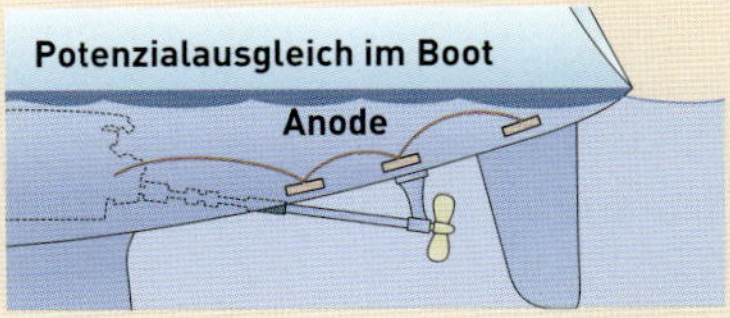

Einbau der Maschine

Die meisten Maschinen (Motoren mit angebauten Aggregaten) sind zuverlässige Antriebe, so lange sie neu sind, sie müssen jedoch gewartet und gepflegt werden, damit sie zuverlässig bleiben. Deshalb ist es wichtig, guten Zugang zu ihnen zu haben.

Fast immer sind die Bootsmotoren flexibel auf Gummiblöcken montiert, weil es kaum möglich ist, in kleinere Boote so große Fundamente einzubauen, dass die Vibrationen auf andere Art geschluckt werden. So können die Motoren frei vibrieren, alle Verbindungen müssen jedoch ebenfalls elastisch sein. Auch die Propellerwelle muss die Bewegungen schlucken, meistens geschieht dies mithilfe eines kurzen Stücks Welle zwischen zwei flexiblen Kupplungen. Wenn die Maschine jedoch nur gelegentlich benutzt wird, kann auch ein elastisches Sternlager und eine flexible Kupplung genügen.

Die Sicherheit der Treibstoffanlage beginnt mit der Erdung des Einfüllstutzens und der Tankleitungen, damit sich aus der statischen Aufladung nicht elektrische Funken bilden. Treibstoffleitungen sollen widerstandsfähig und gut geschützt sein, und die elastische Verbindung zum Motor muss ein bestimmtes Maß an Feuerfestigkeit haben. Absperrventile sollen außerhalb des Maschinenraums angebracht und gut erreichbar sein. Schiffstreibstoff ist oft schmutzig und mit Kondenswasser vermischt, darum sind hinreichend große Filter nötig, und die Tanks müssen regelmäßig entwässert werden.

Manche Motoren sind luftgekühlt, aber die meisten haben eine Zweikreis-Kühlwasseranlage, bei der Seewasser durch einen Wärmetauscher gepumpt wird, der das Frischwasser im Motorblock kühlt. Das Seewasser wird ganz oder teilweise ins Auspuffsystem gespritzt, um es zu kühlen und den Schall zu dämpfen.

Auspuffrohre müssen deutlich über die Wasserlinie hochgebogen werden (Schwanenhals) und einen Wassersammler haben, damit auch kleinste Mengen nicht in den Motor kommen können.

Alle Motoren brauchen viel Luft, sowohl für die Verbrennung als auch zur Kühlung. Zur guten Lüftung des Motorraums sollte ein Ventilator eingebaut sein.

Elastische Aufhängung
Die meisten Maschinen werden auf elastischen Gummiblöcken montiert, damit Vibrationen vom Rumpf ferngehalten werden. Der Typ dieser Lagerblöcke (3) richtet sich nach der Charakteristik des Motors und variiert von sehr hart bis weich. Die anderen Verbindungen müssen sich nach dieser unterschiedlichen Beweglichkeit richten: von der einfachen flexiblen Kupplung an der Welle (1) bis zu zwei Gelenken mit einer eingesetzten Kardanwelle (2). Auch die Leitungen für Treibstoff und Kühlwasser benötigen an der Maschine flexible Anschlussstücke.

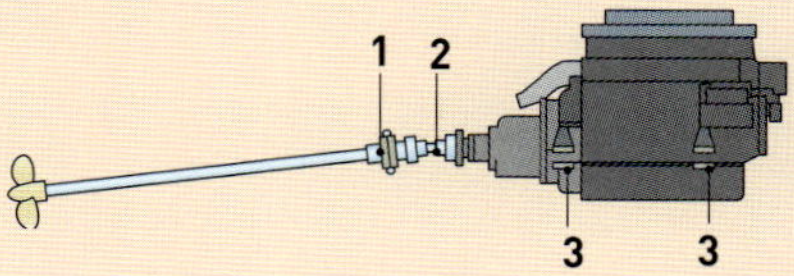

Auspuffanlage
In das Auspuffrohr wird meistens vor dem »Schwanenhals« das erhitzte Kühlwasser gespritzt, manchmal hat das Rohr auch noch einen Schalldämpfer. Das eingespritzte Wasser kühlt und dämpft den Schall. Wird die Auspuffsöffnung dicht bei der Maschine unter Wasser nach außen geführt und ist nur eine kleineres Rohr angebaut, das den Rückschlag des Wassers verhindert, wird der Abgasgeruch im Cockpit erheblich vermindert.

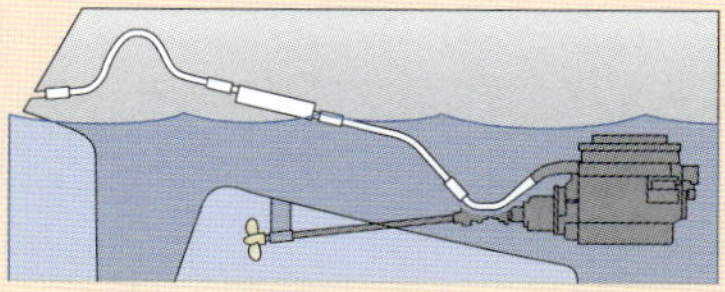

»Nasser Auspuff«, Maschine unter der Wasserlinie

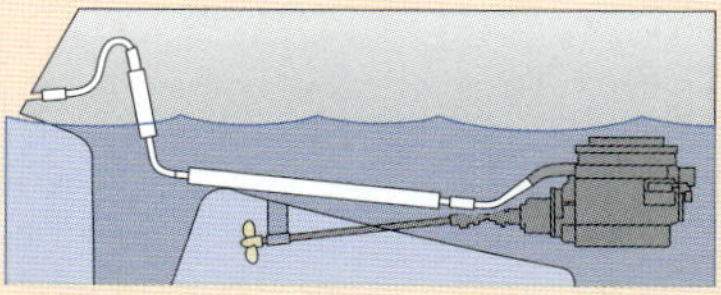

»Trockener Auspuff«, Maschine unter der Wasserlinie

Ein **moderner Dieselmotor** ist immer noch verhältnismäßig groß, schwer und läuft langsam. Er braucht ein starkes Fundament, eine Welle mit Propeller, eine gepflegte Treibstoffanlage und eine gute Schallisolierung.

Üblicherweise werden Tanks aus Niro (nicht rostendem Stahl) oder aus nicht galvanisiertem Eisenblech eingebaut, weil Dieselöl eine Verzinkung angreift.

Es sollten einfach zu wechselnde Kraftstofffilter – mehr als der Hersteller fordert – eingebaut werden.

Wasserabscheider schützen die Leitungen und den Motor vor Kondenswasser.

Treibstoffleitungen sollten robust und an festen Punkten im Boot angebracht sein, damit sie nicht vibrieren. Verbindungen müssen tief liegen und dicht sein.

Hochverdichtende Motoren brauchen viel Luft, die am besten mit einem gesonderten Schlauch zum Ansaugstutzen geführt wird. Ein Ventilator belüftet den ganzen Maschinenraum.

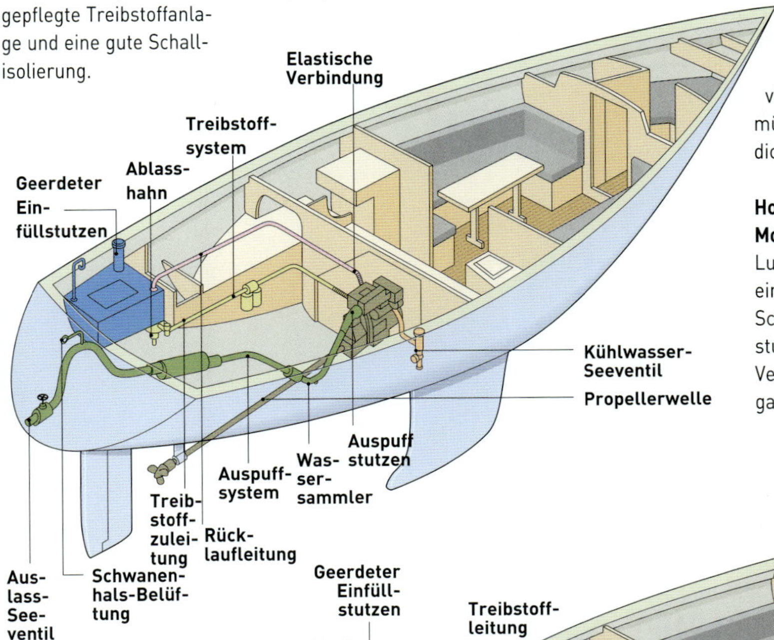

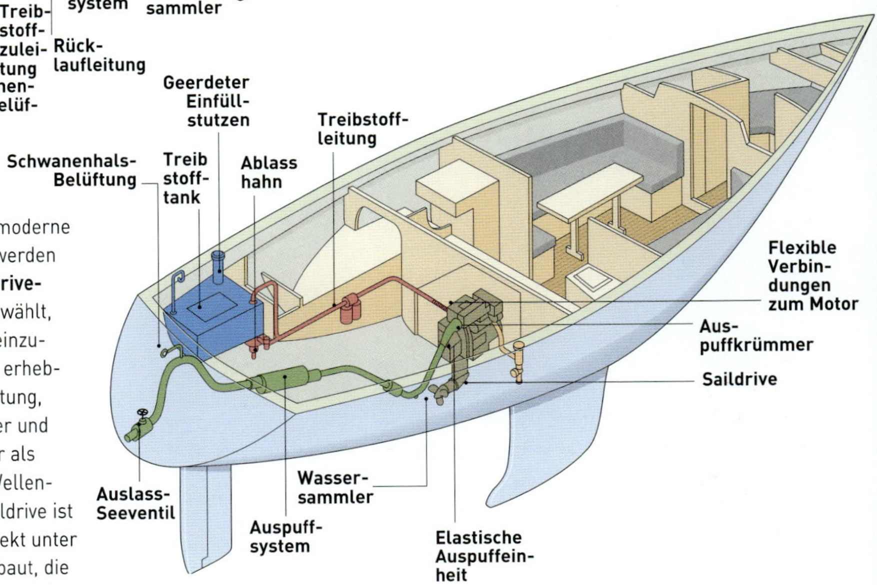

Für mittelgroße moderne Fahrtenyachten werden sehr häufig **Saildrive**-Bootsantriebe gewählt, sie sind einfach einzubauen, brauchen erheblich weniger Wartung, laufen viel ruhiger und vibrieren weniger als Maschinen mit Wellenanlage. Beim Saildrive ist der Propeller direkt unter dem Motor angebaut, die ganze Maschine ist auf herkömmliche Art auf einem Fundament gelagert. Eine Gummidichtung schützt das Boot an der Stelle, an der die Propellereinheit aus dem Rumpf kommt.

Um den Wasserwiderstand so gering wie möglich zu halten, ist die **Welle** dünn und oft aus Aluminium, Bronze oder Niro gefertigt. Die Lager bestehen aus Gummi.

Die meisten Saildrives werden mit gefiltertem Seewasser gekühlt, manche auch mit Zweikreiskühlung über einen **Wärmetauscher**.

Batterien müssen sorgfältig und nicht zu nah am Motor eingebaut werden, sie enthalten Schwefelsäure und erzeugen beim Laden hochexplosiven Wasserstoff.

Manöver unter Maschine

Auf überfüllten Ankerplätzen und Sportboothäfen oder wenn die Wetterbedingungen schwierig werden, ist es wichtig zu wissen, wie dein Boot sich unter Maschine verhält.

Kein Bootsrumpf, der durchs Wasser gleitet, fährt genau geradeaus oder rückwärts, er ist dem Wind, dem Seegang und der Tide ausgesetzt. Auch wenn der Rumpf nur wenig durch das Ruder gedreht wird, ist es der dadurch geänderte Druck des Wassers, der auf den Bug oder den Kiel einwirkt und das Drehmoment auslöst. Unter Maschine wird dieser Effekt noch durch den Propeller verstärkt, dessen Strahl auf eine Seite des Ruders trifft.

Bei langsamem Drehen an engen Stellen dreht ein kurzer Schub gegen das Ruder das Boot schneller, ohne dass es nennenswert Fahrt aufnimmt. Man kann dazu auch gut den Radeffekt des Propellers nutzen, der das Boot in der einen Richtung schneller drehen lässt als in der anderen.

Für die Rückwärtsfahrt gilt das Gleiche wie fürs Vorwärtsfahren. Wichtig für gutes Achterausfahren ist auch die Rumpfform. Ausgesprochen günstig ist ein moderner Kurzkieler. Der Radeffekt ist bei ihm weniger ausgeprägt, er kann jedoch in ausreichendem Maß genutzt werden.

In wirklich schwerem Wetter fährt ein maschinengetriebenes Boot am besten, wenn es langsam gegen den Wind und den Seegang gesteuert wird. Bei Sturm muss man beim Fahren vor dem Wind gegebenenfalls ab und zu den Rückwärtsgang einlegen, damit das Boot nicht querschlägt.

Unter Segeln kann die Maschine, auch wenn sie nur langsam mitläuft, die Lage verbessern. Bei leichtem Wind erhöht ein nur geringer Schub den scheinbaren Wind und damit die Anströmung der Segel.

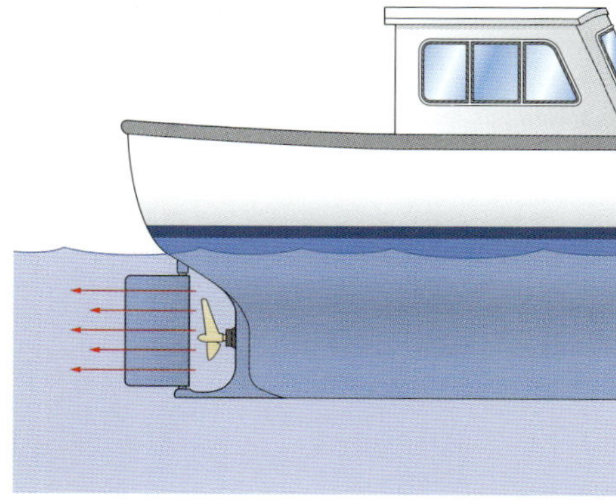

Der Propeller braucht genügend Wasser in seiner Umgebung, um wirksam arbeiten zu können. Das bedeutet, er sollte so wenig wie möglich durch die Rumpfform behindert werden, und die Schaufelspitzen sollten weit genug vom Rumpf entfernt sein.

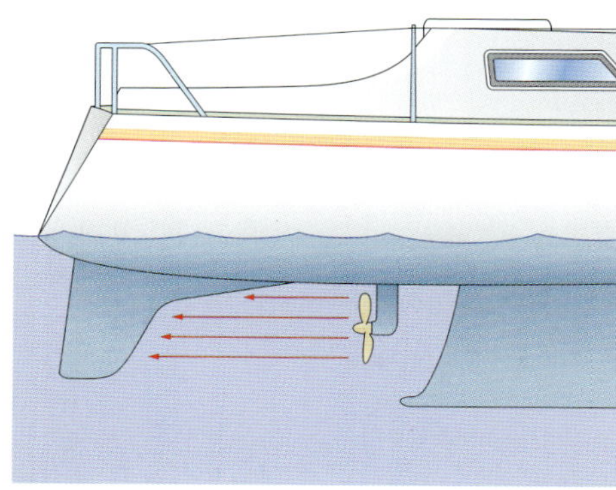

Eine moderne Segelyacht ist leicht zu steuern. Der Propeller wird nur für den Antrieb gebraucht. Bei einem weniger gut manövrierbaren Boot sollte der Propellerstrahl das Ruderblatt anströmen, um dessen Wirkung zu verstärken.

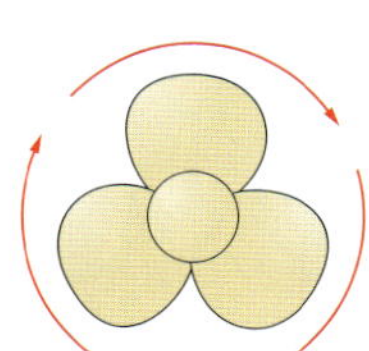

Ein **Propeller**, der von hinten gesehen im Uhrzeigersinn (rechts) dreht, schiebt das Heck nach rechts, wenn mit dem Ruder nicht dagegengehalten wird.

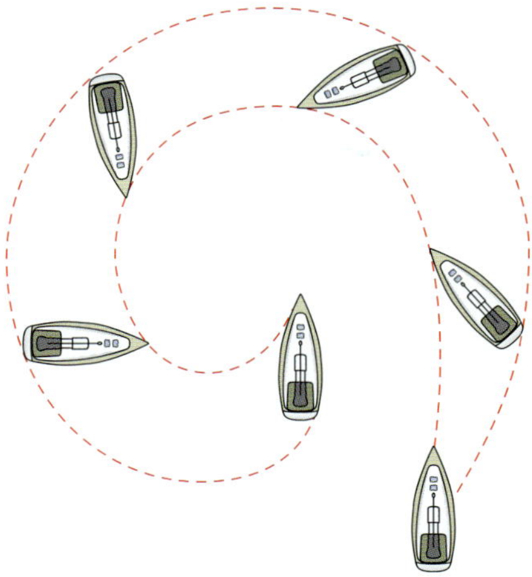

Der **Drehkreis** ist bei jedem Boot anders und unterscheidet sich auch nach der Drehrichtung, weil die Ruderwirkung auf den Rumpf, die Drehrichtung des Propellers und die Anströmung des Propellerstrahls unterschiedlich sind. Bei voller Fahrt drehen moderne Boote auf zwei Bootslängen. Beim Drehen gleitet ein Boot seitwärts (s. Abb. oben).

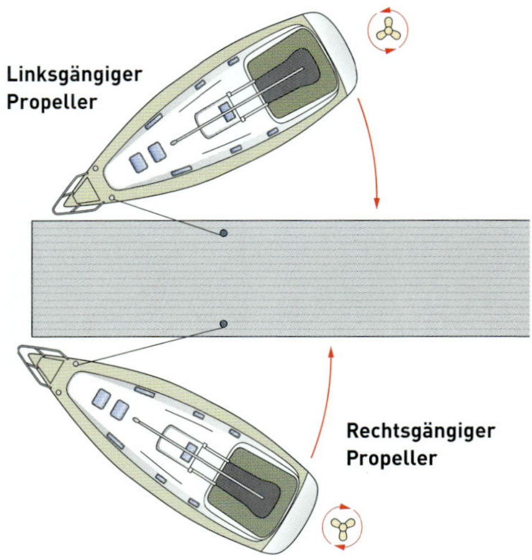

Ein Propeller, der von hinten gesehen im Uhrzeigersinn dreht, wird rechtsgängiger Propeller genannt, läuft er andersherum, ist er linksgängig. Die meisten Benzinmotoren haben rechtsgängige Propeller und viele Dieselmotoren haben linksgängige.
In den beiden oben abgebildeten Anlegemanövern wird das Boot mit der Strahlwirkung auf das Ruderblatt und dem Radeffekt längsseits gebracht.

Maschinenschäden
Die meisten Maschinenschäden entstehen durch Verschmutzung des Treibstoffs, einer Blockierung des Kühlsystems oder durch Leinen, die in den Propeller kommen. Kann man dann nicht weitersegeln, muss man ankern und die Maschine reparieren. Ein Propeller kann manchmal wieder freigemacht werden, wenn eine Person kräftig an der Leine zieht und eine andere die Welle mit dem Schwungrad in der richtigen Richtung dreht. Sind Ankern und Segeln nicht möglich, kann ein treibendes Boot manchmal durch Ausnutzen von Wind und Strom etwas in der gewünschten Richtung vorankommen. Bei Wind gegen Strom kann das Boot so bewegt werden, dass es einem Hindernis ausweichen oder in flacheres Wasser treiben kann.

Bei Flaute und Tidenstrom kann der Anker oder ein anderer schwerer Gegenstand ins Wasser bis auf den Grund gelassen werden, damit die Fahrt gebremst wird.

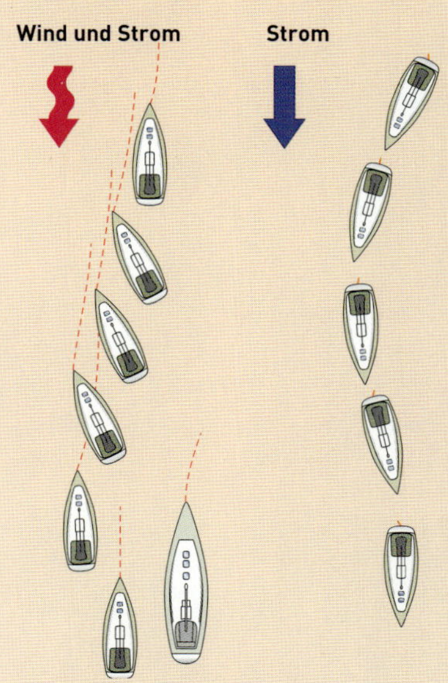

RAINBOW

Fahrtensegeln

Ein Fahrtenboot wählen

Die Wahl deines Bootes hängt davon ab, wo du es liegen haben möchtest und was du mit ihm machen willst. Ein Liegeplatz in einer Marina in Meeresnähe stellt andere Anforderungen als einer in flachen Gewässern oder einer, der trockenfällt, und ein Boot, das von vier erfahrenen Personen gesegelt werden muss, ist nichts für ein Paar mit zwei Kindern. Weil Liegeplätze in vielen Gegenden sehr gesucht sind, ist es ratsam, sich um einen Liegeplatz zu bemühen, bevor man ein Boot kauft, oder man legt sich ein gebrauchtes Boot zu, mit dem man den Liegeplatz übernehmen kann.

Bei Trailer-Booten hat man diese Sorge nicht, aber um auf offener See zu segeln, ist ein Boot von 7,50 m Länge das absolute Minimum. Bei Booten dieser Größe wiederum ist das Abslippen und das Aufriggen sehr zeitaufwendig und bedeutet viel Arbeit. Außerdem braucht man auch noch ein starkes Zugfahrzeug.

Oft wird fürs Fahrtensegeln der Kauf eines traditionellen Langkielers erwogen. Die halten zwar gut ihren Kurs, lassen sich jedoch nur schwer wenden. Moderne Rümpfe mit Flossenkiel und Spatenruder können genauso stabil segeln und sind wendiger und leichter zu steuern.

Brauchst du ein Boot, das auch gut achteraus steuerbar ist, ist ein Spatenruder einem Ruder am Skeg vorzuziehen. Aber am Skeg ist das Ruderblatt bei Fahrt voraus – also in 99 % der Zeit unterwegs – sicherer befestigt und besser geschützt. Das restliche eine Prozent kann jedoch sehr nervenaufreibend sein.

Für Fahrtenkatamarane muss man für Liegeplätze häufig mehr bezahlen, man kann jedoch in flachem Wasser liegen. Mit ihnen kann man schneller und ruhiger segeln als mit Einrumpfbooten gleicher Länge.

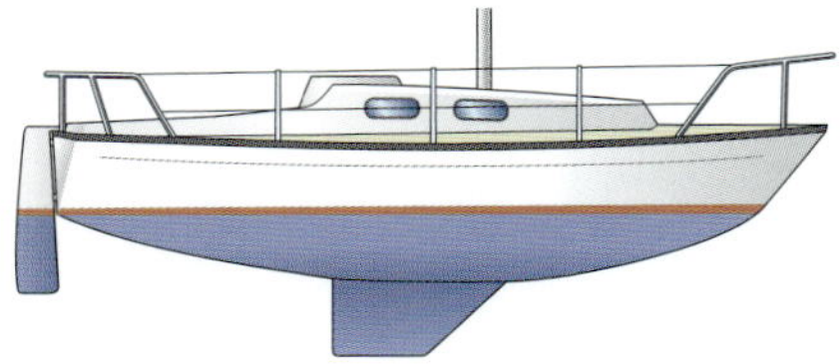

Der **Flossenkieler** ist der übliche Typ eine modernen leistungsfähigen Fahrtenyacht. Er kann ein Spatenruder haben oder einen Skeg.

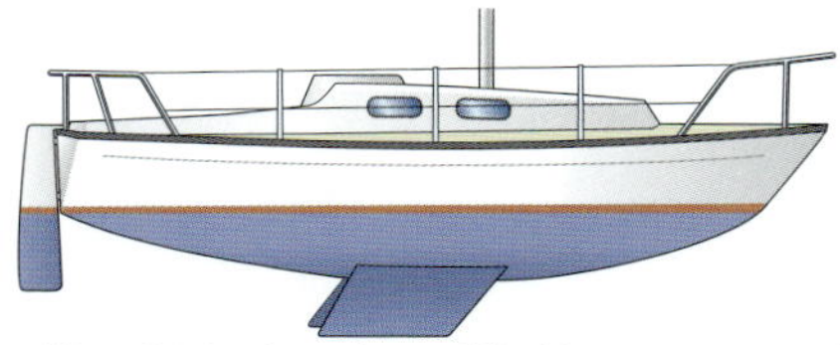

Der **Kimmkieler** braucht nur ⅔ bis ¾ der Wassertiefe eines Flossenkielers und kann beim Trockenfallen aufrecht stehen bleiben. Am Wind kann es wegen des Wassers, das zwischen die Kiele schlägt, recht laut werden. Er segelt auch nicht sehr hoch am Wind.

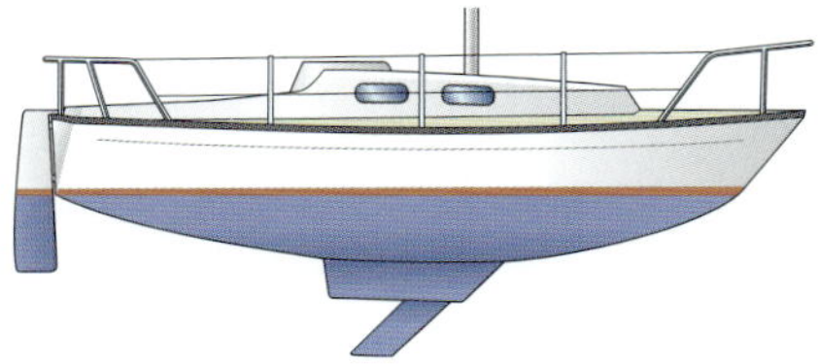

Ein **Schwenkkiel** eröffnet den Zugang zu neuen Revieren und flachen Anker- und Liegeplätzen. Der Tiefgang kann erheblich verkleinert werden, wenn der Kiel aufgeholt wird; das hilft auch, falls das Boot auf Grund gerät.

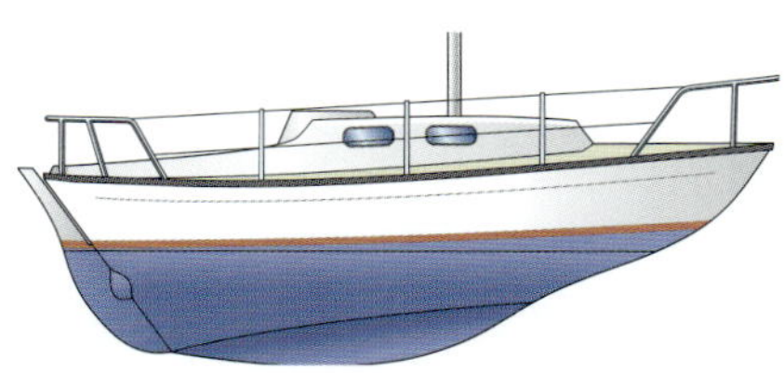

Ein **Langkieler** hat viel Stauraum, aber seine große Verdrängung macht ihn langsamer und schwieriger zu manövrieren. Er braucht zum Segeln ein starkes Rigg, hat jedoch bei Seegang angenehme Bewegungen.

Tipps zum Trailern

Versuche die Räder des Bootsanhängers nicht ins Wasser kommen zu lassen, weil Wasser in den Radnaben die Lager beschädigt. Es kann allerdings beim Slippen nötig werden, so tief ins Wasser zu fahren, dass man den Hänger abkuppeln muss und nur noch mit einer längeren Leine am Zugfahrzeug wieder herausziehen kann. Eine gute Lösung bietet ein Slipwagen, der auf den Trailer passt. Solche Slipwagen können auch auf unterschiedliche Anhänger passen. Das Boot muss sehr gut auf dem Trailer befestigt werden und lose Teile müssen während der Fahrt gegen Scheuern gesichert sein. Selbst ein Boot von etwa 6,5 m Länge braucht ein starkes Zugfahrzeug. Maximale Anhängerlasten und Auflagegewichte eines Fahrzeugs sind einzuhalten. Wenn du das Gewicht bestimmst, musst du auch an die Ausrüstung denken. Und fahr nie ohne Reserverad!

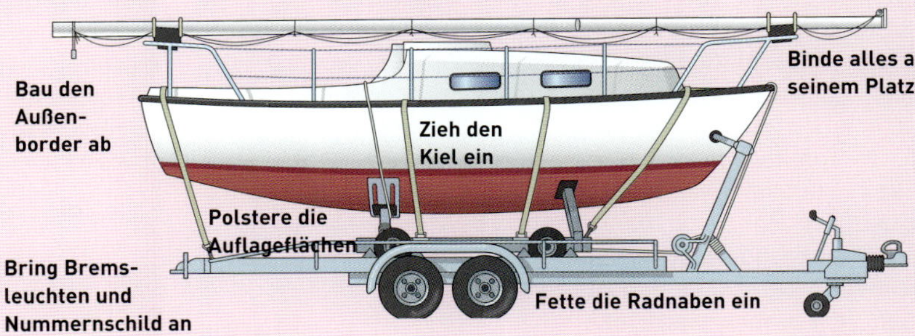

Mehrrumpfboote

Die Bewegungen eines Mehrrumpfbootes sind schneller und ruckhafter als die eines Einrumpfbootes, doch es rollt insgesamt sehr viel weniger. Besonderen Anreiz bietet der größere Wohnraum. Ein Katamaran kann unter Segeln leichter kentern als ein Trimaran, auch wenn unter besonderen Umständen beim reinen Treibenlassen das Gegenteil gelten kann. Durch Erfahrung lässt sich feststellen, wie viel Segelfläche ein Boot sicher tragen kann. Mit Mehrrumpfbooten kann man schnelle Überfahrten machen, sie bieten viel Raum an Deck, haben geringen Tiefgang und können leucht trockenfallen – da kommen nur wenige Einrumpfboote mit. Der Geschwindigkeitsvorteil – z. B. 7 kn gegenüber 5 kn – klingt nicht sehr hoch, aber auf 60 sm kann das 3,5 Std. und den Unterschied zwischen einer Ankunft bei Tageslicht und einer bei Nacht ausmachen.

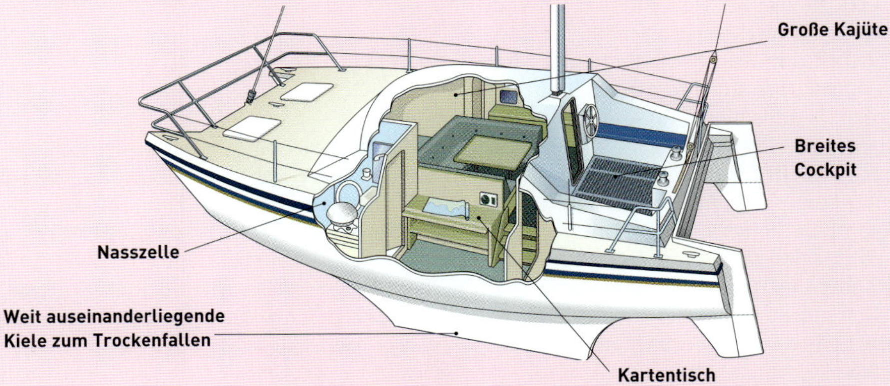

Einrichtung unter Deck

Unter Deck muss man wenigstens Sitzhöhe haben, auch wenn mehr Höhe das Ankleiden und andere Bewegungen erleichtert. Gute Griffe an den richtigen Stellen ermöglichen sicheren Halt; an jeder Position sollten zwei Griffe erreichbar sein. Leesegel oder Leeborde an den Kojen erlauben der Crew unterwegs auch an der Luvseite ruhig zu schlafen.

Für jeden, außer für die Wachgänger, sollte eine Koje da sein, ohne die Schlafplätze vor dem Mast zu nutzen, weil dort die Schiffsbewegungen zu stark sind. Das kann auf längeren Törns die Zahl der Mitsegler begrenzen, aber das ist besser, als Leute dazu bringen zu müssen, frierend und müde im Cockpit herumzuhängen, weil unten kein Platz ist.

Je mehr Leute an Bord sind, desto mehr persönliche Dinge und Vorräte müssen verstaut werden. Schlafsäcke und Klamotten brauchen erstaunlich viel Platz, auch wenn sie in wasserdichte Reisetaschen verpackt sind. Am besten wird jeder Person ein bestimmter Stauraum zugewiesen, der zugänglich ist, ohne einen Schläfer zu stören, wenn man nachts andere Kleidung braucht. Die Schapps (kleine Schränke, Fächer) müssen trocken sein oder die Kleidung muss in Plastiktüten wasserdicht aufbewahrt werden. Das Ölzeug wird am besten mit der Innenseite nach außen zum Trocknen aufgehängt; gibt es keinen »Nassschrank«, ist dafür oft in der Nasszelle (Toilettenraum) Platz vorgesehen.

Der beste Platz für die Nasszelle ist in der Nähe des Niedergangs, weil man dann nicht, möglicherweise in nassem Zeug, durch die Kajüte klettern muss – ein Vorteil, besonders bei Seekrankheit. Die Pantry (Küche) und der Navigationsplatz (oft nur »Navi« genannt) sollten ebenfalls nahe dem Niedergang eingebaut sein.

Arbeitsbereiche wie die Pantry sollten mit Leuchtstoffröhren beleuchtet sein, sie ziehen weniger Strom aus den Batterien. Kojenlampen beleuchten nur einen sehr kleinen Bereich und streuen nicht. Unterwegs sollte das Licht in der Pantry und am Navitisch rot sein und auf keinen Fall ins Cockpit scheinen. Dort brennt nur das sehr schwache Kompasslicht.

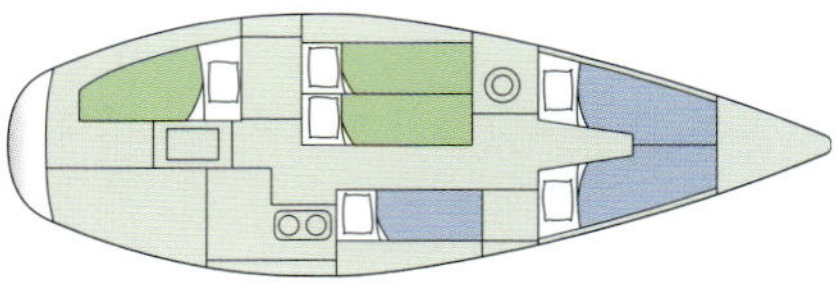

Einrichtungspläne für ein Boot ändern sich mit dem Geschmack und den Fähigkeiten des Yachtbauers, den zur Verfügung stehenden Raum zu nutzen. Oben wird ein eher konventioneller Einrichtungsplan für eine Yacht um 9 m gezeigt. Es gibt mehr Kojen, als unterwegs bequem genutzt werden können. Sie können allenfalls bei längeren Liegezeiten zum Schlafen dienen. Das Boot ist breit genug, um an der Toilette vorbei ins Vorschiff zu kommen.

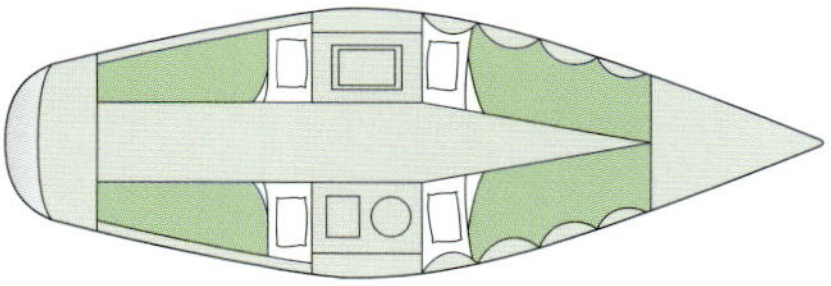

Die Einrichtung für eine **Regattayacht** ist so ausgelegt, dass wenig Gewicht in die Bootsenden kommt, damit sie gut durch die Wellen geht. Sie bietet ein wenig Kojenraum für kurzen Schlaf zwischen den Wachen. Das Gesamtgewicht und die Bequemlichkeit sind auf ein Mindestmaß beschränkt. Sogar der Navigator muss sich behelfen.

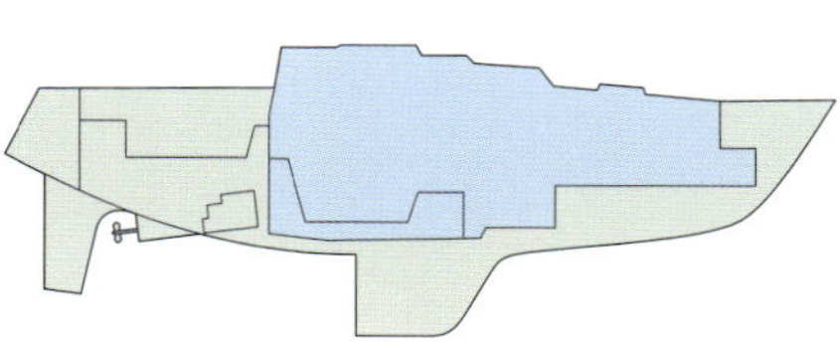

Die **Stehhöhe** nimmt üblicherweise wegen der Rumpfform und des Neigungswinkels des Kajütdachs zum Bug hin ab. Flach gebaute Boote, die für Leistung ausgelegt sind, haben unterhalb der Wasserlinie weniger Raum und müssen deshalb ein höheres Kajütdach oder höhere Seiten haben, um ausreichende Stehhöhe zu bieten. Wichtiger als die Stehhöhe ist genug Platz über den Sitzgelegenheiten, damit man sich entspannt zurücklehnen kann.

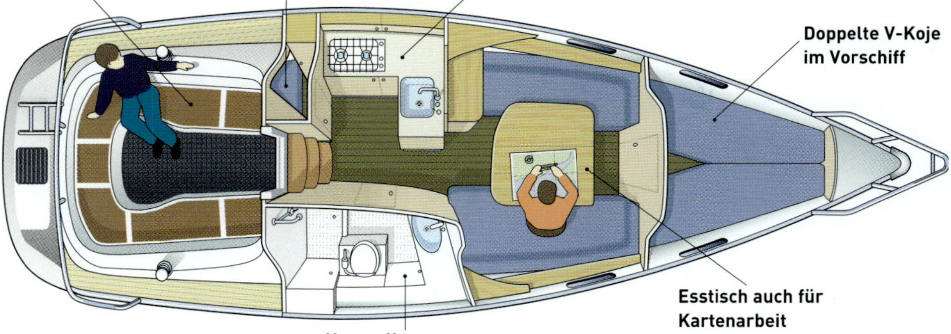

Dies ist der **Einrichtungsplan** einer typischen 10-m-**Fahrtenyacht**. Das Cockpit sollte für die gesamte Crew groß genug sein. Unter Deck soll das Boot geräumig sein und genügend Stehhöhe bieten. Der angehobene Kajüttisch bietet Platz für vier Personen und hat Schlingerleisten, die ein Abrutschen des Geschirrs verhindern. In der Tischmitte finden sich oft Halterungen für Flaschen, Gewürze usw. Der Tisch dient abgesenkt als Bodenteil einer Doppelkoje in der Kajüte, dazu werden Rückenpolster daraufgelegt. Das Vorschiff bietet eine hinreichend bequeme Doppelkoje am Liegeplatz, sollte aber auf einem Langtörn nicht zum Schlafen dienen. Mindestens eine weitere Koje steht in der Achterkammer unter dem Cockpit zur Verfügung. Stauraum gibt es unter den Kojen und in trockenen Schapps.

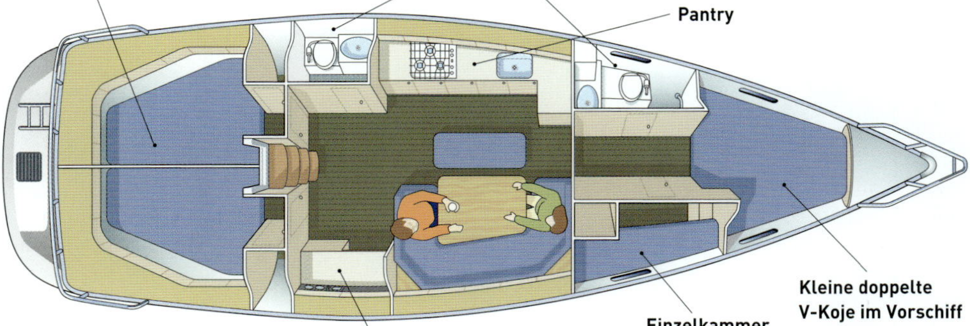

In einer größeren Yacht kann der Raum unterschiedlich genutzt werden. Im Cockpit kann man sich bei Krängung an der gegenüberliegenden Seite angurten. Für die Einrichtung unter Deck steht mehr Platz zur Verfügung, die Kajüte ist großzügiger gestaltet. In drei Kammern können sechs Mitsegler bequem untergebracht werden. Die Sitzfläche in der Kajüte kann zu weiteren zwei Kojen umgewandelt werden. Das Vorschiff ist für zwei Kinder ideal. Die Pantry ist an der richtigen Stelle in Nähe des Niedergangs eingebaut und dadurch gut belüftet.

Pantry und Nasszelle

In der Pantry braucht man helles Licht, das nicht ins Cockpit scheint. Die Lampen sollten so angebracht sein, dass der Herd, die Arbeitsplatte und die Spüle genügend hell beleuchtet sind. Der Herd sollte halbkardanisch (so, dass er beim Krängen waagerecht bleibt) aufgehängt sein. Um den Herd läuft ein Gitter als Reling, und Topfhalter fixieren einen Topf über der Flamme. Über dem Herd wird der Rumpf von einem Hitzeschild geschützt. Beim Kochen im Seegang muss sich der Smut (Koch) angurten können, um die Hände frei zu haben. Dafür müssen gute Halteösen angebracht sein.

Spülbecken sollten ausreichend groß und vor allem möglichst tief sein. Trotzdem ist es oft besser, in einer Schüssel zu spülen, weil bei Seegang der Stöpsel von unten herausgedrückt werden und das Spülwasser dann verschwinden kann. Der Wasservorrat ist an Bord immer begrenzt, und Druckwasseranlagen fördern hohen Verbrauch. Eine Seewasser-Handpumpe an der Spüle spart kostbares Frischwasser, weil man viele Arbeiten dort auch mit Seewasser erledigen kann.

Immer öfter werden auch Kühlfächer an Bord eingebaut, auch wenn die viel Strom aus der Batterie ziehen. Man sollte besser den Raum unter den Bodenbrettern nutzen, um Getränke und Gemüse kühl zu halten.

Beim Einkauf von Lebensmitteln zum Kochen von Mahlzeiten sollte man nicht vergessen, auch »Trockenfutter« – Schokolade, Nüsse, Riegel, Kekse und Trockenfrüchte – mitzubringen, damit man jederzeit, besonders in schwerem Wetter, etwas anbieten kann. Auch einfache heiße Getränke sind immer willkommen, aber Suppen sind nahrhafter und halten sich länger warm als Kaffee. Ein Schnellkochtopf spart Brennstoff, Zeit und Abwasch. Im Gegensatz zur allgemeinen Ansicht halten sich Eier wochenlang und Butter in einer Dose bleibt unendlich lange haltbar, bevor sie geöffnet wird. Verstaut man Konservendosen an feuchten Stellen im Boot, sollte man sie oben gut haltbar beschriften und das Papier entfernen: Das würde sich bald lösen, die Bilgepumpe verstopfen und außerdem zu vielen Überraschungsmenüs führen.

Die Nasszelle, wie man den Toilettenraum nennt, muss gut belüftet werden können und haltbare Handgriffe haben. Wichtig sind auch leicht erreichbare Ein- und Auslass-Seeventile, die auf See nur bei Gebrauch geöffnet werden, weil beim Krängen sonst das Seewasser über den Schüsselrand steigt.

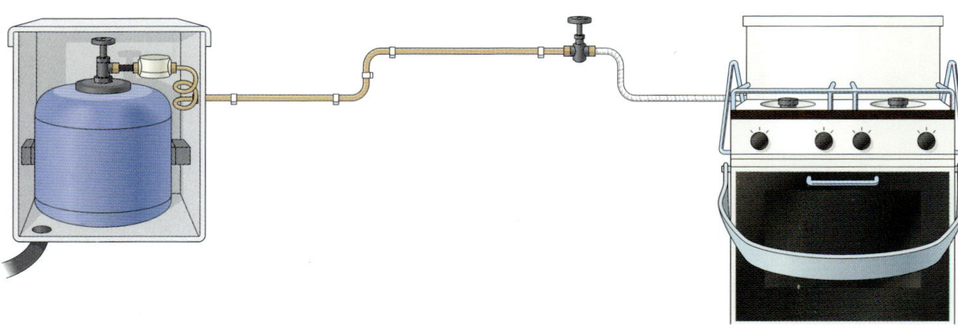

Ganz besonders sorgfältig muss man beim Einbau einer **Gasanlage** vorgehen, damit Explosionen und Brände vermieden werden. Biegsame Schläuche sollten möglichst kurz sein und bei ersten Abnutzungserscheinungen ausgewechselt werden. Wenn irgend möglich, sollte das feste Rohr aus einem Stück bestehen; ist eine Abzweigung nötig, z. B. zu einer Heizung, überprüfe sie regelmäßig. Weil das an Bord übliche Gas schwerer als Luft ist, muss unten im Staufach der Gasflaschen ein Abfluss eingebaut sein, der außenbords führt. Zum Anschließen einer Flasche muss das Fach gut zugänglich sein, und an der Flasche und am Herd müssen sich Absperrhähne befinden. Der an der Flasche kann von der Pantry aus fernschaltbar sein. Die Ventilstellungen muss man eindeutig erkennen können. Ein Druckkochtopf und eine Thermoskanne helfen, Gas zu sparen. Für Herde ohne Backofen gibt es Aufsätze, mit denen man backen, und auch solche, mit denen man grillen kann.

In der **Nasszelle** sollte eine eindeutige Bedienungsanweisung hängen. Jeder an Bord, auch ein Besucher, muss wissen, wie die Toilette zu bedienen ist. Aus gutem Grund sollten die Seeventile nach Gebrauch geschlossen werden. Einfacher Zugang und eindeutige Kennzeichnung der Ventilstellung sind wichtig.

Ein Smut an Bord mag viel Licht sowie frische Luft und hat gern Kontakt zu allem, was an Deck vorgeht. Deshalb sind die meisten Pantrys, U- oder L-förmig, direkt neben dem Niedergang eingebaut. Reicht die Arbeitsplatte bis unter die Treppe, sorge für eine wirksame Trennung zwischen Essen und Stiefelschmutz.

Wasser

1 Spüle mit Seewasser. Frischwasser wird nur für ein letztes Spülen gebraucht.
2 Besteht der Smut auf größerem Wasservorrat, kann man flexible Kunststofftanks einbauen, die sich der Form des Lagerraums anpassen. Sie müssen nach Anweisung des Herstellers vor Gebrauch gereinigt werden und können an das bestehende Frischwassersystem angeschlossen werden. Es ist verführerisch, sie an Stellen einzubauen, die man wegen Unzugänglichkeit anderweitig schlecht verwenden kann; achte aber darauf, dass die Bootsenden möglichst leicht bleiben und dass das Gleichgewicht zwischen beiden Bootsseiten erhalten bleibt.
3 Möchtest du das Drucksystem auch auf See benutzen, sorge für eine Ersatzhandpumpe für den Fall, dass es keinen Strom gibt.

Vorräte

1 Für größere Mengen an Vorrat sind Konservendosen gut geeignet. Plastikverpackte Fertiggerichte und Tiefkühlkost sind erheblich leichter, und obwohl sie teurer sind, schmecken sie oft besser als Konservengerichte.
2 Bei der Versorgung für einen Törn solltest du zunächst den Tagesbedarf einer Person festlegen und dann mit der Zahl der Reisetage plus der Anzahl der Mitsegler multiplizieren. Einen typischen Esser gibt es jedoch nicht, rechne deshalb großzügig. Frische Lebensmittel – Salat, Obst, Brot, Milch und Käse – kann man unterwegs in den Häfen nachkaufen.

Kinder

Auf See soll Kindern das Essen Spaß machen und mehr sein als nur ein Abspeisen, es soll sie ablenken und unterhalten. Zwischen den Mahlzeiten helfen Naschereien, um Freude und Kräfte zu erhalten. Misch das Angebot an Süßigkeiten gut, denn Segler aller Altersstufen ändern auf dem Wasser ihre Vorlieben.

Persönliche Sicherheit

An Bord müssen für jeden Mitsegler eine Rettungsweste und ein Sicherheitsgurt (Lifebelt) vorhanden sein. Kinder brauchen passende sichere Westen und Gurte. Jeder sollte vor Beginn des Törns seine Sicherheitsausrüstung erhalten, damit sie für einen möglichen Gebrauch angepasst werden kann. Sie ist so zu verstauen, dass jeder seine schnell greifen kann, ohne dass es zu Verwechslungen kommt.

Schwimmhilfen, wie sie manchmal beim Jollensegeln auf Binnengewässern getragen werden, sind fürs Hochseesegeln nicht ausreichend. Achte auf die Angabe der Schutzklasse und des Auftriebs auf den Westen und geh davon aus, dass eine Schwerwetterkleidung beim Hochseesegeln mehr Auftrieb erfordert. Die Angabe »CE« ist ein Prüfzeichen und besagt, dass die Weste den geforderten technischen Anforderungen entspricht. An der Weste sollte eine Signalpfeife hängen, ein Sicherheitsgurt eingearbeitet und möglichst auch eine Seenotleuchte angebracht sein. Automatisch aufblasbare Westen sind bequemer und werden deshalb lieber getragen. Achte sorgfältig darauf, was an Bord kommt, und wende dich für Beratung und Kauf an einen guten Fachhändler.

Zur Sicherheit tragen auch Schrittgurte bei. Sie sind zunächst zwar etwas unbequem, verhindern jedoch, dass die Rettungswesten im Wasser über die Ohren rutschen und sorgen so dafür, dass der Kopf weiter über dem Wasser bleibt.

Als Zubehör werden auch Sprayschutzhauben angeboten, die durchaus ihren Sinn haben, denn Spritzwasser im Gesicht fördert das Unterkühlen.

Jeder sollte üben, die Sicherheitsausrüstung mit geschlossenen Augen anzulegen – es ist oft stockdunkel, wenn du sie brauchst. Eine weitere Option ist Ölzeug mit eingebautem Sicherheitsgurt, auch wenn der Anzug dann entsprechend schwerer wird.

Der Minimalkonsens sollte sein, die Sicherheitsgurte auf jeden Fall immer nachts sowie dann, wenn Segel gerefft werden, zu tragen. Die Rettungsweste muss bei Nichtschwimmern immer angelegt sein und in der Dunkelheit und bei Nebel von jedem getragen werden.

Ein **Sicherheitsgurt** ist völlig nutzlos, wenn er nicht getragen wird. Es gibt immer Widerstände, ihn anzulegen, teilweise, weil es Mühe macht, teilweise aus falschem Stolz und teilweise, weil es auf eine Gefahr hindeutet, die man verdrängen möchte. Eingebaute Sicherheitsgurte haben den Vorteil, dass mit der Schwerwetterkleidung bei Kälte und Nässe immer auch der Sicherheitsgurt getragen wird. Man braucht nur noch die Sicherheitsleine (Lifeline) einzupicken.

Rettungswesten mit Sicherheitsgurt sind besonders für Kinder gut geeignet. Gar nicht erst über Bord zu fallen, ist das wichtigste Ziel.

Sicherheit an Deck
1 Nachlässigkeit an Deck kann zu Verletzungen oder gar zum Überbordfallen führen. Jeder sollte sich immer mit mindestens einer Hand festhalten. Lass nichts unordentlich herumliegen, über das man stolpern kann.
2 Herkömmliche Karabinerhaken an den Sicherheitsleinen können sich aufbiegen, wenn sie verkantet belastet werden. Sicherheits-Karabinerhaken, wie der hier gezeigte, können sich nicht von selbst öffnen, sie erfordern eine bestimmte Handbewegung, um sich öffnen zu lassen.

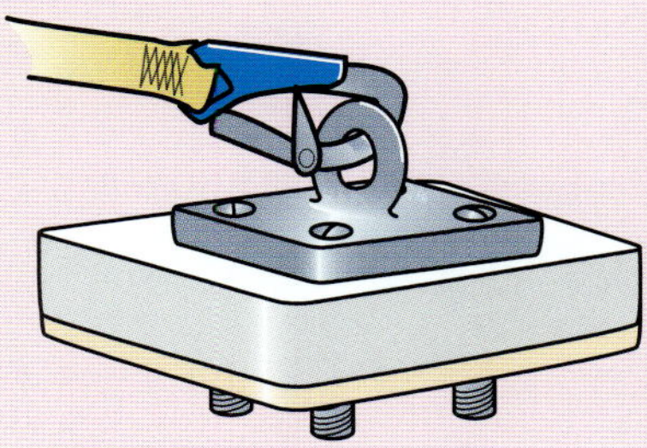

Strecktaue und Decksaugen
Auf allen Booten sollten Beschläge wie U- oder Augbolzen montiert sein, an denen die Sicherheitsleinen eingehakt oder Strecktaue (übers ganze Boot laufende feste Leinen zum Einpicken) befestigt werden können. Ideal ist es, beides zu haben. Niemals an der Reling einhaken, weil die selten stark genug ist und weil ein Ruck von dort die Person nach außen zieht.

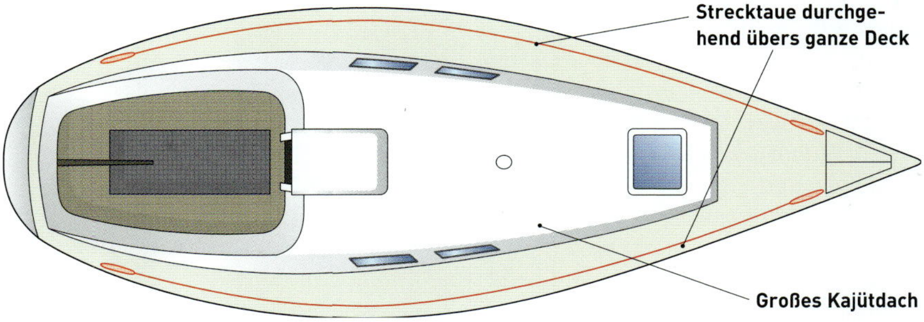

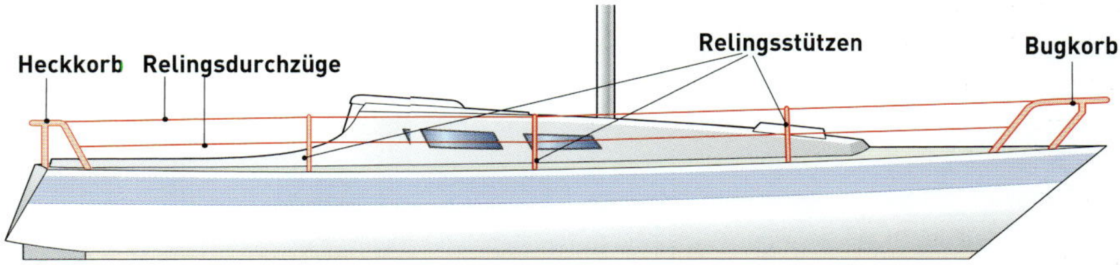

Ein **Sicherheitsgurt** sollte auch bei einfachen Arbeiten an Deck getragen werden. Er gibt dir ein gutes Gefühl der Sicherheit, wenn etwas, das du festhältst, dir einen Ruck verpasst. Die Sicherheitsleine am Gurt sollte so kurz festgemacht werden, dass man nicht über Bord fallen kann. Auch vom Niedergang sollte man Decksaugen erreichen können, um sich beim Heraufkommen einpicken zu können. Benutzt du ein Strecktau (Manntau), dann hak dich an der Luvseite ein. Auf dem Kajütdach und an anderen Stellen, auf die man bei der Arbeit an Deck tritt, kann man Streifen aus selbstklebendem, rutschfestem Decksbelag anbringen, den man in unterschiedlichen Farben und Körnungen erwerben kann.

Warm und trocken bleiben

Viele Leute machen den Fehler, auf See zu gehen, ohne sich auf die Kälte und Nässe vorbereitet zu haben. An Bord zu frieren ist kein Vergnügen, deshalb solltest du an gute Kleidung denken. Je nach Wetter kann sie aus Thermal-Unterwäsche (meist aus Polypropylen), einer gefütterten oder gesteppten Mittelschicht und Schwerwetter-Ölzeug obendrüber bestehen.

Der Zweck dieser Bekleidung ist, die Feuchtigkeit – Schweiß und Kondenswasser – wie mit einem Docht von der Haut fort nach außen zu leiten. Die unteren Schichten sind viel wärmer, leichter und weniger bewegungsfeindlich als Jeans und zwei Pullover.

Man bekommt heute atmungsaktive Schwerwetterkleidung, die die Feuchtigkeit nach außen leitet, ohne Wasser an den Körper zu lassen. Sie ist aus strapazierfähigem Material und natürlich teurer, aber bei ernsthaften Seglern ist sie erste Wahl.

Auf den meisten Antirutschbelägen findet fast jeder Sportschuh genügend Halt, auch wenn Mokassins aus Leder sehr in Mode sind; sie sind zwar etwas teurer, aber salzwasserfest und sehr bequem. Seestiefel müssen eine rutschfeste Sohle haben, damit man in schwerem Wetter beim Schlingern auf dem Vordeck Halt findet. Vermeide Schuhe mit schwarzen Sohlen, ganz gleich, wie weich sie auch sind, weil sie oft Spuren auf Teakholz und Kunststoff hinterlassen, die nur schwer zu beseitigen sind.

Manche Leute stopfen ihre weiten Stiefel mit mehreren Schichten Socken aus, andere lassen lieber eine Luftschicht die Füße in den Stiefeln warmhalten; jeder hat andere Vorlieben. Für Kinder gibt es gleichwertige Bekleidung, die warm und bequem ist; sie sollen sich unterwegs wohlfühlen, damit sie den Törn genießen können.

Nimm immer einen zweiten Satz Wetterkleidung mit, lass lieber die Landklamotten zu Hause. Pack deine Sachen in leicht verstaubare Taschen und nicht in Koffer. In großen Plastiktüten kann man seine trockene Wäsche und später auch die nasse gut lagern.

Schwerwetterkleidung
Willst du nur tagsüber auf dem Wasser sein, tut es leichtes Ölzeug. Manche Segler mögen Overalls, die sind jedoch unpraktisch, wenn man Teile ablegen möchte. Beim Fahrtensegeln ist deshalb zweiteiliges Ölzeug besser. Bei Nacht wird man bald die Vorzüge schwereren Ölzeugs (Schwerwetterkleidung) erkennen. Es hat eine verstellbare Kapuze und Nähte, durch die auch bei Belastung kein Spritz- oder Regenwasser eindringt. An Knien und Gesäß sind Verstärkungen aufgenäht, damit es auf dem Decksbelag nicht durchscheuert. An den Hand- und Fußgelenken sollten verstellbare Bündchen sein, damit auch dort kein Wasser eindringt.

1

1 Lange Unterhosen und langärmelige Unterhemden aus Polypropylen sind gute Unterwäsche, aus dem gleichen Material sind auch Socken und Kopfschützer.
2 Wenn das Wetter es erfordert, ist die nächste Schicht ein dünn gesteppter oder Fleece-Anzug. Sehr angenehm ist er auch in Latzhosenform.
3 Die äußere Schicht soll warm sein und Feuchtigkeit abhalten.
4 Dann folgt die Jacke, die auch einen eingenähten Sicherheitsgurt haben kann. Schließ die Bündchen an Hand- und Fußgelenken. Fertig!

Sicherheit für Kinder
Kinder und Erwachsene, die nicht schwimmen können, legen vorm Betreten einer Steganlage Rettungswesten an (das tun alle, wenn die Yacht mit dem Beiboot erreicht wird). Auf dem Wasser wird an Deck ein gut gesicherter Gurt getragen, und ein verantwortlicher Erwachsener sorgt dafür, dass dieser richtig eingepickt ist – und nicht an der Reling, weil diese das Gewicht, auch das eines Kindes, nicht halten kann. Erkläre den Kindern vorher, welche Leinen und Spieren sich z. B. bei einer Wende plötzlich bewegen können. Sorge für eine ruhige Atmosphäre, dann haben die Kinder keine Sorgen.

2

3

4

COSTA BRAVA

Ein- und Auslaufen

Erfolgreich festmachen

Sehr oft geraten Skipper völlig durcheinander, wenn sie an überfüllten Marinastegen oder Ankerplätzen (und vor den dort immer anwesenden Zuschauern) ihr Geschick beim Anlegen und Ankern beweisen müssen. Nach ein wenig Übung beginnt man, die Faktoren, die das Steuern eines Bootes bei langsamer Fahrt beeinflussen, zu verstehen.

Das Anlegen unter Segeln ist eine der reinsten Segelkünste, auch wenn das bedauerlicherweise heutzutage auf die beschränkt ist, die einen nicht sehr vollen Ankerplatz anlaufen, weil die Verantwortlichen in Häfen und Marinas das Manövrieren unter Segeln in ihren Bereichen nicht zulassen. Alle Anlege- und Ankermanöver, ob unter Segeln oder Maschine, müssen sehr langsam, genau und unter kluger Berücksichtigung von Wind und Strom ausgeführt werden.

Du musst wissen, in welcher Richtung dein Propeller dreht. Bei sehr wenig Fahrt und aus dem Stillstand wirkt der Radeffekt und dreht dein Boot zur Seite. Du kannst dafür ein Gefühl entwickeln, wenn du in ruhigem, offenem Wasser das Boot zum Stillstand bringst, dann den Motor einkuppelst und bei Voraus- und Achterausfahrt unterschiedlich viel Gas gibst. Wenn du ihn kennengelernt hast, ist der Radeffekt beim Anlegen eine große Hilfe.

Manche Marinas liegen in Flussmündungen, in denen man beim An- und Ablegen mit dem Tidenstrom rechnen muss. Im scheinbaren Schutz einer Marina wird diese Strömung oft übersehen, deshalb solltest du in jeder unbekannten Anlage den Strom an einer Boje oder einem Pfahl feststellen, bevor du anlegst.

Bei Fahrt achteraus achte darauf, den Motor immer langsam und vorsichtig laufen zu lassen – es sei denn, du hast einen Faltpropeller. Boote mit langem Kiel und daran befestigtem Ruder oder mit Ruder am Skeg lassen sich rückwärts nicht sehr gut steuern; Boote mit Spatenruder reagieren besser. Vor dem An- oder Ablegen solltest du alle dir bekannten Steuerreaktionen deines Bootes bedenken, und lass alle Mitsegler deine Pläne wissen.

Das **Anlegen unter Segeln** erfordert geringe Fahrt. Der Einfallswinkel des Windes bestimmt, welche Segel geführt werden. Am Wind legt man am besten unter beiden Segeln an. Raumschots und wenn der Wind kontrollierbar einfällt, nutzt man nur das Großsegel. Läuft man vor dem Wind an, ist eine kleine, schnell zu bergende Fock richtig. Wenn es irgend möglich ist, solltest du einen Aufschießer so fahren, dass du danach mit Halbwind unter dem Großsegel anlaufen kannst.

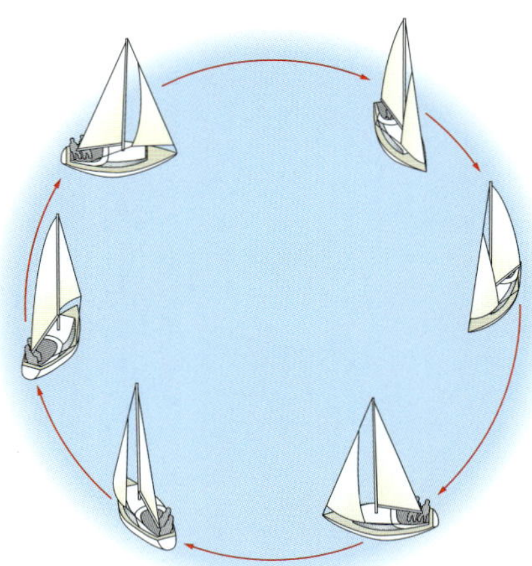

Beim Drehen schwenkt wie bei einem Einkaufswagen das Heck aus. Bei Fahrt achteraus schwingt der Bug in weitem Bogen. Nutze dieses »Gleiten« beim An- und Ablegen.

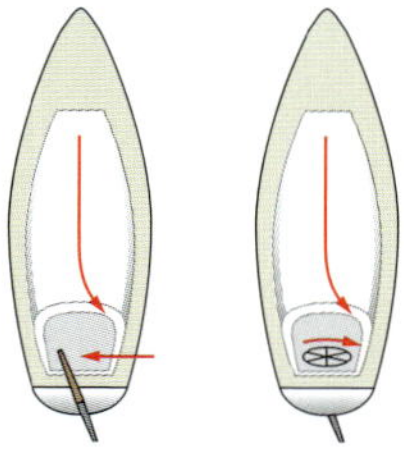

Beim Achterausfahren nach Steuerbord leg die Pinne nach Backbord oder dreh das Rad nach Steuerbord.

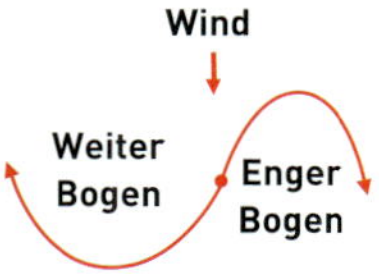

Beim Anlaufen oder Verlassen eines Liegeplatzes musst du daran denken, dass das Boot beim Drehen nach Luv einen weiteren Bogen fährt als nach Lee.

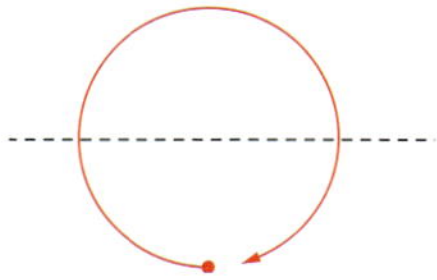

Ändere deinen Drehkreis nach dem Strom ab. In stillem Wasser fährt das Boot, wenn es einmal in Bewegung ist, einen perfekten Kreis.

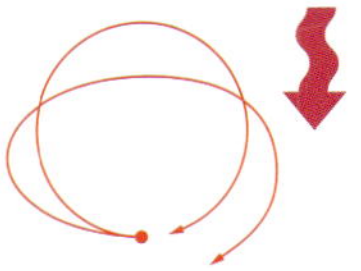

Beim Drehen gegen einen schwachen Strom schwenkt das Boot aus und beschreibt im Wasser einen Kurs wie eine 9.

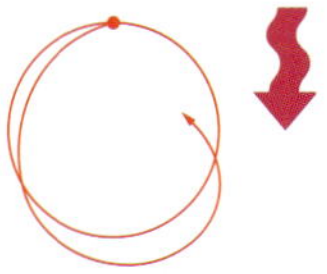

Beim Wegdrehen von einem schwachen Strom wird der Kreis wie bei einer 6 in die Länge gezogen.

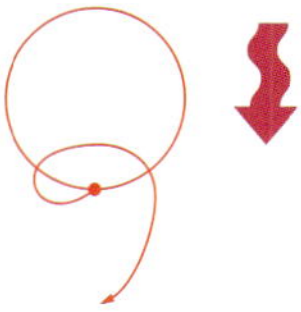

Beim Drehen gegen einen starken Strom wird das Boot in einen engen Bogen gezwungen.

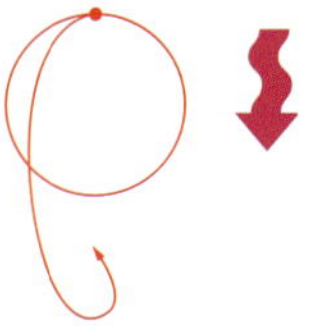

Ein Boot, das in starkem Strom dreht, wird stark abgetrieben.

Checkliste fürs Anlegen

1 Nutze alle Einrichtungen, die das Boot hat. Fender und Leinen helfen dabei. Dein schlimmster Feind ist Geschwindigkeit.

2 Für den Fall, dass etwas schiefgeht, braucht du immer einen Ausweg. Er sollte dich von der Kaimauer fortführen und dir Zeit geben, erneut anzulaufen. Es ist immer bessere Seemannschaft, einen Versuch abzubrechen, statt irgendwo draufzubrummen. Geh wenn möglich so vor, dass du in einem Winkel von ca. 20° gegen den Wind oder gegen den Strom anlegst, je nachdem, was stärker ist.

3 Segelboote lassen sich nur schwer rückwärts manövrieren. Benutze den Rückwärtsgang nur als Bremse oder um das Heck an den Kai oder von einem Hindernis fortzudrücken. Um rückwärts zu steuern, drück die Pinne in die entgegengesetzte Richtung oder dreh das Rad in die Richtung, in die du fahren willst. Versuch dabei, dich so zu stellen, dass du nach achtern schaust.

4 Versuche das Driften deines Bootes kennenzulernen, indem du ohne Segel die Manöver ausprobierst.

5 In Tidengewässern solltest du den Stand der Tide kennen und die Festmacheleinen regelmäßig überprüfen.

Stege, Pfähle und Bojen

In den meisten Marinas kann man mit der Längsseite an Fingerstegen anlegen. In manchen sind Paare von Pfählen aus Holz oder Metall in den Grund gerammt, an denen man vorn und achtern festmacht. In vielen Häfen, Flussmündungen und Tidengewässern liegen immer noch Muringbojen am Grundgeschirr.

Vor dem Anlaufen jedes Liegeplatzes musst du darauf achten, dass keine Leinen im Wasser hängen. Wirf den Motor an, überprüfe Kühlwasser, Öldruck und Treibstoff und nimm die Segel herunter.

Bereite Vor- und Achterleinen vor, indem du ein Ende unter den Relingsdurchzügen nach außen und durch die Lippklampen wieder zurück auf die Festmacherklampen an Bug und Heck führst. Schieß die Festmacheleinen lose auf und leg sie mittschiffs aufs Deck.

Befestige die Fender gut an der Seite, an der sie gebraucht werden, und lege den Bootshaken auf dem Kajütdach bereit. Stell dein Anlaufen auf Wind und Strom ein.

Planst du in eine Marina zu gehen, kannst du dich vorher über UKW dort anmelden, dann weißt du genau, wohin du zu fahren hast. Nähere dich dem Liegeplatz vorsichtig an der gegenüberliegenden Seite der Einfahrt, damit du ihn in größerem Bogen erreichen kannst. Wenn das Boot mit der Seite an das Ende des Stegs kommt, können ein oder zwei Mitsegler mit Vor- und Achterleine übersteigen. Ein kurzer Schub mit der Maschine stoppt das Boot auf. Belege Vor- und Achterleinen, Springs und gegebenenfalls die Querleinen sorgfältig auf den Klampen, bring dann die Fender an die geeigneten Stellen und in die richtige Höhe.

Vor dem Ablegen (und nach dem Bezahlen des Hafengeldes) lass den Motor warmlaufen und weise die Crew ein. Wirf als letzte die Vor- und Achterleine los und fahr vorsichtig aus dem Liegeplatz, wobei die Mitsegler, die die Leinen an Land losgeworfen haben, wieder übersteigen. Schieß die Festmacheleinen auf, hol die Fender ein und verstaue alles.

Hast du im Päckchen gelegen, sorge dafür, dass die Boote an beiden Seiten mithelfen und gut im Päckchen bleiben. Fahr in die Richtung aus dem Päckchen heraus, in der dich Wind und/oder Strom unterstützen.

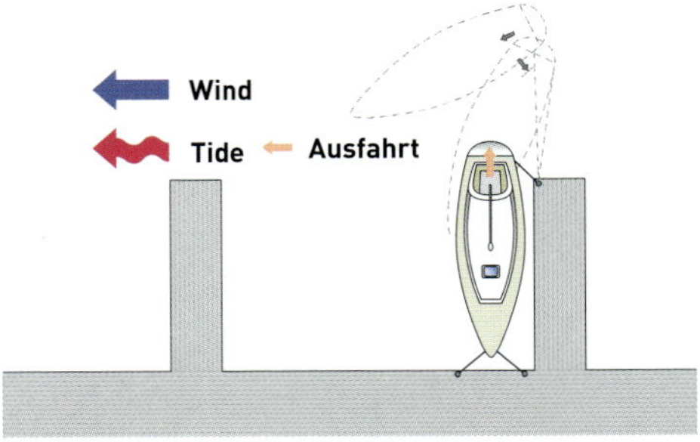

Um von einem Fingersteg aus abzulegen, wenn Wind und Strom quer vor der Box stehen, leg eine doppelte Leine (auf Slip) vom Heck auf das Ende des Stegs in Luv. Wenn der Bug fast frei ist, stopp die Leine über einer Schotwinsch und leg die Pinne so, dass du freikommst. Wenn ein Ende der Leine losgeworfen wird, kannst du sie einholen.

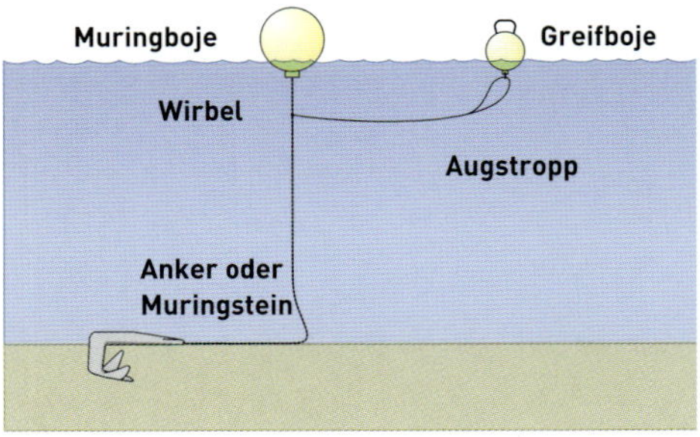

Lauf eine **Muringboje** so an, dass die Crew die Greifboje aufnehmen und den Augstropp auf die Bugklampe legen kann. Schau auf Boote, die in der Nähe an Bojen liegen, dann weißt du, wohin dein Bug zeigen soll. Zeigen die Büge in alle Richtungen, versuch auf Vorm-Wind-Kurs anzukommen.

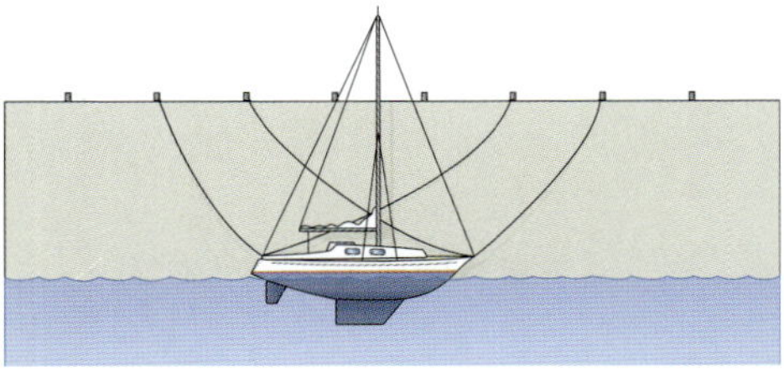

Plane das Anlegen an einem **Kai in Tidengewässern** so, dass du bei Hochwasser festmachst. Achte darauf, dass eine Leiter da ist, wo du festmachst. Schütze das Boot mit Fendern. Machst du an einem anderen Boot fest, bring zusätzlich deine eigenen Leinen an Land aus.

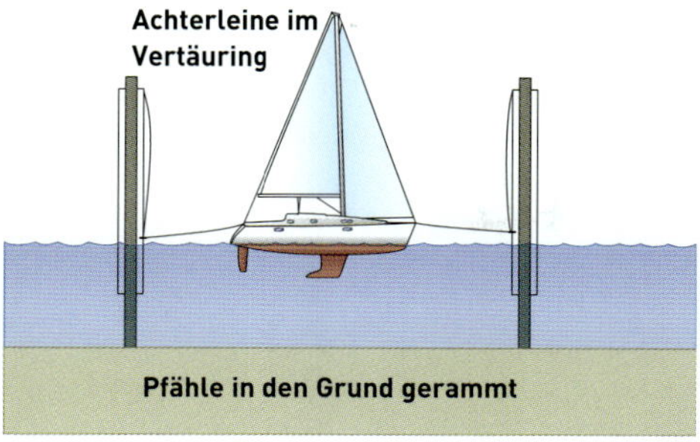

Legst du zwischen **Pfählen** an, lauf gegen Wind und/oder Strom an. Leg eine Achterleine auf Slip um den Pfahl in Lee. Wenn der Bug an den Pfahl in Luv kommt, steck die Vorleine durch den Vertäuring. Hol die Achterleine durch und steck diese durch den Ring. Leg dann das Boot fest zwischen die Pfähle.

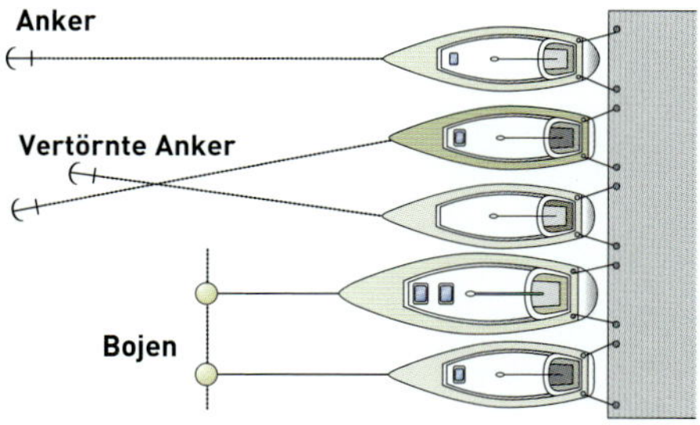

In gezeitenfreien Gewässern wie dem Mittelmeer werden Boote meistens mit dem Heck zur Pier/zum Steg (»römisch-katholisch«) festgemacht. Fahr vorsichtig rückwärts bis zur Bojenreihe, die parallel zur Pier verläuft, und mach an einer Boje die Vorleine fest. Oder benutze einen Anker. Zieh dich an einer Leine zur Pier und belege deine Achterleinen.

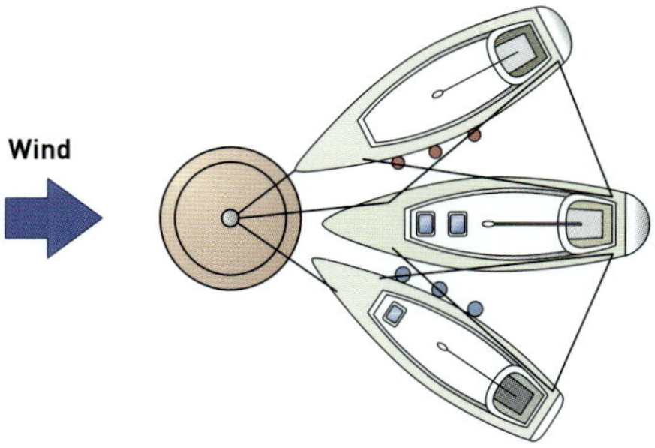

Um eine große Festmachetonne zu verlassen, an der du zwischen anderen Booten liegst, wirf die Achterleinen los. Gib etwas Fahrt voraus, um den Nachbarn in Luv wegzudrücken. Wirf dann die Vorleine los und fahr rückwärts heraus.

Leinen zum Festmachen

Hinreichend viele Festmacheleinen sind: zwei Leinen der doppelten Bootslänge als Vor- und Achterleine; vier Leinen vom 1½-Fachen der Bootslänge, zwei als Springs (die stärkeren) und zwei als Querleinen. Alle Leinen sollten relativ dehnbar sein. Im Idealfall sind sie aus Nylon und dreifach geschlagen, aber auch geflochtene Leinen eignen sich. Mit Stücken von Plastikschläuchen oder mit Lappen werden Festmacheleinen vor dem Schamfilen geschützt, besonders dort, wo sie über eine Kante laufen.

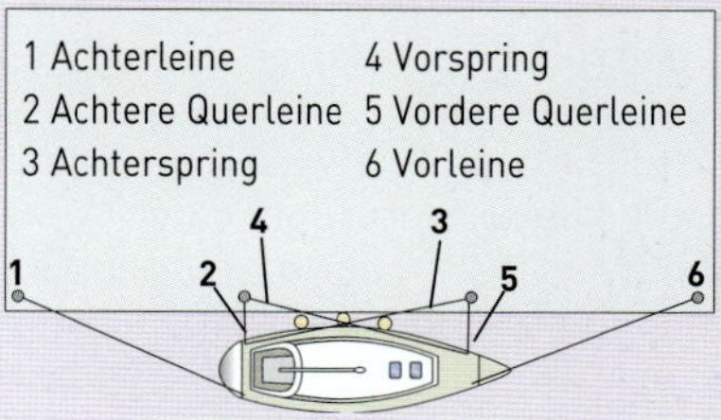

Fender

Fender dämpfen beim Anlegen Stöße ab und schützen das Boot, wenn es festgemacht ist. Sie sollten an Klampen, an der Fußreling, an Handläufen auf dem Kajütdach oder unten an den Relingsstützen befestigt werden, aber möglichst nicht an den Relingsdurchzügen, weil das die Reling zu sehr belastet. Jeder Fender hat eine Leine von 1,5 bis 2 m Länge. Man sollte mindestens sechs Fender an Bord haben.

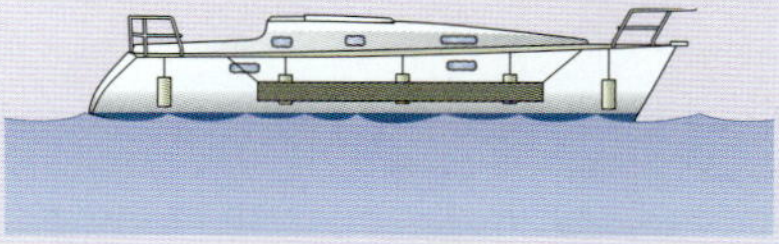

Liegt man längsseits an einem Kai, vielleicht sogar an einem mit Pfeilern, häng ein Brett (Fenderbrett) zwischen die Fender und die Mauer.

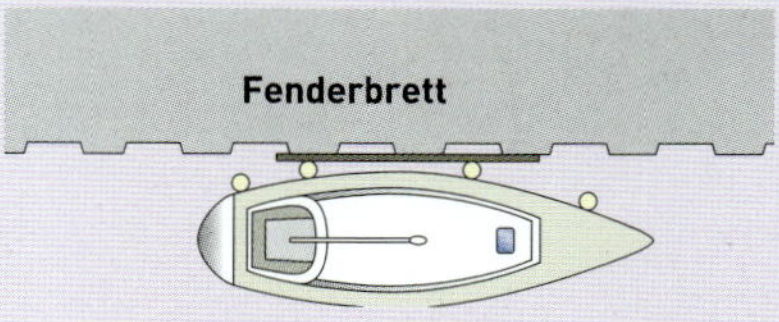

Wahl des Ankers

Weil immer häufiger Marinas mit ihren Liegeplätzen und Annehmlichkeiten aufgesucht werden, wird die Fähigkeit des Ankerns immer weniger gefordert. Aber ein Segler, der mehr Erfahrung gesammelt hat, möchte vermutlich gern außerhalb der geschützten Marinas Ankerplätze in abgelegeneren Gegenden aufsuchen; dann wird es wieder wichtig, das Ankern zu beherrschen.

Auf einer Fahrtenyacht braucht man als Grundausstattung einen größeren Hauptanker mit einer Ankerkette und einen kleineren Zweitanker mit einem Kettenvorlauf und einer langen Ankerleine aus Nylon. Die Belastbarkeit und die Dehnungseigenschaften des Nylons vermindern bei Seegang das harte Einrucken in den Wellen.

Bei einer 10-m-Fahrtenyacht mit 5 t Verdrängung sollte der Buganker etwa 17 kg und der Zweitanker 12 kg wiegen. Trotz neuer Entwicklungen von Ankerformen kann das Gewicht durch nichts anderes ersetzt werden.

Auf Fahrtenyachten sollte man zwei unterschiedliche Ankerarten an Bord haben, damit man sich besser nach dem Ankergrund richten kann. So bietet sich für eine 10-m-Yacht auf langen Törns Folgendes an: ein 16/18-kg-CQR-Anker mit 55 m Kette, Nenndicke 6 mm; ein 12 kg-Bruce-Anker mit 6 m Kettenvorlauf, Nenndicke 6 mm und 100 m Nylon-Ankerleine, geschlagen oder geflochten von 18 mm Durchmesser. Rechnest du mit Ankerplätzen über steinigem oder verkrautetem Grund, wähle einen Stockanker von 12–14 kg.

Die Nenndicke der Kette entspricht dem Durchmesser des Rundmetalls eines Gliedes. In vielen Ländern werden Ketten in Zoll gemessen, 6 mm entsprechen 5/16 inch. Bei Leinen wird dort oft der Umfang in Zoll angegeben. Die Ankerwinden haben für jedes Kettenmaß eine bestimmte Kettennuss, beim Kauf sollte man beides zusammen bestellen.

Der traditionelle **Stockanker** ist auf steinigem Grund brauchbar. Weil sich immer nur eine Flunke eingräbt, hängt die Haltekraft von seinem eigenen Gewicht ab und von dem des Steins, unter dem er sich eingegraben hat.

Der **Danforth-Anker** hält gut in Schlick, Sand und Flusskies, weniger gut auf steinigem Grund und in Kraut. Mit seiner Form und den flachen Flunken ist er gut zu verstauen, oft lässt er sich jedoch nur schwer ausbrechen.

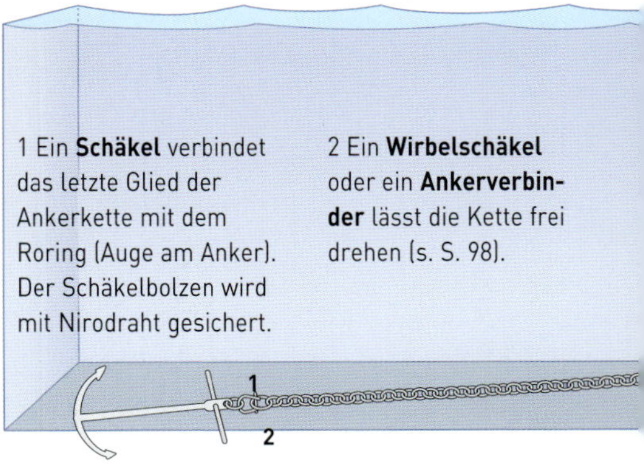

1 Ein **Schäkel** verbindet das letzte Glied der Ankerkette mit dem Roring (Auge am Anker). Der Schäkelbolzen wird mit Nirodraht gesichert.

2 Ein **Wirbelschäkel** oder ein **Ankerverbinder** lässt die Kette frei drehen (s. S. 98).

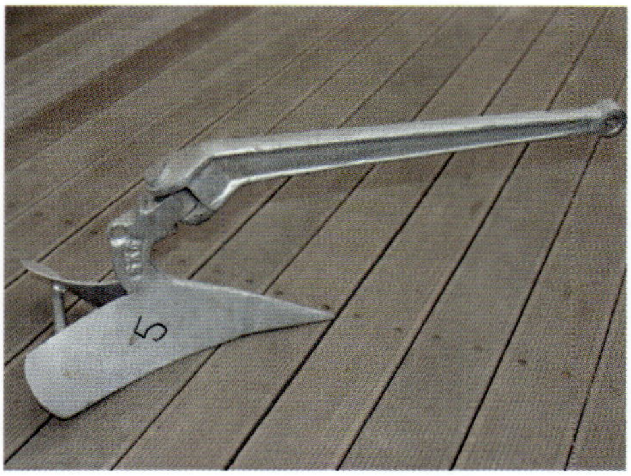

Der **CQR** (gesprochen wie secure = sicher, daher der Name) ist so gebaut, dass er sich gut in Sand, Schlick, Kraut, Muscheln und Kies eingräbt, aber auch in ein Gemisch von Sand und Steinen. Manchmal dauert es etwas länger, bis er festsitzt. Der CQR ist ein weit verbreiteter Allround-Anker.

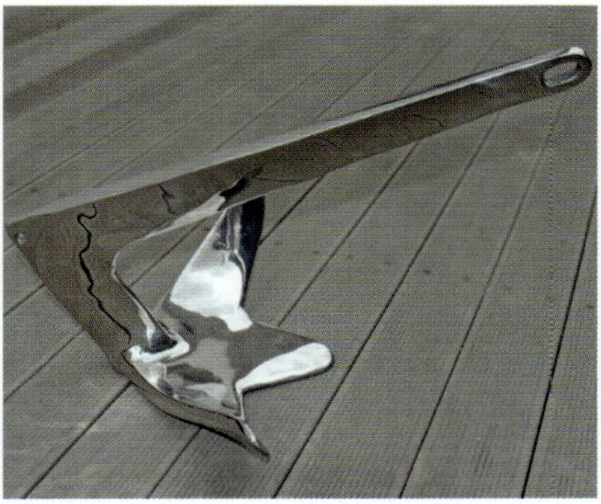

Der **Bruce-Anker** wurde entwickelt, um die Bohranlagen in der Nordsee zu sichern. Er geht mit seinen halbrunden Flunken tief in den Sand oder in Schlick. Er ist einfach zu handhaben und hat ein gutes Gewicht-Haltekraft-Verhältnis.

Verdrängung	Gewicht 1. Anker	Gewicht 2. Anker	Ankerkette Nenndicke	Ankerleine Polyamid* Nenndurchmesser	Mindestbruchlast
Tonnen	kg	kg	mm	mm	daN
0,5	5,0	–		12	2600
0,6	5,5			14	2900
0,75	6,5			14	3200
1,0	7,5			14	3800
1,5	8,7			14	4300
2,0	10,5	9,0	6	16	4900
3,0	12,0	10,0	6	18	5600
4,0	13,0	10,5	6	18	6300
5,0	13,5	11,0	7	18	6900
6,0	15,0	13,0	7	18	7400
8,0	17,0	15,0	8	20	8100
12,0	21,0	18,0	8	22	8400
17,0	35,0	21,0	10	22	10300
23,0	29,0	25,0	10	22	11000
29,0	34,5	29,0	10	24	11400

* **Bei Leinen aus anderem Material richte man sich nach der Mindestbruchlast.**

Ist die Leine zu dick, um durch das letzte Kettenglied zu passen, dreh die geschlagene Leine sechs Windungen weit auf. Steck die Kardeele 1 und 2 durch das letzte Glied und dreh Kardeel 3 weitere sechs Schläge auf. Leg Kardeel 2 an die Stelle, wo Kardeel 3 gelegen hat. Verbinde 2 und 3 mit einem Überhandknoten und steck Kardeel 1 wie beim Kurzspleiß durch.

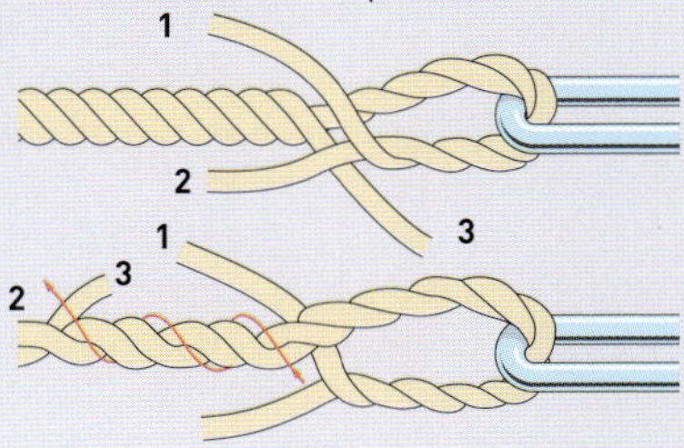

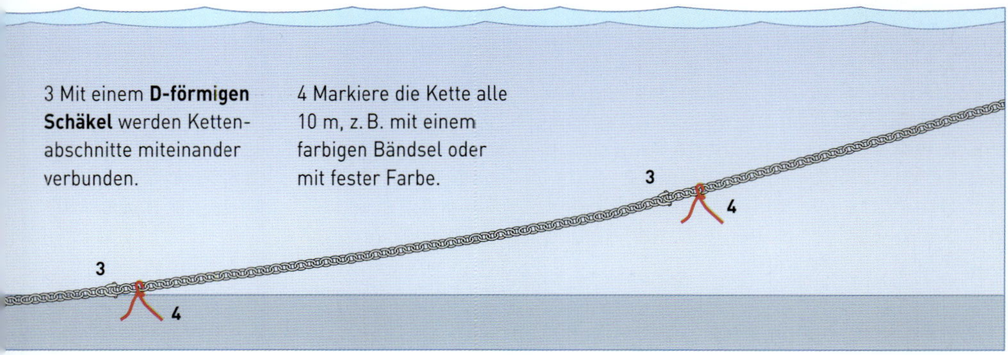

3 Mit einem **D-förmigen Schäkel** werden Kettenabschnitte miteinander verbunden.

4 Markiere die Kette alle 10 m, z. B. mit einem farbigen Bändsel oder mit fester Farbe.

Beschläge auf dem Vordeck

Unter schwierigen Bedingungen sind die Kräfte, die auf die Vordecksbeschläge wirken, enorm groß, besonders wenn die Yacht in eine aufgewühlte See eintaucht. Deshalb ist es wichtig, dass jedes einzelne Teil deiner Ankerausrüstung den Anforderungen standhält. Ein Gerät ist nur so stark wie sein schwächster Teil, wähle darum jedes Teil sorgfältig aus.

Manche Serienboote sind nicht mit hinreichend starken Bugbeschlägen ausgerüstet, die die Kräfte einer Ankerkette oder -leine aus unterschiedlichen Richtungen aufnehmen können. Oft sind durchaus kräftige Beschläge nicht genügend fest mit Bolzen und Unterlegplatten am Rumpf angebaut. Unter normalen Umständen mag das nichts ausmachen, es kann jedoch unter extremen Bedingungen kritisch werden. Überprüfe deshalb die Befestigung deiner Beschläge und verstärke sie notfalls.

Im Idealfall hat der Bugbeschlag zwei durch eine kräftige Mittelhalterung getrennte große Rollen. Die Seiten müssen hoch genug sein, um die größten möglichen Ketten und Leinen aufzunehmen, und ein kräftiger Sicherungsstift sollte das Herausspringen der Kette verhindern.

Beim Kauf eines Bootes ist darauf zu achten, dass der Bugbeschlag so angebaut ist, dass die Kette beim Aufholen nicht das Vorstag beschädigt, besonders nicht, wenn eine Ankerwinde benutzt wird.

Ist der Anker einmal gelegt, wird die Leine oder Kette auf einer Klampe oder einem Poller belegt. Eine Leine kann auch mit einem Palstek befestigt werden. Das Ende einer Kette oder Leine muss an einem starken angebolzten Auge mit einem Stück Leine befestigt sein, das sich in einem Notfall schnell durchschneiden lässt. Man sollte eigentlich die Kette nie so weit stecken, aber es passiert. Es ist üblich geworden, einen Bruce- oder CQR-Anker ständig auf der Bugrolle zu fahren, dort wird er mit einem Stift gesichert. Die Kette kann durch eine Kettenschütte in den Kettenkasten laufen. Der hat einen aufklappbaren Deckel mit einem Schlitz, in den ein Kettenglied eingehängt werden kann.

Die Ankerkette sichern

Leg die Kette zweimal um den Poller (1), nimm dann eine Schlinge unter der strammen Kette durch und leg diese ebenfalls auf den Poller (2). Nimmt man zum Sichern der Kette eine Klampe (3), dann sollte sie groß genug und mit einem Unterlegbrett montiert sein, damit sie nicht aus dem Deck gerissen wird. Leg einen Törn um die Klampe und leg dann eine Bucht der Kette über das vordere Horn der Klampe (4).

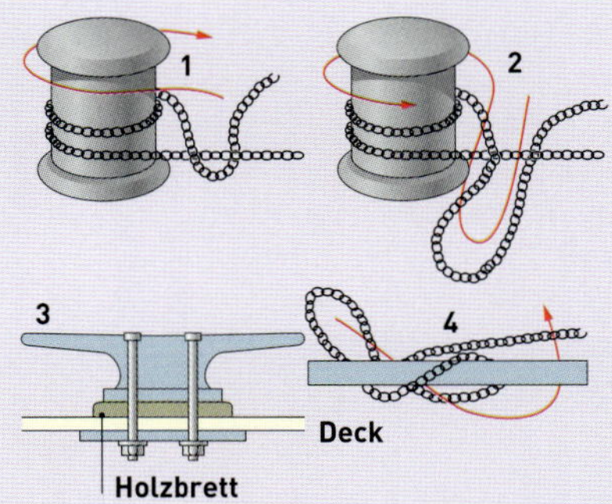

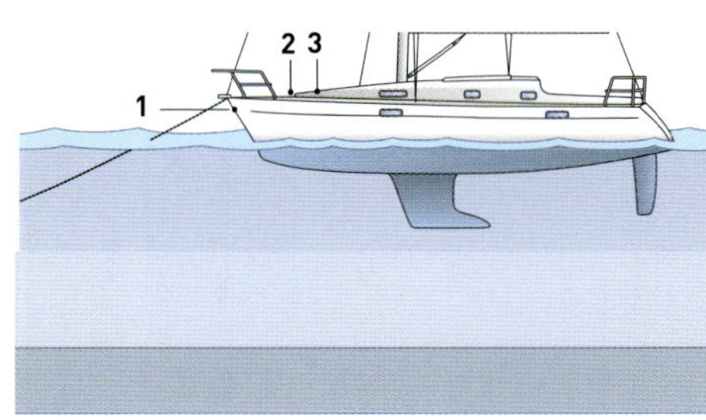

Die Ankerkette läuft über die Bugrolle (1) und wird durch einen starken Bolzen gehalten. Ist die Kette durchgeholt, wird sie an einem Poller oder einer Klampe auf dem Vordeck gesichert (2). Oft läuft die Kette durch eine Kettenschütte in den Kettenkasten (3). Das letzte Glied wird mit einem Stück Leine an einem festen Auge so befestigt, dass es im Notfall schnell abgeschnitten werden kann.

Ein **Bugbeschlag** sollte zwei große Rollen nebeneinander haben, die durch eine kräftige Mittelhalterung getrennt sind. Hohe Seiten und ein Bolzen sichern die Kette vor dem Herausspringen.

Eine handbetriebene **Ankerwinde**, wie hier abgebildet, oder eine elektrische Winsch übernehmen die Arbeit des Einholens der Kette.

In einem **Ankerkasten** kann der Anker einsatzbereit verstaut werden. Deren Ende wird an einem festen Auge unten im Ankerkasten, der einen Wasserabfluss nach außen hat, befestigt.

Ist der Anker eingeholt, kann er auf der Rolle liegen bleiben. Er wird dann mit einem kräftigen Bolzen gesichert.

Checkliste fürs Ankern

1 Beim Fallen des Ankers nicht auf die Kette oder Leine treten, hüte dich auch vor Buchten.
2 Beim Dichtholen oder Fieren nie eine Schlinge um die Hand legen.
3 Setz dich beim Einholen auf den Boden im Bugkorb, stütze die Beine unten am Bugkorb ab. Beuge beim Einholen die Beine, nicht den Rücken.
4 Belege die Leine oder Kette nie mit einem halben Schlag, der bekneift sich.
5 Kauf nur Kette, die kalibriert und deren Belastbarkeit garantiert ist.
6 Achte darauf, dass der Kettenkasten gut belüftet ist.
7 Der Hauptanker sollte auf der Nordhalbkugel über die Rolle an Backbord laufen, weil beim Durchgang von Tiefdruckgebieten der Wind nach rechts dreht. Wird es nötig, einen zweiten Anker über die andere Rolle auszubringen, vertörnen die Ketten/Leinen dann nicht, wenn das Boot dreht.
8 Verstau die Ankerleine lose im Kasten oder wickle sie auf einer Rolle auf.

Wie man ankert

Bevor der Anker fällt, muss man sich sorgfältig aufs Ankern vorbereiten. Als Erstes wird der Anker hervorgeholt und klargemacht, damit er im richtigen Moment fallen kann. Da meistens unter Maschine geankert wird, sollte das Großsegel geborgen und lose zusammengebunden sein, keine Leine darf mehr außenbords hängen und das Vorsegel sollte verstaut sein, damit das Vordeck Platz bietet.

War die Ankerkette abgeschäkelt, wird sie nun wieder am Anker angebracht, der Schäkelbolzen wird mit Nirodraht gesichert. Wird eine Winde benutzt, stell sicher, dass du genau weißt, wie sie funktioniert. Lässt du den Anker von Hand fallen, leg zunächst etwa 10 Meter Kette, fertig zum Fallenlassen, am Seitendeck aus. Wird eine Ankerleine genommen, achte darauf, dass sie frei auslaufen kann.

Die letzte Anfahrt zum gewählten Ankerplatz sollte gegen Wind und Strom, je nachdem, was stärker ist, führen, damit nach dem Fallen des Ankers das Boot rückwärts treibt. Wirf niemals den Anker dort, wo du später das Boot liegen haben möchtest. Ankerst du über grob steinigem oder felsigem Grund, ist es angebracht, eine Trippleine anzubringen, an der eine kleine Boje, die auch bei Hochwasser sichtbar sein muss, anzeigt, wo der Anker liegt. Mit einer solchen Boje ist auch das Ausbrechen des Ankers einfacher. Als Boje kann gut ein kleiner Fender dienen. Auf überfüllten Ankerplätzen ist eine Trippleine mit Ankerboje weniger geeignet, weil Späterkommende sie leicht in die Schraube bekommen können und möglicherweise deinen Anker ausreißen. Möchtest du trotzdem nicht auf eine Trippleine verzichten, führe sie ohne Boje an der Ankerkette entlang ins Boot.

Wenn du in unbekannten Gegenden ankern möchtest, achte auf örtliche Gewohnheiten oder Vorgehensweisen. Wenn du z. B. sonst mit zwei Ankern im Strom, an Bug und Heck, ankerst, kann es sein, dass woanders zwei Buganker ausgebracht werden. Dann wird sich dein Boot, wenn sich der Strom ändert, anders verhalten als die Boote um dich herum, und es kann zu einem Chaos führen.

Möchte man nur kurzzeitig ankern, ist der Zweitanker von Nutzen. Er ist leichter und hat eine Ankerleine mit nur einem kurzen Stück Kette. Deshalb können mit ihm auch Anfänger ihre Kenntnisse beweisen. Ist der Ankerplatz gut besucht, frag deinen Nachbarn, ob er Kette oder Leine benutzt. Nimm möglichst das Gleiche, um den gleichen Schwojkreis (Vollkreis, über den das Boot vor Anker treiben kann) zu haben.

Für ein nur ein paar Stunden dauerndes Ankern ist eine Kettenlänge vom Zwei- bis Dreifachen der Wassertiefe ausreichend, solange du an Bord bist. Bleibst du länger, wirst du den Hauptanker nehmen und mehr Kette stecken müssen.

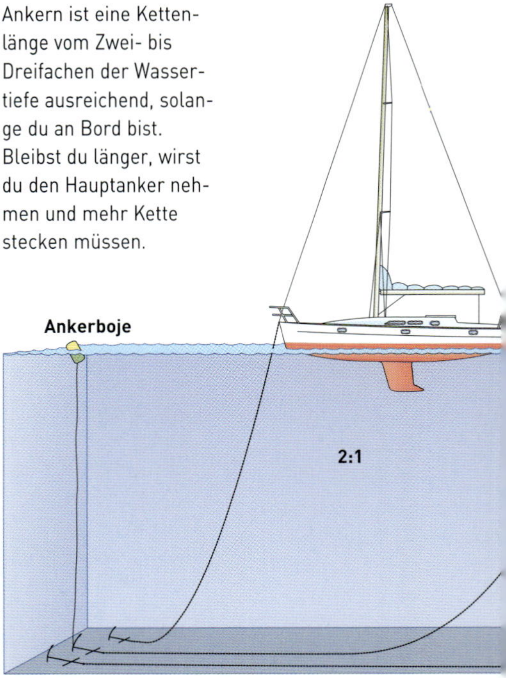

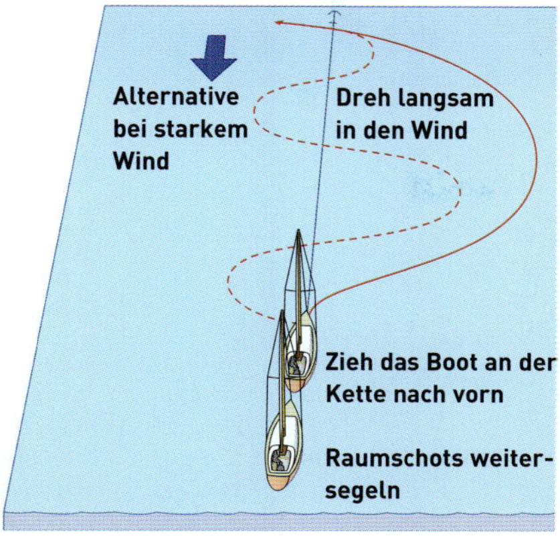

Wenn es Zeit wird, loszufahren, und das Boot im Wind liegt, versuche, unter Segeln ankerauf zu gehen (den Anker hochzuholen). Setz das Großsegel und hol so viel Kette ein, dass der Anker noch nicht ausbricht, und belege sie auf einer Klampe. Segle mit dem Boot in einem weiten Bogen, wende und segle langsam weiter, bis die Kette durchzuhängen beginnt und eingeholt werden kann. Mit ihr kommt auch der Anker an Bord. Wenn das Boot dann frei segelt, verstau das Ankergeschirr und setz das Vorsegel. Vielleicht sollte man das etwas abgelegen üben, bevor man sich vor Zuschauern präsentiert!

Einen Ankerplatz wählen

Such dir einen geeigneten, geschützten Platz auf der Seekarte (mit einem Anker gekennzeichnet) und informiere dich über Tide und Wassertiefen. Überprüfe die Tiefen mit dem Echolot und, weil er auf ebenem Grund gut hält, such einen Platz ohne Vorsprünge, Löcher und Steilhänge. Die Karte sollte dir etwas über den Ankergrund verraten. Tut sie das nicht, kannst du ein Handlot mit Lotspeise (s. u.) benutzen, um damit eine Probe vom Grund – Sand, Kies, Schlick oder Kraut – heraufzuholen. Ist nichts heraufgekommen, schau, ob Felsen das Blei verkratzt haben.

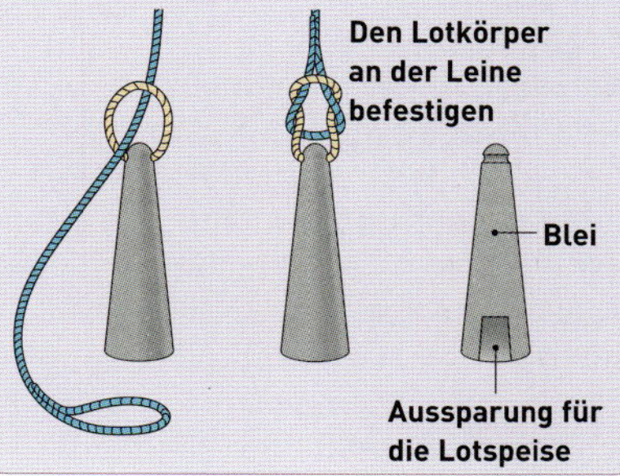

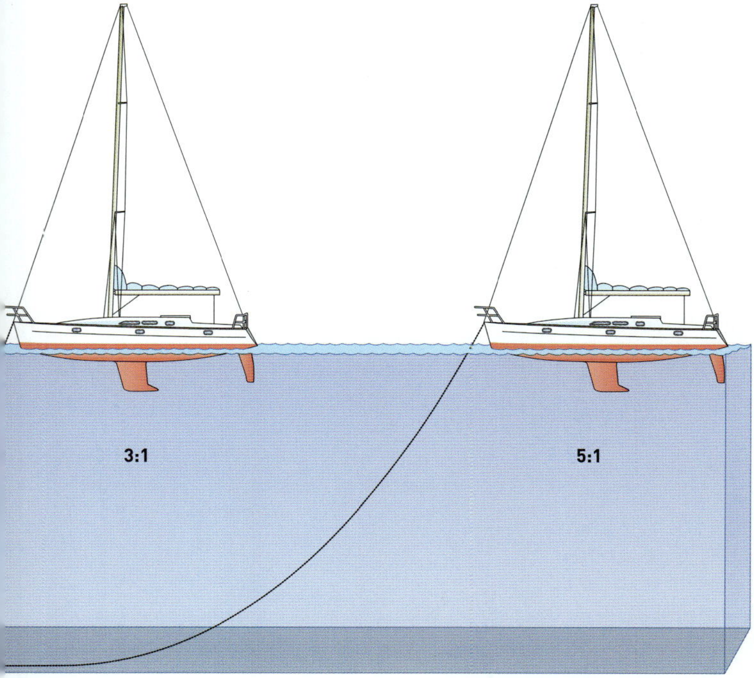

Die Wassertiefe und die Länge der gesteckten Kette bestimmen den Winkel, mit dem der Zug auf den Anker kommt. Bleibt man über Nacht und herrscht starker Wind oder Strom, muss die Länge der gesteckten Kette bei Hochwasser mindestens das Vierfache der Wassertiefe betragen. Wähle immer gut geschützte Ankerplätze, überprüfe jeden Schäkel und jedes Verbindungsglied und grabe den Anker durch Rückwärtsfahrt fest ein. Damit wird auch die Kette auf dem Grund gerade gezogen. Das Gewicht der Kette lässt den Anker besser halten, weil der Zug auf ihn waagerecht wirkt.

Zur Sicherheit zwei Anker

Stehen starker Wind und Strom gegeneinander, kann es zu Problemen kommen, weil das Boot dann wie wild um den Anker tanzt. Wird mehr als ein Knoten Strom und mehr als 15 Knoten Wind erwartet, sollte man einen zweiten Anker ausbringen, um sicher zwischen zwei festen Punkten zu liegen.

Aber der Gebrauch von zwei Ankern setzt gute Planung und Vorbereitung voraus. Musst du Sturmböen abreiten, nimm einen großen Muringschäkel (Kettenwirbel), an dem beide Anker befestigt werden können, ohne dass die Ketten sich vertörnen können. Bei dieser Methode werden die Kräfte jedoch abwechselnd statt gemeinsam aufgenommen.

Um beide Anker gemeinsam zu belasten, leg die Kette quer zum Wind oder zum Strom, nachdem an jedem Anker eine Trippleine angebracht wurde. Am einfachsten ist es, zuerst den Zweitanker mit seiner langen Ankerleine auszubringen und unter Maschine quer zum Wind oder zum Strom zu fahren, bis die Ankerleine fast ganz ausgelaufen ist. Dann fällt der Hauptanker, und während das Boot an der Ankerleine zurückschwingt, werden die Kette gefiert und die Lose aus der Zweitankerleine genommen, bis das Boot zwischen den Ankern liegt. Dann befestigt man die Leine an der Kette und fiert diese, bis der Knoten etwa 3 m unter der Wasseroberfläche ist.

Der Anker, der als letzter gesetzt wurde, wird als erster wieder aufgeholt. Wird ein Muringschäkel benutzt, kann es sein, dass der kleinere Anker mit der Trippleine aufgeholt werden muss. Beim Aufholen nimm den Muringschäkel an Bord, leg die Kette auf eine Klampe und hol den einen Anker an dessen Kette ein. Nimm den Muringschäkel ab und hol den Rest der Kette mit dem zweiten Anker hoch.

Das Ankern ist eine der traditionellen Fertigkeiten, die unter der wachsenden Zahl der Marinas leiden. Willst du unter Segeln ankern, stell zunächst die Wassertiefe und die Bodenbeschaffenheit fest und nimm dann das Vorsegel weg. Bist du querab der Ankerstelle, dreh langsam in den Wind; kommt das Boot dann zum Stillstand, lass den Anker fallen und birg das Großsegel.

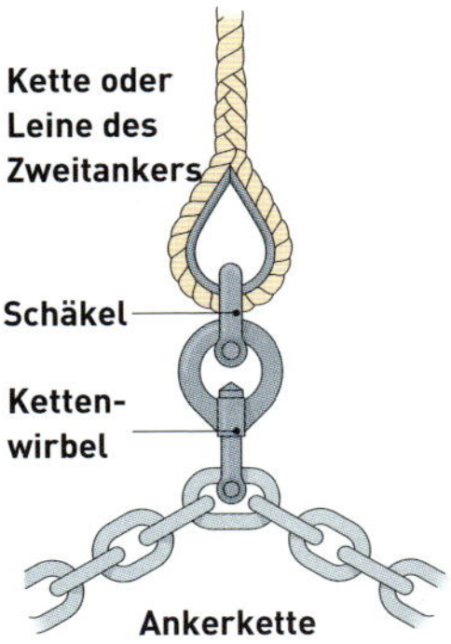

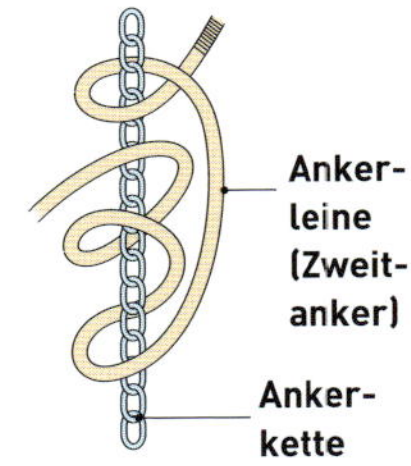

1 Drei Törns um die Kette
2 Zurück über die Leine
3 Sorgfältig festziehen

Eine ca. 90 m lange Ankerkette kann aus drei Stücken von je 30 m bestehen, die aneinandergeschäkelt sind. Zum Ankern mit zwei Ankern kann die Kette dann geteilt werden. An einer Trennstelle wird ein Kettenwirbel eingeschäkelt, daran wird dann das übrige Kettenstück als Zweitankerkette angebracht. Dort kann aber auch eine Ankerleine, wie oben links, angeschäkelt werden. Hast du keinen Muringschäkel, kann die Ankerleine, wie oben rechts gezeigt, angeknotet werden.

Ankern unter Maschine

Ist genaues Ankern gefragt, ankert man besser mit der Maschine. Starte den Motor, birg die Segel und motore langsam gegen den Wind oder den Strom. Ist der ausgewählte Punkt erreicht und macht das Boot fast keine Fahrt mehr, fällt der Anker. Der Wind oder der Strom wird das Boot dann vom Anker forttreiben und ihn über den Boden schleppen, bis er sich eingräbt. Ein kräftiger Schub nach achtern hilft festzustellen, ob der Anker gut hält. Willst du unter Maschine ankerauf gehen, plane deinen Abfahrtskurs, weise die Crew ein und motore über den Anker, um ihn auszubrechen.

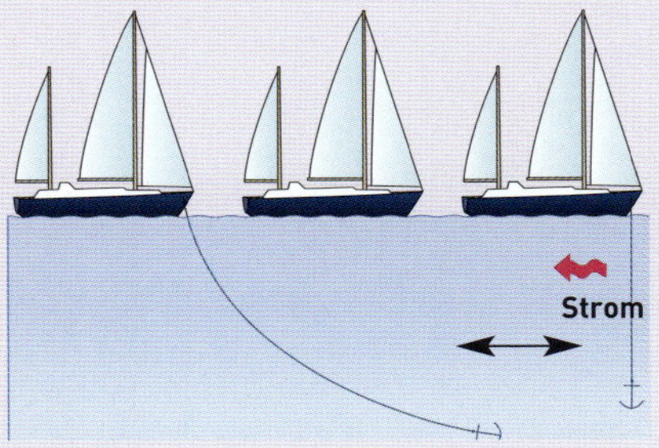

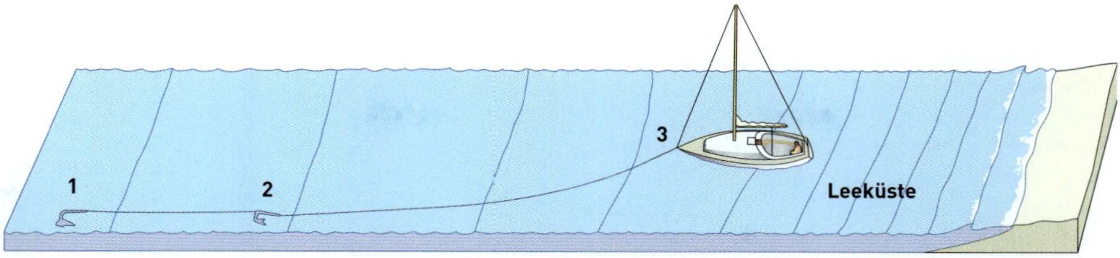

Weht ein starker Wind dich auf eine Leeküste, ist es im Notfall sicherer und billiger zu ankern, anstatt mit dem Boot auf eine Schlickbank oder gar auf Felsen zu laufen. Nutze beide Anker, indem du sie verkattest (hintereinander an einer Kette ausbringst): Wirf den Zweitanker (1), befestige seine Leine oder Kette am Hauptanker (2) und lass beides fallen. Steck den größten Teil der Kette und sichere sie dann. Bring am Ende der Kette einen Muringschäkel an und befestige zwei Ankerleinen am inneren Auge des Wirbels. Führe die Leinen auf die großen Winschen – sie sind für große Belastungen ausgelegt – und sichere sie (3).

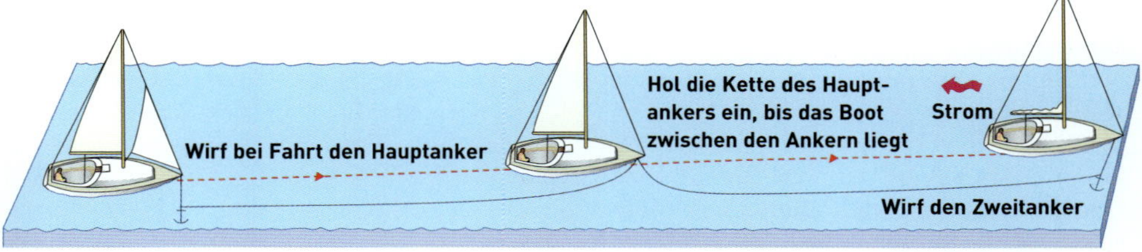

Um zwei Anker zu legen, fällt bei Fahrt der Hauptanker; das Boot läuft aus, wobei sich der Anker eingräbt (siehe oben). Schäkle den Zweitanker, an dem eine Trippleine angebracht ist, an die Kette des Hauptankers und lass ihn fallen. Motore gegen den Wind, bis du zwischen den Ankern liegst, und hol die Hauptankerkette dabei ein.

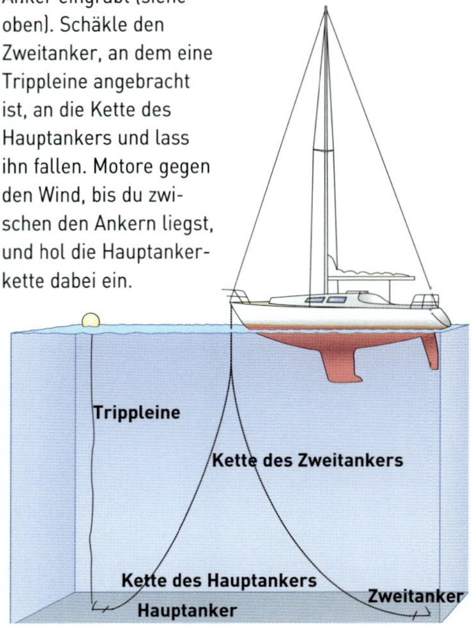

Checkliste fürs Ankern

1 Lauf den Ankerplatz gegen Wind bzw. Strom an. Anker, Kette und Leinen liegen bereit.
2 Ankere immer mindestens zwei Kettenlängen vom nächsten Boot entfernt. Ankerst du mit Kette und die anderen mit Ankerleine, gestehe ihnen einen größeren Schwojekreis zu.
3 Das Boot, das zuerst da war, hat das Vorrecht.
4 Um festzustellen, ob der Anker hält (nicht schliert), zieh mäßig stark an der Kette oder der Leine. Spürt man ein Rucken oder Mahlen, schliert der Anker über den Grund.
5 Auch wenn es scheint, als hielte der Anker, kann er schlieren, wenn sich der Strom oder der Wind ändert. Nimm regelmäßig Peilungen.
6 Eine dickere Ankerleine lässt sich besser ziehen als eine dünne.
7 Bei einer Ankerleine aus Nylon achte sehr darauf, dass sie nicht schamfilt.

Notlagen beim Ankern

Das Ankern wird oft auf die harte Tour gelernt, deshalb sollte man immer in hinreichend großer Entfernung zu anderen Booten ankern.

Ein schlierender Anker ist der Grund für viele Schadensfälle, deshalb prüfe jedes Mal, ob der Anker hält. Hält er nicht, steck mehr Kette oder Leine, sitzt er dann immer noch nicht fest, muss er aufgeholt und an anderer Stelle neu gesetzt werden. Deckpeilungen (Landmarken in Linie) oder Kompasspeilungen können helfen, jede Änderung der Position festzustellen.

Bei Nebel, in rauem Wetter und in anderen bedrohlichen Lagen kann es nötig werden, eine Ankerwache einzuteilen, in der ein Crewmitglied ständig an Deck ist, Peilungen nimmt und dafür sorgt, dass das Boot nicht abtreibt.

Wenn du den Anker nicht aus dem Grund bekommst, ist er »unklar gekommen«. Steck noch etwas mehr Kette und motore so im Kreis um den Anker, dass die Kette gespannt bleibt. Versuche zwischendurch mit Rückwärtsfahrt den Anker auszubrechen. Ist der Anker unter einem Felsen oder in einer Felsspalte verklemmt, kommt er so frei. Ist dieses Manöver erfolglos, hol die Kette durch, bis sie ganz stramm ist, und gib sie plötzlich frei. Bei einem Hindernis wie einem Tau oder einer Kette kann das helfen.

Eine besondere Gefahr bilden Stromkabel. Wenn du sie auf der Karte erkennst oder Hinweisschilder, die in jeder Gegend anders aussehen können, am Ufer bemerkst, ankere dort nicht. Verhakt sich der Anker in einem Kabel, lass einen Teil der Kette mit einer Boje dort liegen und erkundige dich im nächsten Hafen, ob das Kabel noch Strom führt. Wenn keine Gefahr besteht, kannst du das Kabel so weit wie möglich mit dem Anker anheben und versuchen eine Leine darunter hindurchzuziehen, die dann an Bord stramm belegt wird. Durch Fieren der Kette fällt der Anker frei. Dieses Verfahren empfiehlt sich auch, wenn der Anker an einer schwereren Kette eines anderen Fahrzeugs festkommt.

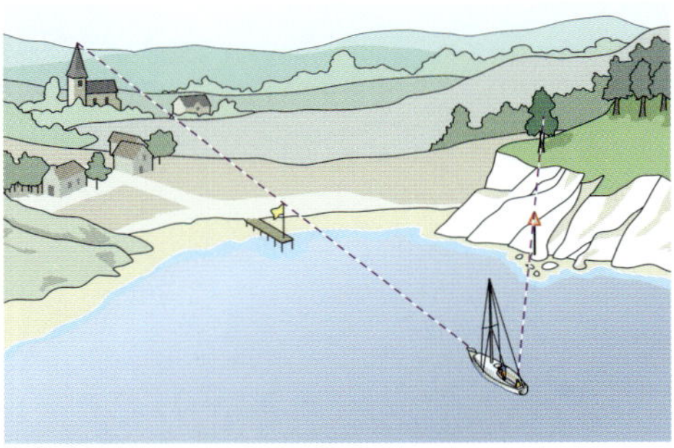

Eine Peilung kann anzeigen, ob der Anker schliert. Such dir zwei feste Objekte an Land, die hintereinanderliegen (Deckpeilung), und ein weiteres Objekt, das etwa im rechten Winkel zu den anderen liegt. Zeichne in der Karte einen Kreis mit dem Radius der gesteckten Kettenlänge ein. Stellst du durch die Peilungen fest, dass dein Boot außerhalb dieses Kreises liegt, dann schliert der Anker.

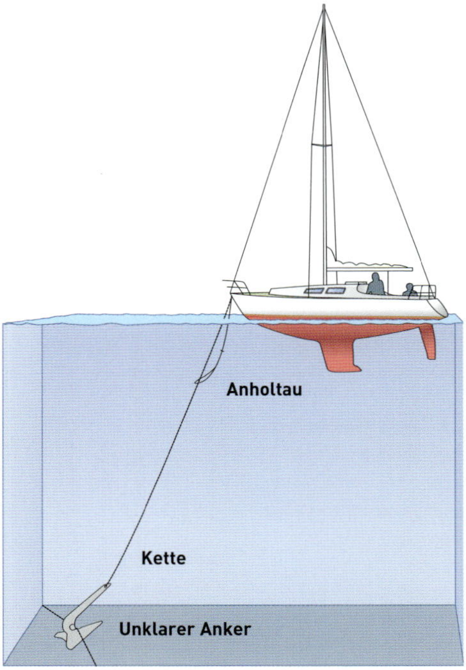

Hängt der Anker fest, senke eine Schlinge mit einem großen Schäkel nach unten ab. Schlage sie beim Absenken kräftig herum, bis die Schlinge sich um den Anker legt. Binde ans Ende der Ankerkette oder -leine eine Boje und lass sie über Bord gehen. Dann motore über den Anker hinweg und versuch mit dem Anholtau den Anker freizubekommen.

Um das Einrucken am ankernden Boot bei Seegang zu vermindern, hänge einen Schäkel mit einem Ankergewicht oder dem Zweitanker auf die Kette oder Leine und lass ihn mit einer Leine etwa auf die halbe Tiefe hinunter. Dieses »Reitgewicht« lässt die Kette tiefer durchhängen, verringert so den Winkel der Zugkraft auf den Anker und vermindert so außer dem Rucken auch die Gefahr des Schlierens.

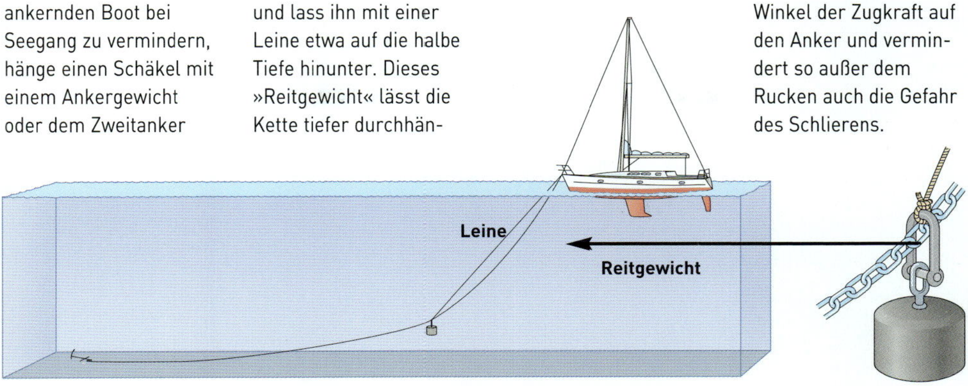

Es ist gesetzlich vorgeschrieben, beim Ankern bei Tageslicht einen schwarzen Ball vor dem Mast zu zeigen.

Nachts zeigt man an gleicher Stelle ein weißes Rundumlicht.

Einen Zweitanker ausbringen

Einen zweiten Anker kann man gut mit dem Beiboot ausbringen. Hast du genug Ankerleine im Boot, mach das andere Ende an der Yacht fest. Ist der Anker schwer, hänge ihn an einer Leine unter das Boot. Knote sie mit einem Slipstek (s. u.) zusammen. Rudere oder motore möglichst schnell gegen den Wind oder den Strom und dann quer hinüber zum Ankerpunkt. Dort löst du den Slipstek, und der Anker fällt auf den Grund.

1 Leg eine Bucht in das Leinenende.
2 Steck das andere Ende durch die Bucht und leg es dann um die Bucht herum.
3 Führe es danach unter sich selbst hindurch und zieh den Knoten fest.

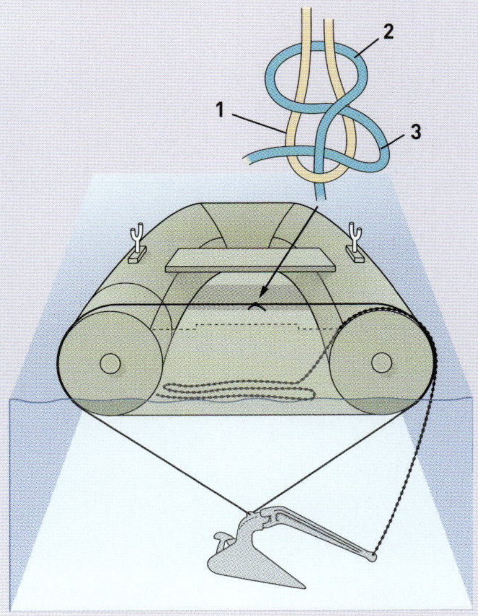

Navigation und Wetter

Gebrauch des Kompasses

Eine Position auf der Erdoberfläche wird üblicherweise in Länge und Breite bestimmt. In der Küstennavigation und im Lotsenbetrieb wird die Position eines Schiffs auch oft in Bezug zu markanten Landmarken und Seezeichen angegeben.

Es gibt zwei unterschiedliche Verfahren, eine Position auf See zu bestimmen: durch Koppeln, d. h. das Bestimmen nach zurückgelegter Strecke und gefahrenem Kurs seit Verlassen der letzten bekannten Position, und durch Festlegen des Standortes im Verhältnis zu festen Objekten wie deutlich erkennbaren Landmarken, dem Meeresgrund, künstlichen Satelliten und Himmelskörpern.

Weil die zurückgelegte Strecke und der Kurs durch Wind und Strom beeinflusst werden, sind die zu berechnenden Werte nur angenähert. Deshalb sollte ein Koppelort so oft wie möglich durch ein Fix (beobachteter Ort) korrigiert werden.

Auf See werden Richtungen als Winkel zur Nordrichtung angegeben, und zwar im Uhrzeigersinn über 360°. Seekarten sind auf rechtweisend (geografisch) Nord, also in Richtung des Nordpols ausgerichtet. Die Magnetnadel eines Kompasses zeigt jedoch die Richtung zu missweisend Nord, dem magnetischen Nordpol, an.

Der Unterschied zwischen rechtweisend Nord und missweisend Nord ist die Missweisung. Sie hat an verschiedenen Orten der Erde unterschiedliche Werte. Die Nordrichtung, in die der Kompass zeigt, Kompass-Nord oder auch Magnetkompass-Nord, kann wegen magnetischer Einflüsse des Bootes und seiner Einrichtungen wiederum von missweisend Nord abweichen. Dieser Unterschied wird Ablenkung genannt. Der Unterschied zwischen rechtweisend Nord und Magnetkompass-Nord ist die Fehlweisung, die bei jeder Kursberechnung berücksichtigt werden muss.

Die Längeneinheit auf See ist die Seemeile (sm = 1,852 km), die Geschwindigkeit wird in Knoten (kn) angegeben, 1 kn ist eine Seemeile pro Stunde.

Die geografische Länge wird in Grad, (Bogen-)Minuten und Sekunden angegeben und vom Nullmeridian (Meridian von Greenwich) aus nach Osten und Westen gemessen. Die Breite misst man vom Äquator aus nach Norden und Süden. Gemessen wird jeweils der Winkel im Erdmittelpunkt.

Längengrade und Längenminuten sind am Erdmittelpunkt der Winkel zwischen dem Nullmeridian und der Länge des Schiffsortes. Jeder Längengrad ist in 60 Längenminuten unterteilt, und auf der Erdoberfläche ist jede dieser Längenminuten eine Seemeile lang.

Ein Steuerkompass zeigt schnell und deutlich die Fahrtrichtung eines Bootes an. Bei Booten mit Pinnensteuerung wird der Kompass üblicherweise am Schott eingebaut, bei einer Radsteuerung auf der Steuersäule.

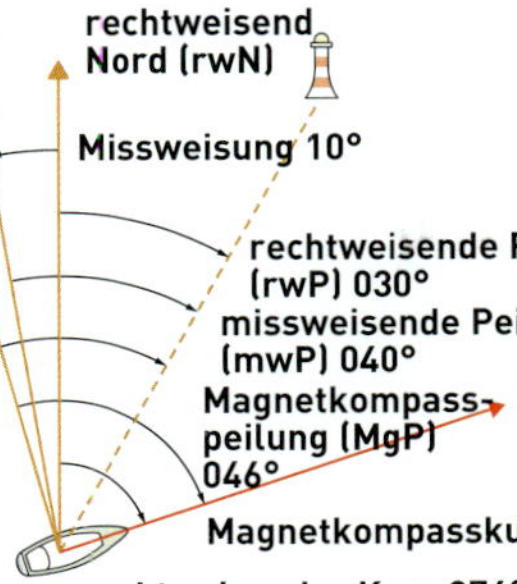

Um die **Ablenkung** zu bestimmen, nimm an einem bekannten Schiffsort eine Peilung zu einem Objekt an Land, z. B. zu einem entfernten Leuchtturm. Nach der Karte soll er in rechtweisend 030° liegen. Aus der Karte entnimmst du eine Missweisung von 10° W, das bedeutet, dass missweisend Nord 10° westlich von geografisch Nord liegt. Die Magnetpeilung zum Leuchtturm wäre somit 040°. Man richtet nun das Boot direkt auf den Leuchtturm und liest die Peilung am Kompass ab. Angenommen, dieser Wert ist 046°, dann ist die Ablenkung -6°.

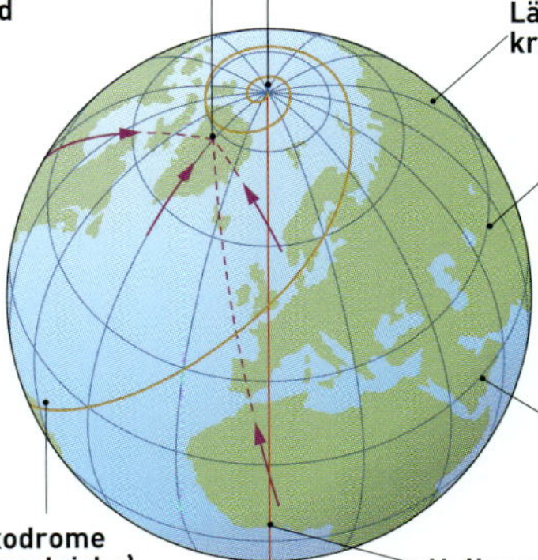

Die **Missweisung** ist der Winkel zwischen rechtweisend Nord und missweisend Nord. Mit der jährlichen Änderung ist sie in der Kompassrose auf jeder Seekarte angegeben. Die Missweisung hat das Vorzeichen –, wenn missweisend Nord westlich von rechtweisend Nord und +, wenn es östlich liegt.

Wandelt man eine MgP in rwP um, wird die + (östliche)-Missweisung addiert und die – (westliche)-Missweisung subtrahiert.
Auf einer »Mercator-Karte« ist eine Kurslinie eine Gerade, die alle Längenkreise im gleichen Winkel schneidet. Auf einem Globus wäre diese die »Loxodrome«.

Ablenkung

Magnetkompass-Nord kann wegen der magnetischen Einflüsse auf jedem Fahrzeug von der Richtung, in der der magnetische Nordpol (missweisend Nord) liegt, abweichen. Die Größe der Abweichung ändert sich mit der Richtung, in die das Fahrzeug zeigt, und hat je nach Richtung das Vorzeichen – (westlich) oder + (östlich). Bei der Umwandlung von Magnetkompass-Nord zu missweisend Nord muss ein entsprechender Wert hinzugefügt oder abgezogen werden. Die verbleibenden Ablenkungswerte werden in einer »Ablenkungstafel« festgehalten, wie sie unten abgebildet ist. Werte weniger als 1–2° kannst du getrost vergessen.

Ablenkungstafel		Steuertafel	
MgK (°)	Abl (°)	mwK (°)	Abl (°)
000	– 4	000	– 3
010	– 1	010	– 1
020	+ 2	020	+ 2
030	+ 5	030	+ 4
040	+ 7	040	+ 6
050	+ 9	050	+ 7
060	+10	060	+ 9
070	+11	070	+10
080	+12	080	+11
090	+11	090	+11
100	+10	100	+11

Einbau des Kompasses

Der Kompass sollte so weit wie irgend möglich von allen magnetisch wirkenden Bootsteilen entfernt eingebaut werden. Je höher er angebracht ist, desto geringer ist die Wirkung von Motor und Metallkiel und, auf einem Stahlbau, vom Rumpf. Er sollte auch mindestens einen Meter Abstand von elektrischen Schaltkästen und Instrumenten mit Magneten haben. In modernen Fluxgate-Kompassen kann die Ablenkung elektronisch berücksichtigt werden.

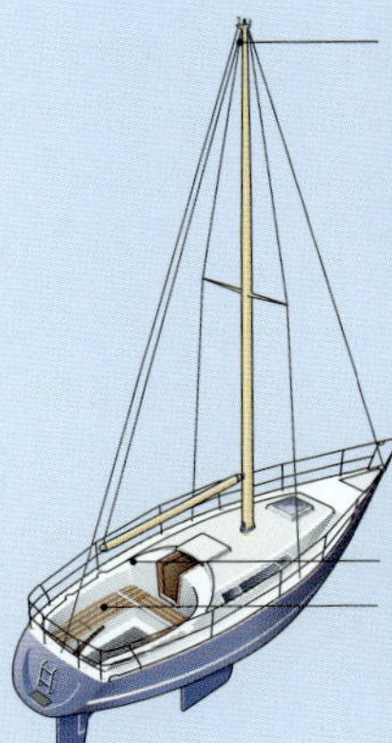

Den Schiffsort bestimmen

Eine Standlinie ist eine gedachte Linie, auf der sich der Beobachter befindet. Der Schnittpunkt zweier Standlinien ist der Schiffsort (die Position, das Fix), drei Standlinien führen zu einem noch genaueren Ergebnis. Alle Methoden zur Bestimmung des Schiffsortes, ganz gleich, ob astronomische Beobachtung, nach Peilung oder nach Sicht, basieren auf Standlinien. Standlinien unterschiedlicher Methoden können für eine Bestimmung des Schiffsortes kombiniert werden.

Je größer der Schnittwinkel zwischen den Standlinien ist, desto weniger wirkt sich ein Fehler in einer von ihnen aus. Für zwei Standlinien ist ein Schnittwinkel von 90° ideal, für drei sind es 60°.

Standlinien, die zu unterschiedlichen Zeiten bestimmt werden, können auf einen Zeitpunkt verschoben werden, indem man Kurs und Distanz zwischen den Beobachtungen in die Schiffsortberechnung einbringt. Diese »Versegelung« wird in der Küstennavigation genutzt, wenn nur ein Peilobjekt zur Verfügung steht, oder in der astronomischen (Astro-)Navigation, wenn z. B. die Sonnenhöhe mehrmals zu unterschiedlichen Zeiten so gemessen wird, dass die einzelnen Standlinien sich in hinreichend großem Winkel schneiden. Ein »versegelter« Schiffsort ist allgemein weniger genau als das gleichzeitige Feststellen zweier Standlinien, weil zurückgelegte Strecken und Kurse selten genau zu messen sind.

Eine Vorstellung von der Genauigkeit einer Standlinie hilft, die Genauigkeit des ermittelten Schiffsortes einzuschätzen. Üblicherweise führt das Ermitteln dreier Standlinien nicht zu einem Schnittpunkt, sondern zu einem mehr oder weniger großen »Fehlerdreieck«, dessen Größe auf die Genauigkeit der einzelnen Beobachtungen hinweist. Der tatsächliche Standort muss nicht innerhalb des Dreiecks liegen; ein erfahrener Navigator wird ihn so in dessen Nähe legen, dass er einer möglichen Gefahrenstelle am nächsten liegt. In der Küstennavigation wird am häufigsten nach Kompasspeilungen navigiert.

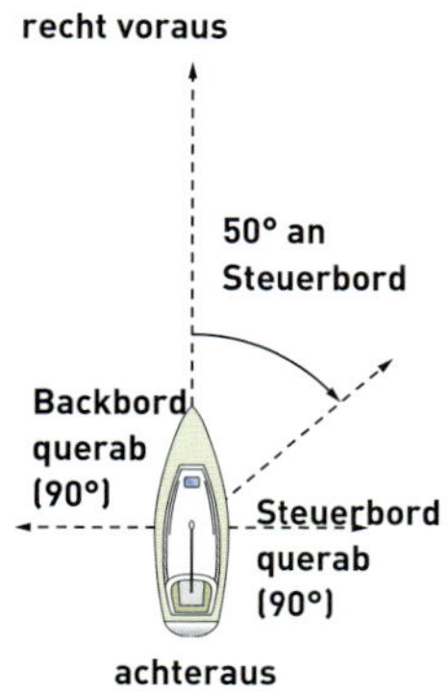

Die **Schiffsseitenpeilung** ist der Winkel zwischen der Bootslängsachse und der Richtung, in der das Objekt liegt. Ein Objekt liegt querab an Backbord oder Steuerbord, wenn die Peilung 90° beträgt, und zwar zur Längsachse und nicht zum Kurs durchs Wasser. Früher wurde die Richtung auch in Strich angegeben, ein Strich entspricht 11,25°, 8 Strich sind ein rechter Winkel.

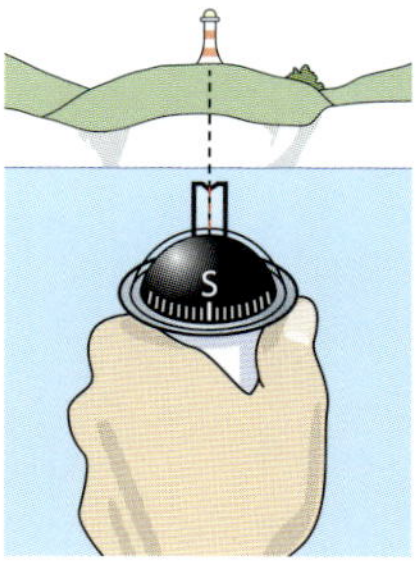

Um eine **Kompasspeilung** zu machen, sucht man auf der Karte ein Objekt aus, peilt es über das Visier des (Handpeil-)Kompasses an und liest die Peilung ab. Der Wert wird von der Magnetkompasspeilung in eine rechtweisende Peilung umgewandelt und in die Karte eingezeichnet. Je dichter man am Objekt ist, desto genauer wird die Peilung. Die Ablenkung wird beim Handpeilkompass nicht berücksichtigt.

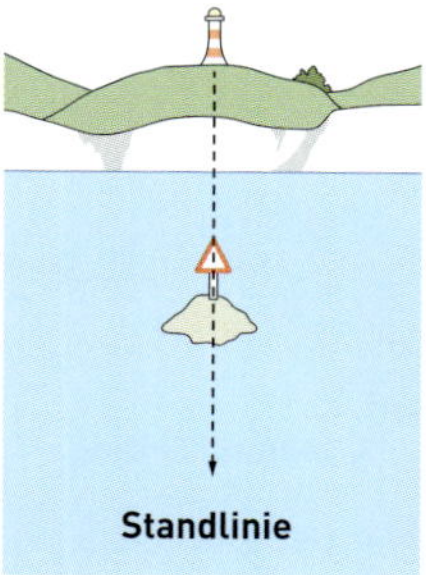

Die **Deckpeilung** ist eine sehr genaue Peilung, bei der zwei in der Karte eingezeichnete Objekte vom Schiffsort aus genau hintereinanderliegen. Zeichne einfach eine Linie vom hinteren über das vordere Objekt hinaus. Auf dieser Linie steht dein Boot!

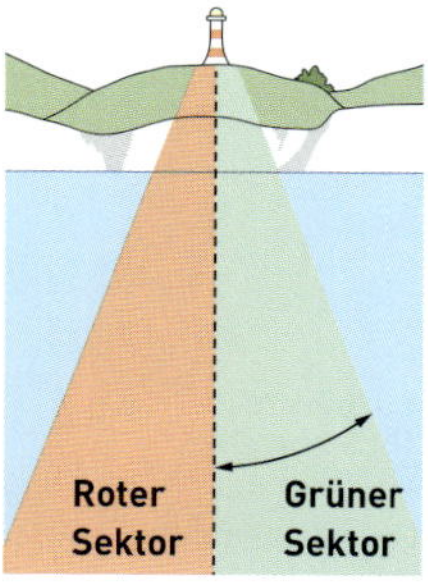

Sektorenfeuer können nachts bei der Positionsbestimmung helfen. Beim Kreuzen der Trennlinie zwischen rotem und grünem Sektor kann eine Standlinie entlang der Sektorengrenze gezogen werden. Es gibt viele Sektorenfeuersysteme, vor allem auf der Ostsee.

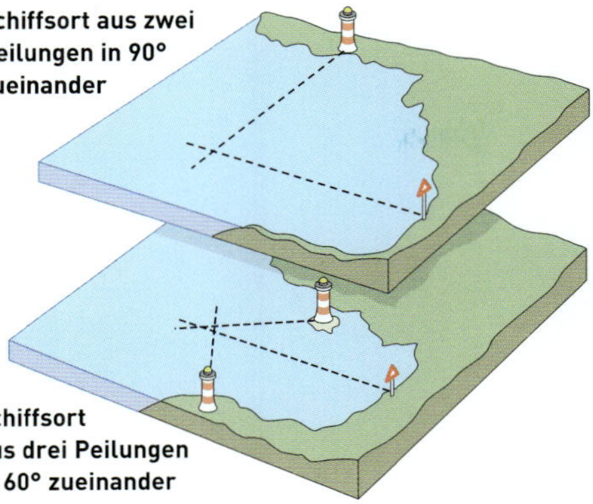

Die **Kompasspeilungen** zu zwei oder mehr Landmarken ergeben einen Schiffsort. Nimmt man nur zwei Peilungen, sollten die Objekte in möglichst großem Winkel zueinander liegen, damit ein genaues Ergebnis erreicht wird.

Drei Peilungen ergeben einen verlässlicheren Schiffsort. Im Idealfall liegen die Objekte etwa 60° zueinander, Winkel von unter 30° sollte man vermeiden. Die Standlinien werden sich nur selten in einem Punkt schneiden, meistens bilden sie ein Fehlerdreieck.

Höhenwinkelmessung

Die Abstandsmessung eines Objektes ergibt als Standlinie einen Kreis, der zusammen mit einer Kompasspeilung zum gleichen Objekt zum Schiffsort führt. So kann man mit dem Sextanten die Höhe eines bekannten Objektes über dem Wasser oder über der Kimm (dem sichtbaren Horizont) messen und mithilfe einer Formel (Entfernung in sm = 1,86 x Höhe des Objekts in m / Höhenwinkel in Bogenminuten) oder einer Tabelle (Seite 211) in eine Entfernung umwandeln.

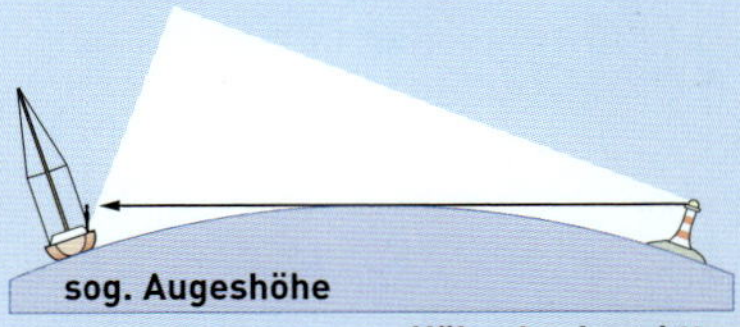

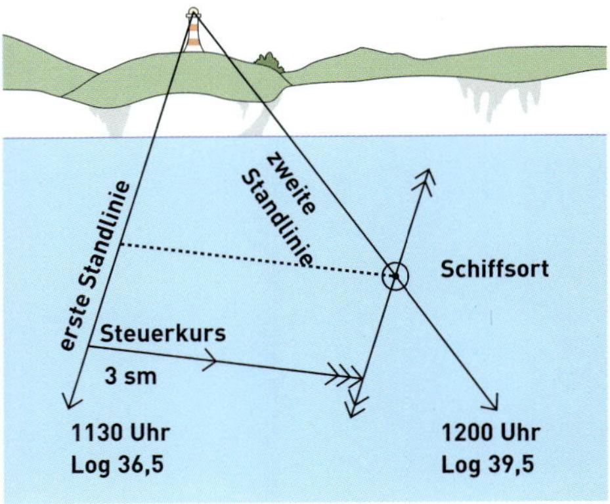

Eine Versegelungspeilung kann man mit einer Landmarke machen, indem man zwei Peilungen in z. B. in 30 Minuten Abstand vornimmt. Lies das Log zum Zeitpunkt der ersten Peilung ab, steure 30 Minuten lang den gleichen Kurs, nimm die zweite Peilung und lies am Log ab, wie weit du gesegelt bist. Zeichne die beiden Peillinien und die gefahrene Strecke ein. Zieh im Abstand der gesegelten Strecke eine Parallele zur ersten Peilung durch die zweite Peillinie. Der so erhaltene Schnittpunkt ist der Schiffsort.

Abstand schätzen

Auf der offenen See können Entfernungen nur sehr schwer richtig geschätzt werden, kurze Distanzen werden oft über- und lange werden unterschätzt. Die folgenden Tipps helfen, Entfernungen bei einer Augenhöhe von zwei Metern und bei guter Sicht und mittlerem Wellengang einigermaßen richtig einzuschätzen:

Der Horizont ist 2,6 sm oder 4,8 km entfernt.

In 1,7 sm oder 3,2 km werden große Tonnen sichtbar, kleine verschwinden.

Um 1 sm oder 1,8 km wird das Rigg eines größeren Fahrzeugs sichtbar. Form und Farbe größerer Tonnen sind zu erkennen.

400 m/2 kbl (Kabellängen): Man sieht Menschen gehen oder rudern.

200 m/1 kbl: Erkennbarer Tidenstrom an Tonnen.

100 m: Man erkennt Gesichter.

Die Entfernung zu einer Klippe kann man mit dem Nebelhorn messen, der Schall legt in einer Sekunde 344 m zurück, das Echo geht hin und zurück und schafft 172 m/s oder etwa 1 kbl/s.

Kartengebrauch

Der Kurs eines Bootes ist die Richtung, in die es sich bewegt. Weil aber querlaufende Strömungen und der Winddruck das Boot versetzen, ist der Kurs nicht immer auch die Richtung, in die der Bug zeigt. Der Kurs über Grund ist die Richtung, in der sich das Boot zwischen zwei Schiffsorten (Fixen) bewegt. Die Route, die aus mehreren Kursen bestehen kann, ist der Weg, den ein Fahrzeug über die Erdoberfläche nimmt.

Das Koppeln ist die Bestimmung eines Schiffsortes (Position) aus der Fahrtrichtung und der zurückgelegten Strecke; es wird üblicherweise zeichnerisch auf der Karte durchgeführt, auch wenn man es mit einem Rechner oder mit Tabellen machen kann.

Zwei besondere Probleme der Navigation sind das Finden des eigenen Standortes, wenn Strömungen, Tidenstrom und Versetzung durch Wind berücksichtigt werden müssen, und das Festlegen eines Kurses, der diesen Einflüssen so entgegenwirkt, dass der gewünschte Ort erreicht wird.

Informationen über den zu erwartenden Tidenstrom erhält man aus dem Gezeitenstrom-Atlas, der für bestimmte Orte und Zeitpunkte, die dem Tidenkalender zu entnehmen sind, Angaben über Richtung und Stärke der Strömungen enthält. Die Windversetzung, manchmal auch Abdrift genannt, bei einem bestimmten Windeinfall wird meist nach Erfahrung geschätzt. Eine ungefähre Vorstellung des Versetzungswinkels erhält man durch Beobachten des Kielwassers.

Arbeitet man mit den Werten für Missweisung, die man aus der Kompassrose in der Seekarte entnimmt, braucht man nur noch die Ablenkung des Steuerkompasses zu berücksichtigen. Man sollte aber immer daran denken, dass sich alle Werte der Gezeitentafeln immer auf rechtweisend Nord, nicht auf missweisend Nord (den magnetischen Nordpol) beziehen. Ganz gleich, ob du von den rechtweisenden oder den »magnetischen« Werten ausgehst, achte immer darauf, dass sich keine Fehler einschleichen. Nimmst du gleich die magnetischen Ausgangswerte, sparst du eine Rechnung und verminderst so die Fehlerwahrscheinlichkeit.

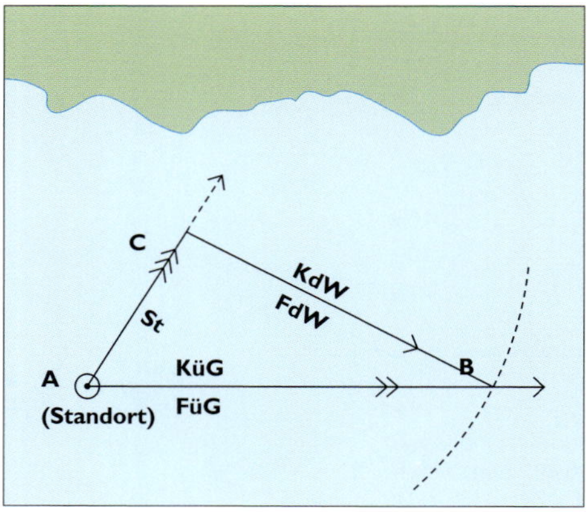

Um den zu steuernden Kurs (KdW) zu finden, zeichne von A aus den geplanten Kurs über Grund (KüG) und den Strom (St) ein. Trage auf St die Strecke, die du in einer Stunde versetzt wirst, ab (C). Um C schlägst du mit dem Zirkel einen Kreis mit dem Radius, der der Strecke entspricht, die du in einer Stunde segelst (FdW). Wo dieser Kreis den KüG schneidet, liegt der Ort (B). CB ist dein KdW, den du dann noch in einen Magnetkompasskurs umwandeln musst.

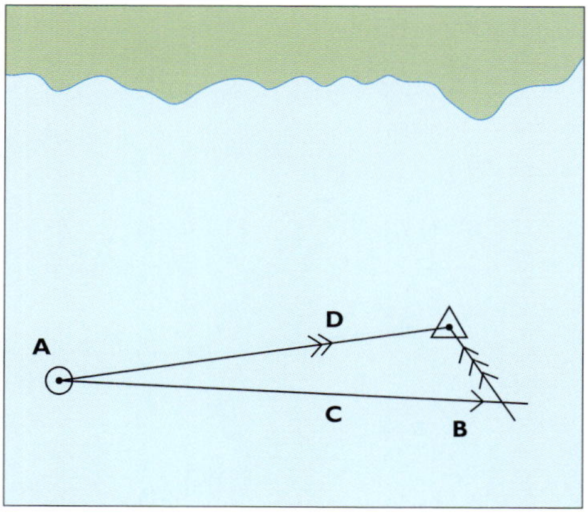

Um deinen gegenwärtigen Schiffsort zu finden, zeichne den gesteuerten Kurs KdW an den letzten bekannten Ort A, korrigiere ihn mit dem Wert der Versetzung durch Wind und trage auf dem erhaltenen Strahl die gesegelte Strecke ab. Du erhältst so den Ort B. Trage dort die Richtung der Stromversetzung und ihre Distanz ab, dann erhältst du C, deinen Koppelort. Wenn du später einen beobachteten Schiffsort erhältst, kannst du den Koppelort ignorieren.

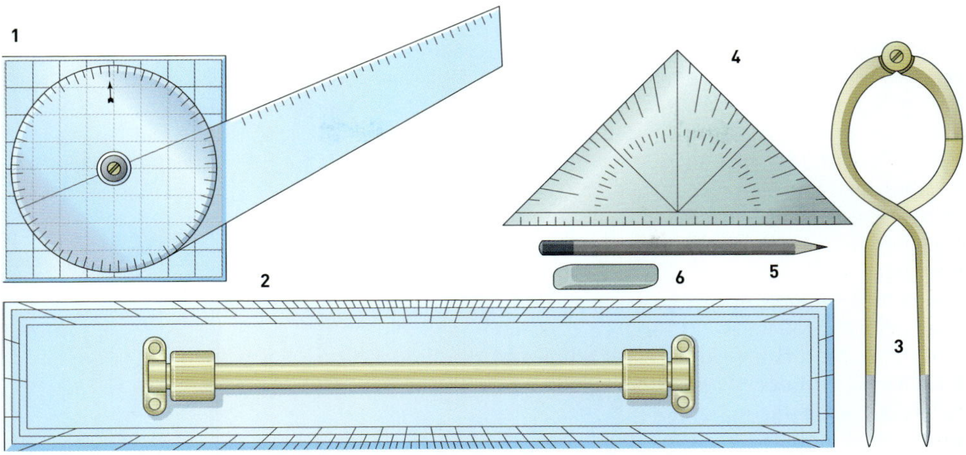

Der Kartentisch sollte mindestens 80 x 60 cm groß sein. Zur Grundausstattung für die Kartenarbeit gehören Seekarten, die auf dem neuesten Stand sind, Gezeitenstrom-Atlas/Tidenkalender, Hafenhandbuch, Leuchtfeuerverzeichnis, Logbuch und Notizblock. Eine brauchbare Auswahl an Arbeitsgeräten ist: (1) Kurslineal (Kursübertrager), (2) Parallel-Lineal, (3) Einhandzirkel, (4) Kursdreiecke, (5) weiche Bleistifte und Anspitzer, (6) Radiergummi.

Abkürzungen

In der nautischen Navigation sind die folgenden Abkürzungen üblich.

Stromaufgaben
FdW = Fahrt durchs Wasser
KdW = Kurs durchs Wasser
WdW = Weg durchs Wasser
FüG = Fahrt über Grund
KüG = Kurs über Grund
WüG = Weg über Grund
St = Strom (Richtung + Stärke)
StV = Stromversetzung

Nordrichtungen
rwN = rechtweisend Nord
mwN = missweisend Nord
MgN = Magnetkompass-Nord

Kurse
rwK = rechtweisender Kurs
mwK = missweisender Kurs
MgK = Magnetkompasskurs
KaK = Kartenkurs

Kursumwandlungen
Mw = Missweisung
Abl = Ablenkung (Deviation)
BWS = Beschickung für Wind + Strom
BW = Beschickung für Wind
BS = Beschickung für Strom
MgFw (FW) = Magnetkompass-Fehlweisung (Fehlweisung)

Peilungen
rwP = rechtweisende Peilung
mwP = missweisende Peilung
MgP = Magnetkompasspeilung

Orte
O_b = beobachteter Ort
O_k = gekoppelter Ort
O_w = wahrer Ort

Grafische Symbole für Standlinien und Positionen in der Seekarte

Standlinie: Die Pfeilspitzen geben die Richtung vom oder zum Peilobjekt an. Sie können auch entfallen.	
Koppelort (O_k): zur Kurslinie senkrechter Strich	
Koppelort (O_k): allgemeine Darstellung	
Beobachter Ort (O_b): senkrechter Strich = geografische Länge; waagerechter Strich = geografische Breite. Ein durch Peilung von zwei oder mehr bekannten Objekten ermittelter Standort.	
Standlinienkreuz: Die Pfeilspitzen geben die Richtung vom oder zum Peilobjekt an. Sie können auch entfallen.	

Die Seekarte gehört wie das Logbuch zu den Dokumenten, die im Bedarfsfall als Beweismittel dienen. Außerdem sollte jeder an Bord die Eintragungen in der Seekarte richtig lesen können. Deshalb sollten die Symbole, die bei der Navigation in die Karte eingetragen werden, eindeutig sein, und es empfiehlt sich daher, sie immer genau so zu zeichnen.

Der Karteninhalt

Stell dir vor, du würdest im Mittelpunkt eines Globusses eine Lichtquelle anbringen und die Küstenlinien auf einen um den Globus gelegten Zylinder projizieren. Der Zylinder wird dann abgerollt und bildet eine ebene Fläche. Das ist die Basis für eine Kartenprojektion.

Bei einer Seekarte liegt das Problem darin, die gewölbte Erdoberfläche auf ebenem Papier darzustellen, ohne dass der Inhalt, den ein Navigator braucht, verzerrt wird. Außer für hohe Breiten, besondere Zwecke und für Hafenpläne wird bei Seekarten die **Mercator-(Zylinder-)Projektion** angewendet, bei der jedoch die Geländeteile, die weiter vom Äquator entfernt liegen, übertrieben groß abgebildet werden. Ein Vorteil dieser Projektion liegt darin, dass jede gerade Linie auf der Karte die Längenkreise im gleichen Winkel schneidet; man nennt das winkeltreu.

Man sollte immer die Karte mit dem größten Maßstab benutzen. Je größer der Maßstab ist, desto detaillierter ist die Information; außerdem wirken sich Fehler beim Zeichnen weniger aus. Viele der Informationen, die man der Karte entnehmen kann, findet man in abgekürzter Form und in Symbolen dargestellt, die man in der *Karte 1/INT 1; Zeichen, Abkürzungen, Begriffe in deutschen Seekarten* erklärt findet. Weil sich die Betonnung, Feuer und andere Einrichtungen von Zeit zu Zeit ändern, müssen Karten ständig nach den Änderungsanweisungen in den »Nachrichten für Seefahrer«, die wöchentlich erscheinen, berichtigt werden. Das Erscheinungsdatum einer Seekarte ist auf dem Kartenrand zu finden, auch schon eingearbeitete Berichtigungen sind dort vermerkt.

Seekarten werden in Deutschland vom »Bundesamt für Seeschifffahrt und Hydrographie« (BSH) herausgegeben. Segler können die notwendigen Berichtigungen der Seekarten den »Amtlichen Veröffentlichungen für die Seeschifffahrt«, die die Kreuzer-Abteilung des Deutschen Segler-Verbandes abdruckt, entnehmen.

See- und Hafenhandbücher sowie Funkunterlagen und Revierführer findet man in reicher Auswahl in den Fachbuchabteilungen des Buchhandels und im Yachtbedarfshandel.

Die **Karte 1** sortiert die Seekartensymbole in »Allgemeines«, »Topografie«, »Hydrografie« und »Navigationshilfen«.

1 Sport-/Yachthafen, Marina
2 Turm (allg. auffällige Landmarke)
3 Leuchtfeuer Travemünde, Art der Kennung: Blitzfeuer mit Ein-

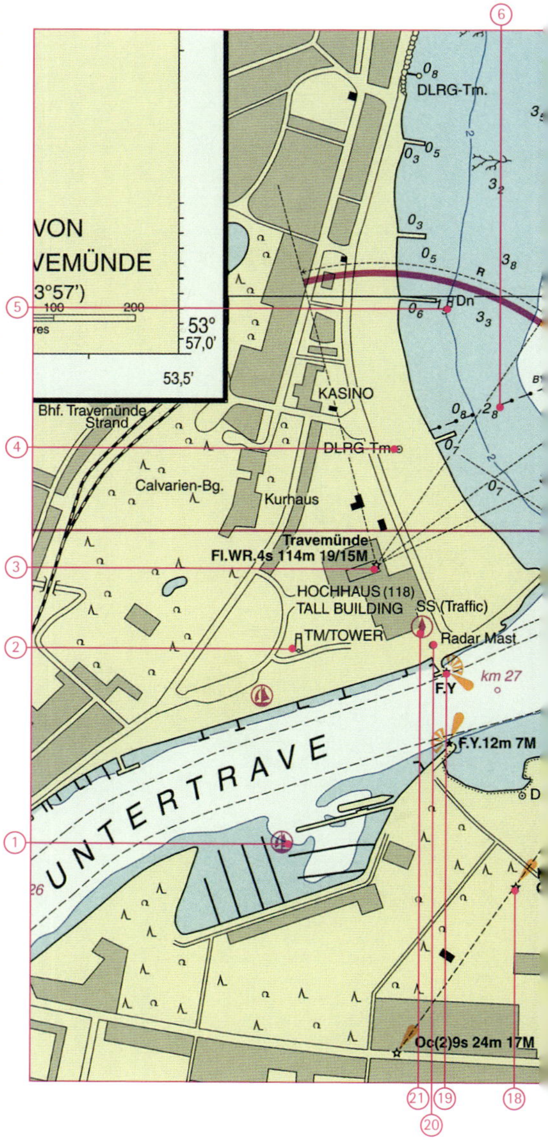

zelblitzen, Farben: Weiß, Rot, die verschiedenen Sektorenfarben darstellend, Wiederkehr: 4 s, Feuerhöhe: 114 m, Nenntragweite: Weiß 19 sm, Rot 15 sm

4 DLRG-Turm

5 Dalben

6 Unterwasserleitung

7 Bezeichnung einer allgemeinen Gefahrenstelle, Ostquadrant (auch »Gefahrentonne Ost«), Farbe: Schwarz mit gelbem Band

8 Schlick, Seegras

9 Steuerbordtonne des Hauptfahrwassers, Art der Kennung: Blitzfeuer, Farbe: Grün, Wiederkehr: 4 s, Nummer der Tonne: 3

10 Backbordtonne des Hauptfahrwassers, Art der Kennung: Blitzfeuer, Farbe: Rot, Wiederkehr: 4 s, Nummer der Tonne: 4

11 5-m-Tiefenlinie

12 Unterbrochenes Feuer mit Einzelunterbrechungen, Farben: Rot, Grün, die verschiedenen Sektorenfarben darstellend, Wiederkehr: 4 s, Feuerhöhe: 10 m, Nenntragweite: Rot 6 sm, Grün 5 sm; bei Nebel: Festfeuer, Farbe: Gelb; Nebelsuchfeuer

13 Backbordtonne des Hauptfahrwassers, unterbrochenes Feuer mit Gruppen von 2 Blitzen, Farbe: Rot, Wiederkehr: 9 s, Nummer der Tonne: 6

14 feiner Sand

15 Seetang, Seegras

16 Unterwasserklippe mit bekannter Tiefe (1,7 m)

17 Sandküste

18 Leuchtfeuer Priwall, unterbrochenes Feuer mit Gruppen von 2 Blitzen, Wiederkehr: 9 s, Feuerhöhe: 14 m, Nenntragweite: 17 sm

19 Festfeuer, Farbe: Gelb (Flutlicht)

20 Radarmast

21 Verkehrssignalstelle, Hafensignalstelle

Alle Karten dieses Buches dienen nicht der Navigation.

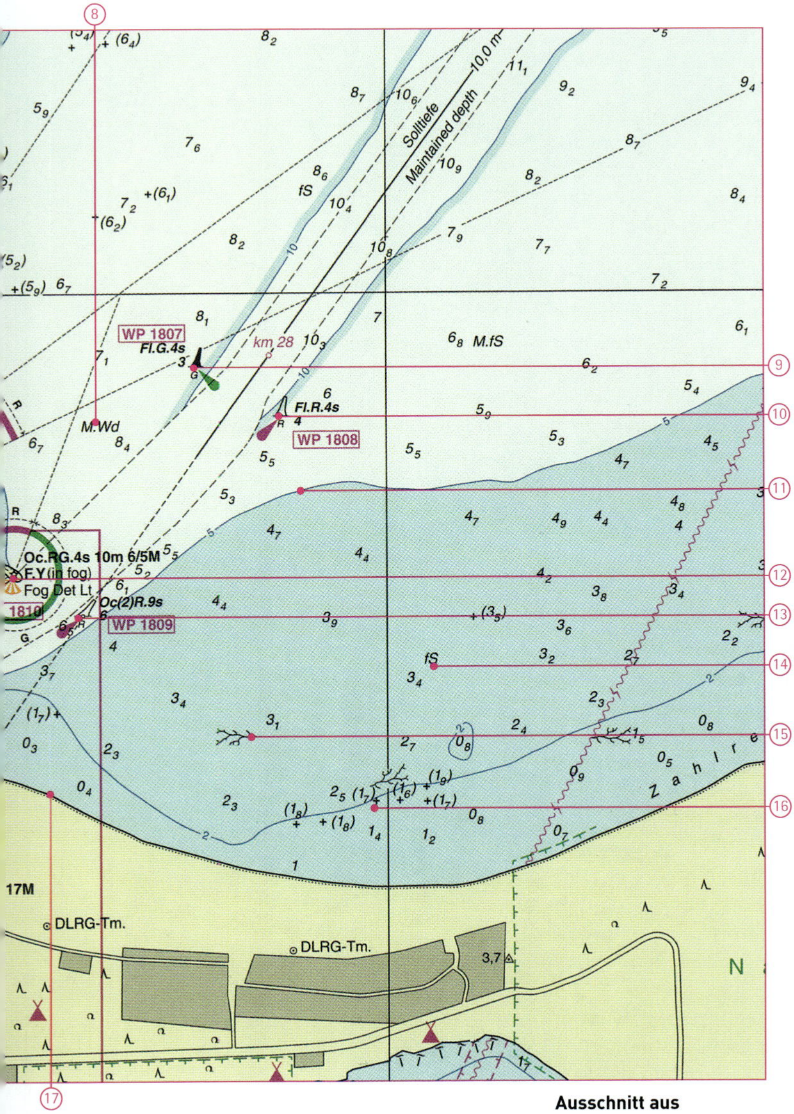

Ausschnitt aus BSH-Karte 3004, Blatt 11 »Kieler Förde und Fehmarn, Lübecker Bucht«

Messen der Wassertiefe

Unter fast allen Bedingungen ist es auf See vorteilhaft, neben anderen Werten auch die Wassertiefe zu kennen, z. B. bei einem Landfall oder zum Vermeiden einer Gefahrenstelle. Dort, wo der Meeresgrund ausgeprägte Formen hat, die auch in der Karte markant sind, kann man mithilfe einer Lotstandlinie den Schiffsort festlegen.

Echolotgeräte zeigen durchgehend die Tiefe im Bereich des Gerätes an. Ein akustisches Signal wird mit einem Geber, der in den Schiffsboden eingebaut ist, gesendet, und die Laufzeit des vom Grund reflektierten Echos wird gemessen. Die durchschnittliche Schallgeschwindigkeit im Wasser beträgt 1500 m/s. Die Tiefe kann auf mehrere Arten anzeigt werden: digital als Abbild der Bodenform, mit einer Kathodenstrahlröhre oder als Blitz auf einer kreisförmigen Anzeige.

Das Gerät misst den Abstand zwischen dem Grund und dem Geber, der üblicherweise am Schiffsboden sitzt. Den Segler interessiert diese Tiefe eigentlich nicht; was er wissen möchte, ist die Wassertiefe unter dem Kiel oder unter der Wasserlinie. Die meisten Geräte jedoch können so eingestellt werden, dass sie die Tiefe unter dem Kiel oder der Wasseroberfläche anzeigen. Der Rudergänger muss deshalb wissen, wie das Gerät eingestellt ist und wie groß der Tiefgang des Bootes ist.

Da meistens die Wassertiefe unter dem Kiel eingestellt ist, muss der Rudergänger besonders in flachen Gewässern ständig prüfen, ob das Wasser genügend tief ist.

Die Kenntnis der Wassertiefe ist auch nützlich, um die gemessenen Wassertiefen mit denen in der Karte zu vergleichen; in Tidengewässern wird dazu die Höhe der Tide vom gemessenen Wert abgezogen, denn in der Karte sind die Tiefen bei Niedrigwasser angegeben. Am besten eignen sich für den Segler Geräte mit einer grafischen Darstellung des Grundes, sogenannte Fischfinder.

In sehr kaltem und wenig salzhaltigem Wasser breitet sich der Schall langsamer aus, es wird also eine größere als die tatsächliche Tiefe angezeigt.

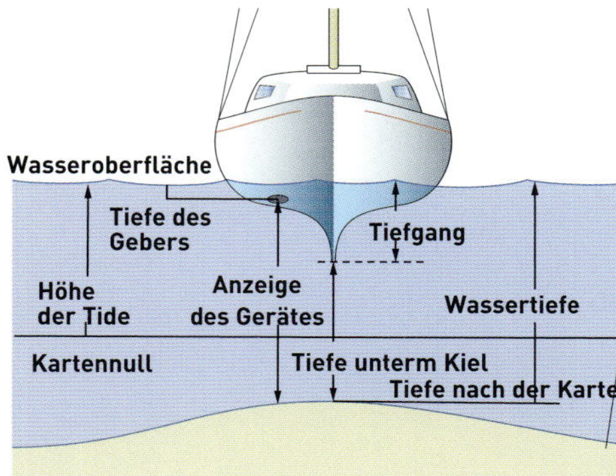

Die **Wassertiefe in der Karte** wird in Metern unter Kartennull (CD = Chart Datum) – üblicherweise der niedrigste zu erwartende Wasserstand (LAT = Lowest Astronomical Tide) – angegeben. Um die Wassertiefe unter dem Kiel zu erhalten, addiere die Einbautiefe des Gebers zur Anzeige des Echolots (falls nicht eingestellt) und zieh den Tiefgang des Bootes ab. Zum Vergleich mit der Karte rechne die Höhe der Tide hinzu und zieh den Tiefgang des Bootes ab.

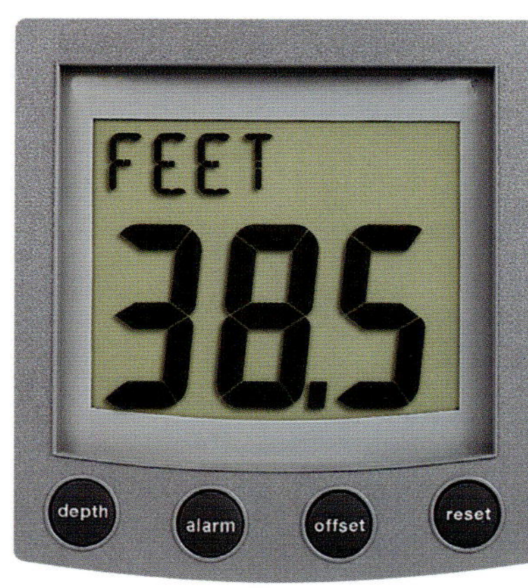

Die **Anzeige neuerer Echolote** geben Wassertiefen bis zu 200 m, 100 Faden oder 600 Fuß auf einem uhrähnlichen oder digitalen Instrument an. Das Problem der Wetterfestigkeit ist durch eine Tochteranzeige im Cockpit gelöst; das erlaubt, das eigentliche Gerät geschützt einzubauen. Das Einstellen eines Alarms für Tiefen bis zu 16 m ist bei schlechter Sicht, flachem Wasser und beim Ankern sehr hilfreich.

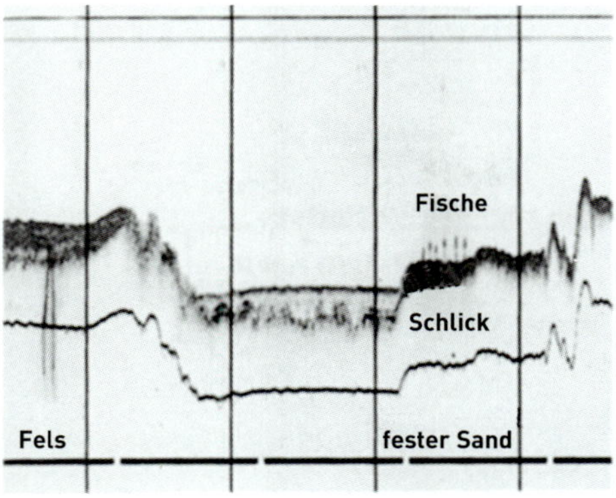

Anders als bei digitaler Anzeige werden bei sogenannten **Fischfindern** die Konturen des Grundes permanent mit einem Stift auf einem Papierstreifen oder auf einem Bildschirm aufgezeichnet. So erhält man genaue Informationen über den Meeresboden und kann Fels, Sand oder Schlick erkennen; Fischschwärme geben ein schwächeres Echo.

Borddurchlass

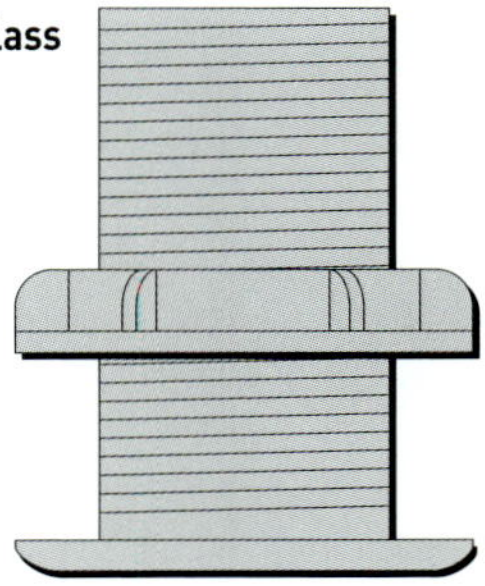

Ein **Echolotgeber** am Schiffsrumpf sendet das Schallsignal; er kann außen am Rumpf in einem Borddurchlass montiert sein oder, bei GFK-Rümpfen, durch die Schale senden, so wird ein Durchbruch im Rumpf vermieden. Die meisten Geräte senden in einem Winkel von 45°, deshalb kann bei einer Krängung von mehr als 22° das Signal den Boden nicht mehr erreichen. Das führt zu falschen Anzeigen. Bei Yachten, die größere Krängung erreichen, können doppelte Geräte eingebaut werden, eines für jede Seite, mit einem automatischen Schwerpunktschalter ist immer der richtige Geber eingeschaltet. Die Geber sollten vor dem Kiel in wenig turbulentem Wasser angebaut werden. Sind sie zu dicht am Kiel, kann der Schall abgeschirmt sein. Denk daran, ggf. den Unterschied zwischen Geber und Kielunterkante einzurechnen.

Tiefenmarkierung

Traditionell wird die Wassertiefe mit einem Handlot, einer Leine mit einem Bleigewicht, gemessen, an dem unten noch Talg, die »Lotspeise«, angebracht werden kann, um Bodenproben zu nehmen. Das Handlot wird immer noch häufig benutzt. Die traditionelle Art der Markierungen an der Leine stammt zwar von der britischen Marine, ist jedoch metrisch.

Meter	Markierung
1, 11, 21	1 Lederstreifen
2, 12, 22	2 Lederstreifen
3, 13, 23	blaues Band
4, 14, 24	grün-weißes Band
5, 15, 25	weißes Band
6, 16, 26	grünes Band
7, 17, 27	rotes Band
8, 18, 28	blau-weißes Band
9, 19, 29	rot-weißes Band
10	Leder mit einem Loch
20	Leder mit 2 Löchern
0,2	Ein Stück Angelschnur

Heute haben Lotleinen oft Markierungen, die alle 10 m eine andere Farbe aufweisen.

Lotstandlinie mit dem Echolot

Im Nebel oder vor einer flachen Küste kann ein Echolot für die Bestätigung oder Bestimmung eines Standortes durch eine Lotstandlinie sehr hilfreich sein. Wähle eine Tiefenlinie, wie unten gezeigt, aus der Karte, fahr auf ihr entlang und beobachte fortlaufend die Tiefenanzeige, nachdem du dich überzeugt hast, dass dort keine Hindernisse zu erwarten sind. Tiefenangaben sind jedoch oft schwierig zu interpretieren und sollten deshalb mit Vorsicht gebraucht werden.

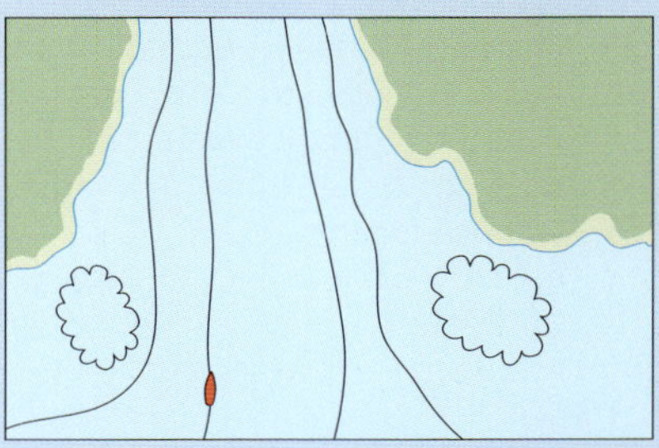

Gezeiten berechnen

Die Gezeiten auf den Meeren der Erde werden durch den Mond und, wenn auch weit weniger, durch die in viel größerer Entfernung stehende Sonne verursacht. Der Weg der Gezeitenwelle, mit der das Tidenhochwasser um den Globus läuft, wird durch die Rotation der Erde hervorgerufen.

Das strömende Wasser selbst wird als Gezeiten- oder Tidenstrom bezeichnet und die Veränderung der Wasserhöhe als Tide. Ein Tidentag entspricht der Erddrehung in Bezug auf den Mond. Er dauert etwa 24 Stunden und 50 Minuten. Die Tidentage lassen sich in drei Kategorien einteilen: solche mit je zwei Hoch- und zwei Niedrigwassern, solche mit je einem Hoch- und einem Niedrigwasser und schließlich gemischte Tage, an denen z. B. ein Hochwasser und zwei Niedrigwasser auftreten.

Das Interesse der Seeleute bezieht sich darauf, was für ein Wasserstand an einem bestimmten Ort zu einer bestimmten Zeit auftritt und welche Tidenströme zu erwarten sind. Gezeitentafeln geben die Zeiten und Wasserhöhen über Kartennull für ausgewählte Küstenorte an sowie die Zeitunterschiede für die weniger wichtigen Anschlussorte. Aus ihnen lassen sich auch die Wasserhöhen für Zwischenzeiten entnehmen.

Gezeitenströme – Erscheinungen, die an der Küste durch die Gezeiten hervorgerufen werden – ändern normalerweise alle sechs Stunden ihre Richtung. Diese Richtung und die Stärke bei Spring- und Nipptiden findet man im Gezeitenstrom-Atlas, mit dessen Hilfe man auch die Werte für die Zwischenzeiten interpolieren kann. Manche Tidenströme sind auch in den Seekarten dargestellt.

Wetterlagen können auf Tidenhöhen und Strömungsstärken erheblichen Einfluss haben. Ein anhaltender auflandiger Wind erhöht das Hochwasser, ein ablandiger senkt es, die Strömungen ändern sich entsprechend. Sehr hoher Luftdruck lässt das Wasser weniger hoch steigen.

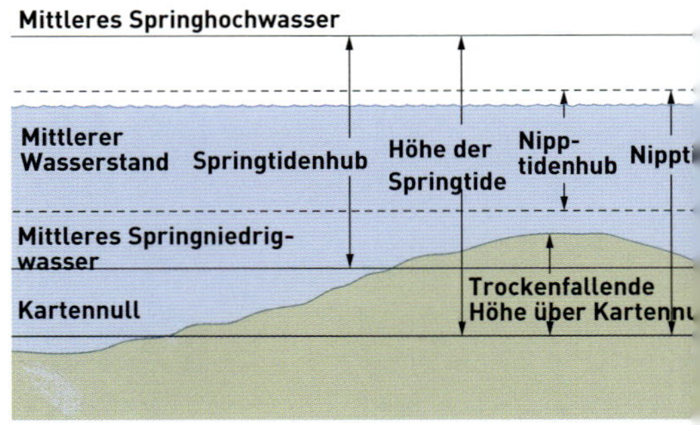

Auf den heutigen Seekarten ist die Wassertiefe unter und die Höhe des Trockenfallens über Kartennull in m angegeben. Kartennull ist fast immer der niedrigste zu erwartende Wasserstand (LAT). Die Höhe der Gezeit ist der Unterschied zwischen Kartennull und dem Wasserstand und der Tidenhub der Unterschied zwischen Niedrigwasser und Hochwasser. Er ist bei Springzeit (zwei Tage nach Voll- oder Neumond) am größten, wenn Sonne und Mond hintereinander- oder sich gegenüberstehen und so in der gleichen Richtung wirken. Bilden Sonne und Mond einen rechten Winkel zueinander, ist die Anziehungskraft und damit die Gezeit am niedrigsten. Das mittlere Springhoch-

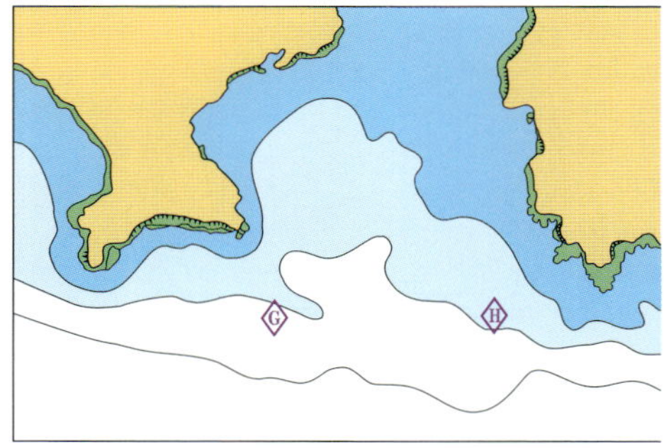

Magentafarbene Rhomben markieren Stellen, für die es Werte für den Gezeitenstrom gibt. Am Kartenrand ist jeweils der Strom sechs Stunden vor und nach Hochwasser für Spring- und Nippzeit angegeben.

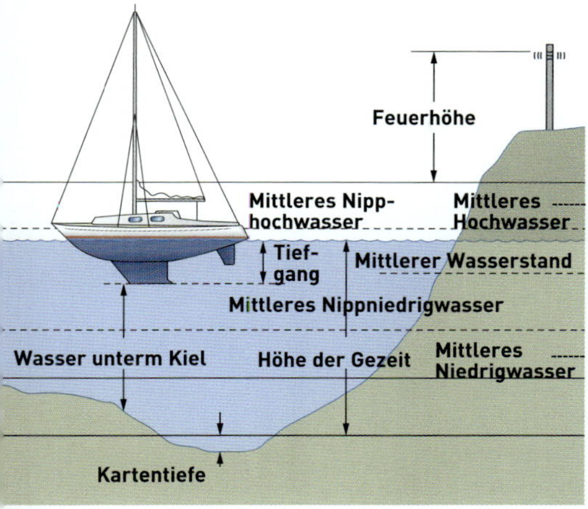

wasser ist die durchschnittliche Wasserhöhe aller Springzeiten und das mittlere Springniedrigwasser die durchschnittliche Wasserhöhe aller Springniedrigwasser eines Jahres. (Das alles gilt nicht für US-Karten!). Die Wasserhöhen der Nippzeit liegen innerhalb derer der Springzeit. Die Höhe des Trockenfallens der Gebiete, die bei Hochwasser unter und bei Niedrigwasser über dem Wasserstand liegen, ist ebenfalls auf Kartennull bezogen; die volle Meterzahl ist dort in der Karte unterstrichen, um sie von der Wassertiefe unterscheiden zu können.

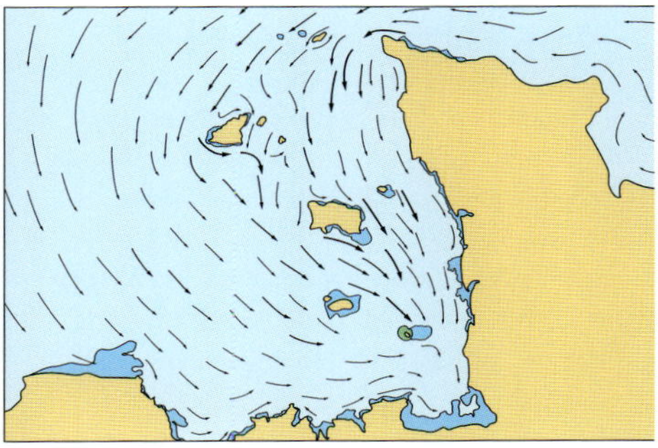

Im **Gezeitenstrom-Atlas** findet man Stromrichtung und -stärke in kn von Seegebieten. Zifferpaare wie z. B. 10.24 bezeichnen die Stromgeschwindigkeiten für Spring- oder Nippzeit. Pro Bezugsort gibt es 13 Karten, je eine für die sechs Stunden vor und nach Hochwasser plus die fürs Hochwasser selbst.

Berechnung der Gezeiten
Um die Höhe der Gezeit für einen bestimmten Ort zu finden, schau in den Gezeitenkalender, um das am kürzesten zurückliegende Hoch- oder Niedrigwasser und die Höhe des am nächsten liegenden Bezugsortes zu entnehmen. Berechne den Tidenhub, indem du die Höhe bei Niedrigwasser von der bei Hochwasser abziehst. Stell fest, wie groß der Zeitunterschied zwischen der Zeit des nächsten Hochwassers und der Zeit, für die du die Berechnung machst, ist und ob das vor oder nach Hochwasser ist. Geh nun in die Tidenkurven für den Bezugsort und mit dem festgestellten Zeitunterschied in die entsprechende Kurve. Lies den Wert ab, wo der Zeitunterschied die Kurve schneidet. Multipliziere dann deinen Tidenhub mit dem so gefundenen Faktor, um auf die Höhe der Tide über Niedrigwasser zu kommen. Addiere das zu der Niedrigwasserhöhe (die du schon der Karte entnommen hast), um die Wasserhöhe über Kartennull für den Zeitpunkt der Berechnung zu erhalten. Bevor du Gezeitenwerte abliest, berücksichtige die Zeit, für die die Tabellen aufgestellt sind. Für deutsche Unterlagen gilt immer die gesetzliche Zeit.

Die Zwölftelregel, die hier beschrieben wird, gibt einen Anhalt für den Wasserstand in einer Sechs-Stunden-Tide.
Das Wasser steigt oder fällt in der
1. Stunde – 1/12 der Höhe (10 %)
2. Stunde – 2/12 der Höhe (15 %)
3. Stunde – 3/12 der Höhe (25 %)
4. Stunde – 3/12 der Höhe (25 %)
5. Stunde – 2/12 der Höhe (15 %)
6. Stunde – 1/12 der Höhe (10 %)

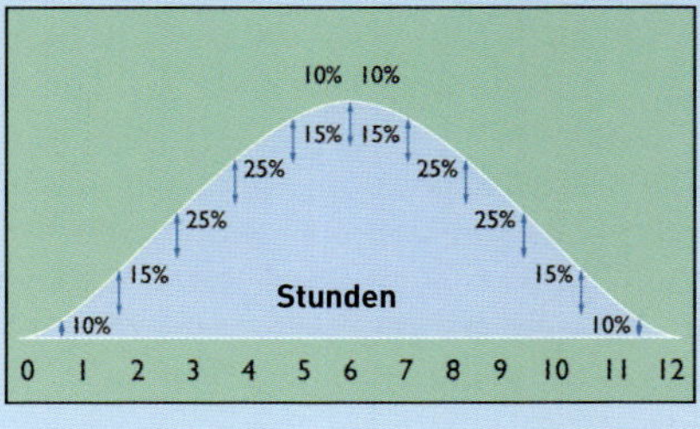

Distanzen

Die Schwierigkeit beim Messen der zurückgelegten Strecke auf See ist, dass das Medium, in dem ein Boot fährt, nicht fest mit der Erdoberfläche verbunden ist, sondern sich selbst bewegt. Die Distanz über Grund kann nur zwischen zwei Schiffsorten in der Karte direkt abgelesen werden, ansonsten muss man sie aus der Fahrt durchs Wasser oder aus dem Weg durchs Wasser errechnen.

Ein Log ist ein Gerät, mit dem die Fahrt oder der Weg durchs Wasser gemessen wird. Bei einem Schlepplog wird ein Propeller hinter einem Fahrzeug geschleppt, der durch das Wasser gedreht wird. Die gelaufene Strecke wird einfach aus der Zahl der Umdrehungen in Seemeilen und Zehntelseemeilen auf einer Uhr an Bord angezeigt. Trotz der modernen elektronischen Geräte ist das eine sehr genaue Messmethode.

Auch bei einem elektronischen Log wird die Drehzahl eines kleinen Impellers, der aus dem Rumpf ragt, genutzt, um einen elektrischen Strom zu erzeugen, dessen Frequenz direkt proportional der Fahrt durchs Wasser entspricht. Solche Geräte sind sehr empfindlich und werden häufig mit anderen Sensoren verbunden, die die Segelleistungen anzeigen.

Bei einem Pitot-Rohr ragt ein Rohrende aus dem Boot und misst den Staudruck im möglichst strömungsfreien Wasser. Aus dem Druck wird die Fahrt gemessen und daraus die gelaufene Strecke. Das Pitot-Rohr gilt bei niedriger Fahrt als recht unzuverlässig.

Eine weitere Möglichkeit, die Fahrt mithilfe des Staudrucks anzuzeigen, ist ein ins Wasser ragender Stift, der den Staudruck misst. Auf manchen Yachten wird er noch heute benutzt.

Die elektromagnetische Fahrtmessanlage, die in einem Gehäuse unter dem Rumpf sitzt, nutzt das Prinzip magnetischer Induktion, mit dem die Bewegung des Magnetfeldes gemessen wird, wenn sich das Schiff durchs Wasser bewegt. Sie ist über alle Geschwindigkeiten extrem genau, kann jedoch von Verwirbelungen gestört werden.

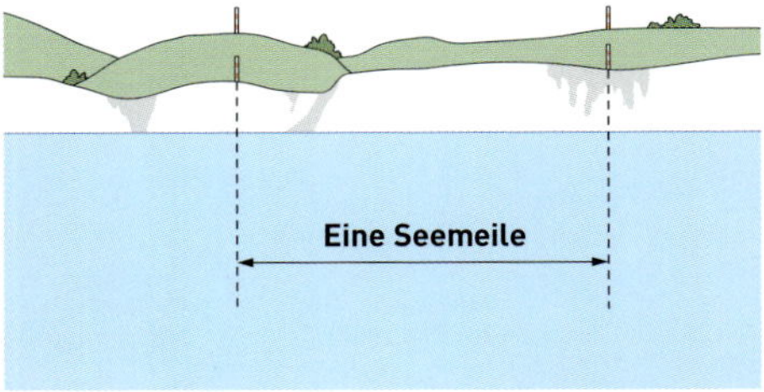

Ein Log kann auf einer »Messmeile« mit einer Uhr überprüft und kalibriert werden. Solche Messmeilen findet man an bestimmten Küsten. Beginn und Ende dieser Messstrecke sind so markiert, dass man sie mit einer Deckpeilung genau bestimmen kann. Man macht mehrere Messfahrten in beiden Richtungen unter Maschine und mit möglichst gleichmäßiger Geschwindigkeit. Die Deckpeilungen sollten möglichst exakt querab liegen, damit die Messung genau wird. Wichtig ist auch die Stelle an Bord, an der elektronische Geräte angebaut sind. Echolotgeber und Logimpeller sollten in der Bootsmitte sein, jedoch, um nicht von Turbulenzen gestört zu werden, vor dem Kiel. Man sollte auch vermeiden, unterschiedliche Metalle unter der Wasseroberfläche zu benutzen.

Handlog

Ein an der Rundung mit Blei beschwertes Stück Sperrholz von etwa 18 cm Kantenlänge (⅙ Kreis) bildet das »Logscheit«. An der oberen Ecke wird die Leine angebracht, an den beiden anderen ein Hahnepot. Die Leine sollte 61 m lang sein und, beginnend ab 9 m, alle 8 m einen Knoten haben. Man wirft das Logscheit über Bord und misst mit einer Stoppuhr, wie viele Knoten in 15 Sekunden durch die Hand laufen, um die Fahrt des Bootes zu messen. Ein Knoten in 15 s = 1 kn Fahrt. Daher stammt auch die Maßeinheit »Knoten« für Fahrt.

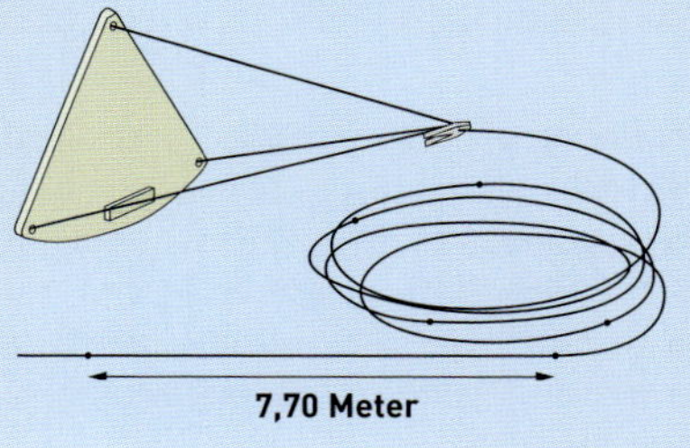

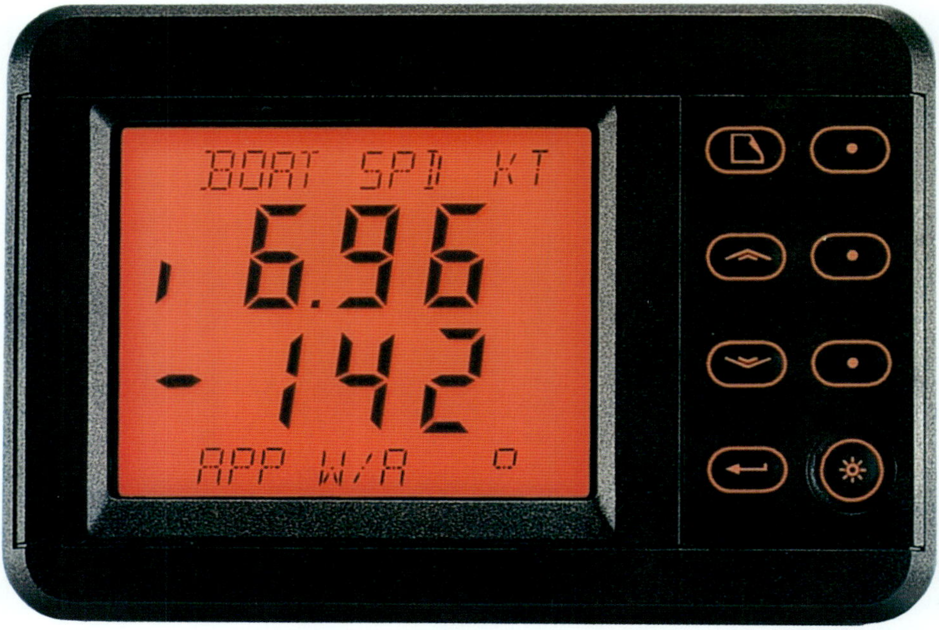

Auf Yachten findet man immer häufiger elektronische Anzeigen im Cockpit und unter Deck. Mindestens die Bootsgeschwindigkeit, die Wassertiefe sowie die Windgeschwindigkeit und -richtung werden angezeigt. Viele Instrumente geben darüber hinaus noch weitere Daten an: Fahrt über Grund, Durchschnittsgeschwindigkeit, Weg nach Luv, Wassertemperatur und, wenn ein GPS-Gerät angeschlossen ist, auch noch Distanz und Zeit zum nächsten Wegpunkt. Das hier abgebildete Gerät zeigt die Bootsgeschwindigkeit und darunter den Windeinfallwinkel.

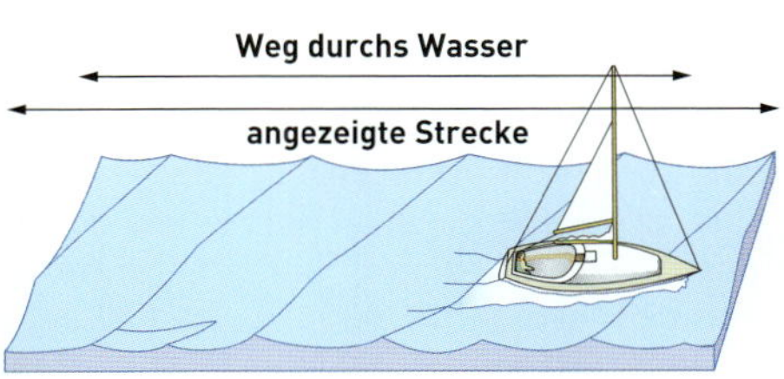

Die Anzeigen des Logs sind vom Seegang und von der Bootsgeschwindigkeit abhängig. Oft wird bei geringer Fahrt zu wenig und in rauer See zu viel angezeigt. Auch ein unstabiler Kurs führt zu einer höheren Anzeige. Weil auf einem Boot das Log immer nur die Fahrt durchs Wasser angibt, muss man die Einflüsse von Strömungen einrechnen, um auf die Fahrt über Grund zu kommen.

Checkliste fürs Messen der Strecke

1 Wenn dir die Anzeige fehlerhaft erscheint, überprüfe, ob der Propeller, der Impeller, der Rotor und das Pitot-Rohr frei von Kraut sind. Überprüfe auch den Stromanschluss.

2 1,8 km/h sind 1 kn, das heißt eine Seemeile pro Stunde. Geschwindigkeit in Knoten = Distanz in Seemeilen geteilt durch Anzahl der Stunden. Zeit in Stunden = Distanz geteilt durch Geschwindigkeit. Distanz = Geschwindigkeit mal Anzahl der Stunden.

3 Für das Relingslog braucht man kein Gerät, man erhält jedoch einen recht guten Wert für die Fahrt. Wirf irgendetwas, das schwimmt, vom Bug aus so nach vorn ins Wasser, dass es mindestens einen Meter am Boot vorbeitreibt, und starte deine Stoppuhr, wenn der Gegenstand genau in Höhe des Bugs ist; halte die Zeit an, wenn er am Heck querab ist.

4 Teile die Länge des Bootes in m durch 2: So viele 50-cm-Abschnitte hat das Boot. Jeder dieser Abschnitte entspricht der Strecke, die in 1 s zurückgelegt wird, wenn das Boot 1 kn Fahrt macht.

Anwendung von Radar

Größe und Gewicht heutiger Radargeräte lassen deren Gebrauch auf Booten ab 7,5 m Lüa (Länge über alles) zu. Sie können bei Tag und bei Nacht, besonders bei Nebel eingesetzt werden, sowohl zur Navigation wie auch als Warngerät zum Vermeiden von Kollisionen. Mit ihnen lässt sich die Entfernung zu einem Objekt feststellen, indem die Zeit eines Funksignals vom Senden bis zur Rückkehr des Echos gemessen wird.

Die Peilung zu einem Objekt wird durch die Richtung der Antenne bestimmt, und sie wird auf einer Karte auf dem Bildschirm abgebildet. Der Bildschirm ist eine Kathodenröhre (PPI = Plan Position Indicator), die üblicherweise am Kartentisch eingebaut ist. Auf den meisten Yachten ist der PPI entweder so eingerichtet, dass das Boot im Mittelpunkt steht und Nord oben ist (»North up«), oder so, dass es möglich ist, zwischen »Nord oben« und »voraus oben« (»Head up«) umzuschalten. In der »voraus oben«-Stellung scheinen feste Objekte wie Tonnen und ankernde Schiffe auf das eigene Boot zuzutreiben. Auf größeren Schiffen mit Kreiselkompassen ist auf mindestens einem Schirm die Darstellung so, dass das Schiff sich auf dem Schirm bewegt und feste Objekte an Ort und Stelle bleiben.

Das besondere Ziel des Einsatzes von Radar auf See ist das Verhüten von Kollisionen. Das ist keinesfalls einfach, weil alle Objekte auf dem PPI sich relativ zueinander bewegen. Wichtig ist es, die Bewegungen beider Schiffe zu erkennen. Bei modernen Geräten hilft die Darstellung bis zu einem gewissen Grad, aber wenn das Gerät es nicht für dich tut, solltest du mit der Methode des »Radarplottens«, mit der der Punkt der dichtesten Annäherung festgestellt wird, gut umgehen können. Die Kollisionsverhütungsregeln (KVR, s. S. 124/125) sollten auch in Bezug auf Radar bekannt sein und befolgt werden.

Der einfachste Gebrauch der Radarinformation ist der Vergleich mit der Karte. Die Küstenlinien sind jedoch nur schwer zu interpretieren, weil die Echos von Objekten an Land sich sehr von denen auf dem Wasser unterscheiden können. Mithilfe von Radar kann man einen Schiffsort erhalten, indem man entweder die Entfernungen zu zwei oder drei bekannten Objekten nimmt

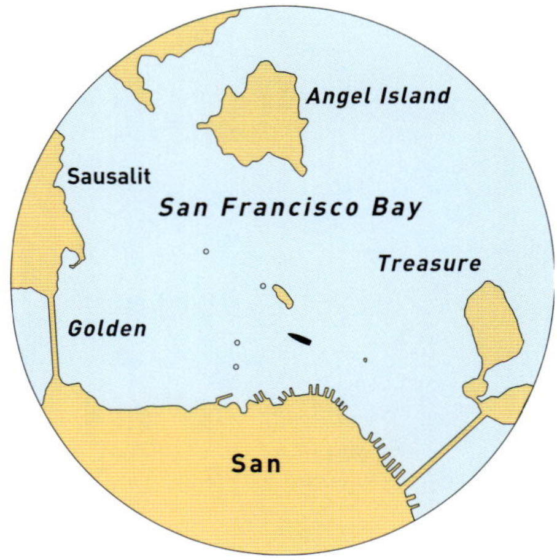

Feste Objekte wie Schiffe, Tonnen und Baken an Land werden als helle Flecken auf dem Schirm abgebildet, Wasserflächen sind dunkel. Vergleiche diese Karte mit der Abbildung auf der anderen Seite. Hohe Klippen und auch ferne Berge können sichtbar werden, bevor ein Fischerboot oder ein flacher Strand auftaucht. Wähle deshalb deutlich erkennbare Objekte als Marken für die Küstennavigation. Denk dran, dass Objekte unter Wasser auf dem Schirm nicht sichtbar werden!

oder die Peilungen zu zwei Objekten plus eine Entfernung oder natürlich die Peilung und die Entfernung zu einem Objekt.

Bei einigen Radargeräten kann man GPS-Geräte (s. S. 126–127) anschließen und dann die Vorteile nutzen, die diese elektronische Verbindung für Peilung und Entfernung bietet. So kann man z. B. einen Wegpunkt oder ein auffallendes Objekt auf dem Radarschirm markieren. In diesem Fall muss das Radargerät außerdem noch mit einem Kreisel- oder Fluxgate-Kompass verbunden sein.

Radartransponder, Racon (Radar-Beacon = Radarbake) genannt, werden gebraucht, um die Echocharakteristik einiger Seezeichen oder Landmarken wie Leuchttürme zu verstärken; sie sind in der Karte vermerkt. Weil es dabei aber geringe Verzögerungen beim Echo gibt, ist die Entfernung einer Radarantwortbake nicht ganz genau zu messen. Racons dienen in erster Linie der Identifizierung, ihre Reichweite beträgt ungefähr 10 sm.

Um deinen Schiffsort mit Radar zu bestimmen, vergleiche das Radarbild mit der entsprechenden Karte. Tonnen, die einen Schifffahrtsweg markieren, tragen oft einen Radarreflektor und sind auf Schirm und Karte gleich gut erkennbar. Ständig selbsttätig sendende Radarbaken sind als »Ramark« in die Karte eingezeichnet, auf dem Radarschirm erscheinen sie als Linien. Schiffe, Inseln usw. erscheinen oft größer, als sie sind, und eine Hafeneinfahrt ist erst auf sehr kurze Entfernung auszumachen. Schau auch wegen der Unterwasserhindernisse öfter in die Karte!

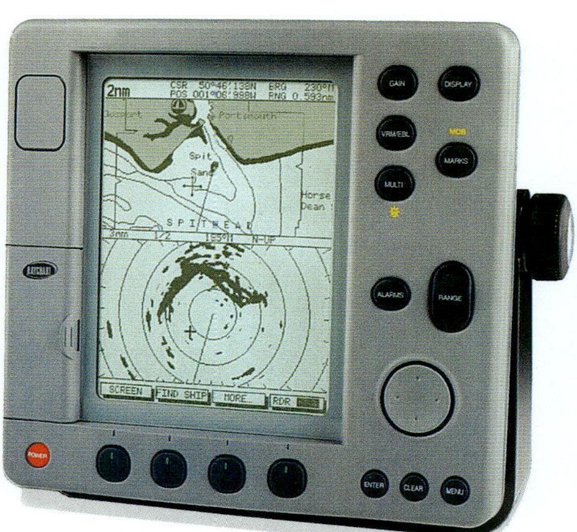

Geräte, die gleichzeitig Radarbild und Karte zeigen, machen die Interpretation des Radarbildes einfacher und verlässlicher. Die Anzeigepfeile (Cursor) sind auf beiden Teilanzeigen verbunden und zeigen das gleiche Objekt.

Radarreflektoren

Um andere Fahrzeuge auf das eigene aufmerksam zu machen, braucht ein Boot gute Radarreflektoren, die die Radarechos verstärken. Solch ein Reflektor arbeitet wie ein Prisma, das aus mehreren rechtwinklig aufeinanderstehenden Blechen besteht, in deren Ecken die Funksignale mit verhältnismäßig geringem Verlust zurückgeworfen werden. Reflektoren müssen genau und widerstandsfähig gebaut sein, die Diagonale der Öffnungen muss mindestens 45 cm groß sein.

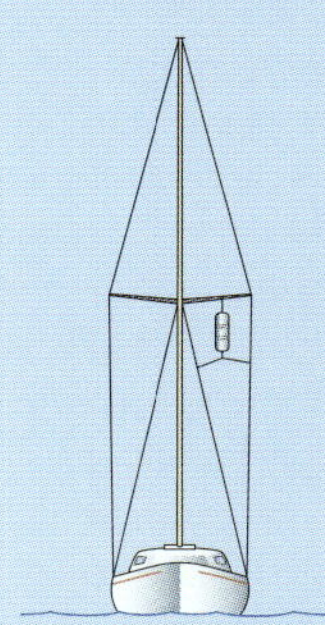

Bring den Reflektor mindestens 5 m über der Wasseroberfläche an. Montiere ihn mit Haltern im Masttopp, auf den Salingen oder am Achterstag, wenn er dauernd gesetzt sein soll; soll er nur gesetzt sein, wenn er gebraucht wird, kann er an einer Flaggleine unter die Saling oder am Achterstag hochgezogen werden.

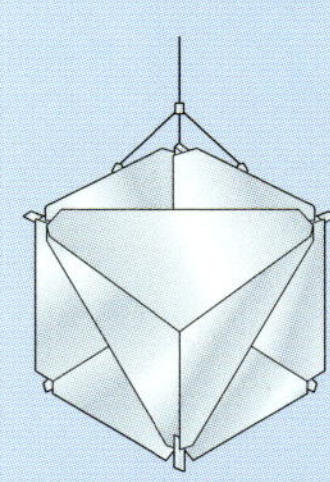

Der **Reflektor in Oktaederform** muss so gesetzt werden, dass es aussieht, als solle er Regen auffangen. Die Spitze soll nicht nach oben zeigen! Solch ein Reflektor ist preiswert und leicht zu verstauen, er verliert jedoch Wirkung, wenn das Boot krängt.

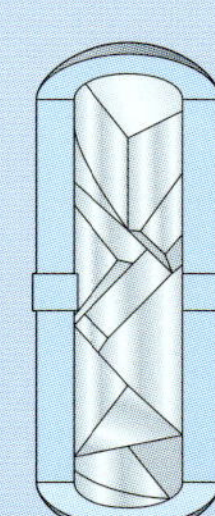

Verkleidete Reflektoren wie der Echomax verfügen über große reflektierende Flächen und vertragen größere Krängungswinkel ohne nennenswerten Leistungsverlust. Sie wiegen wenig und sind geschützt in Plastikbehälter eingebaut.

Das Betonnungssystem

Auf der ganzen Welt gelten je nach Region die beiden Betonnungssysteme A oder B, die von der IALA (International Association of Lighthouse Authorities) festgelegt wurden. Innerhalb der Systeme sind alle Seezeichen gleich. Die Farbe Rot wird jedoch in der Region A für die Fahrwasserbegrenzung der Backbordseite (einlaufend links) und Grün für die Steuerbordseite genutzt; in der Region B ist es umgekehrt. Zur Region B gehören die USA, Mittel- und Südamerika, Japan und die Philippinen. Die Region A ist der Rest der Welt. Es gibt fünf Arten von Seezeichen: laterale Zeichen (Seitenbezeichnung), kardinale Zeichen (Richtungsbezeichnung), Mitte-Fahrwasser-Zeichen, Einzelgefahr-Zeichen und Sonderzeichen. Bei Tag erkennt man sie an der Farbe, an der Form und am Toppzeichen; bei Nacht an der Farbe und der Kennung der Befeuerung. Laterale Seezeichen markieren die seitlichen Begrenzungen eines Fahrwas-

Kardinale Seezeichen (4) sind schwarz und gelb, sie haben schwarze dreieckige Toppzeichen, an denen zu erkennen ist, an welcher Seite sie sicher passiert werden können. Bei Nordtonnen (5) (die nördlich der Untiefe liegen und nördlich passiert werden können) zeigen beide Dreiecke nach oben, bei Südtonnen (6) beide nach unten, bei Westtonnen (7) das obere nach unten, das untere nach oben und bei Osttonnen (8) das obere nach oben und das untere nach unten. Sind sie befeuert, zeigen sie Funkelfeuer oder schnelles Funkelfeuer in Weiß. Nord: ununterbrochen, Ost: Gruppe von 3 Funkeln, Süd: Gruppe 6 Funkel + 1 x Blink, West: Gruppe 9 Funkel.

Die **Backbord-Lateralzeichen** sind rote, zylinderförmige Tonnen (1) oder Stangen mit Zylinder-Toppzeichen (2), die **Steuerbord-Lateralzeichen** sind grüne, kegelförmige Tonnen (3) oder Stangen mit spitzem Toppzeichen. Ihre Kennung ist beliebig (außer Blitzfeuer mit Gruppe (2+1)).

Einzelgefahr-Zeichen (9) sind rot-schwarz gestreift und tragen zwei Bälle übereinander als Toppzeichen. Sie können an beiden Seiten passiert werden. Nachts zeigen sie Gruppen von 2 Blitzen.

Mitte-Fahrwasser-Zeichen (10) sind rot-weiß gestreift und tragen ein rundes Toppzeichen. Nachts zeigen sie unterbrochenes, Gleichtakt- oder Blinkfeuer in Weiß. Nicht in die Karte aufgenommene Gefahrenstellen sind mit Kardinal- oder Lateralzeichen markiert.

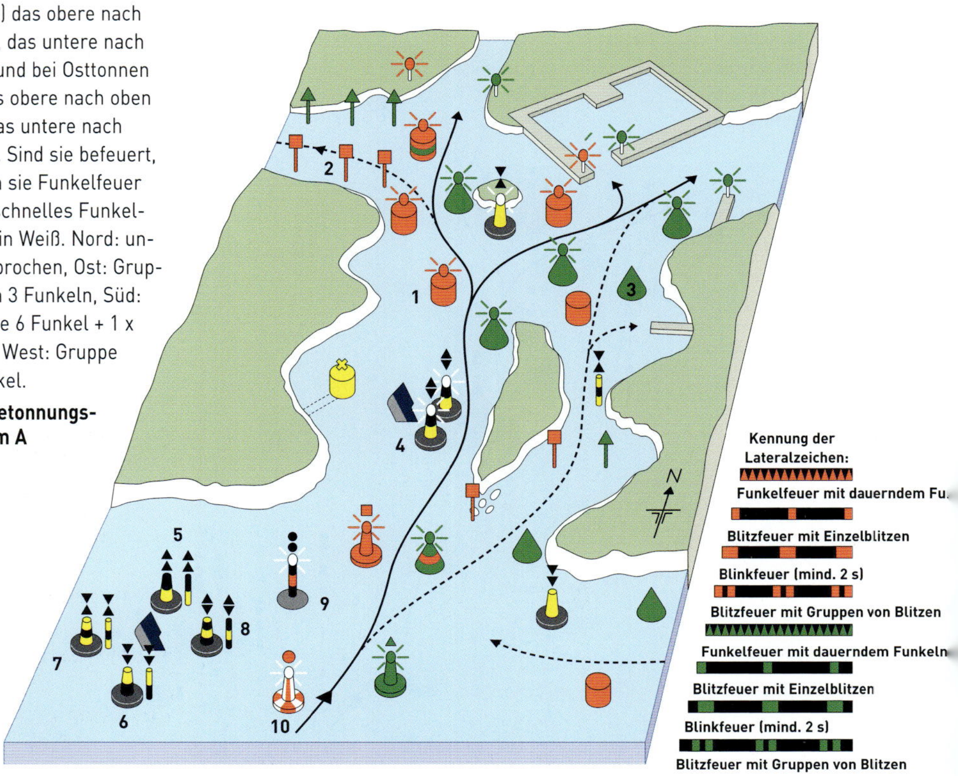

Das Betonnungssystem A

sers. Kardinalzeichen dienen allgemein dazu, auf flaches Wasser aufmerksam zu machen; ihr Anstrich und ihre Toppzeichen zeigen an, an welcher Seite sie passiert werden können.

Einzelgefahr-Zeichen stehen über einzelnen Klippen, Felsen oder Wracks, die von schiffbarem Wasser umgeben sind. Mitte-Fahrwasser-Zeichen zeigen schiffbares Wasser an. Sonderzeichen markieren militärisch genutzte Gewässer, Badestellen, Schüttstellen, Geräte oder Pipelines.

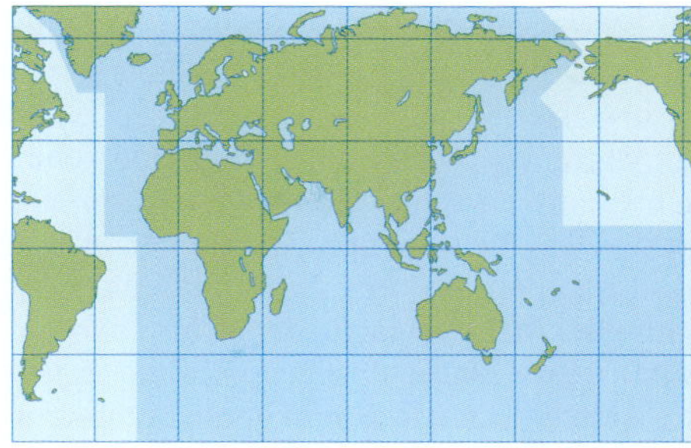

Betonnungssystem A
Betonnungssystem B

In den USA, Teilen von Mittel- und Südamerika und Japan gilt das **Betonnungssystem B**. Die Seezeichen in den Regionen A und B sind fast gleich, außer dass in der Region B die rote Farbe die Steuerbordseite des Fahrwassers (einlaufend rechts) und die grüne Farbe die Backbordseite markieren.

Die **Bezeichnungen** der Fahrwasserzeichen in Region A wird so vorgenommen, dass alle ungeraden Zahlen für Steuerbordtonnen und alle geraden Zahlen für Backbordtonnen benutzt werden. Für die Kennung der Feuer gilt das Gleiche: Gruppen mit ungeraden Zahlen für Steuerbord und Gruppen mit geraden Zahlen für Backbord, die Farben des Feuers entsprechen denen der Zeichen.

An einem **Hauptfahrwasser** sind dort, wo ein **Nebenfahrwasser** einmündet, abgewandelte Zeichen ausgelegt. An der Steuerbordseite des Hauptfahrwassers tragen die grünen Seezeichen einen roten Streifen (12), an der Backbordseite tragen die roten Seezeichen einen grünen Streifen (11).

Sonderzeichen sind in beiden Regionen gelb (13). Manche haben ein gelbes Toppzeichen in Form eines liegenden Kreuzes. Sie bezeichnen für die Schifffahrt nicht freigegebene militärische Gebiete, Unterwasserkabel oder Schüttstellen. Ihre Befeuerung ist gelb.

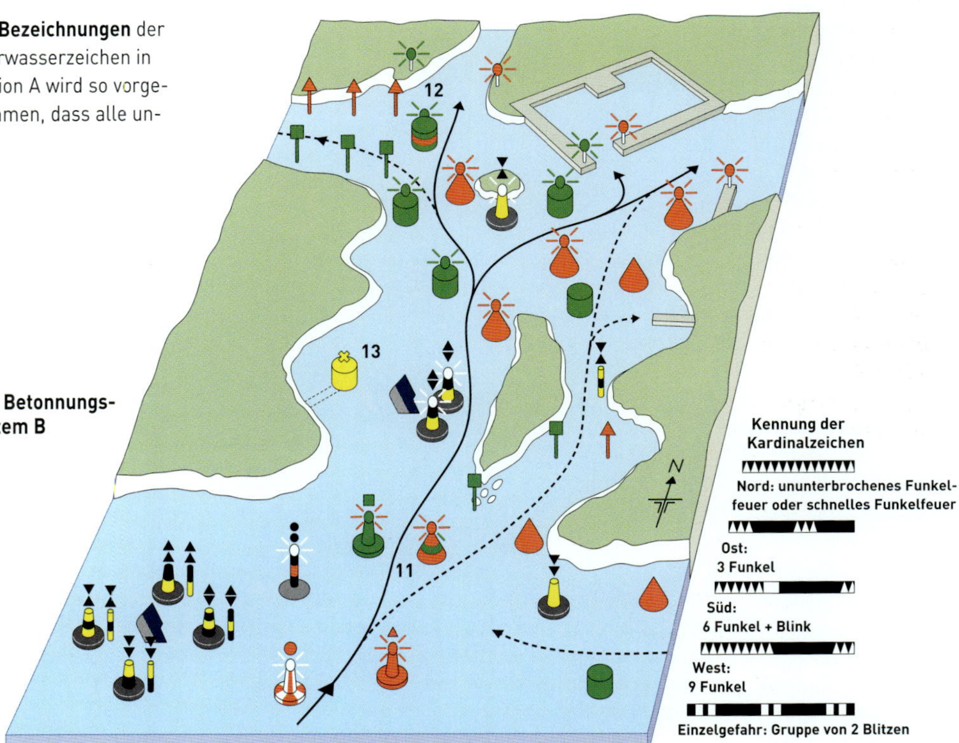

Das Betonnungssystem B

Astronavigation

Auf hoher See ist die astronomische Navigation, wenn man von einer Satellitennavigation absieht, das einzige Mittel, einen Schiffsort zu bestimmen. Die Positionen sichtbarer Himmelskörper, wie sie von der Erde aus zu beobachten sind, findet man in den Ephemeriden, die im Nautischen Jahrbuch oder im Nautical Almanac für die Navigation veröffentlicht werden. Zusammen mit einem Sextanten und einer Uhr kann man so überall den Schiffsort feststellen.

Die Koordinaten, die man im Nautischen Jahrbuch findet, sind die Deklination (δ), die der Breite entspricht und die nördlich und südlich vom Himmelsäquator gemessen wird, sowie der Greenwicher Stundenwinkel (Grt, engl. GHA), der vom Himmelsmeridian (an den Himmel projizierter Längenkreis von Greenwich) 360° nach Westen gemessen wird. Die Uhrzeit muss auf die Sekunde genau sein, weil durch die Erddrehung die Sonne in vier Sekunden eine Seemeile wandert und so ein Fehler von einer Sekunde ¼ sm ausmacht.

Die festen Teile eines Sextanten sind der Rahmen, der Limbus oder Gradbogen, das Fernrohr und der Horizontspiegel, der nur zur Hälfte verspiegelt ist, damit der Horizont durch den klaren Teil sichtbar bleibt. Das Instrument soll immer nur am Rahmen angefasst werden, niemals an der Alhidade, dem Kreisbogen, oder an den empfindlichen Spiegeln, die man nur beim Reinigen berühren darf.

Das Wort Sextant stammt von der Größe des Bogens, der 60° (⅙ eines Kreises) nutzt, aber durch die Spiegel 120° messen kann.

Steht die bewegliche Alhidade auf 0, sollte der Indexspiegel genau parallel zum Horizontspiegel stehen.

Die mit dem Sextanten gemessene Höhe des Gestirns muss rechnerisch korrigiert werden, um die wahre Höhe zu erhalten. So muss die sogenannte Augeshöhe des Beobachters berücksichtigt werden, weil sich die Kimm (der sichtbare Horizont) mit ihr ändert. Bei einer Messung der Sonne oder des Mondes ist auch deren Durchmesser zu berücksichtigen, je nachdem, ob der Ober- oder der Unterrand gemessen wird. Zudem muss die Brechung des Lichts sowie der Indexfehler, ein möglicher Anzeigefehler des Instrumentes, eingerechnet werden.

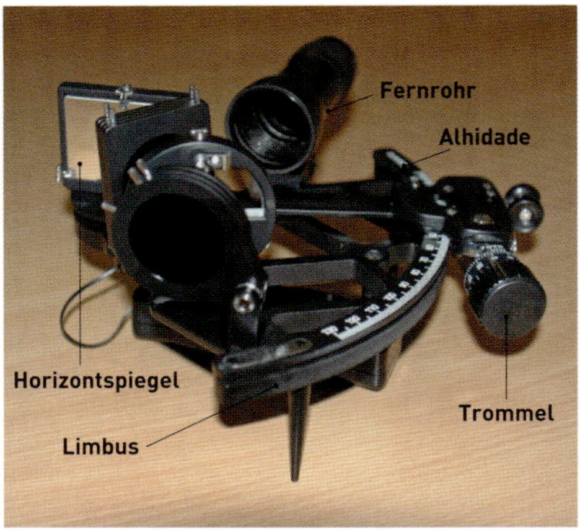

Um eine **Gestirnshöhe zu messen**, schau in den Horizontspiegel und bewege die Alhidade so, dass das Gestirn darin sichtbar wird. Dreh dann die Mikrometertrommel, bis das Gestirn den Horizont berührt. Schwinge den Sextanten dabei vorsichtig über einen Winkel von ungefähr 20°, damit du genau den Berührungspunkt findest. Dann wird sofort die Beobachtungszeit (normalerweise in UTC) genommen und notiert. Der gemessene Winkel wird vom Limbus in Grad und von der Trommel in Minuten abgelesen. Wähle die nächstgelegene halbe Bogenminute.

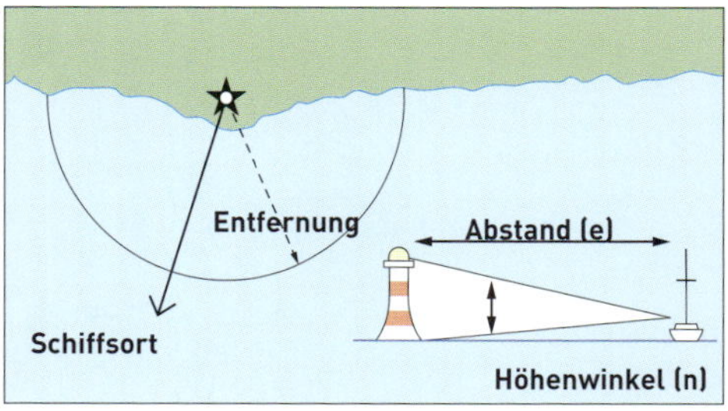

Der **Abstand** kann mithilfe der Höhenwinkelmessung berechnet werden, wenn die Höhe eines Objektes (z. B. eines Leuchtturms aus dem Leuchtfeuerverzeichnis) bekannt ist. Anhand dieser und der Augeshöhe des Betrachters lässt sich der Abstand anhand von Tabellenwerken oder mit Taschenrechner nach der Formel e (sm) = 13/7 x H (Höhe in m)/n (Bogenminuten) berechnen. Peilt man gleichzeitig das Objekt, erhält man den Schiffsort.

Declination (15°-20°) same name as latitude

	15°			16°			17°			18°			19°			2
LHA	Hc	d	Z	Hc	d	Z	Hc	d	Z	Hc	d	Z	Hc	d	Z	Hc
	° ′	′	°	° ′	′	°	° ′	′	°	° ′	′	°	° ′	′	°	° ′
0	61 00	+60	180	62 00	+60	180	63 00	+60	180	64 00	+60	180	65 00	+60	180	66 00
1	60 59	60	178	61 59	60	178	62 59	60	178	63 59	60	178	64 59	60	178	65 59
2	60 57	60	176	61 57	60	176	62 57	60	176	63 57	60	176	64 57	60	176	65 57
3	60 53	60	174	61 53	60	174	62 53	60	174	63 53	59	174	64 52	60	173	65 52
4	60 48	60	172	61 48	59	172	62 47	60	172	63 47	60	171	64 47	59	171	65 46
5	60 41	+60	170	61 41	+59	170	62 40	+60	170	63 40	+59	169	64 39	+59	169	65 38
6	60 33	60	168	61 33	59	168	62 32	59	168	63 31	59	167	64 30	59	167	65 29
7	60 24	59	166	61 23	59	166	62 22	59	165	63 21	58	165	64 19	59	165	65 18
8	60 13	58	164	61 11	59	164	62 10	59	163	63 09	58	163	64 07	58	163	65 05
9	60 00	59	162	60 59	58	162	61 57	58	162	62 55	58	161	63 53	58	160	64 51
10	59 47	+58	161	60 45	+56	160	61 43	+57	160	62 40	+58	159	63 38	+58	158	64 36
11	59 32	57	159	60 29	58	158	61 27	57	158	62 24	57	157	63 21	57	156	64 18
12	59 15	58	157	60 13	57	156	61 10	57	156	62 07	56	155	63 03	57	154	64 00
13	58 58	57	155	59 55	56	155	60 51	57	154	61 48	56	153	62 44	56	152	63 40
14	58 39	56	153	59 35	57	153	60 32	56	152	61 28	55	151	62 23	56	150	63 19
15	58 19	+56	152	59 15	+56	151	60 11	+55	150	61 06	+55	149	62 01	+55	149	62 56
16	57 58	55	150	58 53	56	149	59 49	55	148	60 44	54	148	61 38	55	147	62 33
17	57 36	55	148	58 31	54	147	59 25	55	147	60 20	54	146	61 14	54	145	62 08
18	57 12	55	147	58 07	54	146	59 01	54	145	59 55	54	144	60 49	53	143	61 42
19	56 48	54	145	57 42	54	144	58 36	53	143	59 29	53	142	60 22	53	142	61 15
20	56 23	+53	143	57 16	+54	143	58 10	+53	142	59 03	+52	141	59 55	+52	140	60 47
21	55 57	53	142	56 50	52	141	57 42	53	140	58 35	52	139	59 27	51	138	60 18
22	55 29	53	140	56 22	52	139	57 14	52	139	58 06	51	138	58 57	51	137	59 48
23	55 01	53	139	55 54	51	138	56 45	52	137	57 37	50	136	58 27	51	135	59 18
24	54 33	51	137	55 24	51	137	56 15	51	136	57 06	51	135	57 57	49	134	58 46
25	54 03	+51	136	54 54	+51	135	55 45	+50	134	56 35	+50	133	57 25	+49	132	58 14
26	53 33	50	135	54 23	50	134	55 13	50	133	56 03	50	132	56 53	48	131	57 41
27	53 01	51	133	53 52	49	132	54 41	50	131	55 31	48	130	56 19	49	129	57 08
28	52 30	49	132	53 19	50	131	54 09	48	130	54 57	49	129	55 46	47	128	56 33
29	51 57	49	131	52 46	49	130	53 35	49	129	54 24	47	128	55 11	48	127	55 59

Für die Berechnung der Gestirnhöhen eignen sich die sogenannten HO-Tafeln No. 249. Band I gilt für ausgewählte Sterne, Band II für Gestirnshöhen von 0-39° und Band III für 40–89°. Für die Berechnung wähle einen Standort irgendwo in der Nähe, den du durch Koppeln erhalten kannst und der für die Breite und die Länge eine volle Gradzahl hat. Zusammen mit dem Grt erhältst du dann einen ganzgradigen Ortsstundenwinkel (LHA). Gehe damit auf die Seite für den LHA und für das Gestirn. Entnimm dort die berechnete Höhe Hc und den Azimutwinkel Z. Mit d wird dann Hc für ungerade Minuten korrigiert und anschließend mit der wahren Höhe verglichen.

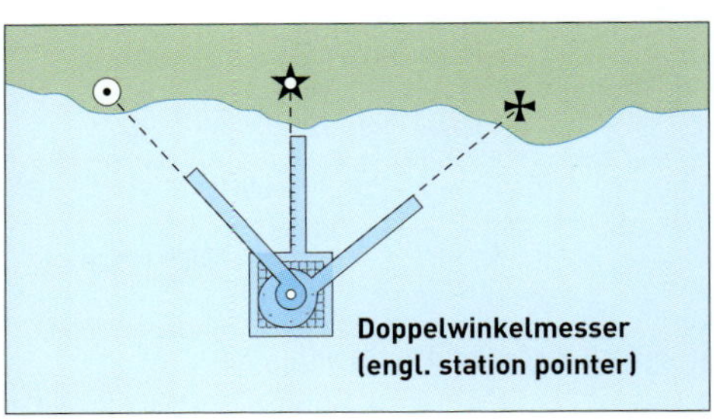

Ein **horizontaler Winkel**, der mit dem Sextanten gemessen wird, führt zu einem sehr genauen Schiffsort. Drei Objekte müssen dazu erkennbar sein; die Winkel zwischen ihnen werden mit dem waagerecht gehaltenen Sextanten gemessen. Am einfachsten lassen sich diese Winkel mit einem Doppelwinkelmesser in die Karte einzeichnen, dessen drei Arme so eingestellt werden, dass sie die beiden Winkel bilden (s. o.). Der Schiffsort liegt dann in der Achse der Arme.

Standlinienberechnung
Der Weg von der Höhenmessung mit dem Sextanten zu einer Standlinie führt von den Ephemeriden aus dem Nautischen Jahrbuch über die HO-Tafeln oder einen Taschenrechner zu einer Höhe und einem Azimut. Der Unterschied zwischen beobachteter und berechneter Höhe ist die Höhendifferenz. Die wird von der angenommenen Position aus in Richtung zum beobachteten Gestirn hin gezeichnet, wenn die gemessene Höhe größer als die berechnete ist, und vom Gestirn fort, wenn sie kleiner ist. Senkrecht auf der Höhendifferenz steht die Standlinie.

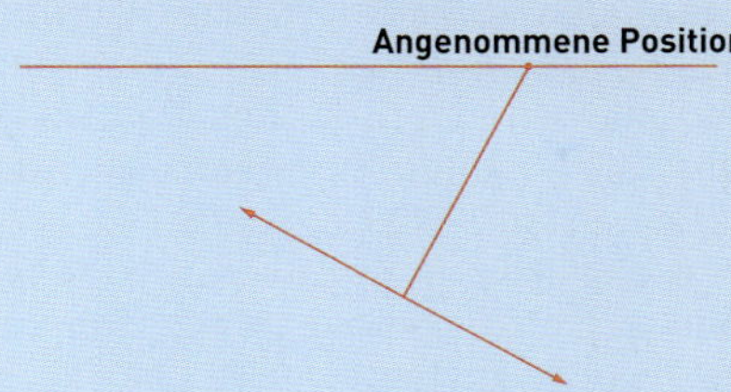

Mittagsbreite
Die einfachste astronomische Standlinie ist die Mittagshöhe, die Höhe zu dem Zeitpunkt, zu dem die Sonne genau im Norden oder Süden des Schiffs steht. Die Standlinie verläuft im rechten Winkel zur Richtung auf die Sonne und ist damit ein Breitenkreis. Deshalb entfällt einiges an Berechnungen. Gefunden werden muss die Zenitdistanz, d. h. die beobachtete Höhe des Gestirns minus 90°, plus oder minus die Deklination, um die Länge zu finden. Die Deklination (Winkelabstand vom Himmelsäquator) der Sonne kann je nach Jahreszeit Nord oder Süd sein. Auf der nördlichen Halbkugel ist im Sommer die Deklination Nord und muss deshalb zur Zenitdistanz hinzugezählt werden. Ist sie Süd, wird sie abgezogen.

Kollisionsverhütungsregeln (KVR)

Jeder Segler sollte mit den Kollisionsverhütungsregeln (ausführlich: den Internationalen Regeln zur Verhütung von Zusammenstößen auf See) vertraut sein, die für Fahrzeuge auf See und auf allen von dort aus befahrbaren Gewässern gelten.

Die Gefahr einer Kollision besteht, wenn die Entfernung zum anderen Fahrzeug abnimmt und die Peilung bei der gleichen Gradzahl stehenbleibt.

Maßnahmen, die getroffen werden, um einer Kollision auszuweichen, sollten entschlossen, rechtzeitig und deutlich erkennbar ausgeführt werden.

In engen Fahrwassern sollen sich Fahrzeuge an der Steuerbordseite halten. Ein Segelfahrzeug darf dort kein Schiff behindern, das nur innerhalb des Fahrwassers sicher fahren kann. Im engen Fahrwasser darf kein Schiff ankern.

Verkehrstrennungsgebiete (autobahnähnliche Schifffahrtswege) sollten möglichst nicht durchquert werden; ist das nicht zu vermeiden, sollte es rechtwinklig geschehen. Ein Segelfahrzeug darf ein Fahrzeug unter Maschine, das einem Fahrwasser folgt, nicht behindern. Besteht die Gefahr einer Kollision zwischen zwei Segelfahrzeugen, muss das Boot, das den Wind von Backbord hat, ausweichen. Haben beide den Wind von der gleichen Seite, muss das Boot in Luv ausweichen. Ein Segelboot, dass den Wind von Steuerbord hat, weicht dann aus, wenn nicht deutlich ist, von welcher Seite das andere Boot den Wind hat.

Das überholende Fahrzeug ist gegenüber dem überholten ausweichpflichtig. Treffen zwei Fahrzeuge unter Maschine direkt aufeinander, weicht jedes nach Steuerbord aus. Kreuzen sich die Kurse zweier Fahrzeuge unter Maschine, gilt rechts vor links. Das ausweichende Fahrzeug muss sein Manöver rechtzeitig und deutlich erkennbar ausführen. Ein Fahrzeug mit Wegerecht behält Kurs und Geschwindigkeit bei, weicht aber aus, wenn damit eine Kollision vermieden wird.

Ein Fahrzeug unter Maschine weicht einem Segelfahrzeug aus. Ein Segelfahrzeug weicht einem Fahrzeug aus, das manövrierunfähig oder manövrierbehindert ist oder fischt.

Schallsignale und Signalkörper

Schallsignale (kurz: ca. 1 s, lang: ca. 4–6 s)

●	Ich ändere meinen Kurs nach Steuerbord
●●	Ich ändere meinen Kurs nach Backbord
●●●	Ich arbeite rückwärts
▬ ▬ ●	Ich beabsichtige, Sie an Ihrer Steuerbordseite zu überholen
▬ ▬ ●●	Ich beabsichtige, Sie an Ihrer Backbordseite zu überholen
▬ ● ▬ ●	Ich stimme dem geplanten Überholen zu
●●●●● mind.	Ich stimme dem nicht zu, ich befürchte eine Kollision (Zweifel-/Gefahrensignal)
▬▬▬	Warnsignal und Antwortsignal beim Annähern an eine Krümmung oder Engstelle

Signalkörper, die im Rigg gezeigt werden (Tagzeichen)

▼	Segelfahrzeug unter Maschine
⧗	Fischendes Fahrzeug
▲	Fischfanggeräte, die weiter als 150 m seitlich ausgebracht sind (an der Seite, wo sie liegen)
◆	Schleppendes und alle geschleppten Fahrzeuge, Schleppzug länger als 200 m
●	Fahrzeug vor Anker
● ● ●	Auf Grund sitzendes Fahrzeug

Schallsignale bei verminderter Sicht

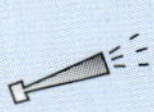	Boote von weniger als 12 m Länge geben irgendein Schallsignal (mind. alle 2 min)
▬	Maschinenfahrzeug mit Fahrt durchs Wasser (mind. alle 2 min)
▬ ▬	Maschinenfahrzeug in Fahrt, das Maschine gestoppt hat und keine Fahrt durchs Wasser macht (mind. alle 2 min)
▬ ●●	Alle anderen Fahrzeuge, auch Segelboote über 12 m Länge (mind. alle 2 min)
▬ ●●●	Letztes Fahrzeug im Schleppverband (mind. alle 2 min)
	Fahrzeug vor Anker (jede min 5 s lang); ist es über 100 m lang, folgt ein schnelles Gongschlagen von 5 s

In den Ländern gibt es nationale Vorschriften, die die KVR ergänzen bzw. z. T. auch ersetzen. Auf den deutschen Seeschifffahrtsstraßen (3-sm-Zone, bestimmte Fahrwasser bis 12 sm, Teile der Binnenschifffahrtsstraßen) ist dies die Seeschifffahrtsstraßen-Ordnung bzw. die Schifffahrtsordnung Emsmündung.

Segel-/Ruderboote unter 7 m, die ohne Maschinenantrieb fahren, zeigen ein weißes Rundumlicht.

Segelfz. unter 20 m dürfen Seitenlichter und Hecklicht in einer Dreifarbenlaterne im Masttopp vereinen.

Segelfz. in Fahrt führen nachts Seitenlichter und Hecklicht.

Segelfz. dürfen zusätzlich ein rotes über einem grünen Rundumlicht führen.

Maschinenfz. unter 7 m (Höchstgeschw. ≤ 7 kn) zeigen ein weißes Rundumlicht und wenn möglich Seitenlichter.

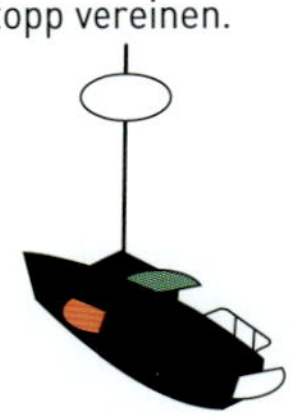

Maschinenfz. unter 12 m führen ein weißes Rundumlicht und Seitenlichter oder Zweifarbenlaterne.

Maschinenfz. unter 20 m führen ein weißes Topplicht mind. 2,50 m über dem Schandeck und Seitenlichter oder Zweifarbenlaterne und Hecklicht.

Maschinenfz. ≥ 50 m führen ein zweites Topplicht achterlicher und höher als das vordere, Seitenlichter und Hecklicht.

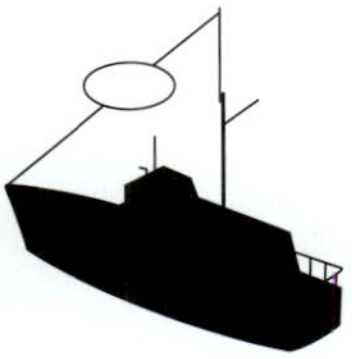

Fahrzeuge vor Anker unter 50 m zeigen ein weißes Rundumlicht.

Auf Grund sitzende Fahrzeuge unter 50 m zeigen zwei rote Rundumlichter und ein weißes Rundumlicht.

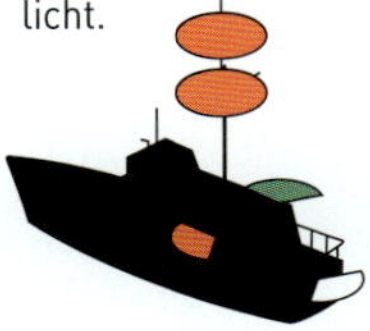

Manövrierunfähige Fahrzeuge zeigen zwei rote Rundumlichter und, bei Fahrt durchs Wasser, Seitenlichter und Hecklicht.

Manövrierbehinderte Fz. mit Fahrt durchs Wasser zeigen ein weißes Topplicht, zwei rote und dazwischen ein weißes Rundumlicht, Seitenlichter und Hecklicht.

Fischende Trawler führen beim Fischen ein grünes über einem weißen Rundumlicht, bei Fahrt durchs Wasser auch Seitenlichter und Hecklicht.

Beim Einholen der Netze zeigen Fischereifahrzeuge zusätzlich ein weißes über einem roten Rundumlicht.

Beim Fischen zeigen nichttrawlende Fahrzeuge ein rotes über einem weißen Rundumlicht, bei Fahrt durchs Wasser auch Seitenlichter und Hecklicht.

Ein schleppendes Fz. führt zwei, ist der Schleppzug länger als 200 m, drei Topplichter, Seitenlichter, Hecklicht und Schlepplicht senkrecht über dem Hecklicht.

Satellitennavigation

Die Schiffsortbestimmung durch Satelliten hat wohl mehr Veränderungen in der Navigation gebracht als die »Längennavigation« (wie sie genannt wurde) im 18. Jahrhundert oder sogar die Entdeckung des Magnetkompasses im 12. Jahrhundert. Zum ersten Mal kann der Navigator damit weltweit seinen genauen Schiffsort feststellen, ganz gleich, ob am Tag oder in der Nacht, und bei jedem Wetter. Damit, so könnte man sagen, wurden alle herkömmlichen Methoden und Instrumente überflüssig, aber der sicherheitsbewusste Schiffsführer weiß, dass alle elektronischen Navigationshilfen von elektrischem Strom abhängen. Ohne den geht gar nichts. Auch wenn ein Stromausfall unwahrscheinlich ist – wenn es dazu kommt, muss der Navigator in der Lage sein, zu den herkömmlichen Verfahren der Navigation auf hoher See zurückzukehren, zum Magnetkompass, dem Log, der Karte aus Papier mit Kursdreiecken und Stechzirkel und zum Sextanten, den Ephemeriden, den Nautischen Tafeln oder dem Taschenrechner.

Die Navigation war eine der ersten praktischen Anwendungen der künstlichen Planeten. Das System »Transit« der amerikanischen Marine ging 1964 in Betrieb und wurde 1967 zivilen Nutzern zugänglich gemacht. Mit fünf Satelliten auf Umlaufbahnen um die Erde war es weltweit nutzbar, aber die Zeiten, in denen Empfang möglich war, waren unterbrochen und lagen manchmal weit auseinander.

Der Nachfolger wurde das heute meistgenutzte »Navstar Global Positioning System« (GPS), das vom amerikanischen Verteidigungsministerium finanziert wurde. Es sendet ununterbrochen alle Daten für Längen und Breiten in alle Teile der Welt. Dazu werden 24 Satelliten eingesetzt. Jeder umkreist die Erde einmal in zwölf Stunden in einer Höhe von 19 000 km auf einer von sechs Umlaufbahnen, die 55° zur Äquatorebene geneigt sind. Mindestens vier Satelliten sind zu jedem Zeitpunkt sichtbar, das bedeutet, dass für einen Navigator der Schiffsort jederzeit weltweit kontinuierlich angezeigt wird (im ungünstigsten Fall wird er jede Minute korrigiert). Die Konsequenz ist, dass alle anderen elektronischen Systeme, ob landgestützt oder mit Satelliten betrieben, durch diese Leistungen zweitklassig geworden sind.

Auch wenn GPS allen zugänglich ist, bleibt es ein militärisches System. Aus Gründen der Sicherheit haben die USA die »Selective Availability« (ausgewählte Verfügbarkeit = SA) eingeführt, mit der Signale so verfälscht werden können, dass die Genauigkeit um mehr als 100 m gesenkt wird. Damit ist es möglich, in Konfliktgebieten die Übertragung genauer Werte zu blockieren. Im Jahr 2000 haben die USA das SA abgeschaltet; die Möglichkeit, es wieder zu aktivieren, bleibt jedoch bestehen. Als SA noch eingesetzt wurde, wurde das landgestützte System »Differential GPS« entwickelt. Dieses System identifizierte und korrigierte die Verfälschung von SA. Die Abdeckung des Differential GPS ist jedoch nicht vollständig, und viele Teile der Welt können nicht davon profitieren. Es gibt zweifellos politische Probleme mit der Tatsache, dass weltweit

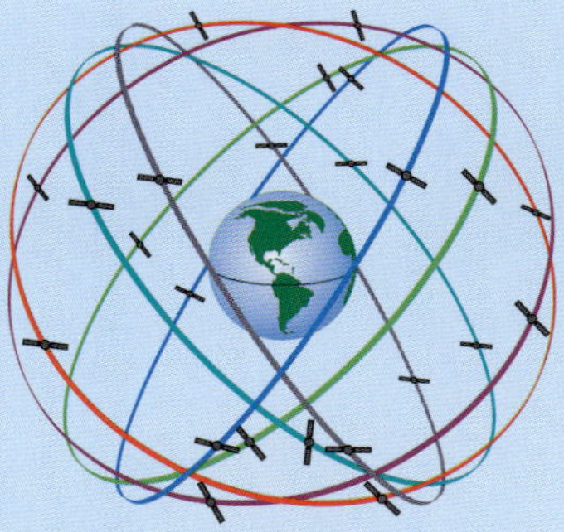

Das Global Positioning System
GPS basiert auf Satelliten, die ständig ihre sich ändernde Position und die genaue Uhrzeit ausstrahlen. Aus deren Signallaufzeit können GPS-Empfänger dann ihre eigene Position und Geschwindigkeit berechnen. GPS macht es möglich, Verkehrsflugzeuge dichter beieinanderfliegen zu lassen. In Autos werden die Daten des GPS mit denen elektronischer Karten verbunden und helfen so, sich nicht zu verfahren. Armbanduhren mit eingebauten GPS-Empfängern werden von Weltenbummlern und Entdeckern genutzt. GPS dirigiert Notfallfahrzeuge, koordiniert den Nahverkehr und wird auch bei wirtschaftlichen Transaktionen wie Geldverkehr und Stromversorgung verwendet.

Für GPS-Handgeräte gibt es stabile Halterungen.

der Luft- und Seeverkehr von dem militärischen System einer Nation abhängt.

Deshalb gibt es weit fortgeschrittene Pläne, ein weltweites Satellitensystem einzuführen, das genaueste Orts- und Zeitbestimmung zulässt und das für zivile Nutzung ausgelegt ist. Es wird von der Europäischen Kommission gefördert und heißt »Galileo«. Der erste Satellit wurde 2005 ins All gebracht, ab 2013 soll es betriebsbereit sein.

Die einfachste Form eines GPS-Empfängers ist ein Handgerät mit eingebauter Antenne, das mit Batterien arbeitet. Um Strom zu sparen, hatten die ersten Geräte nur einen Kanal und waren deshalb recht langsam, aber modernere Geräte brauchen sehr viel weniger Strom und bieten heute zusätzliche Möglichkeiten. Viele GPS-Geräte können gleichzeitig elektronische Karten verarbeiten und mit anderen Instrumenten und Computern verbunden werden.

Bei allen Arten elektronischer Navigation werden Wegpunkte (festgelegte Zielpunkte) angesteuert und die Kurse dahin angezeigt. Die Koordinaten der Wegpunkte und ihre Namen werden in eine GPS-Wegpunktdatei eingegeben und dann in der richtigen Reihenfolge verarbeitet oder für spätere Törns gespeichert. Das GPS-Gerät zeigt auf einem Display Kurs und Entfernung von einem zum nächsten Wegpunkt an. Zwischen den Wegpunkten ist erkennbar, wie weit das Boot vom direkten Kurs entfernt ist und wie man steuern muss, um wieder dorthinzukommen. Ist das GPS an den Autopiloten angeschlossen, wird der Kurs automatisch korrigiert. Denk aber daran, dass der Weg durchs Wasser in Tiden kürzer (und das auch zeitlich) sein kann, wenn du die Tidenströme sich gegeneinander aufheben lässt, statt den Kurs fortlaufend zu korrigieren.

Der Schiffsort in Breite und Länge mit einer bestimmbaren Genauigkeit ist die grundlegende Information, die GPS dem Navigator anbietet. Aber je nach Hersteller haben alle GPS-Empfänger eingebaute Computer, mit denen die reinen Standortangaben zu vielen weiteren Informationen verarbeitet werden. Dazu gehören Kurs und Fahrt über Grund, Versetzung, Weg nach Luv, Geschwindigkeit, Steuerkurs, Distanz zum nächsten Wegpunkt, ETA (erwartete Ankunftszeit) usw. Darüber hinaus können andere Geräte und Instrumente über Interfaces mit dem GPS-Gerät verbunden werden. So ist es möglich, die Daten auch im Log, im Fluxgate-Kompass, im Kartenplotter, in der Windanzeige, im Echolot, im Radargerät und in weiteren elektronischen Anlagen zu vielen zusätzlichen Informationen zu verarbeiten, wie z. B. zur tatsächlichen Stärke des Gezeitenstroms.

Wie bei durch andere Methoden ermittelten Schiffsorten hängt auch die Exaktheit der GPS-Position von den Quellen der genutzten Information ab, im Fall des GPS von den relativen Positionen der Satelliten. Sie wird als »Horizontal Dilution of Precision« (HDOP) bezeichnet und in der Anzeige als einstellige Zahl dargestellt, die die Genauigkeit jedes einzelnen Wertes angibt. Zahlen unter 5 sind annehmbar, solche von 6–10 deuten auf verminderte Genauigkeit hin.

Die in den Seekarten angegebenen Breiten und Längen basieren auf einer angenommenen Form der Erde. Die Information über das »Bezugssystem der Koordinatenangabe« (Kartendatum) findet man auf dem Kartenrand, und damit wird es möglich, die Werte der durch Satelliten ermittelten Position zu korrigieren. Beim GPS ist es das WGS84. Es ist wichtig, solche Korrekturen bei allen Werten, die von GPS in die Karte übertragen werden, zu berücksichtigen. Aber die meisten Geräte können jedes übliche Kartendatum umrechnen, und eine Korrektur ist dann nicht nötig. Der Navigator muss jedoch sicherstellen, dass beim Benutzen von GPS in der Kartenarbeit die Kartendaten übereinstimmen. Das nicht zu tun, ist die häufigste Fehlerquelle.

Elektronische Karten

Eine herkömmliche Seekarte ist auf Papier gedruckt, und die Kartenarbeit mit Kursdreieck und Zirkel hat sich seit Jahrhunderten nicht geändert. Neu hingegen sind Kartenplotter, mit deren Hilfe die Kartenarbeit teils vereinfacht wird und teils entfällt. Die weit verbreitete Einführung elektronischer Hilfen für fast alle Arten der Navigation hat zu einem integrierten System von elektronischen Seekarten geführt, auf dem die Position des Schiffs (durch GPS) und der Kurs über Grund verzugslos angezeigt wird. Es gibt unterschiedliche elektronische Seekartensysteme, die heute auch auf kleineren Yachten genutzt werden können.

Man kann sie in zwei Kategorien einteilen: Rasterkarten (abgebildete Seekarten) und Vektorkarten, die aus einer Datenbank aufgebaut werden. Der Hauptunterschied zwischen beiden ist der, dass Rasterkarten im Grunde nur klassische Seekarten sind, die eingescannt wurden. Wie bei Papierkarten braucht man für unterschiedliche Maßstäbe unterschiedliche Kartenabbildungen, weil der Karteninhalt bei einer Vergrößerung nur größer abgebildet und grobkörniger, aber nicht detailreicher wird. Bei der Vektorkarte wird jeder gewünschte Maßstab aus einer Datenbank mit den vorhandenen Details aufgebaut. Beim Vergrößern entsteht also eine neue Karte, die mehr Details enthält. Mit dieser Kategorie hat man auch immer Karten, die einfach auf dem neuesten Stand gehalten werden können, weil man sie von einer CD-ROM, einem Stick oder direkt aus dem Internet herunterladen kann. Eine solche elektronische Karte, besonders wenn sie auf einem PC gespeichert ist, ersetzt einen vollständigen Kartensatz.

Moderne Kartenplotter können die Anzeigen von Radar- und anderen Geräten verarbeiten.

Heute gibt es Radargeräte, die auch für kleinere Yachten geeignet sind. Das wurde besonders durch die LCD-Bildschirme und effizientere Elektronik möglich. Es ist ebenfalls möglich, das Radarbild über die elektronische Karte zu legen, sodass man den Standort beobachteter Schiffe im Verhältnis zu den Wasserstraßen sehen kann. Weil die meisten Handelsschiffe verpflichtet sind, das Automatische Schiffsidentifikationssystem (AIS) zu führen, das den Schiffsnamen, seine Größe, Standort, Kurs und Geschwindigkeit überträgt, ist es sinnvoll, dass inzwischen auch das über die elektronische Karte gelegt werden kann.

Satelliten und die Sicherheit auf See

Der Gebrauch von Satelliten für Funkverbindungen großer Reichweite hat es möglich gemacht, Such- und Rettungsmaßnahmen mithilfe von sogenannten Rescue Coordination Centres (RCCs) an Land (statt durch andere Schiffe) zu leiten, welche die See- und Luftfahrzeuge koordinieren. Dieses System, Digital Selective Calling (DSC) genannt, ist ein wichtiger Bestandteil der weltweiten Funkeinrichtung, die den Namen GMDSS (Global Maritime Distress and Safety System) trägt und erst vor Kurzem eingeführt wurde, um Seefahrzeugen in Not zu helfen. Eine Vielzahl von Satelliten wird für die Übertragung von Notsignalen des GMDSS genutzt, die von unterschiedlichen Notsendern wie EPIRBs und Kurzwellen-

Der Yeoman-Kartenplotter verbindet die klassische Papierseekarte mit der modernen elektronischen Navigation. Er ist inzwischen auch in Deutschland erhältlich.

sendern ausgehen. Neue UKW-Funkanlagen für kleinere Fahrzeuge müssen jetzt mit DSC ausgerüstet sein. Eine verpflichtende Hörwache für den UKW-Kanal 16, den Sprechfunk-Notkanal, gibt es nicht mehr, auch wenn große Schiffe und Küstenfunkstellen diesen Kanal, soweit möglich, weiterhin abhören.

Elektronische Systeme bieten eine viel höhere Genauigkeit und Sicherheit, besonders bei schlechter Sicht und wechselnden Wassertiefen.

Die Wetterentwicklung

Des Seglers größter Freund und zugleich sein größter Feind ist der Luftdruck. Er verursacht nicht nur tägliche Veränderungen von Wind und Wetter, sondern ist auch die genaueste Quelle für Wettervorhersagen. Der Normaldruck in Meereshöhe ist 1013,3 hPa (Hektopascal), er fällt mit zunehmender Höhe und ist in etwa 6100 m nur halb so hoch wie auf der Erdoberfläche.

Die Unterschiede des Luftdrucks in Meereshöhe werden vor allem durch Vorgänge in der oberen Atmosphäre hervorgerufen, weil dort Luft aus der Drucksäule genommen (der Luftdruck fällt) oder hinzugefügt (der Druck steigt) wird. Temperaturunterschiede in der Luft über irgendeinem Ort verändern ebenfalls den Druck. Kaltluft aus hohen polaren Breiten und Warmluft aus subtropischen Gebieten treffen in den gemäßigten Breiten aufeinander und werden durch die Erddrehung verwirbelt, dadurch entstehen die Hoch- und Tiefdruckgebiete mit ihrem typischen schönen oder wechselhaften Wetter.

Warme Luft kann mehr unsichtbaren Wasserdampf aufnehmen als kalte Luft, und Abkühlung bewirkt das Kondensieren der Feuchtigkeit zu Wolken, Nebel oder Regen; ist die Luft sehr kalt, auch zu Schnee oder Hagel.

Fällt der Druck, dehnt die Luft sich aus und kühlt dabei ab, dadurch entstehen noch mehr Wolken. Fällt er noch weiter, können die Wolken absinken, sich weiter verdichten und Regen bringen. Steigt der Druck, wird die Luft verdichtet und erwärmt sich; die Wolken beginnen sich aufzulösen. Steigt er weiter an, bildet sich ein Hochdruckgebiet. Ein Absinken feuchter Luft führt zu Dunst.

Wind ist die Bewegung der Luft von einem Hochdruck- in ein Tiefdruckgebiet oder von einem kühleren in ein wärmeres Gebiet. Er weht jedoch nicht direkt vom einen ins andere, weil er von der Erddrehung abgelenkt wird – auf der nördlichen Halbkugel nach rechts.

Die Luft strömt gegen den Uhrzeigersinn (links herum) um ein Tief; wenn du mit dem Rücken zum Wind stehst, ist also links der Druck geringer. Auf der Südhalbkugel sind die Bewegungen umgekehrt, der Wind dreht rechts herum um das Tief.

Messen der Windgeschwindigkeit

Der Wind wird mit einem Anemometer (Windmesser) gemessen, das meistens zusammen mit einer Windfahne im Masttopp montiert ist. Ein sich drehendes Rad mit halbkugelförmigen Paddeln fängt den Wind und macht daraus elektrischen Strom, der als Windgeschwindigkeit auf einem Instrument angezeigt wird. Es gibt viele Systeme, bei denen Windrichtung und -stärke zusammen mit der Fahrt durchs Wasser, der abgelaufenen Strecke (Log) und der gesegelten Zeit in einem Instrument angegeben werden. Alle zeigen den scheinbaren Wind an, der sich aus der Fahrt des Bootes und der Geschwindigkeit des wahren Windes zusammensetzt.

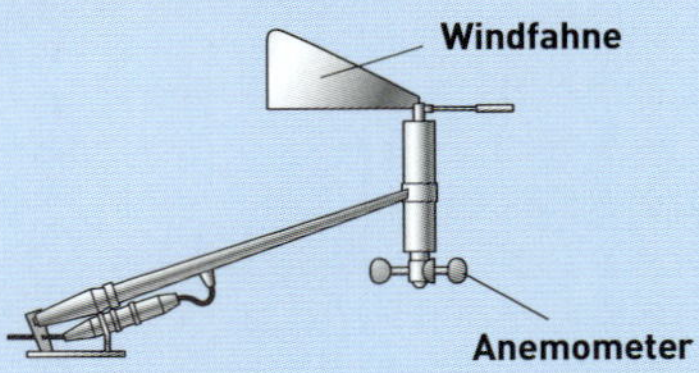

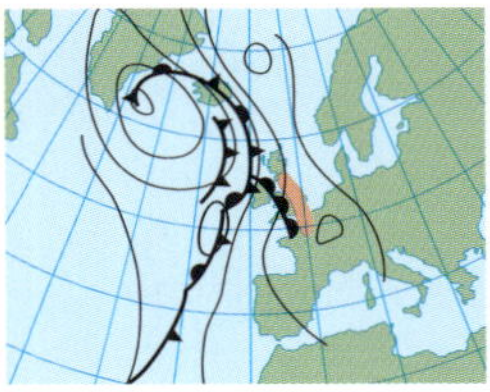

Hohe, **federartige Zirren** (oben in rot gezeigt) sind eine Vorwarnung von Luft mit niedrigem Druck, die ostwärts über den Atlantik zieht.

Zirren, die Vorläufer wechselhaften Wetters, bilden sich in großer Höhe aus Eiskristallen. Wenn sie sich nicht ausbreiten und verdichten, geht das schlechte Wetter an einer Seite durch. Kleine oder verwaschene Zirren können auf Hochdruck hinweisen.

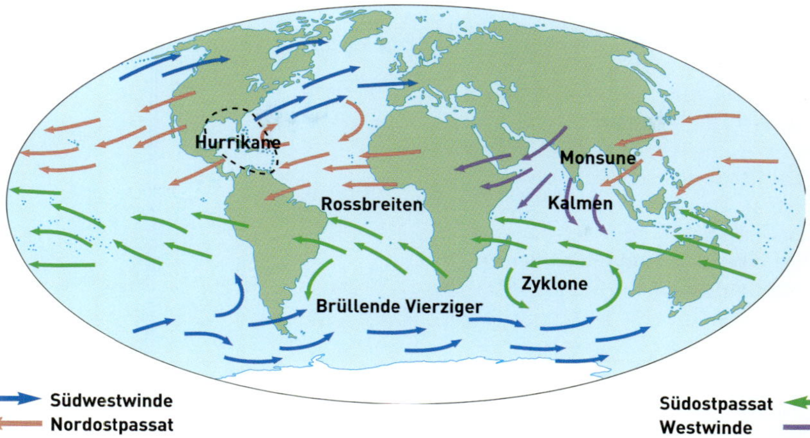

Wind ist die Bewegung der Luft vom Hoch- ins Tiefdruckgebiet. Er weht nicht direkt von einem ins andere, weil er durch die Ostdrehung der Erde abgelenkt wird. Der Nordost- und der Südostpassat wehen in Richtung Äquator zu den Kalmen, wo niedriger Druck herrscht. In den Hochdruckgebieten beiderseits davon herrschen leichte unterschiedliche Winde. In früherer Zeit haben Schiffe in den langen Flauten ihre lebende Fracht in den »Rossbreiten« über Bord geworfen. Zu den Polen hin werden die Winde durch die Erddrehung zu Westwinden, in den südlichen Breiten zu den stärkeren »Brüllenden Vierzigern« und im Norden zur Tiefdruckzugbahn in den fünfziger Breiten. Landmassen verändern die Windsysteme und Temperaturunterschiede im Verlauf eines Jahres und führen zu jahreszeitlichen Winden. Monsune wehen im Sommer von See her aufs wärmere Land und im Winter vom Land aufs wärmere Meer. Tropische Wirbelstürme entstehen im frühen Herbst.

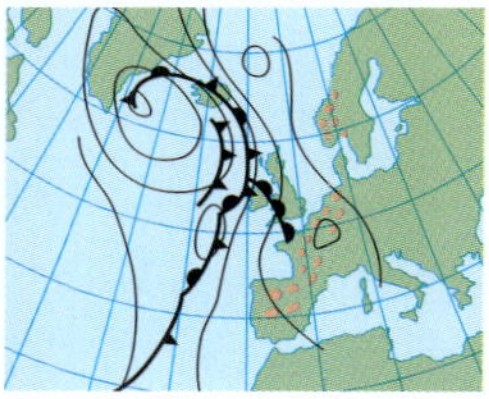

Regen und dicke graue **Stratuswolken** (rot) können eine Warmfront begleiten und folgen oft auf Zirren. Die nachfolgende Kaltfront bringt starken Regen und Haufenwolken.

Die großen aufquellenden, wattebauschartigen **Cumuluswolken** deuten auf schönes Wetter hin. Sie breiten sich in feuchter Luft aus und werden flacher. Ist die Luft besonders instabil, können sich Gewitter bilden. Cumuluswolken entstehen am frühen Morgen über dem Land und deuten auf mögliche Seebrisen hin.

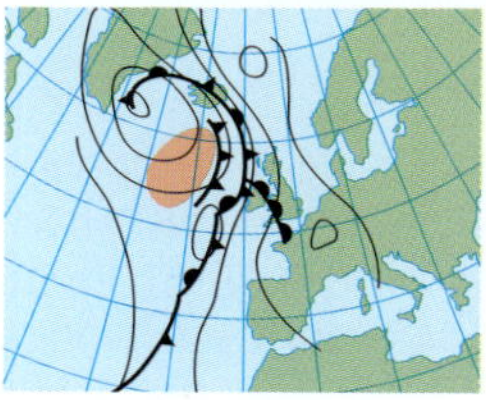

Böen und unerwartete Windstöße (rot eingezeichnet) können nach einer kurzen Periode mit einem klaren Himmel eine Kaltfront begleiten.

Ein **Böenkragen**, örtlich oft von Regen und Hagel begleitet, entwickelt sich in instabiler Luft hinter einer Kaltfront. Die Wolken wachsen schnell an und die Luft sinkt sehr stark ab, dadurch entstehen starke Böen und stoßartige Winde.

Eine Vorhersage auswerten

Nutze jede Wettervorhersage, die du bekommen kannst: großräumige und örtliche, aus dem Radio, dem Fernsehen und der Zeitung. Nimm ein digitales Barometer mit: Es hat alle Vorteile, aber keinen der Nachteile eines Barografen. Und stell dir einen Wecker, damit du die Seewettervorhersage nicht verpasst. Die Zeiten und Frequenzen der Seewetterberichte sind auf der ganzen Welt unterschiedlich und müssen vor Ort herausgefunden werden. Frag die Leute dort nach genauen und neuesten Einzelheiten zum Wetter in ihrem Bereich.

Die Seewetterberichte beginnen oft mit Starkwind- und Sturmwarnungen, die herausgegeben werden, wenn Windstärken von 8 Bft (um 65 km/h) oder Böen von 9 Bft (80 km/h) erwartet werden. Wird die Warnung als »rasch« (engl. imminent) bezeichnet, wird die Veränderung innerhalb der nächsten 3 Stunden erwartet, »bald« (soon) bedeutet innerhalb von 6–8 Stunden, »später« (later) nach 8–12 Stunden.

Nach den Warnungen folgt die Großwetterlage mit der genauen Lage, Zugrichtung und -geschwindigkeit der Druckgebiete. Ist der Druck höher als 1020 hPa und gleichbleibend, sollte sich das Wetter in den nächsten 24 Stunden halten, allerdings kann Seenebel aufziehen. Ein schneller Druckabfall von 10 hPa in drei Stunden ist ein Anzeichen für schlechter werdendes Wetter mit rückdrehenden und zunehmenden Winden oder bald einfallenden Böen, gleichmäßiges Fallen deutet auf weniger kurzfristig eintretende Wetterverschlechterung hin. Ein schneller Anstieg bringt einen klaren Himmel und rechtdrehende Winde, oft aber auch kurzzeitige Zunahme des Windes; ein steter, gleichmäßiger Anstieg bedeutet, dass schönes Wetter kommt. Die Geschwindigkeit, mit der ein Wettergebiet heranzieht, wird wie folgt beschrieben: »langsam« (0–15 kn/0–25 km/h), keine Angabe (15–25 kn/25–45 km/h), »ziemlich schnell« (25–35 kn/45–65 km/h), »schnell« (35–45 kn/65–80 km/h), »sehr schnell« (über 45 kn/80 km/h).

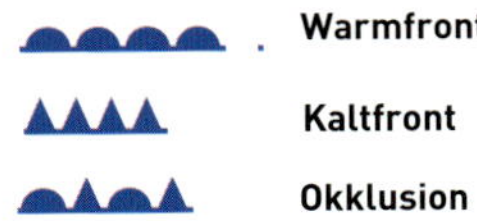

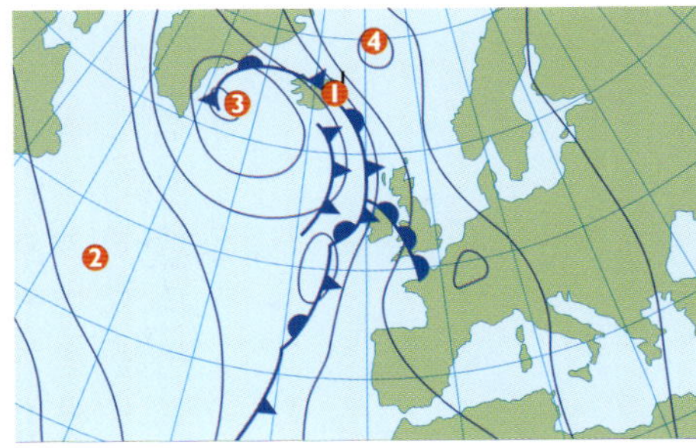

Isobaren, die dicht beieinanderliegen, zeigen starke Winde an (1); liegen sie weit auseinander, deuten sie auf ruhiges Wetter und wenig Änderung hin (2). Nach dem Durchzug eines Schlechtwettergebietes achte auf ein kleines, aber bedrohliches Tief, das der Front eines großen Tiefs folgt (3). Ein Rücken hohen Luftdrucks (4), der zwischen zwei Tiefdruckgebieten liegt, verspricht für einen Tag (oder eine Nacht) ruhiges Wetter. Wenn er aufzieht, wird der Wind rechtdrehend und schwächer, oft verringern sich die Wolken. Ist er durchgezogen, wird der Wind rückdrehend, frischt auf und hohe Wolken erscheinen.

Eine Wetterkarte zeichnen

Im Fachhandel und beim Deutschen Seewetteramt bekommt man Bordwetterkarten unterschiedlicher Seegebiete, auf denen man Wetterberichte aufnehmen und eigene Wetterkarten zeichnen kann. Schreib also den Wetterbericht in Kurzform mit oder nimm ihn auf Tonband auf und übertrage ihn mit Symbolen auf die Bordwetterkarte. Zeichne die Zentren der Hoch- und Tiefdruckgebiete ein und zeichne die Isobaren (Linien gleichen Luftdrucks). Trage auch den gemeldeten augenblicklich herrschenden Wind und Regen sowie die Fronten ein und füge, in anderer Farbe, die vorhergesagten Wind- und Wetterdaten hinzu, damit die Entwicklung deutlich wird. Die Symbole könnten dann etwa so aussehen:

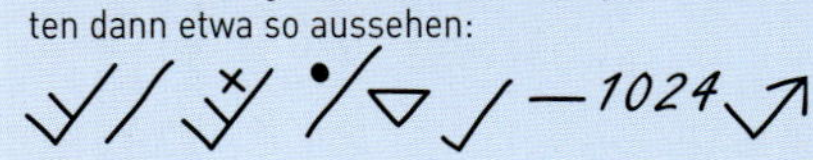

Sie bedeuten: Südwest 4, westdrehend 5–6, Regen, später Schauer, gute Sicht, 1024 hPa (Druck), zunächst fallend, später steigend. Notiere auch Zeit und Datum der Vorhersage.

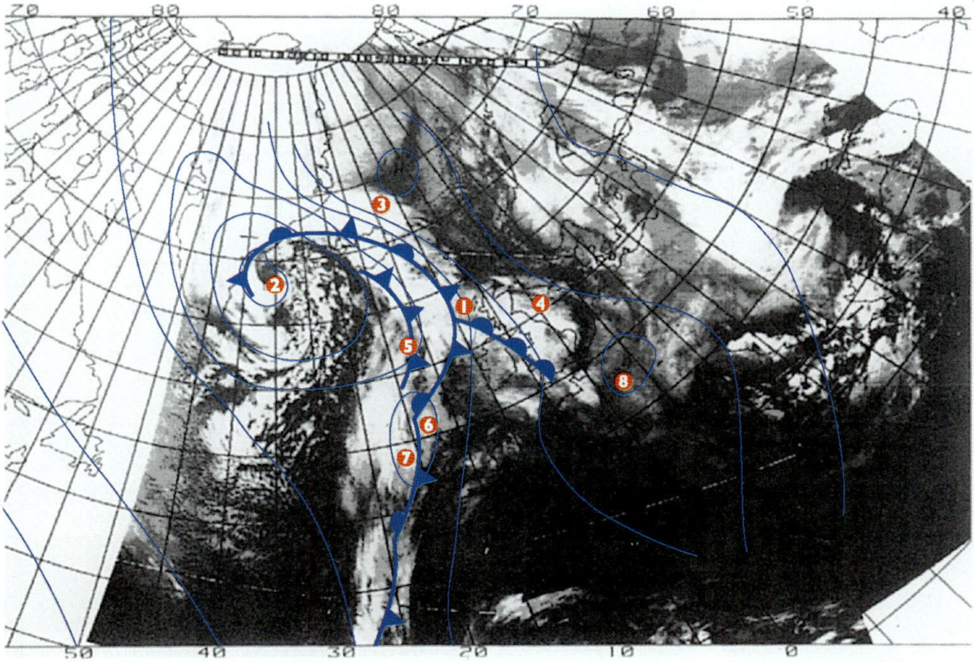

Hier handelt es sich um ein altes, sich auffüllendes Tief (1). Die Kaltfront hat die Warmfront eingeholt und ist zur Okklusion geworden (2). Die Wolkendecke ist im Norden noch dicht (3), Nieselregen und Regen.

Da eine Warmfront aufzieht, verdichten sich die Wolken zunehmend und sinken ab. Regen, im Winter Graupel, gefolgt von Schnee. Hier wird die Front schwächer, die Wolken lösen sich auf (4).

Kaltfronten ziehen schneller als Warmfronten, und eine neu aufziehende Kaltfront kann bedrohlich werden und schweren Regen auslösen. Hier zieht eine zweite aktivere Front auf (5), sie hat sich hinter der ersten entwickelt, in der sich die Wolken beim Abschwächen auflösen. Beachte die scharfe Begrenzung des Aufklarens hinter der folgenden Kaltfront, dann folgt ein Streifen blauen Himmels, bevor sich wieder Schauer und Böen entwickeln (wahrscheinlich am Morgen oder Vormittag über Land, aber jederzeit über der See).

Eine nachfolgende Kaltfront kann ein kleines, ausgeprägtes Randtief mit sich führen (6). Das zieht schnell mit starkem, böigem Wind in wechselnde Richtungen gegen den Uhrzeigersinn und kann recht gefährlich werden, wenn man es nicht erkennt. Beachte die Wolkenbildung. Weiter südlich entsteht ein weiteres Randtief (7), das mit um das Haupttief herumziehen wird.

Das Hochdruckgebiet (8) ist fast wolkenfrei und zum Teil für das Abschwächen der Warmfront, das unter seinen Einfluss geraten ist, verantwortlich.

Wettersymbole

Wenn du einen Wetterbericht aufnimmst, benutze diese Symbole. Die Pfeile verlaufen mit dem Wind, ein ganzer Schrägstrich daran bedeutet zwei Windstärken, ein halber eine Windstärke.

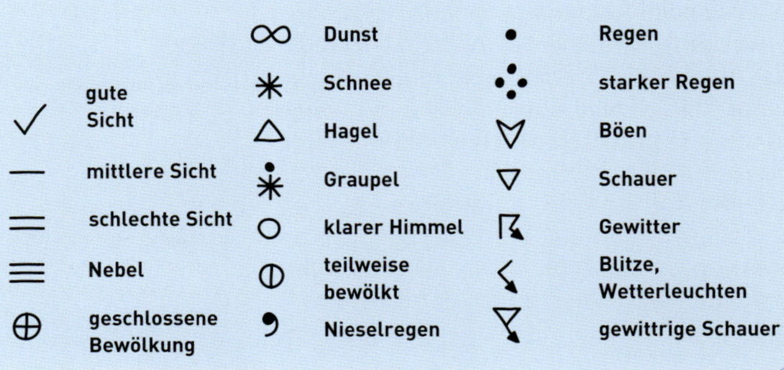

Sichtbare Anzeichen

Um einen Wetterbericht zu nutzen und um seine Richtigkeit zu überprüfen, ist es wichtig, das Wettergeschehen zu beobachten und zu erkennen, was am Himmel vor sich geht. An der Küste können Winde völlig anders sein als vorhergesagt.

Wenn sich das Land stark erwärmt, entwickelt sich eine Seebrise: Die Sonne geht auf, steigt höher und erwärmt die Luft, welche aufzusteigen beginnt und kühlere von der See nachzieht.

Entlang der Küste ist es wahrscheinlicher, dass die Richtung und nicht die Stärke des vorherrschenden Windes beeinflusst wird. Wenn aber dicke Cumuluswolken am Nachmittag über dem Land entstehen, kann die Seebrise in Mündungsgebieten 6–7 Bft (Windstärken) erreichen.

Weht der vorherrschende Wind jedoch ohnehin aufs Land zu, wird er durch die Seebrise verstärkt, ohne dass seine Richtung sich wesentlich ändert. Kommt der Wind von Land, werden die sich bildenden Cumuluswolken aufs Meer geweht. Beim Einsetzen der Seebrise werden sie aufgelöst. Stehen Landwind und Seebrise gegeneinander, entsteht dort oft ein Streifen Wolken mit ausgefranster lockerer Unterseite. Noch bevor die Seebrise einsetzt, nimmt der Wind meistens ab. Im Spätsommer, wenn das Wasser sich erwärmt hat, treten Seebrisen seltener auf.

Hitzegewitter entstehen meistens nachmittags über Land, können aber auf Küstengewässer hinausziehen. Ist es dunstig, kann man die hoch aufsteigenden, sehr feuchten Cumulustürme (Cumulonimben), die sich über Land aufbauen, nicht beobachten. Der Wind, der nach einer Flaute aus diesen Gewitterwolken kommt, kann sehr böig und recht kalt sein und bringt plötzlichen starken Regen oder Hagel.

Ist ein Gewittertief angekündigt, können sich starke Wolken unterschiedlicher Dicke bilden, die neben Blitz und Donner böige Winde aus unterschiedlicher Richtung und schlechte Sicht mitbringen.

Zieht eine Warmfront mit dicken Wolken und Nieselregen auf, wird die Luft, die an Steilwänden nach oben strömt, abgekühlt und bildet orografische (von der Bodenform abhängige) Wolken. Sie liegen dann an der Seeseite der Klippen und verschleiern sie.

Nebel
Über Salzwasser entsteht Nebel sehr viel schneller als über Süßwasser. Seenebel bildet sich, wenn feuchte Luft sich über kaltem Wasser ausbreitet oder wenn kalte Luft die Oberfläche warmen Wassers abkühlt.

Küstennebel kann entstehen, wenn Seenebel von einer Seebrise an die Küste geweht wird oder wenn warme Seeluft über kältere Küstengewässer weht.

Wirst du von Nebel überrascht, nimm die Fahrt zurück und gebrauche das Nebelhorn, setze den Radarreflektor und die Positionslichter, halte sorgfältig Ausguck und lausche. Überprüfe deinen Schiffsort und vermeide, Schifffahrtsstraßen zu nahe zu kommen.

Der Wind verstärkt sich an ausgeprägten Landzungen (Huks), und an der Leeseite bilden sich Wirbel. Halte dich ein paar Seemeilen von der Küste fern. Große Küstenformationen beeinflussen die Windstärke und -richtung einer Seebrise.

In einer scheinbar geschützten Bucht können plötzlich starke Böen auftreten, die über die Klippen kommen. Nachts treten Fallwinde (katabatische Winde) auf, die vom höherliegenden Land kommen und zu leichten Küstenwinden werden.

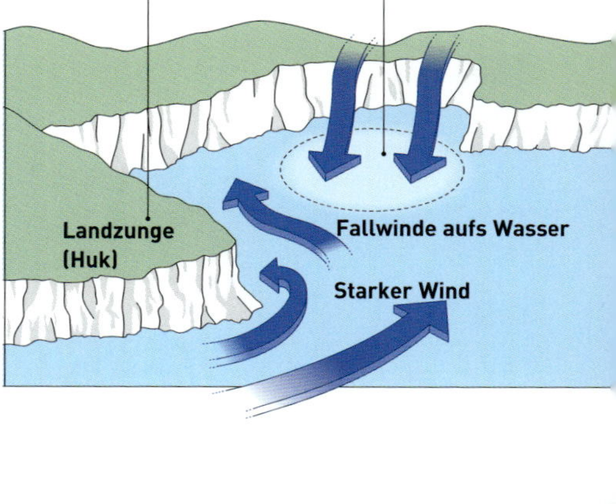

Wenn ein **Kondensstreifen** sich auflöst, ist die obere Luftschicht stabil. Breitet er sich aus, erwarte einen Wetterwechsel.

Ein **großer Halo** (Lichtkranz) um Sonne oder Mond, der innen rötlich ist, weist auf Zirren mit Eiskristallen und ein fernes Tief hin.

Wellenarten

Wellen entstehen dadurch, dass Wind auf die Wasseroberfläche drückt, seine Energie wird von Welle zu Welle weitergegeben. Wellen brauchen Zeit, um Schwungkraft aufzunehmen, und ihre Höhe wird nur teilweise durch die Windkraft bestimmt. An der Küste beeinflussen Tiden, Küstenformation und Wassertiefe das Wellenbild. In tiefem Wasser (1), haben die Welle genügend Raum, um sich auszubreiten; in flachem Wasser (2), werden die Wellen gezwungen anzusteigen und zu brechen. Deshalb wird das Wasser über Flachstellen und Sandbarren turbulent (3).

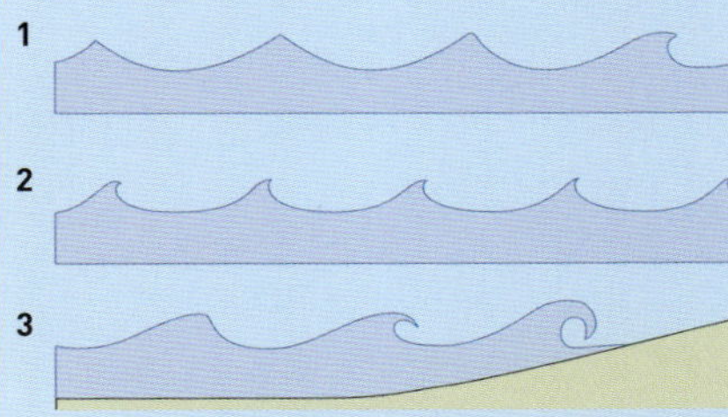

Steile Klippen können die Seebrise, die sich in der Mitte des Vormittags bildet, stoppen und zu Windstößen aus unterschiedlichen Richtungen machen.

Segelt man bei Starkwind entlang einer nach Lee **stark abfallenden Küste**, ist die Gefahr geringer, als in Luv vor einer flachen Sandbank oder einem Riff zu segeln, wo sich starke Wellen bilden.

Steht der Wind gegen die Tide, werden das Wasser kabbelig (die Wellen laufen durcheinander) und die Wellen steil. In einer **flachen Hafeneinfahrt**, besonders, wenn noch eine Barre davorliegt, werden brechende Seen recht gefährlich. Prüfe, ob auch in den Wellentälern das Wasser tief genug ist.

Strömende Luft nimmt immer den einfachsten Weg und zwängt sich auch durch **Flusstäler**. Der Mistral, der das Rhônetal herabbläst, macht deutlich, wie stark der Wind auf diese Art werden kann.

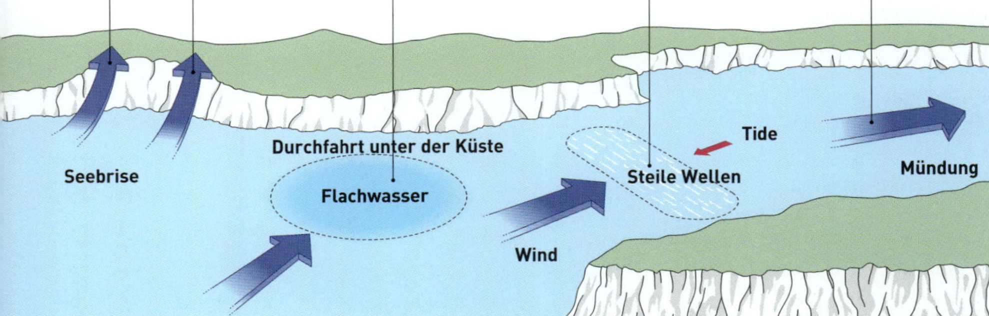

Segelreviere in Europa und der Karibik

Einen Törn planen

Die Vorbereitung und Planung eines Törns und die Vorfreude machen schon das halbe Vergnügen aus. Ein Erfolg hängt u. a. von folgenden Punkten ab:

Wacheinteilung

Die Zahl der Mitsegler und deren Erfahrung bestimmen die Länge eines Törns und die Wacheinteilung. Auf einem 9-m-Boot mit zwei erfahrenen und zwei weniger erfahrenen Seglern ist es gut möglich, mit zwei Wachen zu arbeiten, die jeweils aus einem erfahrenen und einem unerfahrenen Crewmitglied bestehen. Der Skipper sollte jedoch jederzeit abrufbereit sein. Am Tage sind Wachzeiten von sechs Stunden zumutbar, nachts sind es jedoch höchstens drei bis vier Stunden, bei schlechtem Wetter weniger (s. S. 212).

Entfernung

Du kannst davon ausgehen, in 24 Stunden 100 sm (185 km) zurücklegen zu können, oder 60 sm (110 km), wenn es »gegenan« geht. Beim Planen des Törns achte darauf, dass es unterwegs genügend Schutzhäfen oder zumindest hinreichend sichere Ankerplätze gibt, die du anlaufen kannst, falls das Wetter schlecht oder jemand krank wird. Heutzutage wird allgemein für die Navigation das GPS genutzt, bei dem die Route in gerade Einzelstrecken zwischen Wegpunkten zerlegt wird. Wegpunkte müssen mit dem GPS überprüft werden, um Kurs und Distanz zwischen zweien von ihnen bestimmen zu können und dann mit der Karte zu bestätigen. Trage deinen Schiffsort mindestens einmal pro Stunde in die Karte ein, damit du weiterkommst, falls irgendetwas ausfällt. Von einem bekannten Schiffsort aus kann man weiterkoppeln.

Vorschriften

Mach dich schon lange vor der Abreise mit den Vorschriften der Länder vertraut, die du besuchen möchtest. In vielen Ländern muss eine geplante Abreise bei Zoll und Einreisebehörden angemeldet werden. Es gibt jährlich herausgegebene Broschüren, mit denen man einen Törn ins Ausland planen kann und aus denen man erfährt, was in den üblichen Segelrevieren dort nötig ist.

Vor der Abreise

Prüfe, ob deine Papiere in Ordnung sind. Ist dein Boot ordnungsgemäß im Herkunftsland registriert, werden ausländische Dienststellen deine Papiere akzeptieren. Falls dein Boot gechartert ist, führe die Unterlagen mit. Denk auch an deine Führerscheine und das Funkbetriebszeugnis.

Jeder an Bord muss einen gültigen Ausweis oder einen Pass haben. Für manche Länder braucht man Visa. Quarantänebestimmungen und Impfvorschriften sind von Land zu Land unterschiedlich. In einigen Ländern wird für Boote einer bestimmten Größe oder Motorisierung ein Führerschein verlangt.

In den meisten Ländern muss eine Crewliste vorgelegt werden, mit Namen, Geburtsdatum, Anschrift, Ausweisnummer und Status an Bord. Es empfiehlt sich, unter Status immer »Crew« anzugeben, weil ein »Passagier« z. T. Gebühren kostet oder das Boot dafür eine Zulassung braucht.

Prüfe, ob deine Versicherungen auf dem neuesten Stand sind. Sie müssen für das Fahrtgebiet gelten, in dem du segeln willst, und sollte jeden Schaden abdecken, der deinem Boot zugefügt oder von ihm verursacht werden kann. Du selbst solltest eine Haftpflicht- und eine Rechtsschutzversicherung haben. Willst du dein Boot auf einem Trailer transportieren, prüfe, ob es dann versichert ist.

Nimm Geld in geeigneten ausländischen Währungen und in Travellerschecks mit und eine Kreditkarte, die im Ausland gilt. Prüfe, ob es irgendwelche Einfuhrbestimmungen gibt, die du beachten musst.

Versuche, vor der Abreise so viel wie möglich über die Reviere zu erfahren, in denen du segeln möchtest. Immer mehr Informationen findet man auf Webseiten. Geh mit den Namen von Städten in die Suchmaschine. Oft helfen detaillierte Karten und Hafenpläne aus dem Internet und der Zugang zu Bibliotheken übers Internet. Das Informationsmaterial an Bord sollte auf dem neuesten Stand sein.

Denk dran, gültige Tidenkalender, Stromatlanten, Leuchtfeuerverzeichnisse, ein Radio und eine Liste der Wettermeldungen mit Zeiten und Frequenzen (Jachtfunkdienst) mitzunehmen.

Wetter

Plane deinen Törn so, dass du die in bestimmten Jahreszeiten weltweit vorkommenden Schlechtwettergebiete meidest

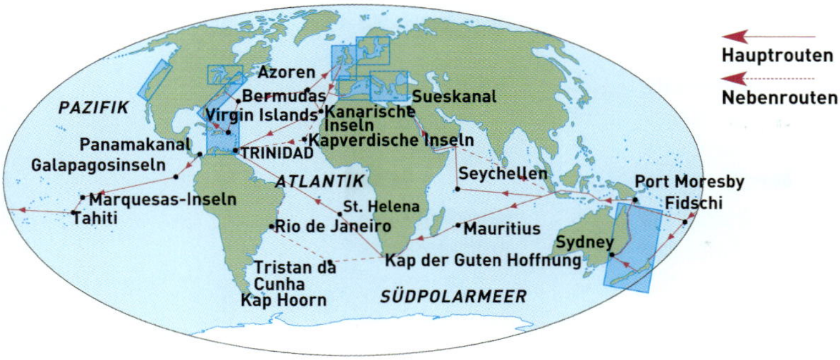

und die besten Winde nutzt. Die Bücher *Segelrouten der Welt* und *Segeln über Ozeane* von Jimmy Cornell beschreiben Winde, Strömungen und Wetter aller Meere. In England und in den USA werden *Routing Charts* herausgegeben, die den gleichen Inhalt vermitteln. Du kannst dein Ziel oft schneller erreichen, wenn du mehr Meilen mit guten Winden segelst, statt auf dem kürzesten Weg gegenan zu gehen oder in Stürme und Flauten zu geraten.

Die beste Zeit für die Abreise zu einer Weltumseglung hängt vom Standort und der geplanten Route ab. Aus Europa empfiehlt sich die Abfahrt im frühen Herbst, wenn man die günstigen Passatwinde nutzen kann, um über den Atlantik zu segeln. Zu Weihnachten ist man dann in der Karibik. Im Januar geht es durch den Panamakanal, sodass man auch im Pazifik auf günstigen Passat trifft. So kann man den Indischen Ozean im August erreichen und auch die Hurrikansaison vermeiden. Das Kap der Guten Hoffnung umrundet man am besten im Südsommer.

Flaggen

Die Flaggen, die üblicherweise auf einer Fahrtenyacht gesetzt werden, sind die Nationalflagge (Nationale), ein Vereinsstander, die Gastlandflagge, wenn man die Hoheitsgewässer eines anderen Landes erreicht und eine Rennflagge, wenn man an einer Regatta teilnimmt. Die Nationale wird normalerweise an einem Flaggenstock am Heck gesetzt. Bei Ketschen und Yawls weht sie im Topp des Besanmastes. Wenn es nicht anders möglich ist, wird sie in ⅔ der Höhe am Achterliek des achterlichsten Segels geführt. Auf See wird die Nationale üblicherweise nur in der Nähe einer Küste und bei einer Begegnung mit anderen Fahrzeugen gesetzt.

Die Nationale sollte immer bei der Einfahrt in einen Hafen, besonders einen ausländischen, gesetzt sein. Es gilt als schlechter Stil, die Nationale über Nacht stehenzulassen. Sie sollte gegen acht Uhr gesetzt und bei Sonnenuntergang, spätestens um 21 Uhr, eingeholt werden.

Beim Erreichen ausländischer Hoheitsgewässer wird die Flagge »Q« des internationalen Flaggenalphabets (s. S. 204–205) gesetzt. Sie muss stehen bleiben, bis das Boot einklariert hat. Setze immer die Nationalflagge des besuchten Landes als Gastlandflagge unter der Steuerbordsaling. Manche Länder bestehen darauf. Stell sicher, dass keine andere Flagge, mit Ausnahme der eigenen nationalen und des Vereinsstanders im Masttopp, höher als die Gastlandflagge gesetzt wird.

Zwischenstopps

Der erste Hafen, den man in einem fremden Land anläuft, muss ein Einklarierhafen sein; die EU gilt in diesem Zusammenhang als ein einziges Land. Warte, bis Beamte zum Einklarieren an Bord kommen oder begib dich mit allen notwendigen Papieren zum Hafenmeister. Niemand sonst sollte das Boot verlassen, bis das Einklarieren beendet ist.

Höflichkeit

Am allerwichtigsten ist es, so höflich zu sein, die Umwelt nicht zu verschmutzen. Aller Abfall sollte in Müllsäcken an Bord gelagert werden, bis er an Land entsorgt werden kann. Das Entsorgen von Öl ins Wasser ist auf der ganzen Welt verboten!

Segelreviere vor der Haustür

Stilles Segeln in Skandinavien

Die unterschiedlichen Gewässer

Die Segelreviere, die von den deutschen Küsten aus direkt erreichbar sind, unterscheiden sich stark nach Landschaft, Gezeiten, Seegangsverhältnissen, Strömungen und Wetter. Von den Binnenrevieren der Niederlande bis zu der Fjordküste Norwegens, von den Unterläufen der deutschen Flüsse bis in die Ostsee im Herzen Skandinaviens reichen die Segelgebiete, die für Urlaubstörns aus deutschen Nord- und Ostseehäfen erreichbar sind. Für alle Arten des Segelns, von Tagestörns für Anfänger bis zu seglerisch anspruchsvollen Reisen im Nordatlantik, gibt es in Nordeuropa Küsten und Reviere.

Im Urlaub können Segler der Nordseeküste durch den Nord-Ostsee-Kanal zügig in die Ostsee gelangen, genauso wie Ostseesegler auch schnell in die Nordsee kommen. Drei Wochen sind lang genug, um bis Mittelnorwegen zu reisen oder die schwedischen Schären zu erreichen. In zwei Wochen kann man die Wattenküste der Nordsee oder die Boddengewässer um Rügen kennenlernen, einen Törn durch die Dänische Südsee machen oder nach Bornholm kommen. Eine Woche ist immer noch genug für eine Reise nach Helgoland, einen Törn auf dem IJsselmeer, das Erkunden einer der deutschen Förden oder das Segeln um Fehmarn oder Rügen.

Der Golfstrom

Dem warmen Wasser, das mit dem Golfstrom aus dem Golf von Mexiko nach Nordeuropa gebracht wird, ist es zu verdanken, dass in Mittel- und Nordeuropa klimatische Verhältnisse herrschen, die es in den entsprechenden Breiten sonst nirgendwo auf der Welt gibt.

Helgoland liegt auf 54° nördlicher Breite: In Amerika liegen dort die zu Alaska gehörenden Aleuten, in Asien die Nordspitze der Insel Sachalin und auf der Südhalbkugel Kap Hoorn. Bergen in Norwegen liegt auf 60° Nord, so weit nördlich wie Südgrönland und die Südküste Alaskas. Auf der gleichen Breite liegt auf der Südhalbkugel die antarktische Halbinsel. Bei 40° Süd beginnen die gefürchteten »Roaring Fourties«, bei 50° die »Furious Fifties« und bei 60° die »Screaming Sixties«. Das sind gefürchtete Reviere mit Kälte, Stürmen und sogar Eisbergen. In Nordeuropa macht ein Sommertörn bis an den nördlichen Wendekreis keine besonderen Probleme. Der südliche Wendekreis führt an den Küsten der Antarktis entlang!

Die hellen Nächte

Im Gegensatz zu anderen Revieren der Welt sind die Sommernächte in Nordeuropa – und dazu gehören die Nord- und die Ostsee – ganz besonders lang. Schon im Mittelmeer wird auch im Sommer spätestens um 21 Uhr »das Licht ausgeknipst«. Hier oben wird es um die Sommersonnenwende eigentlich gar nicht richtig dunkel. In St. Petersburg spricht man von den »Weißen Nächten«, und in Mittelnorwegen kann man in der Mitternachtssonne segeln.

Außerdem gibt es bei uns die langen Dämmerungszeiten. Der Schimmer der Sonne bleibt schon an der deutschen Küste im Sommer die ganze Nacht hindurch wahrnehmbar.

Wetter

Der Golfstrom sorgt in Nordeuropa durch seine höheren Wassertemperaturen für recht günstiges Segelwetter. Auch wenn es nicht genau vorhersehbar ist, folgt es bestimmten generellen Regeln. In unseren Breiten herrschen nord- bis südwestliche Winde vor. Ab Juni kann man über längere Zeit mit schönem Wetter und gutem Segelwind rechnen. Im Juli ziehen oft Gewitter auf, und im August muss man mit in Richtung und Stärke unterschiedlichen Winden rechnen. Für alle Gebiete in Nordeuropa gibt es hinreichend aktuelle, recht zuverlässige Wetterberichte.

Noch einmal: Dank sei dem Golfstrom, der uns in Nordeuropa die vielfältigsten Segelreviere mit besten Bedingungen schenkt.

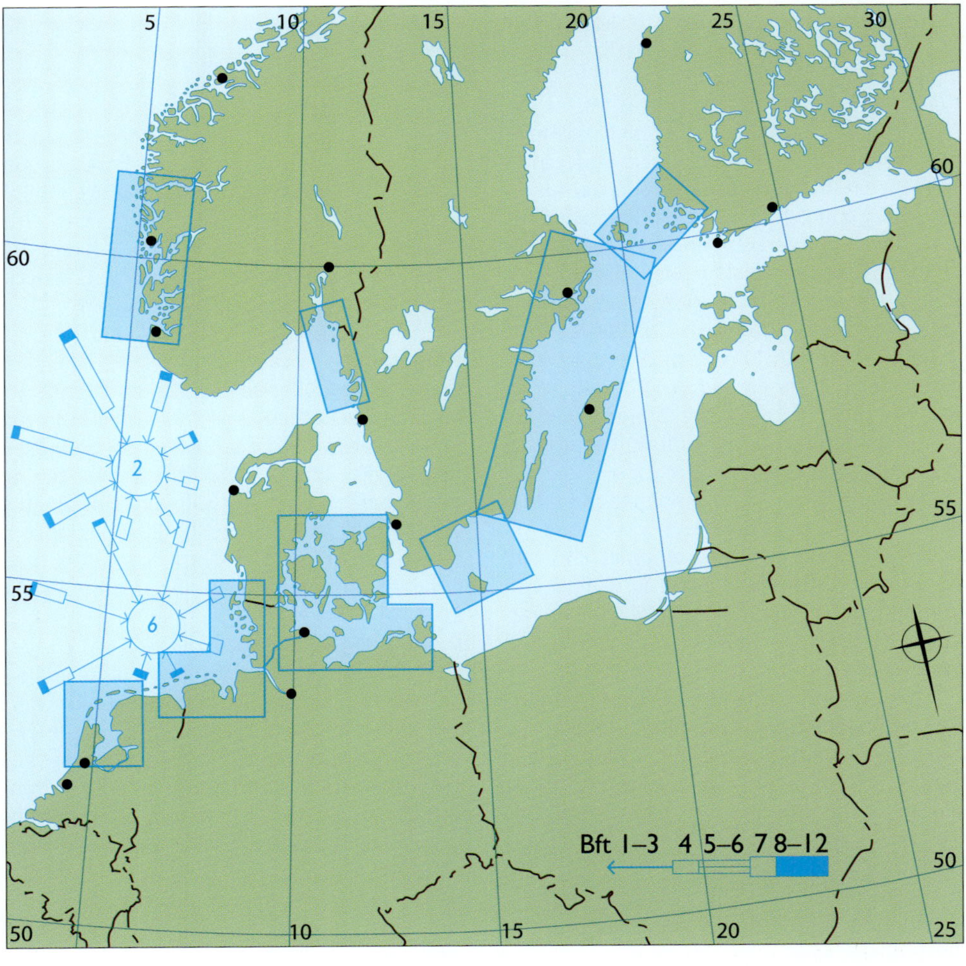

In diesem Abschnitt sind die besten Segelreviere dunkelblau markiert. Die Pfeile der Windrosen geben die Richtung der vorherrschenden Winde an, ihre Länge die relative Häufigkeit. Die Ziffer in der Mitte ist die prozentuale Häufigkeit leichter, veränderlicher Brisen.

Segelreviere der Nordsee

Niederlande
An der Nordsee liegen ganz unterschiedliche Segelreviere, die schnell erreichbar sind. Im Westen liegt das holländische Wattenmeer, die Waddenzee, mit den westfriesischen Inseln Texel, Vlieland, Terschelling, Ameland und Schiermonnikoog. Durch den Abschlussdamm ist das IJsselmeer, eines der Lieblingsreviere nicht nur der Niederländer, von der Waddenzee abgetrennt. Durch zwei ständig betriebene Schleusenanlagen – am westlichen Ende des Abschlussdamms die Schleuse in Den Oever und am Ostende Kornwerderzand – sind die Waddenzee und das IJsselmeer verbunden. In der Waddenzee herrschen Gezeiten, sie unterscheidet sich seglerisch kaum vom Wattenmeer-Revier um die ostfriesischen Inseln vor der deutschen Küste.

Das IJsselmeer ist tidenfrei. Mit seiner Ost-West-Breite von etwa 15 sm (Stavoren –Medemblik) und einer Nord-Süd-Länge von 35 sm (Abschlussdamm–Lelystad) ist es groß genug, um einen ganzen Segelurlaub darauf zu verbringen, zumal auch der Zugang zum fast gleich großen Markermeer durch die Schleusen in Enkhuizen und Lelystad recht einfach ist. Durchs Markermeer kommt man direkt in die Sportboothäfen bei der Innenstadt von Amsterdam, von wo aus der Noordzeekanaal mit einer Länge von etwa 12 sm bei Ijmuiden wieder in die Nordsee führt.

Die niederländischen Binnenseen (»Meere«) und Kanäle bilden romantische und geschützte Segelreviere. Klappbrücken mit freundlichen Brückenwärtern, exakte Betonnung, gut ausgestattete Marinas und gemütliche Häfen sorgen für umfassende Segelmöglichkeiten.

Das ostfriesische Wattenmeer
Zwischen dem deutschen Festland und den ostfriesischen Inseln von Borkum im Westen bis Wangerooge im Osten liegt das Revier des ostfriesischen Wattenmeers, das auch ein Naturschutzgebiet ist. Es ist ein Tidengewässer mit all seinen Vor- und Nachteilen (schnelles Vorankommen mit dem Tidenstrom, genaues Planen nach der Tide, sodass man manchmal sehr früh oder spät lossegeln muss). Hier muss man sich so sorgfältig wie sonst kaum irgendwo an

Im alten Hafen von Monnickendam in den Niederlanden

die Betonnung halten. Für das Trockenfallen im Watt gibt es wegen des Naturschutzes gewisse Beschränkungen, an die man sich streng halten sollte.

Die Zugänge zur offenen Nordsee durch die sogenannten »Baljen« sind wegen der starken Tidenströme und der dadurch möglicherweise entstehenden kabbeligen See nicht immer ganz einfach zu befahren. Auf allen Inseln und an der Küste gibt es hinreichend viele gut ausgestattete Häfen.

Helgoland
Die einzige Hochseeinsel Deutschlands ist ein sehr beliebtes Segelziel. Die Häfen an den Unterläufen und Zuflüssen von Elbe und Weser sowie Wilhelmshaven bieten einen guten Absprung. Mit einer Entfernung von rund 40 sm von der Küste ist die Insel in einem Tag erreichbar. Auch hier sollte man bei der Planung die Tiden berücksichtigen.

Die norwegische Küste
Ganz besonders reizvoll ist das Revier an der norwegischen Küste zwischen Stavanger und Trondheim. Hier liegen die malerischen norwegischen Fjorde mit ihren beeindruckenden Landschaften. Für Törns von der deutschen Küste aus braucht man jedoch einige Zeit. Stavanger liegt rund 400 sm nördlich von Cuxhaven, Bremerhaven und Wilhelmshaven. Nach Trondheim ist es noch einmal so weit. In den Fjorden gibt es geschützte Häfen und Ankerplätze. Die Passagen dazwischen führen übers offene Meer. Das Revier ist daher recht anspruchsvoll.

Vor dem Hafen von Wangerooge. Im Hintergrund links der massige Westturm, rechts davon der Leuchtturm Wangerooge Seefeuer.

Wer die Mitternachtssonne erleben möchte, segelt über den nördlichen Polarkreis hinaus zu den Lofoten oder gar zum Nordkap.

Sonstige Segelziele an der Nordsee

Zum Eingang des Ärmelkanals bei Dover sind es rund 370 sm, zu den Kanalinseln und dem Ausgang des Ärmelkanals etwa 500 sm. Von dort aus geht es zu allen Zielen der Welt.

Besonders schöne Segelziele gibt es in Schottland, bis dorthin sind es ca. 450 sm. Anspruchsvoll sind Törns zu den Orkney-Inseln, den Shetlands und nach Island.

Wetter

Die klimatischen Verhältnisse und das Wetter sind in den angeführten Revieren so unterschiedlich und von den Jahreszeiten abhängig, dass hier nur der Hinweis und der Rat gegeben werden kann, sich über die örtlichen Verhältnisse bei der Planung gut zu informieren.

Ein historisches Plattbodenschiff auf dem IJsselmeer

Segelreviere der Ostsee/1

Segeln im geschützten Revier der Schlei in der weiten Hügellandschaft von Angeln und Schwansen

Die Dänische Südsee
Die Inselwelt der südwestlichen Ostsee hat diesen Beinamen erhalten, weil sie mit ihrer geschützten Lage, ihrem landschaftlichen Charme, aber auch mit ihren navigatorischen Schwierigkeiten irgendwie an die Südsee erinnert. Das Revier reicht von der deutsch-dänischen Flensburger Förde im Westen bis zur Insel Møn am Eingang des Sundes im Osten und dehnt sich von der Südspitze der Insel Falster im Süden bis zu den Ausgängen der Belte und des Sundes zum Kattegat im Norden aus. Der besondere Reiz liegt im Wechsel zwischen teils recht engen Durchfahrten und den dazwischenliegenden größeren Wasserflächen. In diesem Segelrevier lassen sich Törns fast jeder beliebigen Länge planen. Von Kiel aus sind es bis Sonderburg, einem der Eingänge in den Kleinen Belt, etwa 40 sm, von Flensburg aus ist es nur halb so weit. Auf allen Inseln und natürlich auch auf dem Festland gibt es gemütliche kleine Häfen, gut ausgestattete Marinas und ruhige, sichere Ankerplätze.

Der Kleine Belt
Im Süden des Kleinen Belts liegt die Insel Alsen, die man westlich durch die Stadt Sonderburg mit einer sich regelmäßig öffnenden Klappbrücke und den romantischen Alssund und den Alsfjord passieren kann. Der breitere Eingang in den Kleinen Belt führt östlich an Alsen vorbei. Enger wird es in Höhe der Insel Årø, die man ebenfalls westlich oder östlich passieren kann. Vor der Südküste der großen Insel Fünen liegen viele kleinere Inseln, deren größte Ærø ist. Diese Inseln allein sind einen ganzen Segelurlaub wert.

Weiter im Norden liegt die gewundene Durchfahrt bei Middelfart, nördlich derer man schon im Ausgang des Kleinen Belts ist und in Richtung Westküste Jütlands oder zur Insel Samsø im Kattegat weitersegeln kann. An vielen Stellen im Kleinen Belt findet man lange Fjorde wie die Einfahrten nach Hadersleben, Kolding oder Vejle, kleine Inseln, Häfen, Marinas oder Anleger und herrliche Ankerplätze. Auch bei stärkerem Wind baut sich im Kleinen Belt kaum Seegang auf.

Der Große Belt
Auch hier liegt am südlichen Eingang eine beiderseits passierbare Insel: Langeland. Westlich von ihr geht es durch enge Fahrwasser an Rudkøbing vorbei nach Norden. Nördlich von Rudkøbing kann man nach Westen in den Svendborgsund einlaufen und an Svendborg vorbei bis nach Fåborg und in den Kleinen Belt kommen. Fährt man von Rudkøbing aus weiter nach Norden, gelangt man wieder in das Hauptfahr-

wasser des Großen Belts. Von dort an öffnet sich das Gewässer immer weiter und geht in Höhe von Korshavn ins Kattegat über. Von der Nordküste Fünens aus kommt man wieder zum Kleinen Belt oder erreicht Segelziele an der Nordküste Seelands. an der schwedischen Küste entlang nach Norden, erreicht man die schwedischen Westschären, ein ganz besonders interessantes Segelgebiet.

Leuchtturm auf der Insel Omø im Großen Belt

Auch im Großen Belt gibt es sehr romantische Häfen, Marinas und Ankerplätze.

Südlich von Seeland liegen die größeren Inseln Lolland, Falster und Møn und bilden mit vielen kleineren Inseln ein eigenes geschütztes, aber navigatorisch anspruchsvolles Revier (»Smålands Fahrwasser«) zwischen dem Großem Belt und dem Sund.

Der Sund

Der Sund ist das Hauptfahrwasser der Verbindung zwischen der östlichen Ostsee und dem Kattegat, hier herrscht starker Schiffsverkehr. Sein südlicher Eingang liegt etwa in Höhe der schwedischen Insel Falsterbo. Zwischen der Insel und dem schwedischen Festland verläuft der Falsterbokanal, der den Weg um die Südwestecke Schwedens verkürzt. Am Sund liegen die großen Städte Kopenhagen in Dänemark und Helsingborg in Schweden. Besonders beeindruckend ist natürlich ein Besuch der dänischen Hauptstadt. Die Nordküste Seelands hat tiefe Einschnitte mit interessanten Zielen; die alte Wikingerstadt Roskilde ist wohl das beeindruckendste.

Der Ausgang des Sunds ins Kattegat beginnt nördlich von Helsingborg. Fährt man

Wetter

Die Dänische Südsee wird in den Wetterberichten als »Südwestliche Ostsee, Belte und Sund« bezeichnet. In typischen Sommerlagen herrscht hier ein Wetter wie in Norddeutschland. Es gibt alles von ausgesprochenen Schönwetterperioden bis zu völlig verregneten Sommern. In diesem Seegebiet sind jedoch auch weniger freundliche Bedingungen wegen des guten Schutzes und der sicheren Häfen nicht bedrohlich.

Der alte Fischereihafen von Lohals auf der Insel Langeland

Segelreviere der Ostsee/2

Die berühmten Kreidefelsen auf Rügen

Rügen und die Boddengewässer
Die Boddengewässer um Rügen und der innerhalb der Insel liegende Jasmunder Bodden bilden ein einmalig interessantes Segelrevier. Es sind weitgehend geschützte Gewässer, die in einer besonders reizvollen Landschaft liegen. Über die Schönheit der Inseln Rügen und Hiddensee muss hier nichts gesagt werden. Besonders wichtig ist jedoch die Planung beim Segeln in diesem Revier, denn die Boddengewässer sind zum großen Teil recht flach. Besonders geeignet sind hier deshalb kleinere Yachten mit Hub- oder Schwenkkiel und größere Jollen.

Bornholm
Zu Dänemark gehört die Insel Bornholm, die in der Mitte der südlichen Ostsee vor der schwedischen Südküste liegt. Zusammen mit den »Erbseninseln« bildet sie ein eigenes Revier, das für viele ein Ziel ihrer Urlaubsreise ist. Der besondere Reiz liegt in der Landschaft, den malerischen Ortschaften mit ihren kleinen Häfen und den Bauten, zu denen besonders die typischen Kirchen der Insel zählen. Von Kiel bis Bornholm sind es knapp 70 sm.

Die Erbseninseln, von denen Christiansø und Frederiksø bewohnt sind, sind eine Verteidigungsbastion aus dem 17. Jahrhundert. Die beiden Inseln sind durch eine eiserne Hängebrücke verbunden. Die Ruhe und Gelassenheit der nur 100 Einwohner geben den Inseln einen ganz besonderen Charakter. Von den Häfen an der Nordostküste Bornholms bis nach Christiansø sind es etwa 15 sm.

Schwedische Ostküste und ostschwedische Schären
Der reizvolle Teil der schwedischen Ostküste beginnt etwa bei Karlskrona und der Südspitze der Insel Öland, die durch den Kalmarsund vom Festland getrennt ist. Am nördlichen Ausgang des Kalmarsundes,

etwa von Västervik an, beginnen sich Schären, kleine Inseln dicht vor der Küste, auszubreiten.

Västervik ist der Hafen für die Fähren nach Visby, der größten Stadt auf Gotland. Auch diese Insel ist ein reizvolles Segelziel. Die alte Hansestadt Visby mit ihren Kirchenruinen hat einen ganz eigenen Charme.

Die Schären, die bis nach Stockholm immer dichter werden, sind ein besonders herausforderndes Revier. Die vielen flachen, teils bewaldeten Inseln sind sich oft so ähnlich, dass man seine Orientierung nur dann behält, wenn man jede gesichtete Tonne in der Karte abhakt. Fast jedes Inselchen bietet einen Ankerplatz, der besonders im Sommer sicher ist und von dem aus man die Schäre erkunden kann. Oft empfiehlt es sich, beim Ankern Landleinen zu den Inseln auszubringen.

Knapp 50 sm nördlich vom Västervik führt eine tiefe Bucht nach Söderköping, wo der Göta-Kanal beginnt. Er führt über die Binnenseen Vättern und Vänern bis nach Göteborg und dort ins nördliche Kattegat. Der Kanal ist 560 km lang und hat 65 Schleusen. Unterwegs genießt man die schönsten Landschaften Schwedens und interessante Orte.

Will man in Richtung Stockholm weitersegeln, geht es tiefer in die Schären, die hier auch »Schärengarten« genannt werden, hinein. Ein Besuch der schwedischen Hauptstadt lohnt immer. Weitere Segelziele im Bottnischen und Finnischen Meerbusen können die Ålandinseln, Helsinki, St. Petersburg und Tallinn sein.

Blick auf Stralsund und die Insel Dänholm im Strelasund, Ostsee

Das westliche Mittelmeer

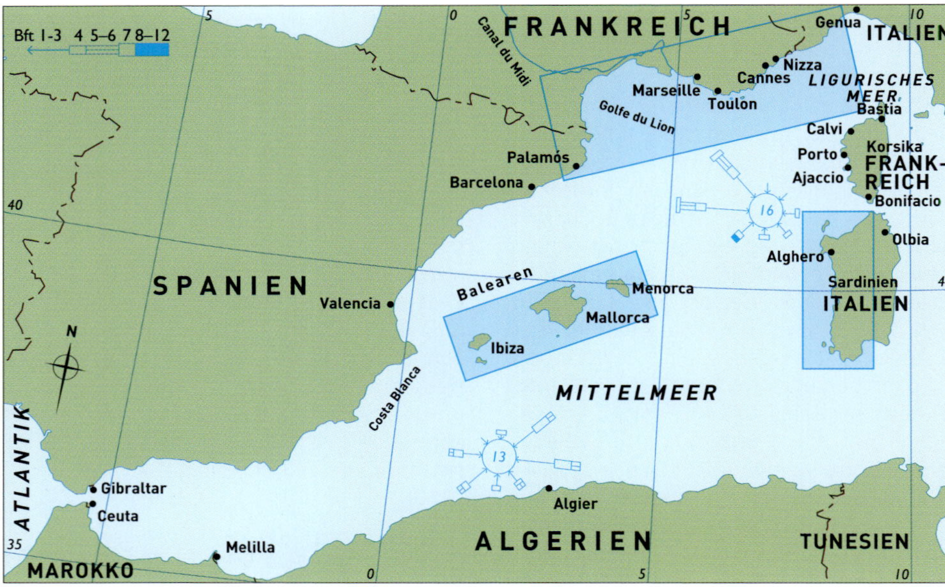

Wege ins Mittelmeer

Von Nordeuropa aus gibt es zwei Wege ins Mittelmeer: durch die Flüsse und Kanäle Deutschlands und Frankreichs oder – der härtere Weg – durch den englischen Kanal, über die Biskaya, um die iberische Halbinsel herum und durch die Straße von Gibraltar.

Wählt man die Route »außen herum«, landet man zunächst an der afrikanischen Nordküste (Marokko) oder an der spanischen Südostküste zwischen Gibraltar und Valencia. Die nordafrikanischen Staaten haben ihre eigenen Einreisebestimmungen; vor einem Besuch sollte man sich genau darüber informieren.

Die spanische Südostküste und die Balearen

Zwischen Gibraltar und Valencia erstrecken sich die mondän-touristischen spanischen Küstengebiete Costa del Sol und Costa Blanca. Die Marinas in diesen Gebieten sind groß und teuer, eignen sich aber gut für den Absprung zu den Balearen, die trotz der touristischen Überlaufenheit noch reizvolle Segelziele und romantische Ankerplätze bieten.

Die balearischen Inseln Mallorca, Menorca, Ibiza und Formentera bilden ein Segelrevier für sich. In einer bis zwei Wochen kann man sie erkunden; in manchen Gebieten und besonders in den romantischen Calas gibt es aber seit einiger Zeit Anlauf- und Ankerverbote, da ihre Beliebtheit zunehmend zu Umweltschäden führt, die durch diese Restriktionen vermindert werden sollen.

Die französische Südküste

Wählt man den Weg durch die Flüsse und Kanäle ins Mittelmeer, ist die französische Riviera häufig das erste Ziel. Hier gibt es mondäne Badeorte und besonders luxuriöse Marinas, aber man findet durchaus auch einfachere Häfen. Der Golf von Lion vor der Rhône-Mündung ist für seine Wetterkapriolen, besonders für den Mistral (nördlicher Starkwind), berüchtigt.

Nach Osten schließt sich die italienische Riviera an, die nicht ganz so feudal ist. Hier findet man viele kleinere Häfen, in denen die italienische Lebensweise vorherrscht. Auch an der ligurischen Küste zwischen San Remo an der französischen Grenze, Genua in der Mitte und La Spezia im Osten gibt es schöne Segelziele, wobei man die großen Hafenstädte wegen der dortigen Umweltverschmutzung und Hektik aber eher meiden sollte.

Korsika, Sardinien und Elba

Die französische Insel Korsika kann man von der französischen Riviera, direkt von Norden von der ligurischen Küste oder von der östlich gelegenen toskanischen Küste aus anlaufen. Am Kap Corse, dem nördlichsten Zipfel der Insel, entscheidet man sich, ob man an ihrer West- oder der Ostküste weiterreisen möchte. An der Westküste liegen neben vielen kleineren Häfen und Marinas die Städte Calvi, Porto und Ajaccio; an der Ostseite Bastia und Porto Vecchio. Im landschaftlich besonders interessanten Bonifacio treffen die Routen wieder aufeinander.

Die Straße von Bonifacio trennt das italienische Sardinien von Korsika; dort liegt auch eine Gruppe von Inseln, deren größte, Maddalena, jetzt als Segelzentrum noch weiter ausgebaut werden soll. An der West- und Ostküste findet man hinreichend viele und sehr typische Häfen und Marinas. In Cagliari am Südende treffen sich die Routen beiderseits der Insel. Sardinien gilt als ein besonders mondänes Segelparadies. Hier finden exklusive Regatten statt, und die Marinas, besonders im Südteil der Insel, verlangen auch entsprechende Preise.

Die wunderschöne Ankerbucht Cala Pi auf Mallorca

Der toskanische Archipel mit Elba als Hauptinsel ist einen ganzen Segelurlaub wert. Neben dem Haupthafen Portoferraio gibt es auf Elba viele kleinere Häfen und Marinas. Von Elba aus kann man einen Abstecher nach Capraia oder Nord-Korsika machen oder im Süden die Inseln Giglio und Giannutri anlaufen. Auf dem Weg nach Süden liegt dann noch Rom mit seinem Hafen Fiumicino, und von dort ist es nicht mehr weit zu den Pontinischen Inseln (Ponza, Palmarola und Ventotene) und zum Golf von Neapel mit seinen vorgelagerten Inseln Capri und Ischia.

Der Golf von Neapel

Der Golf von Neapel bildet mit den ihn begrenzenden Inseln und der Küste um die Großstadt einen ganz besonders reizvollen Abschnitt an der italienischen Westküste. Kommt man von Norden oder von Sardinien, erreicht man im Golf von Neapel zuerst Ischia. Die Insel ist für ihre Thermen bekannt, und mehrere gut geeignete Häfen machen eine Reise um Ischia zum Erlebnis. Im Süden wird die große Bucht von Capri begrenzt. Gegenüber dieser als Reiseziel geschätzten Insel liegt die sehenswerte Stadt Sorrent. Die Stadt Neapel besucht man am besten von Ischia oder Capri aus mit der Fähre.

Auch die weiteren Buchten südlich des Golfes kann man diesem Revier zurechnen. Dort liegt das malerische Positano, »der einzige senkrecht gebaute Ort der Welt«, und das romantische Amalfi. Und etwas mehr als 100 sm südlich liegt schon das nächste attraktive Segelrevier: Sizilien.

Wetter

Die übliche Segelsaison dauert von April bis Oktober. Die besten Segelmonate sind der Juni und der September; das Wasser ist schon bzw. noch warm und die Wetterlage stabil. Juli und August können recht heiß werden. Unter den Küsten von Korsika und Sardinien kann unvorhergesehen Starkwind auftreten, der als Fallwind gefährlich werden kann. Besonders zu beachten ist der Mistral, der sich bis zur italienischen Küste auswirken kann.

Das östliche Mittelmeer

Eine offizielle Grenze zwischen dem westlichen und dem östlichen Mittelmeer gibt es nicht. Es bietet sich an, an der engsten Stelle in der Mitte zu trennen, aber gerade dort liegt das Revier um Sizilien und Malta. Wenn man jedoch die Karte des Mittelmeers von Gibraltar bis Zypern halbiert, ist die Grenze etwas nach Westen verschoben.

Sizilien mit umliegenden Inseln und Malta

Das geschichtsträchtige Sizilien bildet die Mitte dieses Reviers, das teilweise schon afrikanische Züge trägt. Nördlich Siziliens liegen die Liparischen (Äolischen) Inseln, die von Vulkanen geprägt sind. Stromboli und Vulcano sind heute noch aktiv. Im Westen findet man weit vor der sizilianischen Hauptstadt Palermo einsam im Meer die Insel Ustica. Vor der Westspitze Siziliens liegen die Ägadischen Inseln mit ihrer größten, Favignana. Mehr Afrika als Europa ist schon die ebenfalls vulkanisch geprägte Insel Pantelleria, und noch 80 sm weiter südlich liegt der Pelagische Archipel mit Lampedusa, Linosa und noch einigen kleineren Inseln. Von dort aus ist der Sprung an die afrikanische Küste nach Tunesien möglich.

Von der Südküste Siziliens aus ist auch die Überfahrt zu dem ca. 60 sm entfernten Malta möglich. Die Republik Malta mit den Inseln Malta, Gozo und Comino bildet ein eigenes Revier. Man braucht etwa eine Woche, um die Inseln zu umrunden, zum richtigen Kennenlernen reicht das aber nicht aus. Der herbe Charme dieser Inselgruppe offenbart sich dem Segler wie dem Touristen erst auf den zweiten Blick.

Wetter

Das Wetter um Sizilien und Malta ist stark jahreszeitlich bedingt. Im Sommer herrschen Windstille und schwache Winde aus westlichen Richtungen vor, wobei die thermischen Winde oft die Großwetterlage überdecken. Im Winterhalbjahr tritt oft der gefürchtete Grigal auf, ein Nordoststurm, der in den ostsizilianischen und maltesischen Häfen große Schäden anrichten kann.

Kroatische Küste

Dieses Revier ist keineswegs nur der guten Erreichbarkeit wegen bei den Mitteleuropäern so beliebt. Von Rovinj bis Dubrovnik dehnt sich dieses Segelgebiet mit 270 sm an der Ostseite der Adria aus. Besonders die über tausend Inseln, teils karg, wie die Kornaten, teils grün wie Hvar, prägen das Revier. An der Küste liegen sehenswerte Hafenstädte wie Rijeka, Zadar, Split und Dubrovnik, auf den Inseln gibt es verschlafene kleine Orte. In kaum einem anderen Gebiet stehen den Seglern so viele Charterboote zur Verfügung. Die kurzen Entfernungen zwischen den Segelzielen, die ruhigen Gewässer hinter den Inseln und der meist mäßig wehende Wind machen die Küste Kroatiens so beliebt. Von Dubrovnik aus sind es 180 sm bis in die griechischen Gewässer an der Westküste.

Die Ionischen Inseln

Die »Sieben Schwestern« nennen die Griechen ihre Inseln im Ionischen Meer. Die nördlichen sechs bilden ein geschlossenes Segelrevier. Von Nord nach Süd sind es Korfu, Paxos mit der kleinen Insel Antipaxos, dann Levkas, das vom Festland nur durch einen Kanal getrennt ist. Weiter südlich liegt Ithaka, die Insel des Odysseus, und westlich davor Kephalonia. Zakinthos ist die südlichste Insel dieses Reviers, das sich über 80 sm vor der Küste erstreckt. Südöstlich von Ithaka mündet der Golf von Patras, an den sich östlich der Golf von Korinth anschließt. Von Ithaka aus sind es 110 sm bis zum Kanal von Korinth, durch den man in die Ägäis kommen kann. Die weiter entfernte, wenn auch noch diesem Revier zugerechnete Insel Kithira vor der Südküste des Peloponnes kann der Wendepunkt der »Außenrum«-Route in die Ägäis sein.

Das Ägäische Meer

Dieses besonders ausgedehnte Revier erstreckt sich von Athen und der Ostküste des Peloponnes bis an die türkische Küste zwischen Izmir und Antalya. In diesem Bereich liegen die großen Inselgruppen der Kykladen und der Dodekanes mit den größeren griechischen Inseln Chios, Samos und Rhodos. Das Segelgebiet ist zu ausgedehnt und in seinen Teilen so unterschiedlich, dass eine genauere Beschreibung dieses »Traumreviers« hier gar nicht möglich ist. Über 450 sm sind es von Athen bis nach Antalya, und an der türkischen Küste segelt man von Izmir aus mindestens genauso weit bis dorthin.

Wetter

Geeignetes Segelwetter herrscht im östlichen Mittelmeer von April bis Oktober. Örtliche besondere Winderscheinungen, wie die Bora in der Adria und der Meltemi in der Ägäis, sollte man in seine Törnplanungen einbeziehen. Die Bora an der kroatischen Küste kündigt sich durch Cumuluswolken über den Küstengebirgen an, in der Ägäis weht der Meltemi von Juni bis September stark aus Nord bis Nordost. Im Ionischen Meer setzen kurz vor Mittag nord- bis südwestliche Winde mittlerer Stärke ein.

Der malerische Hafen Trsteno an der kroatischen Küste

Die Karibik

Ein herrlicher Ankerplatz in den British Virgin Islands

Die Segelreviere

Dieses Segelgebiet zieht die Segler der ganzen Welt magisch an. Das Wasser ist überall warm und kristallklar, so klar, dass es an schönen Tagen aussieht, als schwebe das Boot in der Luft.

Aber nicht immer sind die Verhältnisse so perfekt, und der Segler muss ständig auf Wetterveränderungen achten, besonders in der Jahreszeit, in der Hurrikane auftreten können. Ist ein Hurrikan im Anzug, sollte man sich nicht darauf verlassen, noch einen sicheren Ankerplatz zu finden, weil die Gründe meistens dann schon überfüllt sind. Aber die Frühwarnsysteme sind heute so gut, dass ein verantwortungsbewusster Skipper rechtzeitig nach Süden aufbechen kann, bevor der Sturm aufzieht.

Darüber hinaus ist, abgesehen von den französischen Gewässern, eine Betonnung nicht vorhanden oder unzuverlässig. Deshalb sollte man so planen, dass ein Einlaufen bei Tageslicht möglich ist.

Fürs Fahrtensegeln eignen sich am besten die Bahamas, die Virgin Islands (die britischen wie die amerikanischen) und die Grenadinen.

Etwa 60 sm östlich von Puerto Rico, wo die subtropische Karibik und der kühle Atlantik zusammentreffen, liegen die unvergleichlich schönen Virgin Islands. Im Schutz der vorgelagerten Inselchen findet man hier viele romantische, vor den Passatwinden geschützte Ankerplätze.

Die besten Versorgungsmöglichkeiten gibt es in Roadtown auf Tortola auf den British Virgin Islands und in der amerikanischen Inselgruppe Charlotte Amalie und Red Hook auf St. Thomas. Möchte man jeden Abend festmachen und Zeit für den Besuch einer Insel haben, sind 40 sm pro Tag eine gute Planungsgrundlage.

Weiter im Norden liegen die fast 700 Inseln der Bahamas. Sie sind sehr flach – der höchste Punkt hat nur 60 m – und die Gewässer sind nicht tief. Mit Booten mit mehr als 1,80 m Tiefgang wird das Segeln dort problematisch. Die Inseln bieten hervorragende Hafeneinrichtungen, besonders in Nassau. Das Segeln bei Nacht ist jedoch recht gefährlich, da es nur wenige Leuchtfeuer gibt.

Wer die Bahamas und die Virgin Islands schon kennt, findet auf dem Abschnitt von

Anguilla bis Antigua, in den Grenadinen und an der Nordküste Südamerikas neue herausfordernde Segelziele. Besonders die Küste Venezuelas ist noch relativ unverbaut und das Leben ist preiswert, auch wenn es dort nur wenige Häfen mit guten Einrichtungen gibt.

Auch Kuba wird zunehmend ein attraktives Segelziel, auch wenn die politische Situation dort nach wie vor unsicher ist.

Wetter

Puerto Rico, die Kleinen Antillen und Venezuela mit seinen Inseln liegen im Passatgürtel. Diese immer wehenden Winde kühlen die Inseln ab. Im Winter liegen die mittleren Tagestemperaturen bei 25 °C und fallen nachts auf 20 °C. Im Sommer, wenn der Passat einschläft, steigen die Temperaturen am Tag auf etwa 32 °C und sinken nachts auf um die 20 °C ab.

Die Bahamas liegen nördlich des Passatgebietes. Das Wetter wird von der Landmasse Amerikas bestimmt. Von November bis April ziehen dort Frontensysteme durch und bringen nördliche Winde und niedrigere Temperaturen.

Hurrikane kommen in den Bahamas und in der nördlichen Karibik zwischen Juni und November recht häufig vor. Südlich von St. Lucia sind sie selten, und in Trinidad und Venezuela gibt es sie gar nicht.

Sicherheit auf See

Sicherheitsausrüstung

Der Umfang der Sicherheitsausrüstung eines Bootes hängt davon ab, wo es segelt, wie groß es ist, wie groß die Crew sein kann und wie groß die Wahrscheinlichkeit ist, in schweres Wetter zu geraten. Beim Kauf eines Neubaus ist nicht viel Sicherheitsausrüstung an Bord, und selbst bei einer Yacht aus zweiter Hand, die als voll ausgerüstet gilt, muss vieles, was abgenutzt, veraltet oder abgelaufen ist, ersetzt werden.

Das Erste, was ein Eigner bzw. Skipper tun muss, ist festzustellen, worin nach seiner Meinung die Gefahren liegen, immer im Bewusstsein, dass der Skipper für die Sicherheit der Crew verantwortlich ist. Nimm dir einen ganzen Tag, um im Boot alles durchzusehen, und überprüfe dabei auch das Treibstoff- und das Frischwassersystem, die Gasleitungen und die Elektrik, damit du dich mit allem vertraut machst.

Planst du eine Liste der Dinge anzulegen, die zu erledigen sind, beginne mit der groben Einteilung in »Sicherheit des Einzelnen«, »der Crew« und »des Bootes«; und denk dabei daran, dass es darum geht, allein mit seinem Wissen und Können auf See mit fast allem selbst fertigzuwerden. Übrig bleiben nur wirkliche Notfälle, Krankheit und Verletzungen, der Ausfall von Ausrüstung und Bootszubehör, das Laufen auf Grund, Wassereinbruch und nicht löschbares Feuer, für die man Hilfe von außen braucht.

Jeder Mitsegler sollte wissen, was passieren kann, welche Sicherheitsausrüstung an Bord ist, wo sie verstaut ist und wie sie eingesetzt wird. Zur Sicherheit des Einzelnen gehört geeignete Kleidung, um Hitze und Kälte zu ertragen, ein Sicherheitsgurt, damit man nicht über Bord geht, und eine Rettungsweste. Wenn jedes Crewmitglied verantwortungsbewusst handelt und weiß, dass Gedankenlosigkeit andere gefährden kann, ist schon viel für die Sicherheit getan.

Wie bei allen Sicherheitsvorkehrungen ist es besser, einen Schaden zu verhindern, als ihn zu bekämpfen, und regelmäßiges Überprüfen und Instandsetzen richtig eingebauter Systeme hilft, Schäden gar nicht erst entstehen zu lassen.

Liste der Sicherheitsausrüstung

Die Mindestausrüstung eines Bootes umfasst fürs Küstensegeln (A) und Hochseesegeln (B) Folgendes:

Für den Einzelnen	A	B
1. warme Kleidung, Ölzeug, Seestiefel, Rettungsweste, Sicherheitsgurt	*	*
Crew		
1. Rettungsinsel für die ganze Crew		*
2. Hufeisen-Rettungsring mit Treibanker und Rettungsleuchte	1	2
3. Schwimmende Sicherheitsleine	*	*
4. Markierungsboje		*
5. UKW-Funkgerät	*	*
6. EPIRB		*
Boot		
Segel und Maschine		
1. Trysegel oder Reffeinrichtung fürs Großsegel, Sturmfock	*	*
2. Reservebatterie für den Anlasser oder Handstarthilfe	*	*
Anker		
1. mit geeigneter Kette	1	2
2. starke Festmachmöglichkeit auf dem Vordeck	*	*
Bilgepumpe und Lenzhilfen		
1. Pütz mit Leine	2	2
2. Bilgepumpe (eine elektrische für B)	2	2
Erkennung		
1. Radarreflektor, Positionslichter, Nebelhorn, Glocke, starker Scheinwerfer	*	*
Signalmittel		
1. Handfackel, 4 x rot, 4 x weiß	*	*
2. Rauchfackel, 2 x orange		*
3. Rauchsignal (Abwurfboje), 2 x orange		*
4. Fallschirmrakete, rot	2	4
Feuerlöschgerät		
1. Löschdecke	*	*
2. Pulverlöscher, 2 kg	2	2
Radio		
1. für Wetter- und Schifffahrtsnachrichten	*	*
Navigationsgerät		
1. Seekarten, Tidenkalender, Nautische Tafeln, Hafen- und Seehandbücher	*	*
2. Steuerkompass, Handpeilkompass	*	*
3. Besteck für die Kartenarbeit, Barometer, Echolot oder Handlot, Uhr	*	*
4. GPS		*

Der Hufeisen-Rettungsring (1) sollte so angebracht sein, dass er vom Rudergänger gut erreichbar ist und schnell gelöst werden kann. Die **Markierungsboje** (2) kann am Achterstag in zwei dort angelaschten Rohrstücken oder am Heckkorb verstaut werden. Eine **Heckleiter** (3) macht es jemandem, der über Bord gefallen ist, leichter, wieder ins Boot zu kommen (solange er vom Propeller frei bleibt).

Die **Rettungsinsel** wird am besten im offenen Cockpit, direkt vorm Mast an Deck (4) oder in einer Backskiste untergebracht, wo sie im Notfall gut zugänglich ist. Die Rettungsinsel muss im Notfall vor dem Zuwasserlassen an Bord an einem festen Punkt gesichert sein.

Aus Gründen der Stabilität sollten **Frischwassertanks** (5) unten im Boot eingebaut werden. Reinige sie oft und prüfe, ob sie verunreinigt sind. Sorge dafür, dass Seeventile zur Pantry, zur Toilette und zur Maschine (6) nach Gebrauch oder vor Verlassen des Bootes geschlossen werden.

Ein nasses, rutschiges Deck ist gefährlich, besonders, wenn man darauf arbeiten muss. Alle Oberflächen, auf die man tritt, sollten darum mit einem **Antirutschbelag** belegt sein (7). **Netze**, die an den Relingsdurchzügen befestigt werden (8), verhindern, dass ein Vorsegel oder gar ein Kind außenbords fällt.

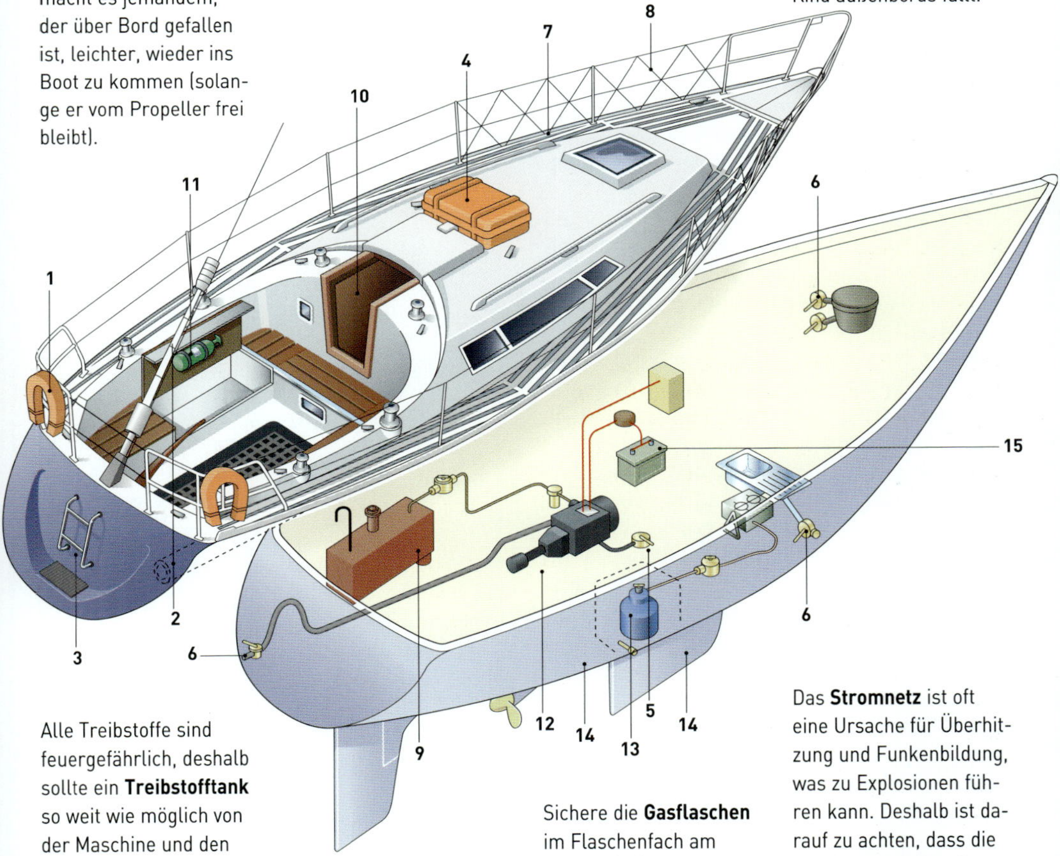

Alle Treibstoffe sind feuergefährlich, deshalb sollte ein **Treibstofftank** so weit wie möglich von der Maschine und den heißen Auspuffrohren entfernt eingebaut sein. In der Nähe sollte ein **Feuerlöscher** (9) angebracht werden. Außerdem auch je einer am Niedergang innen (10), am Vorluk, in der Pantry und in einer Backskiste (11).

Der **Maschinenraum** (12) muss sauber und gut belüftet sein. Alle Treibstoffleitungen sollten aus Kupfer sein und Öl-Auffangbleche tief genug, damit sie bei Krängung nicht überlaufen.

Sichere die **Gasflaschen** im Flaschenfach am Cockpit (13), das einen direkten Abfluss durch die Bordwand hat. Dreh immer das Gas am Herd und an der Flasche ab, dazu gibt es gute Gas-Fernventile. Ein Gas-Sensor in der Bilge (14) gibt zusätzliche Sicherheit.

Das **Stromnetz** ist oft eine Ursache für Überhitzung und Funkenbildung, was zu Explosionen führen kann. Deshalb ist darauf zu achten, dass die Kabelquerschnitte der Stromstärke entsprechen und Isolation, Sicherungen und Erdung in Ordnung sind. Batterien sollten möglichst dicht beim Anlasser in einem gut belüfteten Kasten, der säurefest ausgekleidet ist, eingebaut sein (15).

Notsignale

Selbst alles seemännische Wissen und alle Sicherheitseinrichtungen, die man kaufen kann, machen dein Boot nicht 100 % sicher. Das Meer ist nicht beherrschbar, und manchmal geraten Boote und ihre Besatzungen in Situationen, in denen sie Hilfe brauchen. Auch Krankheiten und Verletzungen können das Abbergen sogar fern von jedem Hafen nötig werden lassen.

Das UKW-Funkgerät ist immer noch ein wichtiger Teil der Ausrüstung, es ist heute jedoch nicht mehr das einzige Mittel, Hilfe zu rufen. Das GMDSS (Global Maritime Distress and Safety System), das seit den 1990er-Jahren eingeführt ist, macht es möglich, dass ein Boot, wenn es mit dem DSC (Digital Selective Calling), einer besonderen, mit GPS gekoppelten Einrichtung des Kurzwellenfunks ausgestattet ist, seine Identität, seinen Schiffsort und die Art des Notfalls mit einem Knopfdruck übermitteln kann. Ist der Kontakt hergestellt, wird er auf dem UKW-Kanal 16 aufrechterhalten.

Aber UKW kann nur über Entfernungen von 15–20 sm empfangen werden. Deshalb braucht man weiter draußen ein Gerät, das auf Mittelwelle, Grenzwelle oder am besten weltweit auf Kurzwelle mit DSC arbeitet. Als Seenotsender arbeitet auch eine EPIRB (Emergency Position Indicating Radio Beacon). Das Gerät überträgt auf Kurzwelle mit 406 MHz den Notalarm mit der Identität des Bootes und seinem Schiffsort. Die Signale werden von Satelliten empfangen und zu Bodenstationen weitergegeben, die einen Einsatz der Such- und Rettungsdienste auslösen. Heute ist ein EPIRB auf fast allen Yachten Standard.

Die EPIRB kann von Hand ausgelöst werden und sollte so angebaut werden, dass es frei schwimmen und automatisch auslösen kann, falls das Boot sinkt und niemand mehr den Knopf drücken kann.

Das SART (Search and Rescue Transponder) ist ein Gerät, das im Notfall ein Signal aussendet, das von Radargeräten erfasst wird. Das ermöglicht es in der Nähe fahrenden Schiffen, aber besonders Rettungsfahrzeugen, die genaue Position des Bootes zu erkennen.

Trotz dieser elektronischen Geräte müssen der Skipper und die Crew wissen, wie ein Mayday-Ruf über Funk abgesetzt wird.

Einen Mayday-Ruf absetzen

Jeder Skipper, der ein UKW-Funkgerät an Bord hat, ist gesetzlich verpflichtet, mindestens das Beschränkt gültige Funkbetriebszeugnis (SRC) zu haben. Das hängt insbesondere mit der komplizierter gewordenen technischen Ausstattung der Funkgeräte für Notrufe zusammen.

Man muss aber davon ausgehen, dass der Skipper nicht immer in der Lage ist, einen Notruf über Funk abzusetzen. Dieser Punkt sollte auch in der Einweisung für alle Mitsegler vor Antritt eines Törns angesprochen werden, denn im Notfall muss jeder um Hilfe rufen können. Zugleich sollte der folgende Text, ergänzt mit den besonderen Daten des Bootes (im Text doppelt unterstrichen), gut sichtbar neben dem Funkgerät angebracht werden:

Im Notfall wie folgt vorgehen:

Funkgerät Kanal 16 einschalten

Sprechtaste drücken, Text:

Mayday Mayday Mayday

Yachtname Yachtname Yachtname

Position vom GPS ablesen; **xx Grad xx Minuten Nord (Süd)**
xxx Grad xx Minuten Ost (West)
Alle Ziffern einzeln angeben!
(Wenn du es kannst, sag das auf Englisch!)

Art des Notfalls

Warte auf Antwort!
Antwortet niemand, wiederhole den Ruf.
Antwortet weiterhin niemand, **drück den roten Knopf** *(Distress)* und warte auf Antwort!

Für Fragen musst du wissen:
Das **Rufzeichen** dieses Bootes ist ______
Die Identifizierungs-Nummer **MMSI** ist

______

Gib einen kurzen Bericht über die erwartete Hilfe, wenn erforderlich auf Englisch.

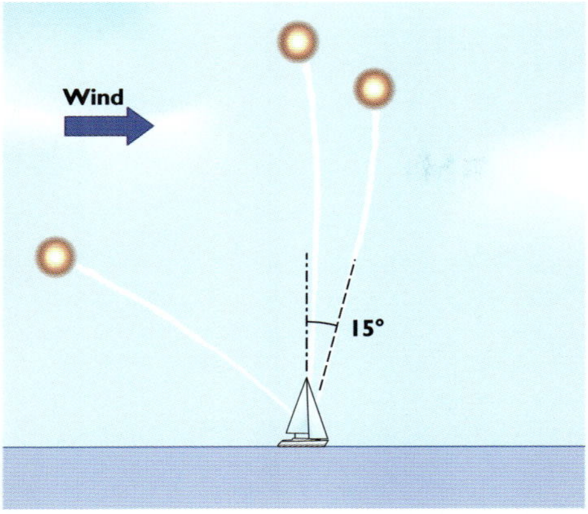

Raketen richten sich gegen den Wind. Schieße sie deshalb senkrecht oder in einem Winkel von 15° nach Lee ab. Halte Handfackeln nach Lee, damit keine brennenden Teile auf die Kleidung oder in die Rettungsinsel fallen.

Vermeide nachtblind zu werden, wenn du weiße Warn-Handfackeln zündest, schütze deine Augen vor dem blendenden Licht. Benutzt du Fackeln, welche nur kurze Zeit brennen, zünde zwei im Abstand von einer Minute.

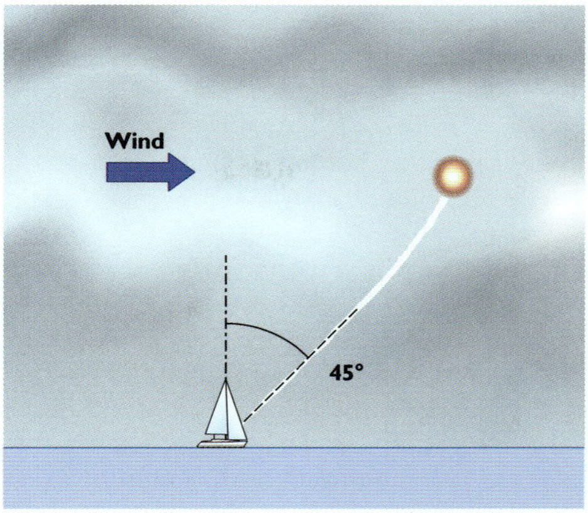

Bei niedrigen Wolken schieße die Raketen in einem Winkel von 45° nach Lee ab, dann bleibt das Licht unter der Wolkendecke sichtbar. Bei schlechter Sicht lass welche für bessere Sicht übrig.

Signalmittel haben eine Verbrauchszeit von drei Jahren, wenn sie gut aufbewahrt werden. Untersuche sie zweimal jährlich und prüfe, ob sie Verbrauchserscheinungen haben. Bei Verdacht ist es besser, sie zu ersetzen.

Seenotsignalmittel haben zwei Aufgaben, Aufmerksamkeit zu erregen und die Position anzuzeigen. Welche du mitnehmen solltest, hängt vom Revier ab. Auf **Binnengewässern** solltest du mindestens zwei rote Handfackeln und zwei orangefarbene Rauchfackeln dabei haben. In **Gewässern vor der Küste** brauchst du zwei rote Fallschirmraketen, zwei rote Handfackeln und zwei orangefarbene Rauchfackeln. Auf **hoher See** solltet du vier rote Fallschirmraketen, vier rote Handfackeln und zwei orangefarbene Rauchsignal-Abwurfbojen, an Bord haben sowie für nachts vier weiße Handfackeln.

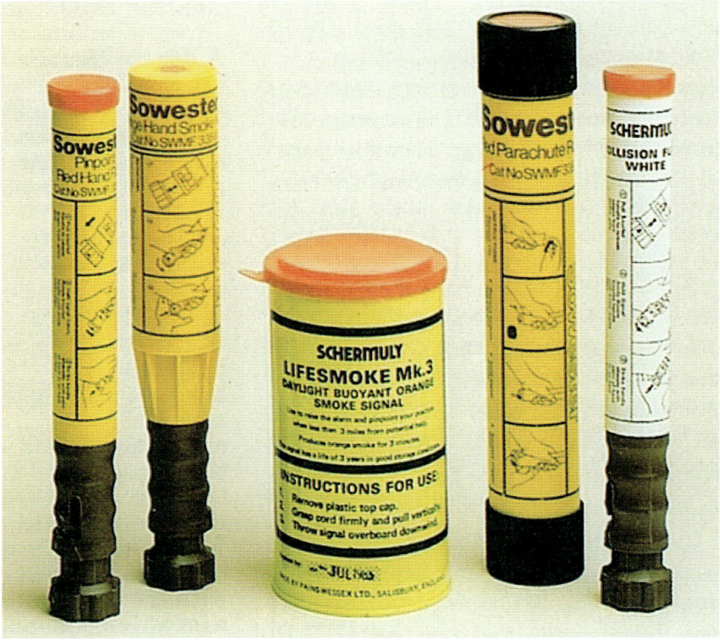

Rote Handfackeln brennen etwa 1 min lang. Sie sind auch bei weniger Sicht und stärkerem Wind zu gebrauchen.

Rauchsignal-Abwurfbojen brennen 3 min, benutze sie, um Flugzeuge aufmerksam zu machen.

Fallschirmraketen tragen ein helles rotes Licht bis in eine Höhe von 300 m und leuchten 30 s lang.

Mensch-über-Bord-Manöver

»Mensch über Bord!« ist ein Ruf, den jeder Seemann fürchtet. Von erfahrenen Seglern ist bekannt, dass sie dabei auf Null geschaltet und versäumt haben, schnelle lebenswichtige Maßnahmen zu treffen.

Mensch-über-Bord-Manöver sind so oft beschrieben worden, dass sie auf gefährliche Art in die Kategorie fallen können: »Das weiß ich doch schon, also zum nächsten Kapitel.« Bevor du das tust, frag dich doch einmal, ob du als Skipper dein Boot tatsächlich so ausgerüstet hast und deine Crew wirklich so geübt ist, dass sie bei Nacht und zunehmendem Wind von 4 Bft und Böen von 5 Bft eine Person finden und aufnehmen können?

Fällt eine Person über Bord, verringert sich das Sichtbare an ihr auf Fußballgröße, und niemand, auch nicht der erfahrendste Skipper, kann garantieren, eine Person bei schlechten Bedingungen wiederzufinden, geschweige denn wieder ins Boot zu holen. Selbst bei moderaten Bedingungen: Überbordgehen bedeutet das Risiko, nicht wiedergefunden zu werden.

Geübte, sichere Arbeitsweisen tragen viel dazu bei, die Crew da zu behalten, wo sie hingehört – an Bord. Sicherheitsgurte und an Deck befestigte Strecktaue sind die besten Sicherheitseinrichtungen. Rettungswesten, die immer dann getragen werden, wenn die Gefahr des Überbordgehens besteht, halten eine Person an der Wasseroberfläche. Sie sollten immer mindestens 150 N (das sind etwa zusätzliche 15 kg Auftrieb) haben. Für erwachsene Nichtschwimmer sollten es 275 N sein. Festkörperwesten werden oft als unbequem empfunden, Westen mit eingesetzter CO_2-Patrone werden lieber getragen.

Im Wasser schützt eine isolierende Rettungsweste vor Wärmeverlust, besonders, wenn man die HELP-Stellung (Heat Escape Lessening Posture, dt.: eine den Wärmeverlust mindernde Haltung) einnimmt. Man hält die Arme dicht an der Seite der Brust, presst die Oberschenkel zusammen und zieht sie so dicht wie möglich an den Körper.

Mensch-über-Bord-Manöver
Wichtig ist, sofort Maßnahmen zu treffen, wenn jemand über Bord fällt. Hier ist ein Verfahren, um jemanden wieder ins Boot zu holen (an den Segelschulen werden verschiedene Manöver unterrichtet):

1 Wer es sieht, ruft sofort: »Mensch über Bord!«, und zeigt mit ausgestrecktem Arm auf die Person im Wasser. Ein Crewmitglied tut nichts anderes, als die Person dauernd im Auge zu behalten.
2 Der Mitsegler, der am dichtesten an der Markierungsboje ist, wirft sie hinaus und ruft: »Boje ist klar!« Hat das Boot GPS an Bord, wird die Taste MOB (Man Over Board) gedrückt, um die Position festzuhalten.
3 Steure das Boot in den Wind, um die Fahrt zu verringern.
4 Starte den Motor, aber lass ihn im Leerlauf, bis du ihn vielleicht für das letzte Anlaufen brauchst.
5 Halte die Segel back, um weiter Fahrt zu verlieren.
6 Dreh das Boot mit backgesetztem Großsegel, bis der Wind achterlicher als querab einfällt.

Die Bergeschlaufe macht das Retten einer Person sehr viel einfacher. Dieses Teil der Sicherheitsausrüstung wird vor allem beim »Quick-Stop-Manöver« eingesetzt. Die Schlaufe kann auch zum Aufhieven der Person mit einem Fall und einer Winsch oder einer Talje am Baum benutzt werden. Im Fachhandel gibt es eine ganze Reihe anderer Rettungsmittel, die zum Teil zu Systemen zusammengefasst sind. Jedes hat seine Vorteile und es lohnt, sich umzusehen.

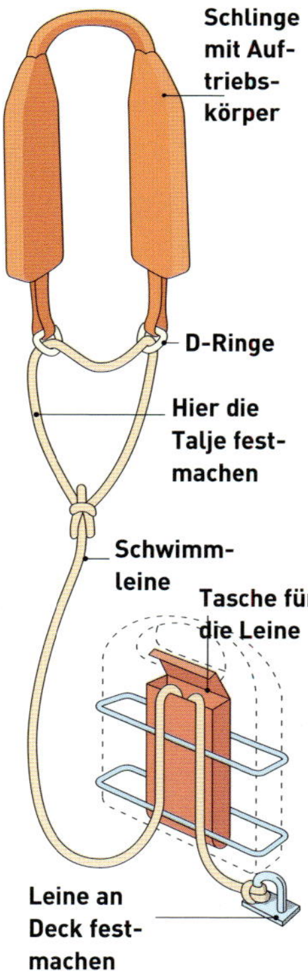

7 Behalte für zwei bis drei Bootslängen den Halbwind- bis Raumschotskurs bei, bevor du vor den Wind gehst.
8 Birg die Vorsegel und setz das Großsegel mittschiffs.
9 Bleibe auf dem Kurs vorm Wind, bis die Person im Wasser achterlicher als querab ist.
10 Fahr eine Halse.
11 Nähere dich der Person mit 45–60° am Wind.
12 Stell mit einer Wurfleine Kontakt zu der Person her und hole sie an die Luvseite. Hol die Person über die Leiter ins Boot. Trägt er oder sie eine Rettungsweste oder einen Rettungsgurt, kann man auch eine Winsch einsetzen.

Übe dieses Manöver immer wieder, damit es fast automatisch abläuft, wenn es nötig wird.

Geht jemand über Bord, ist die Zeit entscheidend. Dieses Manöver ist eine Variante des Quick-Stop-Manövers, sie beruht auf einem sofortigen Wegnehmen der Fahrt und lässt langsames Annähern an die Person im Wasser zu.

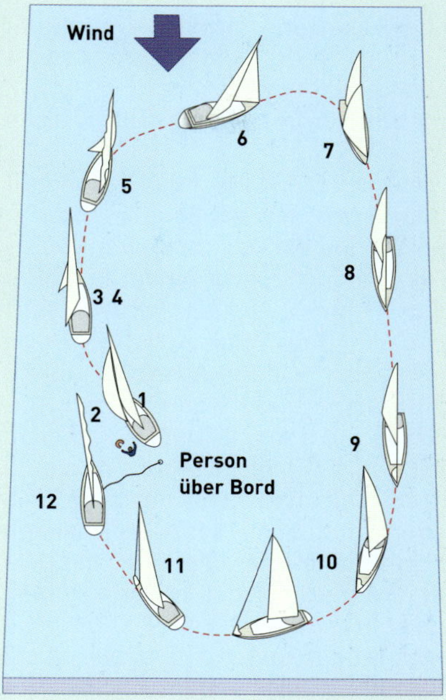

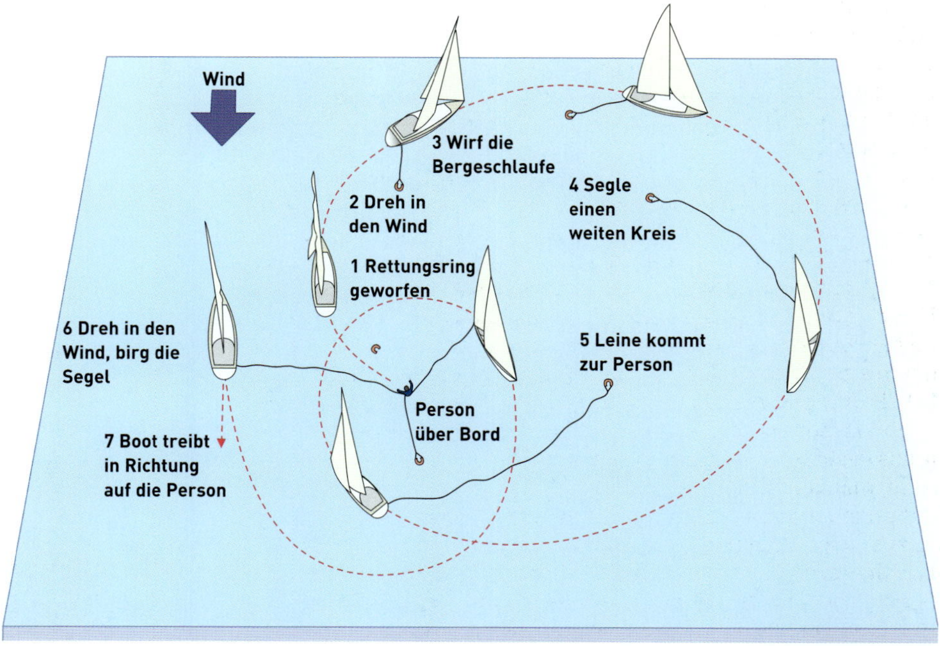

Beim Quick-Stop-Manöver dreht das Boot sofort in den Wind, und die Bergeschlaufe wird ausgeworfen. Die Fahrt des Bootes streckt die Rettungsleine, und die Kreisfahrt zieht Leine und Schlaufe nach innen zu der Person im Wasser. Die zieht die Schlaufe über den Kopf und die Arme.

Ruderschäden

Ist ein Boot nicht mehr steuerbar, können Boot und Besatzung durchaus gefährdet sein. Deshalb ist es wichtig, vorauszuplanen und Material und Gerät mitzunehmen, mit dem ein Notruder hergestellt werden kann.

Auf den meisten modernen Booten hilft die Konstruktion des am Skeg angehängten oder frei ins Wasser ragenden Ruderblatts, die Abdrift zu vermindern; nimmt diese Einrichtung Schaden, wird es sehr schwierig, das Boot stabil zu halten. Es ist fast unmöglich, ein Spatenruder unterwegs zu reparieren oder zu ersetzen. Dagegen ist es auf den meisten Booten nicht allzu schwer, ein Notruder am Rumpf zu befestigen, und man kann überlegen, ob man eines mitführen sollte. Mit einem klassischen Langkieler, bei dem das Ruderblatt am Heckspiegel hängt, ist man viel besser dran.

Verklemmt das Ruder und kann es nicht sofort wieder beweglich gemacht werden, ist es wichtig, sofort die Fahrt aus dem Boot zu nehmen, indem man die Segel wegnimmt oder den Motor stoppt. Ist das Ruder nicht seitlich festgeklemmt, kann man ein kleineres Boot vorübergehend mit einem Paddel steuern. Ist es nicht möglich, unter Segeln voranzukommen, versuche es mit dem Motor, wobei du mit dem Notruder gegen die Propellerwirkung steuern musst.

Pinnen brechen recht selten; wenn sie aber gebrochen sind, ist es schwierig, sie zu ersetzen. Ein besonderes Problem liegt darin, dass die meisten Pinnen mit einem Spezialbeschlag am Ruderstock befestigt sind. Ist ein Stück der Pinne, vielleicht 30 cm lang, noch fest am Ruderstock, kann man irgendetwas anlaschen oder eine Leine anbringen, über die man mit den Winschen das Ruder bewegen kann. Aber vielleicht solltest du überlegen, eine Ersatzpinne mit einem Ruderkopf mitzunehmen.

Sei immer darauf vorbereitet, ein Notruder benutzen zu müssen, und probier es einmal aus.

Notruder

Wenn der Ruderstock unter Deck bricht, das Ruderblatt aber noch an seinem Platz und beweglich ist, kann ein Ruder, das am Kiel angehängt ist (1), mit Leinen bewegt werden, die hinten am Ruderblatt angebracht und ins Cockpit geführt werden. Ein Spatenruder (2) ist viel schwieriger so zu bewegen, weil die Leinen weit vorn mit Blöcken über das Schandeck ins Cockpit geführt werden müssen. Bohre vorsorglich ein Loch ins Ruderblatt.

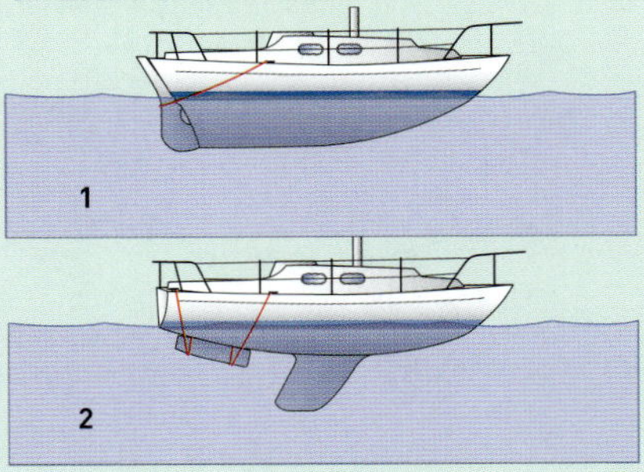

Radsteuerung

Bei einer Radsteuerung brauchst du eine schnell aufsetzbare Notpinne. Das Rad dreht in der Rudersäule ein Zahnrad, das eine Kette bewegt (1). Ein Drahtseil (2), das von der Kette zum Quadranten (3) führt, läuft über Umlenkrollen (4). Ist das Steuerseil zu lose und rutscht es von einer Rolle, kann es blockiert werden. Dann muss das Ganze repariert werden.

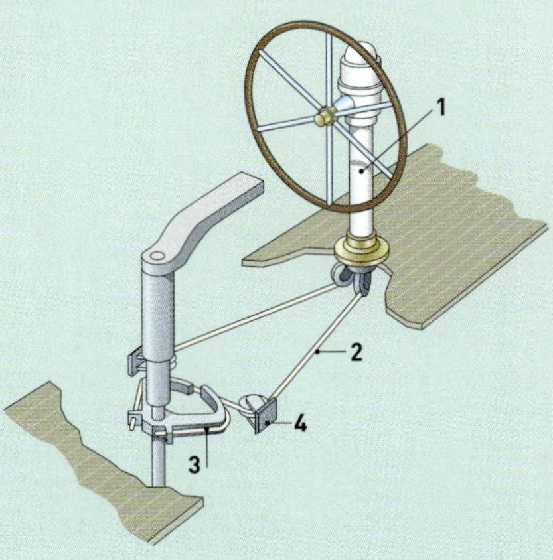

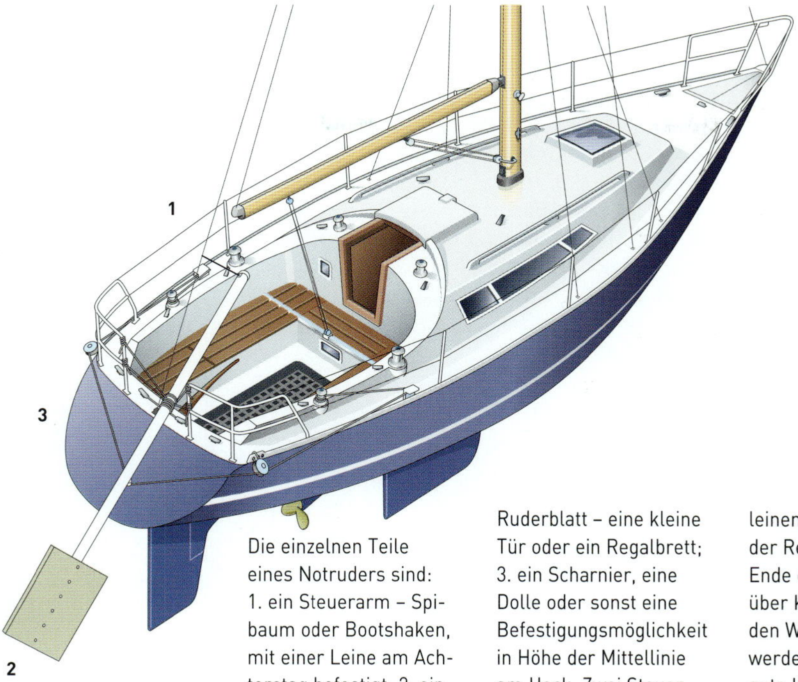

Die einzelnen Teile eines Notruders sind: 1. ein Steuerarm – Spibaum oder Bootshaken, mit einer Leine am Achterstag befestigt; 2. ein Ruderblatt – eine kleine Tür oder ein Regalbrett; 3. ein Scharnier, eine Dolle oder sonst eine Befestigungsmöglichkeit in Höhe der Mittellinie am Heck. Zwei Steuerleinen, die außerhalb der Reling vom äußeren Ende des Steuerarms über Klappblöcke zu den Winschen geführt werden, bringen eine gute Kraftverstärkung.

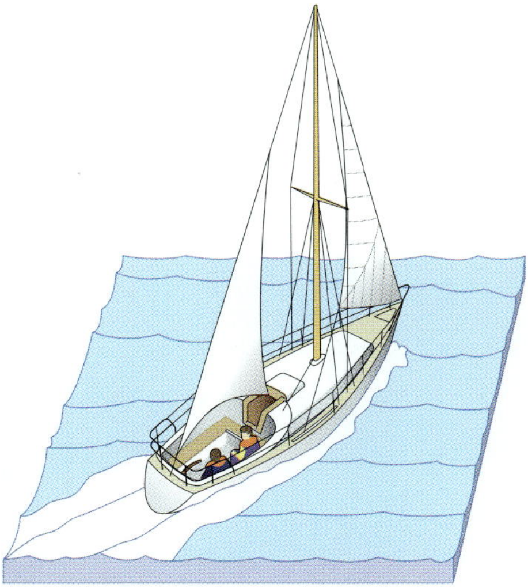

Boote mit geteiltem Rigg können nur mit den Segeln gesteuert werden, indem man das achtere Segel fiert oder dichtholt. Bei einer Slup kann man ein großes Vorsegel für den Vortrieb setzen, welches das Boot leegierig macht. Am Achterstag wird eine Fock als Steuersegel angeschlagen. Wird die Schot gefiert, fällt das Boot ab, wird sie dichtgeholt, luvt es an.

Man kann eine Steuerwirkung auch dadurch erreichen, dass man auf Kosten der Bootsgeschwindigkeit einen angemessen großen Gegenstand – wie einen kleineren Reifen – hinterherschleppt, der mit einer Hahnepot an der Schleppleine auf die eine oder andere Seite gebracht werden kann. Je weiter der Zug nach außen gebracht werden kann, desto größer ist die Steuerwirkung.

Schäden am Rigg

Das stehende Gut ist sorgfältig entworfen worden, um mit wenig Luftwiderstand den Mast in allen Richtungen stabil zu halten. Bricht eines der Wanten oder Stage, kann der Mast brechen oder umfallen.

Untersuche das Rigg regelmäßig auf abgenutztes Tauwerk, beschädigte oder fehlende Bolzen, festgefressene Wantenspanner, »Fleischhaken« in Drahttauen und repariere oder ersetze die Teile so bald wie möglich. Entdeckst du beim Segeln einen Schaden, steure das Boot so, dass die Stelle so wenig wie möglich belastet wird, bis sie repariert werden kann.

Gebrochene Wanten und Stage können oft durch nicht benutzte Fallen vorübergehend ersetzt werden. Außerdem sollte man immer eine Stück flexibles Stahldrahttau 7x19 der Stärke 5 oder 6 mm dabei haben, das so lang wie das längste Stag ist und gegebenenfalls auf die richtige Länge gekürzt werden.

Masten brechen fast nie auf die gleiche Art; der einzige Rat, den man deshalb geben kann, ist, so viel wie irgend möglich vom Rigg zu erhalten, Fallen, Wanten, Segel und Teile des Mastes. Hast du Glück im Unglück, dann bleibt oberhalb der Unterwanten genügend stehen, um ein einigermaßen wirksames Notrigg aufzubauen.

Masten, die sich verbogen haben oder angebrochen sind, sollten so schnell wie möglich an Deck gesichert werden. Das größte Problem ist häufig das Bergen des Großsegels, weil es in der Keep (Hohlschiene) festsitzt – besonders wenn der Mast geknickt oder gebrochen ist. Versuche die Keep an der Bruchstelle mit Hammer und Meißel oder Schraubendreher zu öffnen, damit dort die Rutscher herausgleiten können. Ist das Segel mit Mastrutschern in einer Schiene angeschlagen, musst du möglicherweise die Rutscher vom Segel abschneiden.

Geht der Mast über Bord, tut er das meistens nach Lee, mit der Gefahr, dass er durch Stöße weiteren Schaden am Rumpf anrichtet. Versuche, den Mast irgendwie herauszuholen und an Deck zu sichern, während du einen Plan machst, wie du ein Notrigg setzen kannst, um wieder nach Hause zu kommen.

Notrigg

Wenn du Spieren an Bord hast, kannst du ein Notrigg errichten. Steht der untere Teil des Mastes noch, kannst du ihn verlängern, indem du ein Steilgaffel-(Gunter-)Rigg ansetzt, das heute noch bei Jollen verwendet wird. Nimm den Spibaum, den Baum oder das abgebrochene Oberteil des Mastes, bilde daraus die Gaffel und lasch das Großsegel daran. Das Spriet-Rigg (unten) vergrößert ebenfalls die Segelfläche, nutzt dazu jedoch den unteren Teil des Großsegels. Nähe für die Spriet eine Schlinge an das Achterliek, dazu kannst du vielleicht die achtere Kausch einer Reffreihe nutzen. Das untere Ende der Spriet sollte verstellbar sein, damit man sie spannen kann.

Steilgaffel-Rigg

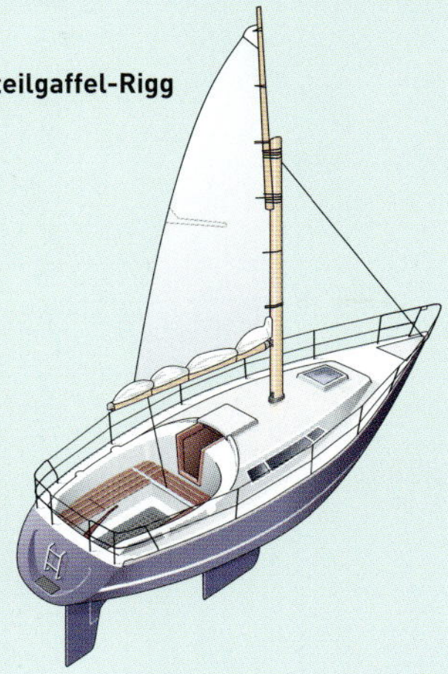

Spriet-Rigg

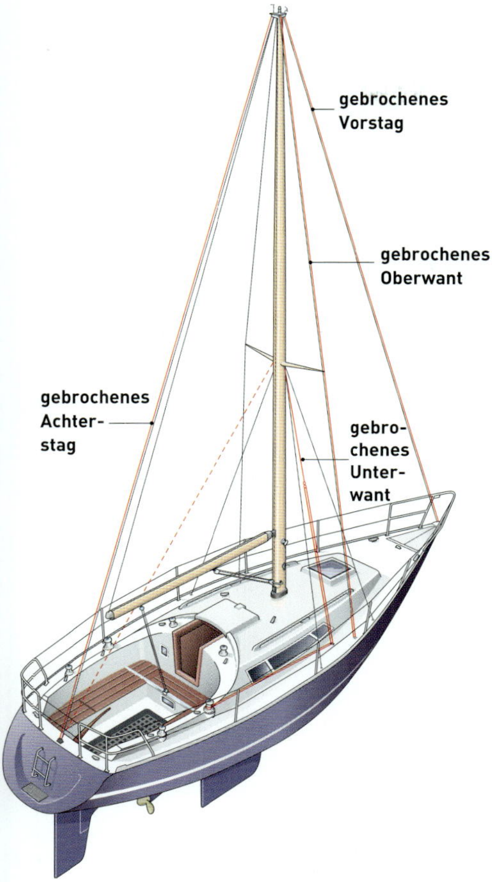

Wenn das **Vorstag** reißt, kippt das ganze Rigg nach achtern. Fiere sofort die Großschot und fall auf einen Raumschotskurs ab oder geh vor den Wind. Ein nicht benutztes Spi- oder Vorsegelfall kann am Vorstagbeschlag am Bug angeschlagen und dann durchgesetzt werden, um den Mast zu halten.

Bricht das **Achterstag**, kann das ganze Rigg nach vorn fallen. Geh hoch an den Wind und setz die Großschot kräftig durch. Dadurch geht das Boot einigermaßen gut durch die Wellen, ohne stark zu rollen und ohne das Rigg seitlich schwingen zu lassen. Benutze die Dirk oder ein freies Fall, um den Mast nach achtern zu verstagen.

Die **Wanten** hindern den Mast, sich seitlich zu bewegen. Bricht eines unter Last, ist es wahrscheinlich, dass auch der Mast bricht. Tut er es nicht, fahr sofort eine Wende, damit der Wind von der anderen Seite kommt. Wenn ein Oberwant reißt, bricht der Mast meistens direkt über der Stelle, an der die Unterwanten angreifen. Bricht eines von denen, nimm alle Spannung aus dem Rigg – Baumniederholer, Fallen usw. – sobald das Boot durch die Wende ist. Ersetze das Want durch eine Leine, die über einen Klappblock an der Fußreling auf eine Winsch geführt wird.

An einem gebrochenen Stahldrahttau kann man eine Leine anbringen. Dazu wird mit Drahtseilklemmen eine Bucht mit einer Kausch gemacht, an der die Leine mit einem Palstek oder einem gespleißten Auge, das mit einem Hohlfitt gebildet wird, festgemacht wird. Auch ein Blutknoten (s. S. 39) hilft hier weiter.

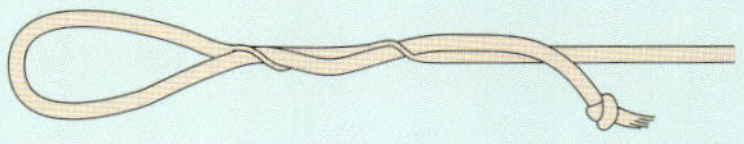

Checkliste beim Mastverlust

1 Nicht den Motor starten. Leinen können in der Propeller gelangen.
2 Nicht an Deck herumrennen. Es besteht die Gefahr, über Bord zu fallen.
3 Steck eine Polsterung zwischen Mast und Rumpf. Fender und Cockpitkissen eignen sich.
4 Hol den Mast längsseits.
5 Nimm die Segel vom Mast, um sie zu schonen, du brauchst sie noch.
6 Schneide nur die Drahtseile und Fallen ab, welche die Bergung des Mastes behindern.
7 Hol den Mast aus dem Wasser.
8 Lasch ihn an Deck fest.

Feuer an Bord

Feuer und Explosionen sind der Hauptgrund für Schäden an Sportfahrzeugen und Verletzungen von Personen an Bord. Die meisten Wassersportler kennen die Gefahren und Notfälle, die mit dem Wassersport zusammenhängen, und die Ausrüstung ihrer Boote spiegelt das wider: Schutz vor Regen und Spritzwasser, große leistungsfähige Pumpen und zuverlässige Dieselmotoren. Die meisten Eigner sind aber beklagenswert unwissend, was den Brandschutz und die Brandbekämpfung betrifft, besonders auch, was die unterschiedlichen Arten von Bränden angeht.

Die größte Brandgefahr geht vom Herd und seinen Brennstoffen, der Maschine und ihrem Treibstoff, den Batterien und von Rauchern – gleichermaßen Zigaretten- wie Pfeifenrauchern – aus.

Brennstoffe für Herde sind Spiritus, Petroleum und Flaschengas. Die Brennstoffe – außer Flaschengas – sollten in auslaufsicheren Behältern aufbewahrt werden, der Inhalt wird mit einem geeigneten Trichter in den kleinen Behälter im Herd umgefüllt. Gasflaschen sollen außerhalb der Kajüte in gasdichten Stauräumen mitgeführt werden und mit nahtlosen Kupferrohren und zugelassenen Schläuchen mit dem Herd verbunden sein. Einbau und Reparaturen dürfen nur von speziell ausgebildeten Fachleuten vorgenommen werden. Weil das Gas schwerer als Luft ist, wandert ausgelaufenes Gas durchs ganze Boot in die Bilge. Ist irgendwo eine offene Flamme oder entsteht ein Funke, wird das Gas entzündet und es explodiert so, dass das ganze Boot zerstört wird. Sorge immer dafür, dass das Boot gut belüftet ist, und leere die Bilge nach längerer Abwesenheit mit der Handpumpe oder einer Pütz. Viel häufiger, aber weniger gefährlich ist ein Brand in der Pantry, der mit einer Feuerlöschdecke (sie sollte immer in der Nähe des Herdes griffbereit sein) oder einer feuchten Wolldecke erstickt oder mit einem Pulverlöscher gelöscht werden kann. Nimm nie Wasser, wenn Fett oder Öl brennt, das würde die Flammen nur weiter verteilen.

Manche Skipper erlauben nicht, dass unter Deck geraucht wird. Nicht nur wegen der Belästigung anderer, sondern auch, weil es ein sehr hohes Feuerrisiko darstellt.

Motor und Treibstoffsystem

Moderne Dieselmotoren sind sehr sicher; brennt er jedoch, ist das Feuer verheerend. Benzinmotoren müssen sehr viel sorgfältiger behandelt werden. Sie sollten eine Rückschlagsicherung im Vergaser, Abtropfbleche, eine Entlüftungsleitung und mindestens zwei Absperrhähne für die Benzinleitung und die Treibstofffilter haben. Einfüllstutzen, Benzintank und Motorblock müssen gut geerdet sein. Der Maschinenraum braucht einen feuersicheren Ventilator.

Flammen-Rückschlagsicherung

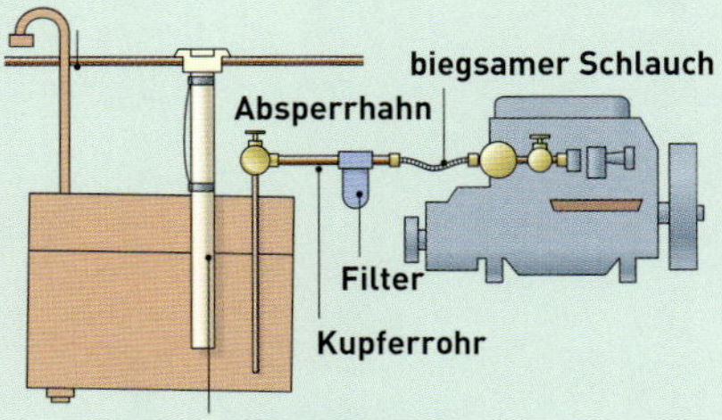

Feuerlöscher

Löscher mit Trockenpulver (s. Abb.) versprühen ein chemisch wirkendes Pulver. Sie können bei allen Feuerarten eingesetzt werden und ersticken schnell die Flammen. Haben sie ein Ventil, das mehrfach geöffnet werden kann, bleibt ein Rest Löschmittel für mögliches Wiederaufflammen.

Für den Motorraum gibt es Feuerlöscher, die bei zu großer Hitze automatisch ausgelöst werden. Achte darauf, dass Halonlöscher in Europa verboten sind. Leider werden sie noch immer gehandelt. Es bleiben Anlagen mit CO_2. Alternativen sind noch in der Entwicklung.

Wie viele Löscher brauche ich?
Die Zahl der Feuerlöscher, die man an Bord haben sollte, unterscheidet sich von Boot zu Boot:
Sportfahrzeuge bis zu 9 m Länge:
Drei Löscher der größten Größe, die man unterbringen kann, jedoch nicht unter 1,5 kg. Trockenpulver oder Schaum. Ersatzmittel für Halon sind in der Entwicklung.
Sportfahrzeuge über 9 m Länge:
Drei Pulverlöscher, mindestens einer davon mit 3 kg Inhalt, die anderen beiden mit 1,5 kg.
Motorkreuzer mit starken Maschinen und großen Mengen Treibstoff:
Zwei Pulverlöscher mit mindestens 3 kg; drei oder mehr davon, wenn das Boot über 9 m Länge hat.

Lecks von Gas- oder Treibstoffleitungen
1 Stell den Motor ab, offene Flammen sofort löschen und den elektrischen Strom abschalten, Rauchen einstellen.
2 Treibstoff- und Gasleitungen an Tank oder Flasche zudrehen.
3 Alle Luken und Bullaugen öffnen und das Boot gut durchlüften, bevor Reparaturen beginnen.

Falls es brennt
1 Alarm auslösen – »Feuer!« rufen.
2 Nimm eine Feuerdecke, um die Flammen zu ersticken oder dich selbst zu schützen.
3 Bekämpfe das Feuer mit einem Löscher, richte ihn auf den Brandherd.

Niemals Wasser in die Elektrik, auf Treibstoff oder Herdbrände (außer auf Holz) schütten.

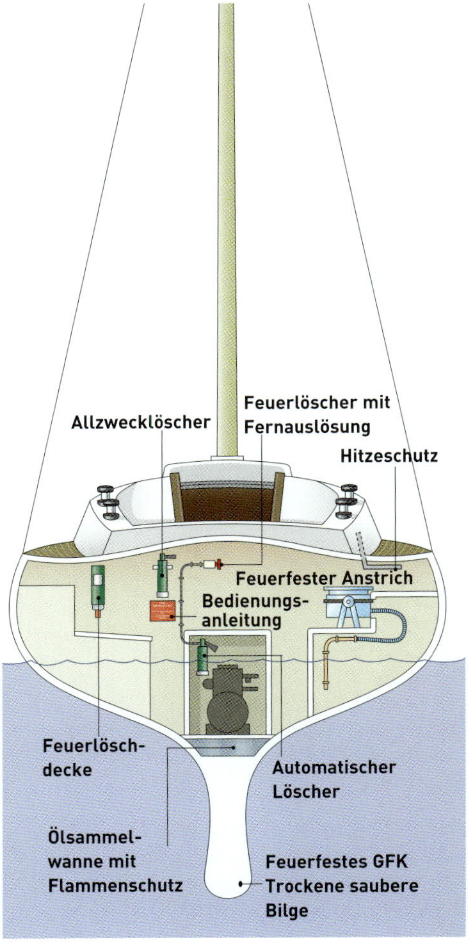

Der beste Brandschutz ist ein eingebautes Löschsystem mit Fernauslösung, ergänzt durch tragbare Handfeuerlöscher, eine Feuerlöschdecke, einen Hitzeschutz über dem Herd, einen feuerfesten Anstrich und einen Gasmelder.

Flüssiggas- und Benzinleitungen sollten mit einer Warnanlage versehen werden, mit der gemeldet wird, wenn sich der Luftdruck ändert. Ein anderer Typ löst Alarm aus, wenn ein Gas, das leichter als Luft ist, den elektrischen Widerstand in einem Platin- oder Palladiumdraht ändert.

Kohlendioxid-Löscher verteilen ein Flammen erstickendes Gas, das die sauerstoffhaltige Luft ersetzt und keine Ablagerungen hinterlässt. CO_2 ist ein ausgezeichnetes Löschmittel für brennende Flüssigkeiten und Feuer in der Elektroanlage. Es sollte aber nicht eingeatmet werden.

Eine **Kohlendioxid-Löschanlage** mit Fernauslösung ist besonders für den Maschinenraum und die Räume der Treibstofftanks geeignet. Sie besteht aus einem Zylinder mit CO_2 und einem Verschluss, der vom Cockpit aus gesteuert von einem Stift durchschlagen wird und das Gas austreten lässt.

Das Boot verlassen

Die Erfahrung aus der jüngeren Vergangenheit hat deutlich gezeigt, dass du auf keinen Fall das Boot aufgeben solltest, es sei denn, dass es tatsächlich untergeht. Musst du allerdings tatsächlich in eine Rettungsinsel, sei beruhigt: Sie hat schon vielen Crews das Leben gerettet. Manche waren sehr lange Zeit darin.

Die meisten Rettungsinseln sind aus Nylongewebe, das mit Gummi aus Naturkautschuk überzogen ist, auch wenn heute neue synthetische Ummantelungen üblich werden. Die Insel besteht üblicherweise aus zwei voneinander unabhängigen Auftriebsschläuchen, einer über dem anderen. Sie werden automatisch mit CO_2 oder Stickstoff gefüllt, wenn die Insel mit der Fang-/Reißleine aktiviert wird. Die meisten Hersteller bieten einen Doppelboden, der besser isoliert.

Die Stabilität wird durch Kentersäcke bewirkt, die unten dranhängen und sich mit Wasser füllen. Aber gering beladene Rettungsinseln haben trotzdem noch Stabilitätsprobleme. Neuere Untersuchungen haben ergeben, dass ein Treibanker an einer genügend langen Leine gegen das Umschlagen hilft. Die meisten Rettungsinseln haben ein selbstaufrichtendes Dach zum Schutz vor Nässe, Kälte und Sonne. Auf unterschiedliche Art werden die Einstiegsluken geschlossen und dicht gehalten; manche haben ein Klarsichtfenster für einfacheren Ausguck.

Alle Hersteller liefern ein Seenotausrüstungspack mit, aber die Qualität und die Brauchbarkeit des Inhalts lassen manchmal zu wünschen übrig. Prüfe den Inhalt und begegne Mängeln durch Vorbereiten eines eigenen Notpacks, der schnell greifbar ist. Versuche, dafür zu sorgen, dass so viele Mitsegler wie irgend möglich eine praktische Übung mit einer Rettungsinsel mitgemacht haben. Sorge schließlich auch dafür, dass deine Rettungsinsel regelmäßig gewartet und in den vorgeschriebenen Intervallen vom Hersteller überprüft wird.

In die Rettungsinsel übersteigen

Ideal ist es, direkt vom Deck des sinkenden Bootes in die Rettungsinsel zu steigen, aber das geht nicht immer. Manchmal kippt eine Rettungsinsel um oder bläst sich verkehrt herum auf. Die beste Art, sie aufzurichten, ist, ins Wasser zu gehen, auf den Zylinder zu steigen und mit der Aufrichtleine oder den Gurten die Insel in die richtige Lage zu bringen. Das ist selbst bei einer Übung kein einfacher Job und kann unter härteren Bedingungen zum Kampf ausarten.

Gute Handgriffe aus haltbarem Gewebe sind genau so wichtig wie gute Sicherheitsgurte in der Insel. Auch die Bauart der Einstiegsleiter muss stimmen. Ist sie zu kurz, ist es schwierig, den Fuß auf die unterste Stufe zu setzen, ist sie zu lang, rutschen die Beine unter die Insel. Sie hat die richtige Länge, wenn deine Hüfte beim Einsteigen in Höhe des oberen Randes kommt, denn dann kannst du einfach hineinrollen.

Ablauf beim Verlassen des Bootes

1 Setz einen letzten MAYDAY-Notruf ab. Name des Bootes, vermutete Position, Zahl der Crew, und teile mit, dass du das Boot verlassen willst.
2 Die Crew legt Rettungswesten an, bevor sie sich im Cockpit versammelt.
3 Stell sicher, dass die Fangleine der Rettungsinsel gut haltbar am Boot befestigt ist.
4 Bring die Insel zu Wasser, prüfe, ob sie ganz aufgeblasen ist, und leg sie am Cockpit längsseits.
5 Ist noch Zeit, mach die Insel innen trocken.
6 Schneide die Relingsdurchzüge durch, damit die Crew nicht hinüberklettern muss.
7 Lade die Signalmittel, zusätzliche Bekleidung, Funkgerät (ein wasserdichtes UKW-Handfunkgerät ist ein Muss), GPS-Handgerät, die EPIRB, Rettungsdecke zum Schutz vor Unterkühlung (das alles sollte im Seenotpack sein) in die Insel. Zusätzlich sollten noch alle möglicherweise vorhandenen Handys in Plastiktüten, Verpflegung und Wasser sowie zwei lange Leinen mit. Alles muss gut gesichert werden.
8 Als Erstes sollte der kräftigste Mitsegler in die Insel, er kann sie halten und den anderen helfen.
9 Schneide die Fangleine erst durch, wenn die Insel neben dem Boot nicht mehr sicher ist.

Bevor die Rettungsinsel abgeworfen wird: 1. Prüfe, ob die Fangleine fest ist. 2. Löse oder schneide die Haltegurte durch und wirf die Insel nach Lee. 3. Zieh die Fangleine stramm und reiße sie heftig, damit die CO_2-Flasche ausgelöst wird. 4. Warte, bis die Insel voll aufgeblasen ist und lasse sie etwas vom Boot abtreiben. 5. Verlade die Seenotausrüstung. Schneide die Fangleine erst dann durch, wenn es nicht mehr sicher ist, am Boot zu bleiben!

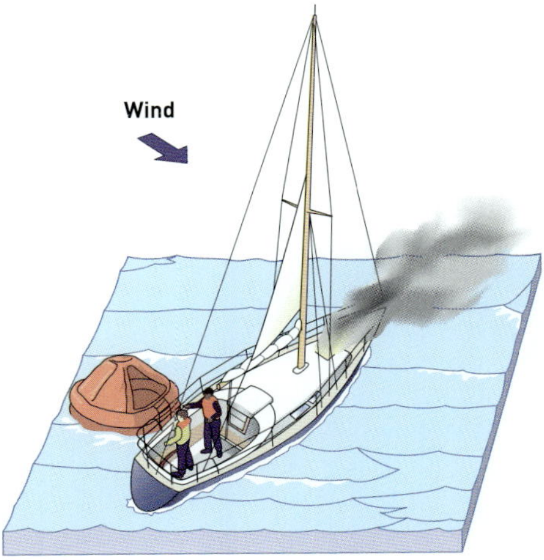

Im Fall eines **Feuers an Bord** wirf die Insel nach Luv, damit sie nicht in Rauch und Flammen gerät; schneide sie wenn nötig schon los. Musst du in Wasser springen, auf dem Öl brennt, wirf schwere Kleidung ab und schwimm dann so lange es geht unter Wasser. Tauch dann kräftig auf, damit der Kopf über die Flammen kommt, atme tief ein und tauche weiter.

Du musst entscheiden, ob du das Boot verlassen musst, nachdem du auf Grund gelaufen bist. Eine Rettungsinsel sollte eine Fahrt durch die Brandung zu einem sicheren Strand überstehen, aber die Crew muss ihre Rettungswesten aufblasen, bevor es durch die Brecher geht.

Im Wasser überleben

Ab dem Augenblick, in dem die Rettungsinsel abgeschnitten wird, gibt es nur ein Ziel: das Überleben jedes Einzelnen. Leicht herrscht in dieser Lage ein gewisser Schock und dieser fast hypnotische Zustand muss überwunden werden.

In dieser ersten Phase, in der man hilflos treibt, darf niemand einschlafen, denn Schläfrigkeit ist das erste Zeichen der Resignation. Die Crew muss gezwungen werden, wach zu bleiben; Körperübungen und das Singen von Liedern helfen hier. Abwechselnd sollte Ausguck gehalten werden, denn das hält eine starke Hoffnung aufrecht und gibt jedem die Chance, direkt frische Luft zu atmen; das trägt ebenso wie Medikamente dazu bei, die Seekrankheit zu überwinden. Die größte Gefahr fürs Überleben sind jedoch fast immer das Frieren und die Unterkühlung.

Es ist recht unwahrscheinlich, dass gewöhnliche Segler für sehr lange Zeit in der Rettungsinsel bleiben müssen. Wenn man nicht gerade mitten auf einem Ozean weit weg von allen Schifffahrtslinien treibt, kann man mit einer Dauer von ein bis zwei Tagen rechnen, bis Rettung kommt. Versuche nicht, von der Stelle wegzusegeln, an der das Boot gesunken ist. Auch wenn Wind und Gezeiten deine Insel abtreiben lassen, die Retter können das einkalkulieren und deine Position finden.

Wenn Rettungsfahrzeuge auftauchen, versuche über UKW-Kanal 16 Kontakt herzustellen. Überlass es den Rettern, die Übernahme der Überlebenden zu regeln. Ein größeres Schiff wird vermutlich ein Rettungsboot aussetzen und deine Leute längsseits ans Schiff bringen, wo ihnen über eine Leiter oder ein Kletternetz an Bord geholfen wird. Rettungskreuzer sind dafür eingerichtet, Menschen zu retten und zu versorgen; bist du erst einmal an Bord, dann kümmert man sich gut um dich. Immer häufiger werden auch Flugzeuge zu Such- und Rettungseinsetzen benutzt, und es ist durchaus wahrscheinlich, dass du schließlich in einen Hubschrauber aufgewinscht wirst. Wichtig ist, dass alle Geretteten, ganz gleich, in welchem Zustand sie zu sein scheinen, so bald wie möglich medizinisch versorgt werden und dass ihre vollständige Genesung überwacht wird.

Rettung mit dem Hubschrauber
Steht der Mast noch, kann es sein, dass der Winschoperator dich anweist, ins Wasser zu springen, damit er dich aufnehmen kann. Wird eine Rettungsschlaufe herabgelassen, schiebe den Sicherungsknebel nach oben und steck beide Arme so durch die Schlaufe, dass sie um deinen Rücken anliegt. Zieh den Knebel wieder an und streck die Arme weit aus.

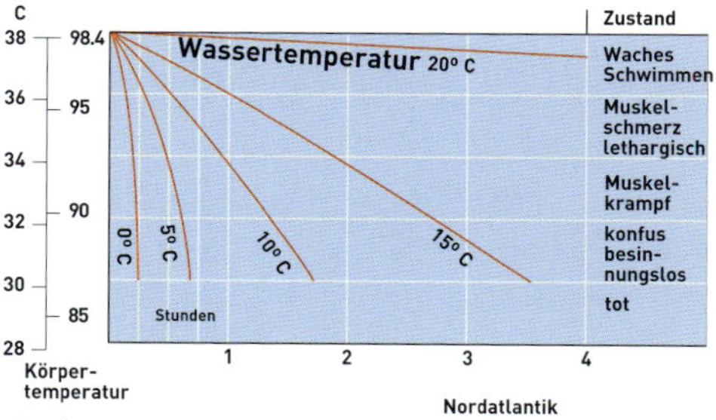

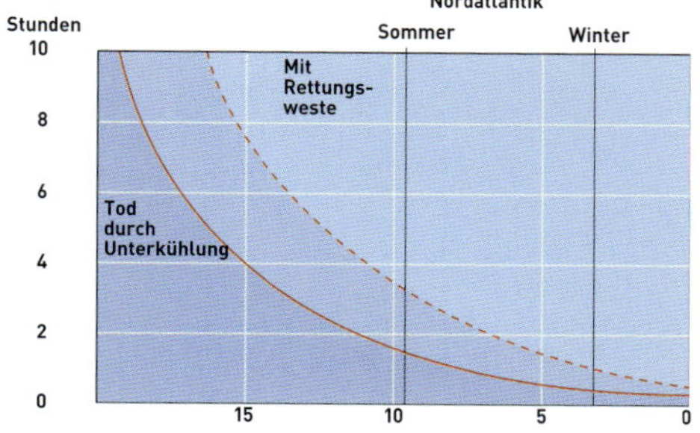

Besinnungslosigkeit tritt ein, wenn die innere Körpertemperatur von 37 °C auf 32 °C fällt. Bei 30 °C tritt Tod durch Herzversagen ein. Im nördlichen Sommer dauert das 2–4 h in 5–10° Wassertemperatur, aber ein Überleben ist oft noch weit nach diesem Zeitraum möglich.

Was ist in der Rettungsinsel zu tun?
1 Stell fest, ob Wasser eindringt, und füll die Schwimmschläuche auf. Bring den Treibanker aus, um die Abdrift zu vermindern.
2 Sichere alle Dinge, die mit in die Insel genommen wurden, damit sie nicht verloren gehen, falls die Insel umschlägt.
3 Gib Mittel gegen Seekrankheit aus und versorge auch die kleinsten Verletzungen.
4 Teile einen Ausguck ein und nimm alles nützliche Treibgut auf.
5 Achte darauf, dass nichts Scharfkantiges wie Messer oder Schäkelöffner die Insel beschädigen können.
6 Trockne den Boden mit Ösfass und Schwamm. Wringe nasse Kleidung aus. Schütze die Crew mit Wärmeschutzdecken gegen Unterkühlung.
7 Sorge für eine Bordroutine fürs Lenzen, Ausguck halten, Körperübungen usw.

Besondere Maßnahmen in kaltem Klima
1 Schließe sorgfältig den Einstieg.
2 Halte alles so warm und trocken wie irgend möglich.
3 Lass alle dicht zusammenkriechen, achte dabei jedoch auf die Stabilität der Insel.
4 Lass alle ihre Zehen, Finger, Hände und Füße bewegen, die Fäuste ballen und die Glieder strecken, damit die Blutzirkulation erhalten bleibt.
5 Vermeide das Auskühlen; Gesicht, Ohren und Hände können leicht erfrieren. Der Ausguck muss warm bekleidet sein.
6 Gib regelmäßig Traubenzucker und Süßigkeiten aus, wenn du baldige Rettung erwartest. Andernfalls teile Lebensmittel und Wasser ein.

Besondere Maßnahmen in heißem Klima
1 Vermeide unnötige Körperbewegungen und Sonneneinstrahlung. Gib Sonnenschutzmittel aus.
2 Öffne den Einstieg, damit frische Luft hereinkommt. Über Tag kann die Luft aus dem Doppelboden herausgelassen werden, damit das Wasser von unten kühlen kann.
3 Halte die Außenseite des Daches feucht, das kühlt.
4 Am Tage kann die Kleidung feucht gehalten werden, aber nachts muss Kleidung und Boden trocken sein, weil es kalt werden kann.
5 Fang alles Regenwasser und jeden Tau auf; eine Rettungsweste kann mit Wasser gefüllt werden und nimmt um 12 Liter auf.

Wenn du ohne Rettungsweste über Bord fällst, solltest du entweder wassertreten (1) oder das tun, was »Drownproofing« (2) genannt wird: den Körper annähernd senkrecht im Wasser halten und das Gesicht nur alle 15–20 s zum Einatmen anheben. Besser ist es, mit einer Rettungsweste eine wärmesparende Position einzunehmen.

Deine **Schwimmfertigkeit** sowie dein Wärmeschutz und die Beschaffenheit des Wassers bestimmen, ob du ans Ufer schwimmen solltest. Experimente haben erwiesen, dass bei einer Temperatur von 10 °C Menschen mit einer Standard-Rettungsweste und leichter Kleidung gerade nur etwa 1200 m weit schwimmen können, bevor die Unterkühlung sie stoppt.

Der **Körper** kühlt im Wasser bei gleicher Temperatur sehr viel schneller aus als in der Luft. Deshalb ist es besser, außerhalb des Wassers zu sein. Wenn möglich, solltest du auf das gekenterte Boot oder auf Wrackteile klettern. Das ist besonders für Kinder wichtig, weil sie noch sehr viel schneller auskühlen.

Unterkühlung bedeutet, dass die innere Körpertemperatur abgesunken ist. Die äußere Haut kühlt schnell ab. Nach 10–15 min werden auch Herz und Gehirn beeinflusst. Unterkühlung ist die größte Bedrohung. Achte bei der Crew auf ihre Anzeichen: Seekrankheit, Müdigkeit, Verkrampfen, starkes Zittern oder das Grauwerden der Haut, und unternimm sofort etwas dagegen.

1

2

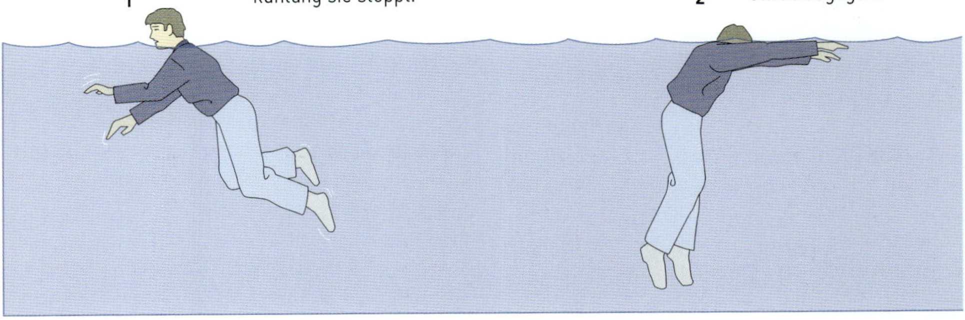

Erste Hilfe auf See/1

Die Erste Hilfe auf See besteht aus zwei unterschiedlichen Kategorien: lebensrettende Maßnahmen und die Versorgung des Patienten, bis fachmännische Hilfe eintrifft.

Eine umfangreiche Erste-Hilfe-Ausrüstung sollte alles enthalten, was nötig ist, um in den meisten Krankheitsfällen helfen zu können. Ein gutes bebildertes Erste-Hilfe-Buch sollte ebenfalls an Bord sein. Die darin gegebenen Informationen können jedoch nur ein Anhalt sein, jeder Mitsegler sollte wissen, welche Maßnahmen im Notfall zu treffen sind.

Kollabiert jemand nach einem Sturz oder möglicherweise einem Schlag des Großbaums, folge dem ABC der Ersten Hilfe: Lege den Kopf in den Nacken und mach die **A**temwege frei; beobachte den Brustkorb und stell fest, ob eine **B**eatmung notwendig ist und ob der Kreislauf, die **C**irculation (der Puls an der Schlagader am Hals unter dem Kiefergelenk) spürbar ist.

Atmet die Person nicht, ist der erste Schritt, sofort Luft in die Lunge zu bekommen, indem du zweimal von Mund zu Mund oder von Mund zu Nase beatmest. Spürst du den Puls, mach weiter und prüfe nach zehn Atemspenden wieder den Puls. Ist kein Puls spürbar oder kein Zeichen der Wiederbelebung (Einsetzen der Atmung oder Durchblutung der Haut) erkennbar, beginne mit der Herz-Lungen-Wiederbelebung (HLW, s. S. 175).

Weitere medizinische Notfälle sind Verbrennungen, starke Blutungen und Knochenbrüche. Verbrannte und verbrühte Hautflächen sollten für mindestens 15 min in kaltes Wasser getaucht werden. Kleinere Brandwunden sollten offen bleiben, größere jedoch mit sterilem Verbandsstoff, notfalls sogar mit Zeitungspapier, abgedeckt werden. Lege verbrannte Gliedmaßen hoch, damit die Schwellung geringer wird, und gib dem Patienten reichlich Wasser zu trinken. Ist die verbrannte Stelle groß, suche umgehend Hilfe!

Bei einer Blutung müssen die Arterien abgedrückt werden. Stell gebrochene Gliedmaßen mit Bandagen und Schienen ruhig, aber sorge dafür, dass die Durchblutung nicht beeinträchtigt wird. Ist die Wirbelsäule betroffen, darf die Person nicht bewegt werden, halte sie warm und ruf um Hilfe.

Bordapotheke und Erste-Hilfe-Kasten

Größe und Inhalt hängen von der Zahl der Mitsegler und der Zeit auf See ab. Der Erste-Hilfe-Kasten sollte wasserdicht sein, einen festen Deckel haben und eine wasserfeste Inhaltsliste und Erste-Hilfe-Anweisungen enthalten.

Bordapotheke, nicht verschreibungspflichtig

Antiseptische Salbe
Antihistamin-Salbe
Zinksalbe
Sonnenbrand-Spray oder -Lotion
Antiseptische Halspastillen
Aspirin, Paracetamol
Abführmittel
Sonnenschutzcreme
Sonnenschutz-Lippenstift
Mittel gegen Seekrankheit
Säurebindendes Magenmittel
Augentropfen
Nelkenöl
Jodtinktur
Mittel zum Ausgleich von Salzverlust, Elektrolyte
Mittel gegen Durchfall

verschreibungspflichtig

Schmerzmittel, stark
Antibiotika
Zäpfchen gegen Erbrechen

Erste-Hilfe-Kasten

Empfehlenswert ist es, einen Kfz-Verbandskasten zu wählen.

Zusätzlich braucht man:

Pinzette
Klammerpflaster
Sterile Augenpads
Augenbinde
Einmalhandschuhe
Sicherheitsnadeln
Fieberthermometer
Wärmflasche

Die Kreuzer-Abteilung des Deutschen Segler-Verbandes veröffentlicht außerdem jährlich aktualisiert eine Medikamentenliste von 30 Medikamenten, die man sich dem gewählten Reiserevier entsprechend zusammenstellen kann, auf ihrer Internetseite.

Wunden versorgen

Wunden und kleine Schnitte können sich sehr schnell entzünden, deshalb sollten sie umgehend behandelt werden.

Abdrücken der Arterien

Direkter Druck auf die Arterien am ganzen Körper an verteilten Punkten sollten Blutungen zum Stoppen bringen. Mit einem kleinen Polster wird kräftig auf den Punkt gedrückt, der der Wunde zum Herzen hin am nächsten liegt. Wenn die Blutung nachlässt, kann der Druck etwas vermindert, aber nicht abgebrochen werden, bis das Blut an der Wunde geronnen ist und sich Schorf gebildet hat. Bedecke die Wunde, damit sie sich nicht entzündet.

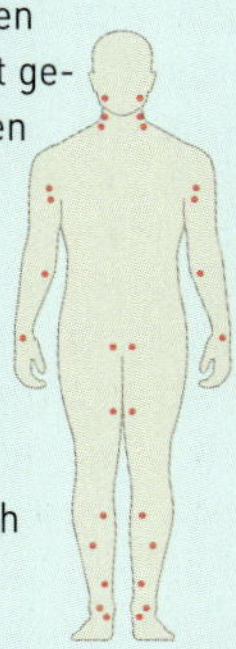

Das Blut stoppen

Drücke für mindestens 10 min seitlich der Wunde; nicht loslassen! Wenn möglich, hebe die Wunde über die Höhe des Herzens. Benutze eine aufgerollte Binde in der Armbeuge, um einen Blutfluss am Unterarm zu stoppen. Bei einem Schnitt im Handballen greife fest um eine Mullbinde.

Einen Schnitt behandeln

Reinige die Stelle mit einem antiseptischen Tuch und bestreiche den Schnitt mit antiseptischer Salbe. Drück die Wundränder zusammen (1) und wende Klammerpflaster (2) an, ohne sie innen zu berühren. Wenn das Bluten aufhört, wickle von unten her eine Binde fest herum. Ist der Schnitt an einem der Gliedmaße, hebe dieses an. Schwillt die Wunde an, gib Antibiotika.

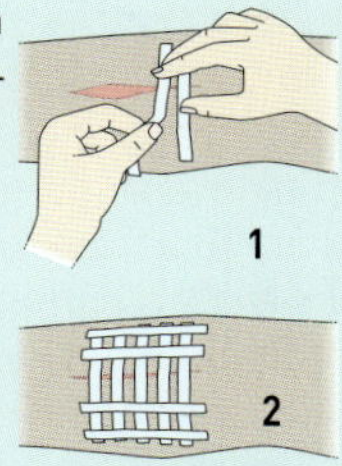

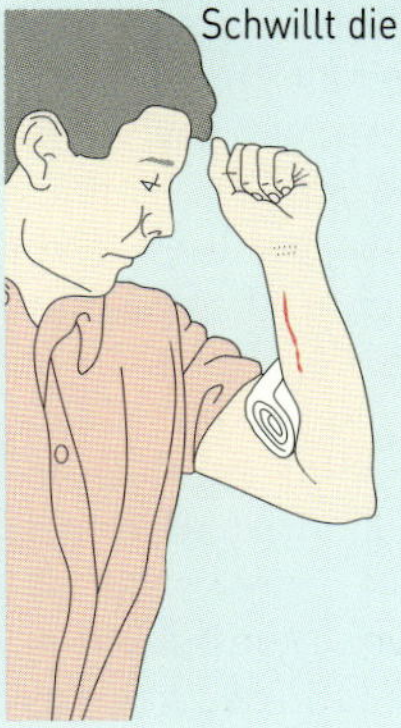

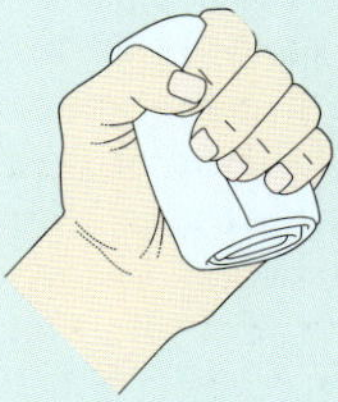

Künstliche Beatmung

Das ABC der Wiederbelebung

A – Kopf nach hinten, damit die **A**temwege frei sind.

B – **B**eatmung: Stell fest, ob er atmet, sonst mach Mund-zu-Mund-Beatmung.

C – **C**irculation, fühle den Puls.

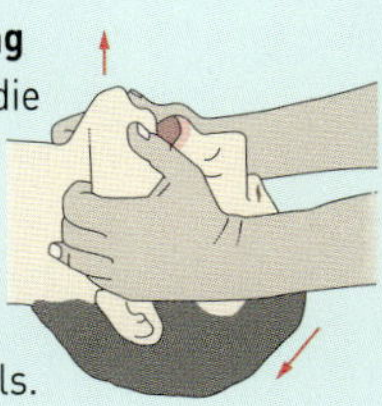

Mach die Atemwege frei

Hebe mit den Fingern den Unterkiefer der Person an, während du mit der anderen Hand auf die Stirn drückst. Hol mit dem gebogenen Zeigefinger möglicherweise vorhandene Gegenstände aus dem Mund. Entnimm alle Zahnprothesen.

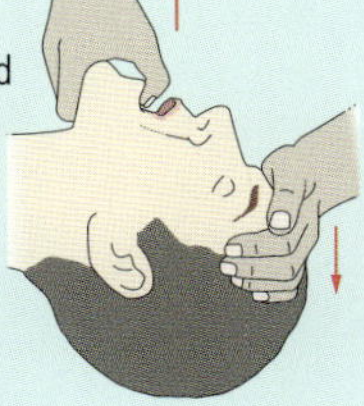

Halte mit Daumen und Zeigefinger einer Hand die Nase des Patienten zu. Nimm einen tiefen, vollen Atemzug, umschließe mit deinen Lippen den Mund des Patienten und blase seine Lunge voll Luft.

Mund zu Nase

Umschließe mit deinen Lippen die Nase und halte seinen Mund geschlossen. Blase kräftig, aber langsam, bis du siehst, dass sich die Brust hebt (etwa zwei Sekunden lang). Nimm deine Lippen fort, öffne seinen Mund und lass die Luft heraus. Warte vier Sekunden und wiederhole das. Wird nach vier Atemspenden die Haut noch nicht wieder rosa, kann es sein, dass das Herz stillsteht. Ist das so, wird mit einer Herz-Lungen-Wiederbelebung (HLW) begonnen (s. S. 174).

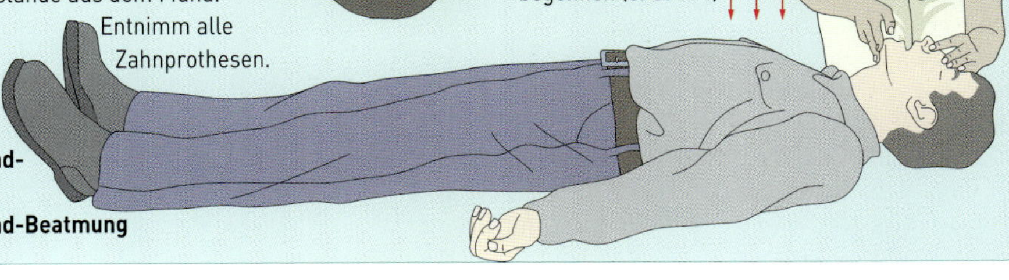

Mund-zu-Mund-Beatmung

Erste Hilfe auf See/2

Verletzungen lassen sich im Allgemeinen einfach behandeln, weil man sie sieht, bricht jedoch ein Patient zusammen, klagt über innere Schmerzen oder treten innere Blutungen auf, ist sofortige medizinische Hilfe erforderlich.

Steuere wenn möglich das Boot in Richtung des nächstgelegenen Hafens und setz eine PAN-PAN-Dringlichkeitsmeldung ab. Falls das Funkgerät nicht in Ordnung ist, setzt du die Flagge »W« (»Whiskey«: »Benötige medizinische Hilfe«) oder gibst das Morsezeichen »W« (• – –) mit dem Scheinwerfer. Geschieht ein schwerer Unfall, wenn du zwei oder drei Tage vom nächsten Hafen entfernt bist, versuche mit einem anderen Schiff Kontakt aufzunehmen, vielleicht kann es Verbindung zu einer Station an Land aufnehmen und so medizinischen Rat herbeiholen. Vielleicht ist es sogar möglich, so den Hausarzt des Betroffenen telefonisch zu sprechen.

Zu den Symptomen, die sofortige Hilfe erfordern, gehören Schmerzen in der Brust, die in den Nacken oder die Arme ausstrahlen und auf einen Herzinfarkt hindeuten; Bewusstlosigkeit nach einem Sturz; Schmerzen im Bauchbereich, besonders, wenn sie mit Erbrechen, Krämpfen, rasendem Puls oder hoher Empfindlichkeit in der Bauchgegend einhergehen – alles Anzeichen für innere Blutungen, die besonders nach schweren Stürzen auftreten können oder auf Blinddarmentzündung hindeuten; starke Schmerzen (Schmerzmittel verabreichen und dem Patienten Mut machen); Insulinmangel, an dem du vielleicht Mitschuld trägst, weil du vor dem Ablegen nicht darauf hingewiesen hast, dass jeder seine Medikamente in ausreichender Menge dabei haben muss.

Jeder, der aus der See geborgen worden ist, wird unterkühlt oder zumindest ausgekühlt sein. Zieh ihm die nasse Kleidung aus, wickle ihn in eine warme Decke ein oder steck ihn in einen Schlafsack und leg ihn in eine Koje; das wirkt besonders gut, wenn da noch jemand liegt. In der Rettungsinsel wechsle die nasse Kleidung mit trockener, deck die Person mit einer Wärmeschutzdecke zu und platziere sie eng zwischen andere. Beobachte den Puls und die Atmung.

Herz-Lungen-Wiederbelebung (HLW)

Diese Maßnahme sollte nur dann angewendet werden, wenn eine künstliche Beatmung (s. S. 173) nicht erfolgreich war und wenn der Betroffene keinen Puls hat, was ein Zeichen dafür ist, dass das Herz stillsteht. Zwei Personen können das gemeinsam tun: einer macht die Herzkompressionen, der andere macht die Beatmung. Ist die Person aus dem Wasser gezogen worden oder hat Verletzungen im Mundbereich, wird von Mund zu Nase beatmet. Besteht der Verdacht, dass die Wirbelsäule, der Hals oder der Kopf verletzt ist, sorge dafür, dass der Körper eben aufliegt.

Leg die betroffene Person auf den Rücken, die Arme liegen an der Seite. Dreh den Kopf nach hinten, damit die Atemwege frei sind, und beginne mit der Herzkompression.

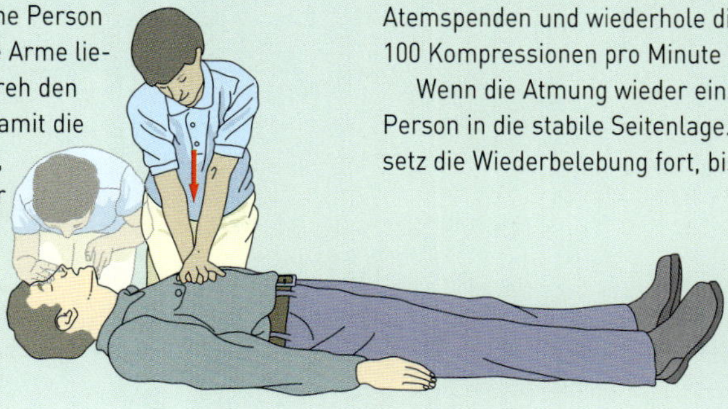

1 Lege deinen Mittelfinger an die Stelle, an der die unterste Rippe am Brustbein sitzt, und lege den Zeigefinger darüber.

2 Lege den Ballen der anderen Hand auf das Brustbein und schiebe ihn an den Zeigefinger der ersten Hand. Lege die erste Hand dann auf die zweite und verhake die Finger miteinander.

3 Bück dich mit gestreckten Armen voll über die Person, press die Hände aufs Brustbein und drück dann 4–5 cm nach unten. Nimm den Druck weg, ohne die Hände fortzunehmen. Press auf diese Art 15-mal in 9 Sekunden. Gib dann zwei Atemspenden und wiederhole die Folge. Versuche 100 Kompressionen pro Minute zu erreichen.

Wenn die Atmung wieder einsetzt, bring die Person in die stabile Seitenlage. Im anderen Fall setz die Wiederbelebung fort, bis Hilfe eintrifft.

Die stabile Seitenlage
Das ist eine Position, in die jemand gebracht wird, der atmet, aber besinnungslos ist. Liegt die Person auf dem Rücken, knie neben ihr hin. Öffne die Atemwege, indem du eine Hand auf die Stirn legst und mit zwei Fingern der anderen Hand unter dem Kinn den Kopf weit nach hinten legst. Streck die Arme und Beine der Person gerade aus, ergreife die Kleidung an der Stelle, die am weitesten entfernt ist, zieh daran die Person auf dich zu und leg sie, wenn sie schwer ist, auf dein Knie. Lege den Arm und das Bein, die dir am nächsten sind, rechtwinklig ab und nimm den anderen Arm unter dem Körper weg. Bleib bei der Person, bis Hilfe eintrifft.

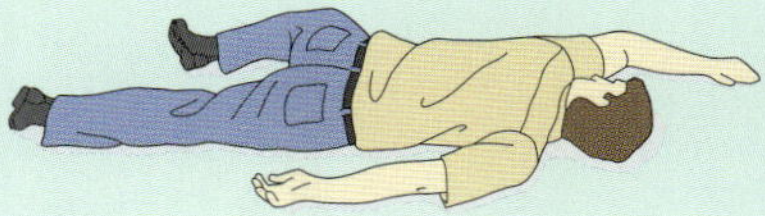

Seekrankheit
Die Seekrankheit kann oft vermieden werden, indem man es unterlässt, viel Alkohol zu trinken und ungewohnt reichlich oder andersartig zu essen. Es hilft auch, vor der Abreise mindestens zwei Dosierungen eines Seekrankheitsmittels nach Verschreibung zu nehmen. Es lohnt sich, unterschiedliche Medikamente und Pflaster auszuprobieren, bis du ein für dich geeignetes Mittel entdeckst. Der Wirkstoff Cinnarizin hat sich bei vielen als sehr effizient erwiesen, zumal übliche Nebenwirkungen wie Benommenheit, Lethargie und trockener Mund sehr selten sind.
Langeweile und Müdigkeit lösen oft die Seekrankheit aus, und es hilft, wenn der Betroffene ans Ruder geht, von wo aus er den Horizont beobachten kann. Jeder, der unter der Seekrankheit leidet, sollte angegurtet werden. Nach dem Übergeben bleibt er am besten unten, legt sich hin und hält sich warm.

Andere Notfälle
Einen Fremdkörper entfernen
Um aus einem Auge einen Fremdkörper zu entfernen, versuche, ihn mit lauwarmem Wasser herauszuschwemmen. Hat das keinen Erfolg, zieh das Oberlid über das untere. Erst wenn auch das nicht hilft, gib Augentropfen hinein und benutze ein Wattestäbchen, um den Fremdkörper dann herauszuholen. Sonst bleiben nur Augentropfen, eine Watteabdeckung und das Einholen von Hilfe. Entzündet sich das Auge durch Wind oder Sonne, bade es wiederholt, benutze Augentropfen und setz eine Sonnenbrille auf. Hat sich ein Angelhaken in der Haut verhakt, pinsele den sichtbaren Teil des Hakens mit Jodtinktur ein, schneide das Auge ab und zieh den Haken ganz durchs Fleisch. Ein Glassplitter oder Holzsplitter kann mit einer Pinzette entfernt werden. Lass in allen Fällen die Wunde bluten, trage antiseptische Salbe auf und verbinde die Wunde.
Gefährliches Verschlucken
Um einen Fremdkörper aus dem Hals zu entfernen, versuche zunächst, die Person mit dem Gesicht nach unten so auf einen Tisch zu legen, dass der Kopf über die Kante hängt, und schlage ein paar Mal mit der Hand zwischen die Schulterblätter. Sonst bleibt nur noch die (durchaus umstrittene) Heimlich-Methode, bei der einer den Betroffenen von hinten umarmt und mit gefalteten Händen mehrmals kräftig unterhalb des Brustbeins (im Solarplexus) ruckartig zudrückt und wieder loslässt. Dabei sollte sich ein Fremdkörper oder ein Klümpchen lösen.
Schädelbruch
Bei Verdacht keine Medikamente geben. Lege die Person mit leicht erhöhtem Kopf flach hin, halte sie warm und sprich ihr Mut zu. Versuche nicht das Bluten aus dem Ohr zu stoppen, wenn es nicht zu stark wird. Stoppe das Bluten aus einer Wunde, ohne zu viel Druck aufs Gehirn auszuüben. Lege kalte Tücher auf den Kopf; ist die Person besinnungslos, bringe sie vorsichtig in die stabile Seitenlage und beobachte sie gut.
Lebensmittelvergiftung
Sie ist an Magenkrämpfen, Kopfweh, Übelkeit und Durchfall zu erkennen. Verdünne den Mageninhalt durch Trinken von viel Wasser. Rege das Übergeben an und halte den Patienten warm.
Blinddarmentzündung
Leg die Person ins Bett, ruf über Funk um Hilfe und gib ihr weder Abführmittel noch Schmerztabletten und nichts zu essen.
Muskelzerrung
Bei gezerrten Muskeln und Gelenkschmerzen sollten die Gliedmaßen ruhig gestellt werden. Benutze Eis, Kühlbeutel oder feuchte Kleidungsstücke zum Kühlen; gib ggf. Schmerzmittel. Lagere das betroffene Glied hoch.
Zahnweh
Behandle es mit Nelkenöl, Schmerzmitteln und, falls der Kiefer anschwillt, mit Antibiotika. Fülle ein Loch im Zahn mit feuchter Watte, damit keine Luft an den Nerv kommt.
Erfrierungen
Sie dürfen nie direkt mit Hitze oder durch Reiben behandelt werden. Wärme die betroffene Stelle im Ellenbogen oder mit kühlem Wasser vorsichtig an und bedecke sie dann mit einer Wolldecke.

Der Rumpf/1

Einführung

So etwas wie ein wartungsfreies Boot gibt es nicht, und Pflege und Instandsetzung nehmen mehr Zeit in Anspruch, als du zunächst vielleicht annimmst. Der ganze Bootskörper ist einer feuchten und oft auch salzhaltigen Umgebung ausgesetzt, und viele der Kabel und Leitungen sind hinter Verkleidungen versteckt. An den Liegeplätzen, besonders an Stegen, sind Boote der Reibung von Leinen und Stegkanten ausgesetzt und leiden oft auch unter den Stößen anderer Boote.

Die Sonneneinstrahlung greift das Gewebe und das Gelcoat auf dem GFK an; der Wind lässt lose Fallen oder Abdeckungen an Spieren und Beschlägen schamfilen und der Bewuchs am Unterwasserschiff versucht, sich ins Boot zu fressen. Unter Deck breitet sich Schimmel aus und Textilien werden stockig, wenn nicht genug gelüftet wird. Selbst bei nur geringster Entladung werden die Batterien leer, und wenn du an Bord kommst, gibt es keinen Strom. Ganz besonders gefährlich ist ein Leck in der Gasleitung; beim Versuch, die Herdflamme anzuzünden, kann das ganze Schiff in die Luft fliegen.

All diese Erscheinungen lassen sich weitgehend verhindern, aber wenn du dich in einer Marina oder auf einem Werftgelände umsiehst und an einem windigen Tag das Schlagen loser Fallen und Verdecke hörst, wirst du feststellen, dass viele Boote mehr Sorgfalt und Pflege brauchen, als sie bekommen.

Es ist wichtig zu wissen, dass rechtzeitige Wartung nicht nur billiger als eine Reparatur ist, sie erhöht auch erheblich den Wiederverkaufswert eines Bootes. In diesem Abschnitt sollen bestimmte risikoreiche Punkte angesprochen und Vorschläge für Wartung und Reparatur gemacht werden. Der Grundsatz ist, dass gute Instandhaltung zu Zuverlässigkeit führt. Das gilt besonders auf lange Sicht, weil bestimmte Bauteile und Geräte oft nach einiger Zeit nicht mehr hergestellt werden und du dann andere, oft viel teurere Lösungen finden musst.

Schäden

Ganz gleich, wie dein Rumpf gebaut ist, die erste Maßnahme bei jedem irgendwie entstandenen Schaden ist, zu verhindern, dass Wasser ins Boot eindringen und es zum Sinken bringen kann. Die zweite ist, zu vermeiden, dass Wasser ins Laminat eindringt und es schädigt, und die dritte gilt dem Erhalt des Aussehens deines Bootes.

Plötzlicher Wassereinbruch unter der Wasserlinie

Bei den verschiedenen Baumaterialien sind die Maßnahmen ähnlich und müssen sehr schnell getroffen werden. Wenn es irgendwie möglich ist, sollte die Schadensstelle von außen abgedeckt werden. Ideal ist dafür ein Stück wasserdichtes Gewebe, das ist wegen des Wasserdrucks jedoch nur schwer an die richtige Stelle zu bringen ist. Mit einem Fenderkissen geht das einfacher, es ist jedoch weniger dicht an den Rumpf zu bringen. Eine weitere Möglichkeit ist ein Leckschirm, der durch ein Loch geschoben und dann aufgespannt wird. Voraussetzung dafür ist natürlich, dass man von innen Zugang zu der Schadensstelle hat.

Alle Boote sollten Leckpfropfen aus Weichholz an Bord haben, von denen man notfalls mehrere nebeneinander in ein Leck einschlagen kann. Das reduziert zumindest das einströmende Wasser. Besonders nützlich sind sie, wenn ein Seeventil oder ein Bordwanddurchbruch undicht wird.

Eine weitere Möglichkeit ist ein speziell vorbereitetes Leckbrett, mit dem man eindringendes Wasser in einem Teil des Bootes halten kann. Mit ihm können Öffnungen in Schotten wie Durch- und Niedergänge abgedichtet werden. Es ist mit einer Gummimatte beklebt und wird an der Öffnung verschraubt.

Schnell härtendes Zweikomponenten-Epoxid sollte ebenfalls immer zur Hand sein. Mit ihm können Löcher gefüllt werden, besonders Lücken zwischen Weichholzstopfen und Wand. Epoxid ist mechanisch belastbarer und schrumpft weniger als Polyesterharz. Es ist einfach anzuwenden, und einige Fabrikate binden auch gut unter Wasser ab.

Davon ausgehend, dass das Boot einigermaßen dicht ist oder dass das Loch über der Wasserlinie liegt, ist der nächste Schritt die Reparatur.

GFK-Rumpf – Reparatur

Man sollte an der beschädigten Stelle die Wölbung von vorher erreichen, indem man ein Stück Laminat von einem anderen Boot gleicher Bauart verwendet oder dort eine Form abnimmt. Gebrauche die Form so wie die Hohlform bei der Herstellung, das heißt mit Trennmittel, Gelcoat, Laminat mit Matten und Rovinggewebe, und bau alles von innen her über die ganze Fläche auf.

Muss die Arbeit von außen erledigt werden, ist es üblich, ein Stück Streckmetall zu benutzen, um innen die richtige Form zu bekommen, auf der das neue Laminat anliegen kann. Es wird mit Draht durch den Rumpf befestigt. Ist die erste Lage GFK ausgehärtet, können die Drähte entfernt werden und der Aufbau außen kann weitergehen. Dabei ist es schwieriger eine gute Oberfläche zu bekommen als beim Aufbau von innen. Aber mit Geduld und Können schafft man auch das.

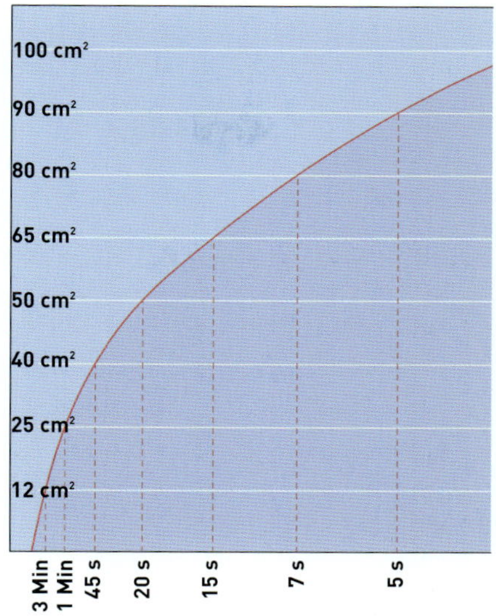

Diese Grafik zeigt, wie lange es dauern würde, bis ein Boot von 9 m Länge untergegangen ist, wenn der Wassereinbruch nicht gestoppt wird. Die Größe des Lochs (in cm^2) bestimmt, wie schnell es sinkt.

Falls das Boot z. B. ein Loch von 50 cm^2 hat, würde es innerhalb von 20 s untergehen. Mit einem kleinen Loch von 25 cm^2 schwimmt es nur noch 1 min, wenn nicht schnell etwas getan wird.

Aufblättern des Laminats

Das kann durch eine Kollision geschehen, und man erkennt es an Blasen und am Sichtbarwerden einzelner Fasern oder ganzer Faserbündel. Alles lose Material muss abgeschabt werden und die umgebenden Flächen müssen gut angeschliffen sein, damit das neue Material haften kann. Bau dann alles wieder bis zur ursprünglichen Dicke auf, nimm dafür Lagen aus Glasfasermatten, damit alles gleichmäßig glatt wird. Trage schließlich Gelcoat auf und stell damit die alte Oberfläche wieder her. Streiche die neue Fläche mit einem Polyesterüberzug, damit das Gelcoat dagegen abbinden kann und eine glatte Oberfläche bildet. Achte bei der ganzen Arbeit immer darauf, die ursprüngliche Wölbung wieder zu erreichen. Zum Schluss wird alles noch geschliffen, gespachtelt und poliert, bis du zufrieden bist.

Liegt die Fläche unter der Wasserlinie, ist der Farbton nicht wichtig, und man kann dort das Gelcoat einfach durch einen Anstrich mit Epoxid ersetzen, das auch das Laminat besser schützt.

Reparatursatz für GFK

Vorbeschleunigtes Polyesterharz – 2 Liter
Härterpaste (ist sicherer als flüssiges MEKP) – 6 Tuben
Glasgewebe – 1,5 m^2
Harzspachtelmasse mit Härter – 1 kg
Messbecher für Harz – kleiner Eimer aus Polyethylen
Papierbecher (kein Kunststoff) und Rührstäbchen – 10 Stück
Harzpinsel oder billige Farbpinsel 2,5 cm – 10 Stück
Maler-Krepp, Plastiktüten, saubere Lappen (nass und trocken)
Handcreme, Gummihandschuhe
Aceton im Blechkanister – 0,5 Liter
Vorbeschleunigtes Gelcoatharz, Spachtelmasse
Spachtelmasse, die unter Wasser aushärtet – 1 Tube
Schleifpapier, nass und trocken

Härtezeit

Unmittelbar nach einer Reparatur darf das Boot noch nicht auf Törn gehen. Das Laminat braucht Zeit, um durchzuhärten; wie viel, hängt zum einen vom Wetter und der Temperatur während der Arbeiten ab und zum anderen davon, ob und wie viel Beschleuniger benutzt wurde. Es gilt: Je länger man dem Vorgang Ruhe gibt, desto besser ist es, und es hängt auch viel von der Größe des Schadens ab. Angenommen, das Loch war so groß wie eine Hand, sollten zwei bis drei Tage bei normalem Wetter reichen.

Risse, Sprünge oder Kratzer

Die müssen so weit geöffnet werden, dass sie mit Spachtelmasse gefüllt werden können, auch wenn es ärgerlich ist, einen kleinen Riss zu vergrößern. Ein Schaber oder ein Stemmeisen eignet sich gut dazu, und die Spachtelmasse sollte eine Mischung aus Gelcoat und Füllstoff sein, die fest mit einem Spachtel eingedrückt wird. Deck die Stelle wie oben beschrieben ab und poliere sie, wenn sie trocken ist.

Flecken und Abstöße

Manche kann man mit GFK-Reiniger beseitigen, andere mit einer Auto-Pflegepaste entfernen. Hat das keinen Erfolg, muss man Gelcoat aufbringen.

Schiebe diese unbedeutend erscheinenden Arbeiten nicht auf, Wasser dringt auch dort schnell durch das schützende Gelcoat ins Laminat ein und das kann zu aufwendigen und teuren Reparaturen führen.

Osmose

Dieser Begriff wird von allen GFK-Bootsbesitzern gefürchtet, er beschreibt das Eindringen von Wasser durch das Gelcoat ins Laminat. Dort bildet es Blasen in der äußeren Haut, die aufplatzen können oder aus denen beim Aufritzen eine Flüssigkeit austritt. Osmose tritt in Süßwasser häufiger auf als in Salzwasser und in warmem häufiger als in kaltem Wasser. Besonders Boote aus der Anfangszeit des GFK waren von Osmose befallen. Recht häufig treten die Blasen auch im Antifouling auf, möglicherweise wegen chemischer Reaktionen zwischen Primer und Gelcoat. Bevor du das Schlimmste annimmst, untersuche, ob dies der Fall ist. Doch auch wenn man die Blasen aufstechen kann und den typischen süß-säuerlichen Geruch nach Styrol wahrnimmt, ist das Boot keineswegs verloren. Viele Eigner bemerken die Osmose nicht einmal.

Eine professionelle Untersuchung führt zu geeigneten Maßnahmen, und der Rat kann durchaus lauten, alles in Ruhe zu lassen, bis diese »Pocken« nicht mehr auftreten. Tritt die Osmose nur auf einer kleineren, begrenzten Fläche auf, werden es bald mehr Blasen werden, und es wird Zeit, sie zu behandeln. Osmosebehandlung kann von begeisterten Eignern selbst gemacht werden, aber besser überlässt man sie geeigneten Fachleuten; wenn es nötig ist, sogar unter der Aufsicht von Osmosespezialisten. Heutzutage ist es jedoch möglich, die ganze Prozedur zu vermeiden. Ein Anstrich einem Zweikomponenten-Epoxidharz ist eine hervorragende Wassersperre, und es ist üblich geworden, das Gelcoat eines neuen Bootes damit zu überziehen. Weniger aufwendig (aber auch weniger effizient) ist es, jedes Jahr das Boot mehrere Monate lang völlig austrocknen zu lassen, aber in der Zeit kannst du dann nicht segeln.

Holzboote

Löcher und Risse sollten beseitigt werden, indem man beschädigte Planken durch neue, die mithilfe einer Schablone zugeschnitten werden, ersetzt. Das läuft jedes Mal anders ab. Schnelle Reparaturen – bei denen es darauf ankommt, dass kein Wasser in die Maserung dringt – kann man mit speziellem Epoxidspachtel oder mit Epoxidharz, dem Füllstoff zugesetzt wird, ausführen. Das kann jedoch keine endgültige Reparatur sein, weil jeder Holzrumpf arbeitet und die Flickstelle nicht dauerhaft hält.

Verrotten

Das passiert bei mangelndem Schutz oder schlechter Belüftung, weil dann Feuchtigkeit ins Holz zieht. Mangelnder Schutz heißt hier, dass der Überzug aus Farbe, Lack, Versiegelung oder durch Kalfatern mangelhaft ist und Wasser ins Holz dringen lässt. Glücklicherweise legen die meisten Eigner von Holzbooten oder Booten mit Kabinendach, Decks oder Aufbauten aus Holz größten Wert darauf, dass ihre Lieblinge immer in bestem Glanz erscheinen.

Metallrümpfe

Sie werden eher verbeult als zersplittert. Wieder werden Erste-Hilfe-Maßnahmen bei Rissen mit Epoxid vorgenommen, wobei ein Zuviel an Material an der Innenseite etwas weiter verstrichen wird, damit es fest bindet. Wieder im Hafen, kann ein Schaden durch Zuschweißen repariert werden, möglicherweise verstärkt durch Aufschweißen eines Blechs an der Innenseite. Bisweilen muss auch ein Stück der Außenhaut herausgeschnitten und ersetzt werden. Bevor ein Riss geschlossen wird, empfiehlt es sich an seinen beiden Enden ein Loch zu bohren, damit das Weiterreißen unterbunden wird.

Ferrozement

Hierbei ist es besonders wichtig, darauf zu achten, dass kein Wasser an die Metallverstärkungen kommen kann. Wenn die rosten, kann der Zement (Beton) nicht mehr halten. Also, für schnelle Reparaturen wieder Epoxid verwenden! Bei schwereren Schäden, bei denen das Metall bloßliegt, muss es herausgeschnitten und ersetzt werden. Auf ihm wird dann wieder Zement aufgebaut, am besten von innen gegen eine Außenhaut, die mit Plastik bedeckt für die richtige Form sorgt. Wenn der Zement abgebunden hat (diesmal muss die Oberfläche feucht gehalten werden), kann die Außenseite mit einem Bandschleifer geglättet werden.

Möchtest du einen Klebstoff verwenden, achte darauf, dass er wasserfest ist. Bedenke die unterschiedlichen Oberflächen, die Härtezeit und den Widerstand des Klebstoffs gegen Feuchtigkeit, Hitze, Belastung und Verformung. Lies vor dem Öffnen der Tube die Anwendungshinweise des Herstellers!

Klebstoffe

Epoxidharz
Das ist ein starker, vielseitig verwendbarer und dauerhafter Kleber, er ist besonders gut für Reparaturen geeignet. Er besteht aus zwei Komponenten und muss vor Gebrauch angerührt werden. Je nach Zusammensetzung und Temperatur bindet er innerhalb von 20 Minuten bis zu 24 Stunden ab und widersteht Feuchtigkeit, Verformung und Hitze.

Kunststoffspachtel
Er eignet sich zum Füllen von Löchern in Metall und anderem Bootsbaumaterial.

Haftstahl
Mit Härter versetzt härtet er ohne zu schrumpfen aus und kann wie Metall bearbeitet und auch gebohrt werden. Gut geeignet für Reparaturen an Pumpen, Tanks und Rohren.

Resorcinol und Formaldehyd
Dieser Typ ist ideal, um Holz zu verleimen. Er ist sehr wasserfest, haltbar und wird häufig im Bootsbau angewendet. Er muss angemischt werden, die Leimstelle muss für 3 bis 10 Stunden mit Zwingen gehalten werden.

PVA-Kleber
Das ist ein universell anwendbarer Kleber, vor allem für Holzarbeiten unter Deck. Vor seiner Anwendung muss der alte Leim komplett entfernt worden sein. Er hält gut und ist wasserbeständig und dauerhaft.

Dichtungsmasseähnliche Kleber
Sie sind ideal fürs Kalfatern und das Einsetzen von Rahmen und Luken.

Polyurethan-Kleber
Guter wasserfester Holzleim. Er bindet durch Reaktion mit der Luftfeuchtigkeit.

Kontaktkleber
Gut geeignet für Anwendungen oberhalb der Wasserlinie. Er muss nicht angerührt werden, ist billig und einfacher anzuwenden als Epoxid.

Kleber für Polystyren (Styropor)
Sie eignen sich für Arbeiten mit Styropor an Schotten und der Decksunterseite.

Seeventile und Borddurchlässe

Auch wenn sie kaum ins Auge fallen und der Zugang zu ihnen oft schwierig ist, müssen Seeventile und Borddurchlässe etwa alle drei Monate überprüft werden. Bei vielen, die wie der Einlass des Motor-Kühlwassers, die Abläufe von der Spüle und der Cockpitlenzer lange offen stehen, kann sich der Konus oder die Spindel in der »Offen-Stellung« festfressen. Bei anderen, wie den Toilettenventilen, kann das häufige Bedienen dazu führen, dass sie undicht werden. Um die Ventile in Ordnung zu halten, sollte man jedes Jahr eins auseinandernehmen und pflegen. Die Hersteller bieten oft ein Spezialfett an, um die Ventile einzufetten. Das hilft und vermeidet das Überdrehen von Schraubventilen beim Versuch, sie dicht zu bekommen. Besonders empfindlich sind die Gewinde der Schieber, zu viel Kraft kann das ganze Ventil zerstören.

Schlauchklemmen

Üblicherweise sind die Anschlüsse an Seeventile biegsame Plastikschläuche, die am Ventil mit einer Art Schraubklemme befestigt sind. Diese sollten immer aus Niro bestehen, weil nichts anderes der Korrosion widersteht. Es ist auch wichtig, dass auf jeden Anschluss zwei Klemmen gesetzt werden, damit nichts leckt, wenn eine entzweigeht. Auch die Schlauchklemmen müssen inspiziert werden, lose Klemmen führen leicht zu Zwischenfällen.

Pumpen

Für alle Pumpen, ganz gleich ob an der Maschine, in der Pantry oder in der Toilette, müssen Ersatzteile an Bord sein. Für Regattaboote werden zwei handbetriebene Bilgepumpen verlangt, von denen eine unter, die andere an Deck, wenn alle Luken, Niedergänge und auch die Stauräume im Cockpit geschlossen sind, bedient werden kann; das ist auch für Fahrtenyachten eine gute Regel.

Heute können Bilgepumpen auch allen möglichen Müll vertragen und mit hinauspumpen, aber ein verantwortungsbewusster Skipper hat immer noch ein Filter am Ansaugstutzen.

Eine automatische elektrische Pumpe ist durchaus sinnvoll, sowohl für den täglichen Gebrauch als auch für die Zeit, in der das Boot ohne Aufsicht ist. Aber Schwimmschalter bleiben manchmal hängen, und wenn du wieder an Bord kommst, findest du nur noch einen ausgebrannten Pumpenmotor und eine leere Batterie.

Im Notfall sind auch direkt vom Motor angetriebene Pumpen sehr nützlich, dazu sind jedoch besondere Rohre, Schläuche und Kupplungen nötig, damit die Pumpe nicht trocken läuft. Man kann mit Ventilen und Schlauchverbindungen die Kühlwasserpumpe zum Lenzen der Bilge einsetzen, das muss jedoch vorbereitet sein, im Notfall ist kaum Zeit dafür. Auch eine vorhandene Deckwaschpumpe eignet sich zum Lenzen.

Kiel

Ist ein Kiel unter das Boot gebolzt, prüfe, ob die Verschraubung fest und sicher ist. Das erste Zeichen für Schäden ist das Ausbröckeln des Füllmaterials zwischen Kielflansch und Rumpf. Man kann nach den Kielbolzen nicht nur schauen, man kann sie auch röntgen lassen. Das kann besonders bei älteren Booten von Bedeutung sein, bei denen der Ballast den unteren Teil des Kiels eines Holz- oder GFK-Bootes bildet und bei denen die Bolzen sehr lang und schwer auszubauen sind.

Ruder

Wie die Kiele werden auch die Ruder kaum beachtet, bis etwas schiefgeht. Bei angehängten Rudern sind gebrochene oder herausgerutschte Ruderzapfen die häufigste Schadensursache. Bei Rudern mit freistehendem Blatt kann sich die Verbindung zur Pinne oder zum Quadranten lösen, und die Lager des Ruderschaftes können sich festfressen; das Schlimmste aber ist das Abbrechen des Ruderblatts.

Regelmäßige Kontrollen der Zapfen und Ruderlager, der Bolzen und Muttern und der Teile, die das Ruder halten, garantieren, dass alles in Ordnung ist. Zu viel Spiel zwischen Ruder und Steuerung kann man am besten fühlen. Der Ruderschaft hat angeschweißte Arme, die ins Laminat des Ruderblatts ragen, man kann sie notfalls bloßlegen und mit Schrauben oder Epoxid wieder festmachen.

Die Pinne sollte mindestens eine Keilnut haben und am besten einen schräg zulaufenden Vierkant, auf dem die Pinne festgeschraubt wird. Wird die Pinne lose, kann man die Packungen in den Buchsen auswechseln und die Mutter erneut anziehen. Geht das Ruder zu schwer, müssen die Packungen und Lager eingefettet werden. Der Ruderschaft läuft am besten durch ein Rohr, das gut über die Wasserlinie reichen sollte und am unteren Lager eine Stopfbuchse hat. Steht das Wasser im Rohr, bildet sich Bewuchs, der jährlich entfernt werden sollte. Hängt das Ruderblatt an einem Skeg, muss dabei auch das Lager aufgemacht werden, vorzugsweise im Winterlager.

Elektrolyse und Schutz durch Anoden

Das Salzwasser leitet elektrischen Strom von einer Anode zu einer Kathode. Je nachdem, wie unterschiedlich zwei Metalle sind bzw. wie weit sie im galvanischen Spannungs-»Ranking« voneinander entfernt stehen, wird das eine Metall (Anode) mehr oder weniger Verlust gegenüber dem anderen (Kathode) aufweisen, wenn sie sich im Salzwasser in der Nähe befinden. Deshalb werden am Unterwasserschiff Opferanoden aus Zink angebracht, damit keine zerstörenden Ströme z. B. die Metalle der Propeller aus Bronze und deren Wellen aus Stahl angreifen.

Es reicht nicht aus zu wissen, dass das Boot nicht unter Elektrolyse leidet, ein neuer Nachbar in der Marina kann leicht unheilvolle Beziehungen mit den Metallen deines Bootes aufnehmen. Aluminiumboote sind besonders gefährdet. Gute Stellen zum Anbringen von Zinkanoden sind die Propellerwelle und die Propellerkappe. Die Anoden dürfen nicht angestrichen werden, denn dann verlieren sie ihre Wirkung.

hoch reaktiv

Metall	Spannung (V)
Magnesiumlegierungen	- 1,6
verzinkter Stahl	- 1,05
Zink	- 1,03
Aluminium 3003	- 0,94
Kadmium	- 0,80
Aluminium	- 0,75
Carbonstahl	- 0,61
Gusseisen	- 0,61
Blei	- 0,55
Edelstahl 304 (aktiv)	- 0,53
Kupfer	- 0,36
Marine Bronze	- 0,29
Manganbronze	- 0,27
70/30 Kupfer-Nickel-Legierung	- 0,25
Kupfer	- 0,24
Nickel 200	- 0,20
Siliziumbronze	- 0,18
Edelstahl 316 (aktiv)	- 0,18
Nickel-Chrom-Eisen-Legierung (Inconel)	- 0,17
Titan	- 0,15
Silber	- 0,13
Edelstahl 304 (passiv)	- 0,08
Nickel-Kupfer-Eisen-Legierung (Monel)	- 0,08
Edelstahl 316 (passiv)	- 0,05

wenig reaktiv

Um Elektrolyse zu vermeiden, sollte die Spannungsdifferenz zweier benachbarter Metalle 0,2 Volt nicht überschreiten. Zwischen Zink und Carbonstahl wird z. B. Elektrolyse das Zink angreifen, während zwischen Blei und aktivem Edelstahl 304 kaum Elektrolyse auftritt. Metalle mit hoher Spannung korrodieren schneller und brauchen eine größere Fläche, um die elektro-chemische Reaktion zu verteilen.

Ausstattung mit Bilgepumpen

1 Empfehlung für Boote von 6–14 m: eine bis drei Bilgepumpen und ein Ansaugfilterkasten, damit die Pumpen nicht verstopft werden. Eine Pumpe sollte beim Rudergänger eingebaut sein und, wenn zwei vorgesehen sind, eine weitere unter Deck. Pumpen und Filter sollten vor Antritt jedes Törns inspiziert werden.

2 Empfehlung für Boote unter 6 m: eine Bilgepumpe. Sie sollte eine verstopfungsfreie Membran und eine Leistung von 45 Litern pro Minute haben. Ein Ansaugfilter wird ebenfalls empfohlen. Die beste Position für die Pumpe ist in der Nähe des Rudergängers. Eine tragbare Pumpe, die Seewasser ansaugen kann, ist auch zum Feuerlöschen einsetzbar.

Das Deck/1

Luken und Decksbeschläge werden häufiger inspiziert und gepflegt, weil sie oft benutzt werden und ins Auge fallen. Viele dieser Einrichtungen sind auch für die Sicherheit auf dem Boot von Bedeutung.

Luken

Wenn durch die auch nur wenig Wasser eindringt, ist jede gute Stimmung dahin, und es wird geradezu gefährlich, wenn es viel ist. Leckende Gummidichtungen kann man ersetzen, aber ein paar Jahre sollten sie schon halten. Einige Dichtungen sind an den Scharnieren einstellbar, damit Rahmen und Luke parallel liegen. Schiebeluks können üblicherweise in eine »Garage« geschoben werden, die das ganze Luk abdeckt und verhindert, dass Spritzwasser durch den Niedergang nach unten gelangt. Einige Luken, die ohne solchen Schutz von außen angesetzt sind, brauchen innen große Überstände und Abflüsse, damit kein Wasser eindringt. Ein Test mit dem Wasserschlauch wird schnell zeigen, ob besser abgedichtet werden muss.

Die Schienen des Schiebeluks müssen ebenfalls Abläufe haben. Die senkrechten Teile eines Niedergangs werden mit zwei oder drei Steckschotten verschlossen, die in hölzernen oder metallenen Nuten gehalten werden. Bei europäischen Booten laufen die Öffnungen oben auseinander, dadurch lassen sich die Steckschotten einfacher einsetzen und herausnehmen.

Steckbretter

Mindestens zwei Steckbretter werden gebraucht, das untere kann eingesetzt bleiben, damit kein Spritz- oder Regenwasser hereinkommt. Klare oder eingefärbte Steckbretter lassen noch Licht unter Deck fallen. Ein Steckbrett kann auch gut einen wasserfesten Ventilator aufnehmen, dessen Öffnung wiederum mit einem Schott verschlossen werden kann.

Einen Niedergang sichern

Es muss möglich sein, jedes Steckbrett an seinem Platz zu halten und den Niedergang von außen und innen zu öffnen. Am obersten Steckbrett und am achteren Ende des Schiebeluks befinden sich Beschläge, in die ein Vorhängeschloss passt. Häufig befindet sich in einer der Backskisten im Cockpit eine Segeltuchtasche, in der die Steckbretter unterwegs gelagert werden. Bei manchen Booten müssen die Steckbretter noch durch Splinte oder ähnliches gesichert werden, damit sie auch bei Seegang an Ort und Stelle bleiben. Jedes Steckbrett ist an der Verbindungskante zum anderen so angeschrägt, dass Wasser in den Spalten nach außen abläuft.

Lüfter

Frische Luft kommt durch den Niedergang und das Vorluk oder durch Lüfter ins Boot. Jede Abteilung unter Deck braucht einen eingebauten Lüfter, der immer geöffnet ist, wenn er nicht absichtlich verschlossen wird. Im Vorschiff gibt es meistens zwei Lüfter, die nach dem Venturiprinzip arbeiten, bei dem durch die Strömung Unterdruck erzeugt wird, der schlechte Luft und Gerüche aus dem Boot zieht. Weiter achtern bewirken sogenannte Doradelüfter, nach einer Yacht benannt, in der sie 1933 zum ersten Mal eingebaut waren, die Durchlüftung. Eine eingebaute Wasserabscheidevorrichtung erlaubt es, die Öffnung nach vorn in den Wind zu stellen und Frischluft ohne Wasser ins Boot zu bringen.

Die einzige Wartung, die solche Lüfter brauchen, ist das gelegentliche Abnehmen und Wiederabdichten mit Silikon-Dichtmasse. Ist das Lüftergitter korrodiert, muss es ersetzt werden.

Schotschienen

Deren Befestigungen sind oft ein Grund für ein Leck im Deck, entweder, weil die Konstruktion falsch ist oder weil die Schienen schlecht eingebaut sind. Jedes Loch für einen Befestigungsbolzen ist ein potenzielles Leck, das nur schwer zugänglich ist, wenn die Decksverkleidung angebracht ist. Wenn du befürchtest, dass dort Wasser eindringt, teste es, indem du die Verkleidung abnimmst, das Boot auf einen harten Kurs am Wind bringst und viel Wasser übers Deck rauschen lässt. Aus irgendeinem Grund ist das mit einem Schlauch im Hafen nicht so erfolgreich.

Um das Leck abzudichten, bau zunächst die alte Befestigung aus und fülle das Loch mit Epoxidspachtel. Bohr dann ein neues

Loch, in das der Bolzen gerade hineinpasst. Ein Stück Holz als Unterlage hilft, die Kräfte zu verteilen. Unebenheiten, die sich gebildet haben, werden mit Spachtelmasse ausgeglichen, und eine große Unterlegscheibe nimmt den Druck der Mutter aufs Holz auf. Als Letztes wird der Bolzen mit Silikondichtmasse eingesetzt und die Mutter von unten angezogen.

Relingstützen, Bug- und Heckkorb
Sie können ähnliche Sorgen wie die Schotschienen bereiten, weil auch deren Füße durchgebolzt sind. An den entsprechenden Stellen soll das Deck nicht aus Sandwichmaterial bestehen, und es muss am Rand gut verstärkt sein, weil bei plötzlichen Belastungen hier große Kräfte auftreten. Größere Unterlegplatten aus Metall verstärken die Haltekraft. Kann man diese nicht anbringen, sollten extrastarke Unterlegscheiben verwendet werden. Relingstützen werden in den Füßen oft mit Splinten befestigt; achte darauf, dass diese gut umwickelt sind, damit Leinen, Segel oder Finger nicht beschädigt werden können.

Empfehlungen für die Belüftung

Durchmesser des Lüfters	Querschnitt der Öffnung
5 cm	**19 cm^2**

Bemerkung:
Für ausreichende Belüftung, besonders bei ruhigem Wetter, ist er zu klein.

7,5 cm	**45 cm^2**

Bemerkung:
Gut geeignet für Boote bis 9 m.

10 cm	**81 cm^2**

Bemerkung:
Die kleinste Größe für einen Allzwecklüfter.

15 cm	**181 cm^2**

Bemerkung:
Die empfohlene Größe für Boote über 12 m.

Belüftung

1 Um gut atmen zu können, braucht ein Mensch 0,4 m^3 Luft pro Minute, das bedeutet, dass die Luft im Boot bei mittlerer Temperatur mit einer Geschwindigkeit von etwa 1 m/s strömen muss.

2 In heißem Klima ist ein Luftzug von 1,5 m/s erfrischend.

3 Der Motor verbraucht ungefähr 0,7 m^3 Luft pro PS in einer Minute.

4 Der Motorraum muss gut belüftet sein. Bei geringem Gegenwind braucht man ohne Ventilator eine Lüfter-Querschnittsfläche von 6,5 cm^2 pro PS.

Empfohlener Luftdurchzug pro Stunde
So oft sollte die Luft in einer Stunde vollständig ausgewechselt werden:

Mittleres Klima	**Warmes Klima**	**Heißes Klima**
8 x 1 Lüfter für 2 Leute	16 x 2 Lüfter für 2 Leute	24 x 3 Lüfter für 2 Leute

Kajüte
In warmem Klima werden Windhuzen, Luken und größere Lüfter gebraucht.

Toilette

15 x	25 x	40 x

Absaugventilator mit 4,6 m/s, oder zu öffnendes Luk/Bullauge.

Pantry

30 x	36 x	40 x

Absaugventilator über dem Herd, falls er sich nicht dicht am Niedergang befindet.

Maschinenraum
Der Lufteinlass sollte 1,5-mal so groß wie der Auspuff sein, plus 10 cm^2 pro PS.

Decksbeschläge

Die gleiche Technik, die auf S. 183 beschrieben wurde, sollte auch für alle anderen Decksbeschläge angewendet werden, deren Befestigung wasserdicht sein muss. Hat das Deck eingeformte erhöhte Fundamente, z. B. für Winschen, ist die Gefahr eines Lecks erheblich geringer. Manchmal ist es günstig, einen hölzernen Unterbau anzubringen, aber der muss gut lackiert werden, um zu verhindern, dass er Wasser aufnimmt und später Probleme macht.

Der Anbau von zusätzlichen Beschlägen

Besteht das Deck aus GFK-Sandwich, dann kann es, ohne Schaden zu nehmen, keinen sehr hohen Druck aufnehmen, wie ihn durchgeschraubte Bolzen ausüben. Sollen sehr belastbare Beschläge angeschraubt werden, muss das GFK-Sandwich geöffnet und das Kernmaterial durch entsprechend dicke Stücke aus Sperrholzplatten, die größer sein müssen als der Anbauteil, ersetzt werden. Sie können mit Epoxid unter dem Deck befestigt und mit der ursprünglichen Unterseite des Decksmaterials wieder abgedeckt werden. Danach können die Bolzen verschraubt werden.

Klampen

Sie werden meistens auf dem Süllrand oder auf dem Seitendeck montiert, wo sie angebolzt werden. Das ist verhältnismäßig einfach, aber man muss daran denken, dass Klampen einer Rotationskraft ausgesetzt sind. Soll die Klampe unterschiedlichen Zwecken dienen, ist es nicht ganz einfach, sie richtig zu befestigen. Man sollte sie nach der größten erwarteten Zugrichtung ausrichten. Willst du eine Schot auf ihr festmachen, nimm eine Leine von der nächsten Winsch und belege sie auf der Klampe, so findest du die Zugrichtung.

Relingsdurchzüge

Wo sie durch die Relingsstützen laufen, müssen sie geschützt werden. Sind sie des besseren Griffs wegen mit Plastik überzogen, braucht man unsichtbare Schäden am Draht nicht befürchten, wenn in den Relingsstützen Plastikeinsätze sie schützen. Aber auch an Relingsdrähten mit Überzug können Segel leicht schamfilen. Deshalb ist es nicht verkehrt, die Stellen, an denen das passieren kann, zusätzlich zu schützen. Dazu reicht es, z. B. zusätzliche Plastikschläuche darüberzuziehen, die jedoch jedes Jahr ausgewechselt werden müssen, weil Licht sie brüchig macht und sie Schmutz aufnehmen, den sie an die Segel weitergeben.

Relingsdrähte werden an den Enden meistens mit Spannschrauben befestigt. Das ist in Ordnung, wenn die Drähte an einer Stelle isoliert sind, weil sie sonst eine Schleife bilden, die durch Induktion elektronische Geräte an Bord stören können. Eine Möglichkeit ist es, Plastikkauschen an den Spannschrauben am Bug- und Heckkorb einzusetzen.

Oft werden dünne Leinen wie eine Talje an den Drahtenden genommen, um sie strammzuziehen. Das macht das Sichern von Schäkeln und Schrauben an diesen Stellen überflüssig, was sonst aus Gründen der Sicherheit notwendig ist, und man muss auch nichts mit Tape umwickeln, damit Segel und Hände geschont werden.

Die Leinen haben außerdem den Vorteil, dass sie schnell durchgeschnitten werden können, wenn es darum geht, einen Überbordgefallenen zu bergen. Achte jedoch darauf, dass dann jeder weiß, was du tust, sonst musst du noch mehr Mensch-über-Bord-Manöver fahren.

Schotklemmen und Fallenstopper

Weil immer mehr kleine Crews segeln, ist es üblich geworden, Fallen und Bedienungsleinen ins Cockpit zu führen, was dazu führt, dass man immer mehr Klemmen und Stopper aufs Kajütdach und den Süllrand montiert. Die Technik ist die gleiche wie beim Anbringen anderer Decksbeschläge. Denk aber daran, dass bei Stopperbatterien und Umlenkblöcken mit mehreren Rollen die aufzunehmenden Kräfte sich vervielfachen. Dazu kann es nötig werden, auch oberhalb des Decks noch Unterlegplatten einzubauen. Die Klemmen brauchen nur wenig Wartung, außer, dass angesammeltes Salz entfernt werden muss. Nimm dazu Frischwasser und Marine-Spray, um die Klemmen gangbar zu halten.

Winschen

Möchtest du eine zusätzliche Winsch anbauen, gilt wieder das Gleiche wie bei der Montage von Beschlägen. Üblicherweise werden aus Kostengründen oft Umlenkrollen eingesetzt, um die vorhandenen Winschen mehrfach zu nutzen. Eine andere Möglichkeit ist das Auswechseln einer Winsch, um statt einer einfachen eine selbstholende Zwei- oder Dreigangwinsch zu haben. Dabei sollte es keine Probleme geben, außer dass vermutlich die vorhandenen Löcher an der falschen Stelle sitzen.

Beim Einbau einer Winsch muss man darauf achten, dass die Ablauföffnung im Fuß der Winsch in die richtige Richtung zeigt und dass, wenn es sich um eine selbstholende Winsch handelt, Ein- und Auslauf der Schot in einer vernünftigen Richtung liegen. Der Abstreifer muss an jeder Seite in eine andere Richtung zeigen.

Bei der Auswahl einer Winsch sollte man darauf achten, dass sie nicht aus unterschiedlichen Metallen besteht, weil sie sonst in Salzwasser leicht korrodiert. Bei den besten Winschen läuft Spritzwasser einfach durch die Winsch hindurch. Je mehr Lager eine Winsch hat, desto leichter ist sie unter Last zu bedienen, weil die Trommel besser gehalten wird. Das erhöht zwar den Preis, aber auch die Lebensdauer dieser Anlage.

Winschengrößen

Bootslänge	6–7 m	7–8 m	8–9 m	9–10 m	10–11 m
	20–23 Fuß	24–26 Fuß	27–29 Fuß	30–33 Fuß	34–36 Fuß
Schotwinschen					
Genua	8:1	8:1 / 16:1	16:1 / 28:1	28:1 / 40:1	40:1
Spinnaker	8:1	8:1	8:1 / 16:1	16:1 / 28:1	28:1 / 40:1
Groß	8:1	8:1	8:1	8:1	8:1 / 16:1
Fallwinschen					
Genua	8:1				
Spinnaker	8:1				
Groß	8:1				
Zusatz	8:1				

Die Tabelle zeigt die empfohlene **Kraftübersetzung von Winschen** für unterschiedliche Aufgaben und Bootslängen. Dazu wird die Kurbellänge durch Trommelradius plus Leinendurchmesser geteilt und mit dem Gangverhältnis multipliziert. Die genau richtige Winschengröße richtet jedoch nach den jeweiligen Umständen. Ist die Crew klein oder soll das Boot in harten Regatten bei schwerem Wetter gesegelt werden, wird eine stärkere Winsch gebraucht. Mehrrumpfboote brauchen eine um 20 % größere Kraftübersetzung als Einrumpfboote, weil sie größerem Segeldruck ausgesetzt sind.

Checkliste für Reparaturen an Deck

1 Achte darauf, dass alle Klampen, Winschen und Blöcke sicher auf dem Deck befestigt sind.

2 Die Abdichtmasse um die Bolzen darf nicht ausgetrocknet sein, weil das zu Lecks führt.

3 Einmal im Jahr wird jede Winsch auseinandergenommen, das Salz wird herausgewaschen und die Sperrklinken werden neu mit Winschenfett geschmiert, damit die Winsch leicht läuft.

4 Sprengringe, Sperrklinken und Federn müssen als Ersatzteile immer mitgeführt werden.

5 Prüfe die Relingsdurchzüge und die Stützen und setze die Spannvorrichtungen durch, wenn sie lose werden. Ersetze die Relingsdrähte beim ersten Zeichen von Abnutzung.

Das stehende Gut

Die Aluminiumlegierungen, aus denen heute die meisten Spieren bestehen, brauchen einen sorgfältig aufgetragenen Schutz. Der wird durch Anodisieren erreicht, das die Oxidschicht verstärkt und so das Metall vor Salz und galvanischen Angriffen schützt. Diese Schicht kann jedoch von Kratzern und Schlägen beschädigt werden, und es lohnt, beschädigte Stellen sofort mit einem Schutzspray zu behandeln, damit das stehende Gut in gutem Zustand bleibt.

Manche Kratzer – wie die, die von Drahtfallen herrühren, die beim Segelwechsel in schwerem Wetter entstehen – sind unvermeidbar; andere, wie die durch Fallen, welche am Liegeplatz lose herumschlagen, sind unentschuldbar. Am Ende einer Segelsaison sollte man alle Spieren untersuchen und feststellen, wo Schäden durch Fallen verursacht worden sind.

Kleinere Stellen kann man durch Aufschrauben oder Aufkleben von Blechstücken aus dem gleichen Metall verstärken. Dreht man Schrauben ins Aluminium, muss man daran denken, dass sie galvanisch wirken können: Nimmt man z. B. Messing- oder Schrauben aus minderwertigem Stahl, wird das Aluminium angefressen, und die Schrauben halten nicht. Mit Zinkchromat-Paste kann man eine Trennung zwischen zwei Metallen herstellen.

Endbeschläge

Fast alle Masten werden von Wanten und Stagen gehalten. Weil aber deren obere Endbeschläge kaum erreichbar sind und nicht dauernd im Blickfeld liegen, werden sie kaum beachtet. Ihre Bolzen müssen eng in der Gabel sitzen, sonst ist die Haltbarkeit des Endbeschlags, Terminal genannt, eingeschränkt. Sieht es aus, als würden die Löcher länglich, muss ein Mastbauer um Rat gefragt werden. Der Bolzen muss auch gut gesichert sein, entweder durch einen Splint oder einen Splintring. Auch wenn es fast selbstverständlich ist, der Splint darf nicht zu weit aufgebogen sein und darf nicht die Fallen oder Segel beschädigen.

Das stehende Gut

Heutige Riggs haben dauerhaft angepresste Endbeschläge. Diese Terminals sind ordentlich, stark und sehr zuverlässig. Aber sie können, wenn das Rigg vibriert, da abgenutzt werden, wo die Drahtseile aus den Terminals kommen. Dort sollte man sie regelmäßig auf gebrochene Drähte untersuchen.

T-Terminals werden in den Mast in Schlitze eingehängt, die von innen verstärkt sind. Zunächst werden sie parallel zum Mast eingesteckt und dann so gedreht, dass sie fest sind, wenn die Wanten oder Stage an Deck befestigt werden. Dabei ist darauf zu achten, dass sie im richtigen Winkel direkt zu den Püttingen und Beschlägen geführt werden, da sonst die Drähte brechen können.

Wantenspanner/Spannschrauben

Die gleiche Aufmerksamkeit verdienen auch die Wantenspanner. Sie müssen gut und fest an den Terminalbolzen sitzen, ein Gelenk zwischen dem unteren Ende des Wantenspanners und dem Pütting gleicht leicht unterschiedliche Richtungen aus.

Wantenspanner sollten 1,5-mal so stark wie das dazugehörige Want sein. Er sollte auch genau zum Terminal, dem Pütting und dem Gelenk passen. Wantenspanner können sich erstaunlich leicht lösen und es ist wichtig, das zu verhindern. Am einfachsten geht das bei offenen Wantenspannern mit einem Draht, der durch ein Loch in der Spindel gezogen und mehrfach um den Spanner herumgewickelt wird.

Geschlossene Typen haben Kontermuttern an den Enden. Sie sind jedoch weniger zufriedenstellend, besonders, weil man nicht weiß, wie viel von der Spindel noch im Gewinde greift. Sicherer ist es, solche durch den offenen Typ zu ersetzen.

Beim Spannen des Riggs kann der Spanner überlastet werden, wenn man zum Drehen einen zu langen Hebel benutzt, um mehr Spannkraft zu erzeugen. Das Gewinde wird beschädigt und der Wantenspanner bricht, wenn beim Segeln das Rigg belastet wird.

Den Mast stellen

Ist der Mast zuvor richtig aufgestellt worden, ist es wichtig, das Rigg von Zeit zu Zeit zu überprüfen. Dabei geht man in der gleichen Reihenfolge wie beim Maststellen vor. Zunächst wird im Hafen geprüft, ob der

Mast gerade steht. Dazu hängt man ein Gewicht wie z. B. eine Winschkurbel an das Großfall. Wenn es nicht zu windig ist, sollte das senkrecht hängende Fall genau hinter dem Mast in etwa 30 cm Abstand hängen.

Dann wird das Großfall unten an das Want geführt, so, dass sein Ende gerade das Pütting berührt. Legt man das Fall dann auf die andere Seite ans Pütting, wird auch der kleinste Fehler sofort erkennbar, er wird mit den Spannschrauben korrigiert. Danach werden, wenn nötig, die Unterwanten eingestellt, damit der Mast ganz gerade steht. Stell sicher, dass die Spannung auf den Stagen gleich ist: Einfach in Schulterhöhe dagegen drücken, um ein Gefühl für die Spannung zu bekommen, und dann probier alles an einem windigen Tag aus.

Bring auf dem offenen Wasser dann das Boot auf einen Am-Wind-Kurs, schau dir den Mast noch einmal an und prüfe, ob die Mastneigung nach vorn und achtern stimmt. Dann peilst du an der Mastschiene entlang nach oben und prüfst so, ob der Mast gerade steht.

Die Mastbiegung nach achtern hinzubekommen, ist auf einer Fahrtenyacht nicht so schwierig, werden aber große Kräfte nötig, um den Mast richtig zu trimmen, ist es besser einen Achterstagspanner anzubringen, der nach dem Segeln wieder entspannt werden kann.

Seitliche Fehler sind schwieriger zu korrigieren. Achte bei Wind von beiden Seiten auf das Durchbiegen, bevor du die Einstellung änderst, prüf dann, ob genug oder auch zu viel Spannung auf den Wanten liegt. Wenn schließlich alles stimmt, sichere die Spannschrauben mit Draht und umwickle sie zum Schutz gegen das Schamfilen an Schoten und Segeln. Obwohl es einen sehr stabilen Eindruck macht, kann sich das Drahttauwerk der Wanten erstaunlich dehnen, deshalb solltest du alle paar Wochen oder jedes Mal bei genügend Wind das Rigg genau anschauen.

Bruchlasten typischen Drahttauwerks

7x7-Konstruktion, rostfreier Stahl

Ø in mm	3	4	5
Bruchlast in kp	500	1000	1500
Spanner mm	6	8	10

7x19-Konstruktion, rostfrei, W. St. Nr. 4401

Ø in mm	2,5	3	4	5	6	8	10
Bruchlast in kp	430	665	1300	1820	2675	4695	7060
Gewicht/m in g	24	38	63	100	150	265	390
Mindest-Scheiben-Ø mm	34	40	52	66	80	108	135

1x19-Konstruktion, rostfrei, W. St. Nr. 4401

Ø in mm	2,5	3	4	5	6	7	8	10
Bruchlast in kp	595	860	1530	2358	3440	4680	6110	7760
Gewicht/m in g	31	45	80	125	180	245	320	500
Stärke des Einzeldralls mm	0,2	0,6	0,8	1,0	1,2	1,4	1,6	2,0

Das laufende Gut

Das laufende Gut

Leinen aus Kunststofffasern sind als Fallen auf einer Fahrtenyacht gut geeignet, weil sie angenehm durch die Hand laufen. Ist dort, wo das Fall über die Scheibe im Masttopp läuft, die Leine aufgescheuert, kann sie einfach ein Stück gekürzt werden (vorausgesetzt, dass das Fall zuvor lang genug war). Reicht dazu die Länge nicht mehr, kann es einfach umgedreht werden, so, dass das untere Ende nach oben kommt.

Geflochtenes Dyneema®/Spektra®-Tauwerk ist für Fallen gut geeignet. Der Mantel ist abriebfest und verträgt die Belastungen von Fallenstoppern. Die Dehnbarkeit ist nur etwa $\frac{1}{5}$ so groß wie das von Polyester, und die Bruchlast ist doppelt so hoch. Die Dehnbarkeit ist jedoch bei ins Cockpit geführten Fallen kaum ein Problem, weil man sie leicht nachstellen kann und ohnehin je nach Windstärke und -richtung verändern muss. Polyesterleinen sind jedoch billiger.

Ist das Boot mit Fallen aus Drahttauwerk ausgerüstet, sei vor den »Fleischhaken« des Drahttauwerks gewarnt, die besonders dort entstehen, wo der Draht in die Leine eingespleißt ist. Für Fallen ist galvanisiertes Drahttauwerk besser geeignet als rostfreier Stahl, weil letzterer nur schlecht über Scheiben läuft. Um galvanisierten Draht lange haltbar zu machen, sollte er jeden Winter in kochendes Öl getaucht werden.

Schoten bestehen am besten aus doppelt gewebtem Polyester und werden bei beginnendem Abrieb einfach umgedreht. Der Abrieb entsteht am ehesten bei falsch eingestelltem Schotwagen auf der Schotschiene. Es ist einfach und sicher, die Schoten mit einem Palstek am Schothorn der Vorsegel zu befestigen, achte jedoch darauf, dass er fest ist und sich beim Schlagen der Segel nicht löst.

Schäkel sollte man am Schothorn der Segel nicht anbringen, auch ein kleines Stück Metall kann beim Bergen gefährlich um sich schlagen und Decksbeschläge, aber auch Köpfe und Augen stark beschädigen. Schnappschäkel gehören zur Spinnakerausrüstung, weil sie dort schnell gelöst werden müssen.

Die Dirk ist ein Sonderfall des laufenden Guts. Ist sie mit einem Schäkel an der Baumnock befestigt, kann sie sich schon bei geringem Segelschlagen lösen. Dazu kommt, dass das dauernde nervtötende Geräusch und die Sorge vor dem Schamfilen des Großsegels dazu führt, dass die Dirk beim Segeln am Heckkorb festgemacht wird. Dazu wird ein Schnappschäkel gebraucht und auch Glück beim Zurücksetzen an den schlagenden Baum, wenn das Segel geborgen werden soll.

Eine bessere Lösung ist ein Gummistropp, der die Dirk stramm hält. Wenn das Segel steht, wird die Dirk so weit gefiert, dass der Gummistropp sie gerade noch stramm hält. Wird die Schot am Wind dichtgeholt, wird der Gummistropp gedehnt, und die Dirk liegt ruhig am Achterliek des Segels, ohne zu stören.

Ein Nebeneffekt dieser Lösung ist, dass die Dirk als Ersatz für das Großfall benutzt werden kann.

Kurze Stropps vom Achterstag zur Baumnock haben nur den Zweck, den Mast ruhigzustellen, wenn das Segel geborgen ist. Sie helfen nicht, wenn der Baum zum Reffen angedirkt werden muss.

Mastscheiben

Sie sind entweder am Mastkopf eingebaut, wo sie die Fallen um 180° herumführen, oder sie leiten die Fallen in der Nähe des Mastfußes im Winkel von etwa 90° zu den Winschen. Sie haben Buchsen aus speziellem Kunststoff wie Tufnol®. Es ist wichtig, diese auf Abnutzung zu prüfen, am einfachsten durch Wackeln an der Scheibe: Sie dürfen nicht hin- und herkippen. Wenn die Scheiben das Gehäuse berühren können, wird die Reibung bald so groß, dass das Setzen der Segel zur Qual wird.

Es kann schwierig sein, die Achsen der Scheiben am Mastkopf zu entfernen, ohne dass letztere in den Mast fallen. In seltenen Fällen lässt sich das überhaupt nur bei gelegtem Mast machen, weil das Vorstag den Zugang versperrt, und selbst wenn der Mast liegt, empfiehlt es sich, die Scheibe mit einer herumgelegten Leine zu sichern.

Blöcke

Die Blöcke des laufenden Guts sollten lange halten, wenn man sie richtig behandelt. Das heißt, dafür zu sorgen, dass sie in gerader Linie belastet oder mit Wirbeln und zusätzlichen Schäkeln beweglich gemacht werden. Schnappschäkel müssen ihrerseits gut geschmiert sein, und die Bändsel, mit dem man ihre Bolzen öffnet, müssen bei Abnutzung ersetzt werden, sonst sind sie kaum noch zu benutzen.

In den Mast gehen

Um wirklich sicher einen Mann mit dem Bootsmannsstuhl in den Mast zu hieven, braucht man vier Leute. Einfacher geht es mit Maststufen oder einer Leiter, die gesetzt werden kann. Der Kletterer bringt damit sein eigenes Gewicht nach oben und muss nicht gewinscht werden; nur eine weitere Person sichert ihn mit einem Fall, das am Sicherheitsgurt des Kletterers befestigt wird. Besonders bei Familiencrews ist das ein Vorteil, weil der, der winschen kann, zugleich der ist, der im Mast arbeiten sollte. Die Blauwassersegler haben meistens fest angebaute Maststufen.

Maße des Tauwerks

Hier sind die empfohlenen Maße des Tauwerks für unterschiedliche Aufgaben angegeben. Ankerleinen müssen z. B. eine viel höhere Bruchlast als Fallen haben.

Ungefähre Segelfläche am Wind in m²

Länge des Bootes Meter	6–8	9	10	11
Großsegel	12	16	19	22
Genua	20	30	40	50
Spinnaker	45	56	65	90

Stärke der Schoten in mm

Länge des Bootes Meter	6–8	9	10	11
Großschot	10	10	10	12
Vorschot	10	10	12	12
Spi-Schot	8	10	10	10
Spi-Achterholer	10	10	12	12

Stärke der Fallen in mm

Länge des Bootes Meter	6–8	9	10	11
Großfall	8	10	10	10
Genuafall	8	10	10	12
Spinnakerfall	8	10	10	10

Festmacherleinen in mm

Länge des Bootes Meter	6–8	9	10	11
Ungefähre Verdrängung in kg	2000	5000	5000	6500
Polyester/ Nylon	8–10	12	12	14
Polypropylen	10–12	14	16	18

Baumniederholer in mm

Meter	6–8	9	10	11
Niederholer	8	10	10	10

Ankerleinen in mm

Meter	6–8	9	10	11
Nylon	12	14	16	16
Polyester	14	16	18	18
Nylon (Warp.)	8	8	10	10
Bruce-Anker	5	8	10	10
Danf. & CQR	8	14	14	14
Kette	8	8	10	10

Segel

Auch wenn sie die Hauptvortriebskraft für ein Segelboot liefern, versuchen viele Eigner beim Kauf der Segel zu knausern – die Unterhaltskosten verdrängen sie am liebsten ganz. Aber die Überfahrtszeiten hängen von guten und richtig getrimmten Segeln ab, und der Ausfall eines Segels zu falscher Zeit kann zur Katastrophe führen. Das Boot und die Crew sind unter Segeln viel sicherer als beim Rollen und Stampfen unter Maschine.

Als Erstes ist es wichtig, die Segel an Deck beim Setzen sorgsam zu behandeln, damit nichts hängen bleibt. Unterwegs sollte man sie, wenn nötig mit dem Fernglas, auf Schamfilen und Nahtrisse untersuchen.

Gib der Segelreparatur genügend Platz auf deiner Instandsetzungsliste und halte die Ursache ihres Entstehens fest, z. B.: »Genua II, Achterliek, 4. Naht von oben, am Achterlieksband aufgescheuert«. Beim Bergen und Setzen eines Segels ist Gelegenheit, dessen Zustand zu überprüfen.

Beim Einpacken falte das Segel sorgfältig zusammen und versuche, es nicht zu beschädigen. Leg es so zusammen, dass die Falten nicht immer an die gleiche Stelle kommen (s. S. 47). Um Knicke zu entfernen, tauch das Segel in kaltes Frischwasser und hänge es zum Trocknen am Vorliek auf.

Das Flicken ist einfach, wenn man es gleich macht. Im nächsten Hafen, wenn der Schaden klein ist, oder als Beschäftigung während des Törns, wenn er größer oder dringender ist. Wartet man zu lange, wird der Schaden größer und die Reparatur teurer.

Musst du einen Riss flicken, achte darauf, dass das Segel seine Form behält, einerseits, damit es gut steht, und auch, weil sonst der Flicken bei Belastung ausreißt. Man kann mit Teppichklebeband oder speziellem Segelklebeband einen Flicken aufkleben, muss dabei aber darauf achten, dass die Ränder genau aufeinander passen. Das Klebeband kann mit Zickzackstichen mit eingenäht werden. Damit kann das Segel zunächst weiterhin benutzt werden, bis es vom Fachmann repariert wird.

In der Segel-Reparaturtasche sollte sich eine Auswahl an Nadeln befinden, die gut gefettet in einer Dose aufbewahrt werden. Geschlagenes Segelgarn kann auf die für die Arbeit und die Nadel notwendige Zahl von Kardeelen verringert werden. Mit Bienenwachs werden Faden und Nadel eingerieben, und ein Segelmacherhandschuh dient dazu, die Nadel durch den Stoff zu drücken. Mit einer Zange lässt sich die Nadel durchziehen. Auch eine gebogene Polsternadel kann zu vielen Zwecken nützlich sein.

Entdeckst du eine Stelle im Segel, die besonders dem Schamfilen ausgesetzt ist, wie z. B. das Achterliek der Genua, wo es an den Enden der Salinge scheuert, musst du dieses Problem beheben. In diesem Fall die Enden der Saling mit einem Überzug versehen und die Stelle im Segel verstärken. Auch der Bugkorb kann an den Nähten einer tief geschnittenen Genua Schäden verursachen.

Die Mastrutscher am Vorliek des Großsegels sollten nicht mit Schäkeln angebracht sein. Sie sollten auch nicht aus der Schiene genommen werden müssen, wenn das Segel gerefft wird. Sitzen sie an der falschen Stelle, wird es unmöglich, die Reffkausch auf den Reffhaken am Lümmelbeschlag einzuhängen. Es lohnt, diesen Fehler zu beheben, denn nach dem Reffen die Rutscher wieder einzufädeln kann recht schwierig werden. Auch wenn eine Lösung darin besteht, die Ösen woanders anbringen zu lassen, kann man für den Rest der Segelsaison vielleicht alle Rutscher, die bis zu einer Reffreihe herauszunehmen sind, mit einem Bändsel zusammenbinden und für die bis zur nächsten Reihe ein Bändsel in anderer Farbe wählen.

Wichtig ist auch, dass man beim Aufbinden des Segels bei einem Bindereff die Reffbändsel so lose bindet, dass sie keine Belastung aus dem stehenden Segel aufnehmen, sonst reißen die Reffgatchen (Ösen) aus. Es hat sich bewährt, elastische Reffbändsel zu benutzen, denn die halten außerdem das Segel stramm.

Segel waschen
1 Die Segel müssen mindestens einmal im Jahr gewaschen werden, weil Salz, Schmutz und Flecken das Segeltuch schwächen.

2 Oft ist es am einfachsten, sie in die Badewanne zu stecken und mit milder Seife und warmem Wasser zu waschen.

3 Bearbeite hartnäckige Flecken mit Seife und Nagelbürste, aber beschädige dabei nicht die Nähte.

4 Spül die Segel mehrmals in klarem Wasser und hänge sie z. B. am Vorliek zum Trocknen auf.

5 Nach dem Trocknen repariere alle Schäden, leg die Segel sorgfältig zusammen und achte darauf, die Lieken nicht zu knicken. Lagere die Segel an einem kühlen, trockenen Platz.

6 Steck die Segel nicht in einen Wäschetrockner und bügle sie nicht, weil direkte Hitze dem Tuch schadet.

Flecken entfernen
1 Öl- und Fettflecken lassen sich mit Segelreiniger entfernen, der direkt in das Tuch eingerieben wird, anschließend wird es ganz normal gewaschen. Schwer entfernbare Flecken kann man vor dem Waschen mit Terpentin behandeln.

2 Auf diese Art kann man auch Teerflecken behandeln, auch wenn man in schweren Fällen auf Trichlorethylen zurückgreifen muss; dabei darf man keinesfalls rauchen.

3 Ist Farbe oder Lack ans Segel gekommen, musst du sofort etwas tun. Nimm Terpentin und danach Segelreiniger nach Vorschrift. Hilft das nicht, muss man wieder Trichlorethylen anwenden oder ein Gemisch von gleichen Teilen Acetat und Aceton nehmen. Danach wird normal gewaschen.

4 Rostflecken kann man mit Oxalsäure behandeln. Vorsicht! Gummihandschuhe tragen!

5 Schimmel lässt sich auswaschen, danach sollte aber sorgfältig getrocknet und gelüftet werden.

6 Haushaltsbleiche entfernt Blutflecken.

7 Böse Flecken muss man so bald wie möglich und vor dem Waschen behandeln. Probiere starke Mittel vorher aus. Salz immer entfernen.

Empfohlenes Segeltuchgewicht für ein 9-m-Boot
In Gramm / m^2

Großsegel	278
Genua I, leicht (bis 12 kn scheinbarer Wind)	159
Genua I, schwer (bis 20 kn scheinbarer Wind)	230
Genua II	257
Fock	278
Sturmfock	342
Spinnaker/Blister	43

Segelreparatur-Satz
Segelnadeln Nr. 16–19 plus Haushaltsnadeln
Segel-Nähgarn fein und stark
Segelmacherhandschuh
Mehrere vorgeschnittene Segeltuchflicken mit verschmolzenen Kanten
Farbige Flicken für Spinnaker und Blister
Spi-Reparaturklebeband
Stück Bienen- oder Kerzenwachs
Gerät zum Auftrennen von Nähten
Klebeband aus Plastik, wasserfest
Gewebetape
Doppelklebeband
Scharfes Messer
Marlspieker und Fitts
Sprays für die Mastschiene und zum Lösen von Rost
Lederstücke, beim Segelmacher erhältlich
Gewachstes Takelgarn
Auswahl an Segellatten
Mastrutscher und andere Ersatzteile
Bootsmannstasche
Maßband
Segelschäkel

Segel aus Mylar
Sie brauchen besondere Pflege, damit der Mylar-Film nicht beschädigt wird. Vermeide scharfe Knicke, zum Reinigen hole dir Rat beim Segelmacher.

Motoren

Die Wartung eines Bootsmotors gleicht sehr der eines Automotors. Vor dem Anlassen sollte man prüfen, ob genug Treibstoff an Bord ist und ob der Messstab eine genügende Menge Öl anzeigt. Stell sicher, dass die Filter sauber sind und dass der Kühlwassereinlass frei ist. Wenn der Motor läuft, sieh nach, ob Kühlwasser austritt, ob der Öldruck stimmt und ob das Motorgeräusch so ist, wie du es kennst.

Wenn ein Benzinmotor nicht anspringt, liegt vermutlich der Fehler in der Elektrik: Sie kann feucht geworden sein. Dieselmotoren brauchen nur Treibstoff, Kompression und Hitze, damit sie anspringen. Will ein Diesel nicht anspringen, prüfe, ob Treibstoff bis zu den Einspritzdüsen gelangt. Hast du überprüft, dass der Kühlwasserfilter sauber ist, aber kein Wasser aus dem Auspuff kommt, steckt vermutlich ein Stück Plastikfolie vor dem Ansaugrohr. Beim Stoppen der Maschine fällt das Stück oft einfach ab, und das Kühlwasser fließt wieder. Wenn nicht, musst du den Einlass bei abgestelltem Motor von innen reinigen, zunächst mit geschlossenem Seewasserventil; hilft das nicht, musst du mit einer Stange bei offenem Ventil nachhelfen. Plastik kann auch deinen Propeller zum Stoppen bringen oder weniger wirksam machen.

Überprüfe regelmäßig, ob die Keilriemen zur Lichtmaschine und zur Kühlwasserpumpe richtig arbeiten und genügend stramm sind. Nimm immer einen Ersatzimpeller für die Wasserpumpen mit. Achte darauf, dass die Lichtmaschine trocken bleibt und nicht vom Keilriemen nassgespritzt wird, wenn das Wasser hoch in der Bilge steht. Schütze die Lichtmaschine gegebenenfalls mit einem Spray.

Die Propellerwelle

Wichtig ist, dass die Sternbuchse (Stopfbuchse), durch die die Propellerwelle nach außen geht, gut geschmiert ist, damit weder die Welle noch das Lager heißlaufen und kein Wasser ins Boot dringt. Das wird mit einer Fettpresse gemacht, die durch ein Kupferrohr Fett in das Lager presst. Aber zu viel Fett im Sternlager ist fast so schädlich wie zu wenig, darum soll die Presse nur so weit gedreht werden, dass noch kein starker Druck entsteht. Am besten dreht man die Presse eine halbe Umdrehung etwa eine Stunde nach dem Anlassen und dann gelegentlich nach Erfahrung.

Es ist gut, nach Erreichen des Hafens sicherzustellen, dass die Sternbuchse nicht tropft. Ist die Packung in der Buchse in Ordnung, sollte dort kein Fett austreten und kein Wasser tropfen. Ist die Packung abgenutzt, wird beim nächsten Mal, wenn das Boot aus dem Wasser kommt, die Mutter innen an der Sternbuchse gelöst und eine neue Packung eingesetzt.

Die äußere Seite des Lagers besteht meistens aus Gummi oder Neopren und ist wassergeschmiert.

Es ist wichtig, dass der Propeller frei von Kraut ist und nicht von treibenden Gegenständen beschädigt wird. Berührt der Propeller den Grund, lass das Boot trockenfallen und untersuche ihn auf Scharten und Biegungen. Wenn nötig, kannst du die Scharten mit der Feile glätten. Ein angeschlagener Propeller verliert erstaunlich viel Leistung.

Saildrive

Wichtig ist, dass die Neoprenmanschette, durch die der Antrieb nach außen führt, in gutem Zustand ist, sonst kannst du durch ein Leck schnell das Boot verlieren. Man muss auch darauf achten, dass kein Wasser oder Schmutz in den Schaft dringt, sonst frisst sich das untere Getriebe fest und kann recht teure Reparaturen nach sich ziehen.

Beheben von Maschinenschäden

Benzinmotor

Wenn der Anlasser den Motor nicht dreht, prüfe zunächst die Elektrik und deren Verbindungen zum Anlasser.

1 Beginne mit dem Herausziehen des Zündkabels auf dem Verteiler, halte es 2–3 cm vom Motorblock entfernt und lass die Maschine drehen. Wenn ein blauer Funke überspringt, sind der Zündschalter, die Kontakte und die Zündspule in Ordnung.

2 Prüfe die Zündkerzen, indem du das Zündkabel abziehst, eine neue Zündkerze ansteckst und diese auf den Motorblock legst. Springt beim Betätigen des Anlassers ein Funke über, ist die Zündung in Ordnung. Vorsicht! Das aus der Öffnung gedrückte Gemisch kann sich leicht entzünden!

3 Kommt kein Funke, kann der Verteiler schadhaft sein. Ist irgendein Belag auf ihm erkennbar, entferne ihn, er kann zum Kurzschluss geführt haben.

4 Ein weiterer Grund können schlechte Elektroden sein, dann muss man sie mit der Feile säubern und deren Abstand voneinander nach der Betriebsanleitung einstellen.

5 Ist der Zündschalter kaputt, überbrücke ihn mit einem Stück Kabel. Verbinde den Pluspol der Batterie mit dem Plusanschluss an der Zündspule. Um die Maschine zu stoppen, wird dieses Kabel weggenommen.

6 Ist die Batterie leer, kann man andere an Bord befindliche Batterien anschließen. Verbinde die entsprechenden Pole der neuen mit denen der alten Batterie. Manche Benzinmotoren kann man mit einer Handkurbel starten.

7 Ein Verstopfen des Vergasers kann man beseitigen, indem man seine Öffnung beim Anlassen kurz mit einem Lappen verschließt. Springt der Motor dann nicht an, säubere den Luftfilter, er kann verdreckt sein.

8 Zum Schluss überprüfe die Treibstoffförderpumpe. Klemm die Leitung an der Auslassseite ab und dreh den Motor. Wenn kein Treibstoff austritt, kann die Pumpenmembrane schadhaft oder verdreckt sein.

Dieselmotor

Bei Dieselmotoren treten eher Probleme mit der Treibstoffversorgung als mit der Zündung auf. Die Zündung wird durch Kompression ausgelöst. Wenn der Anlasser den Motor nicht stark genug dreht, um ihn anspringen zu lassen, gehe wie folgt vor:

1 Benutze die Handstartkurbel (wenn es eine gibt) zusammen mit dem Anlasser oder nimm die Kompression weg, damit er dreht. Drück dann den Kompressionshebel wieder hinunter. Das ist oft bei kaltem Wetter nötig, wenn die Batterie weniger Leistung hergibt.

2 Schalte zwei Batterien parallel, um mehr »Saft« zu haben, und nimm den Keilriemen zur Lichtmaschine ab.

3 Ist der Treibstoff verschmutzt, muss er abgetrennt und gefiltert werden.

4 Ist er mit Wasser versetzt, helfen ein paar Tropfen Brennspiritus, die das Wasser aufnehmen und mit durch die Filter nehmen.

5 Wenn die Dieselmotoren nicht die volle Leistung bringen, laufen sie vielleicht nicht auf allen Zylindern. Reißt eine der Hochdruckleitungen zu den Einspritzdüsen, darfst du sie nicht biegen, um sie zu verschließen.

6 Versagt die Treibstoffförderpumpe, kann man einen Falltank montieren. Nimm dazu einen größeren Kanister und füll ihn mit Treibstoff, der durch ein Tuch oder einen Socken im Trichter gefiltert ist. Der Tank wird so mit der Einspritzpumpe verbunden, dass diese durch das Gefälle versorgt wird. Achte darauf, dass immer genug Treibstoff im Falltank ist; wird er trotzdem leer, musst du den Motor vollständig entlüften, bevor du ihn wieder anlässt.

7 Oft sind auch die Einspritzdüsen schadhaft. Lecken sie stark, ist vielleicht die Düsenmutter lose oder die Einschraubfläche defekt. Tropft die Düse, kann die Nadel entzwei oder verklemmt sein oder sie sitzt nicht richtig. Die Einspritzöffnungen können verstopft sein und so den Strahl und den Druck ablenken. Anzeichen für defekte Einspritzdüsen sind Klopfen des Motors, schwarzer Rauch und Stottern der Maschine.

Die Elektrik

Die elektrischen Systeme an Bord von Booten werden durch zusätzliche Lampen und Navigationsinstrumente immer umfangreicher. Deshalb sollte man die Batteriekapazität und die Stromerzeugung öfter neu überdenken.

Die Batterien

Es ist einfach, die notwendige Kapazität der Batterien zu berechnen. Erste Anzeichen für eine Überlastung sind mangelhafte Reichweite des Funkgerätes, falsch anzeigende Instrumente, trübes Lampenlicht oder fehlende Kraft des Anlassers. All diese potenziell gefährlichen Erscheinungen können vermieden werden. Erstens sollten zwei voneinander getrennte Batterien oder Batteriebänke an Bord sein, eine nur für die Maschine (60 Amperestunden sollten ausreichen) und eine weitere für den sonstigen Verbrauch. Je größer die Kapazität ist, desto weniger oft muss die Maschine oder ein anderes Aggregat zum Laden laufen. Dafür sind 120 Amperestunden (Ah) ausreichend. 180 Ah sollten reichen, wenn nicht auch Kühlanlagen betrieben werden, die extra berechnet werden müssen. Um den Ladezustand einer Batterie zu bestimmen, braucht man ein Voltmeter und zusätzlich einen Säureprüfer, mit dem der technische Zustand der Batterie festgestellt werden kann. Ein Ladestrommesser wird gebraucht, um den Ladestrom zu messen. 25–30 A können etwa zehn Minuten lang fließen, für längere Ladezeiten muss der Strom geringer sein. Die Ladestromregelung an der Lichtmaschine sollte das regeln, aber mit einem Ladestrommessgerät kann man die günstigste Drehzahl der Maschine oder des Generators herausfinden.

Das Laden

Auch wenn die Versorger für die Maschine und den allgemeinen Verbrauch getrennt sind, müssen sie zugleich geladen werden können, dazu muss der Bedarf beider berücksichtigt werden. Das entweder durch eine automatische Ladestromsteuerung oder durch Umschalten von Hand. Solange die Verkabelung funktioniert, kann der Batteriehauptschalter benutzt werden, um festzulegen, welches System eingeschaltet ist.

Heute werden fast ausschließlich moderne Lichtmaschinen zum Laden benutzt, weil sie bei geringen Umdrehungen mehr Leistung bringen als die alten Dynamos. Sie dürfen jedoch nicht laufen, wenn kein Strom abgenommen wird. Die meisten Lichtmaschinen haben dafür eine Schutzeinrichtung; trotzdem ist es besser, den Ladestrom nicht abzuschalten.

Andere Stromquellen

Damit die Batterien voll bleiben, wenn du nicht an Bord bist, helfen Solarpaneele und Windgeneratoren. Was man wählt, hängt von den klimatischen Gegebenheiten ab. Einige Windgeneratoren können so umgebaut werden, dass sie im Wasser als Schleppgeneratoren eingesetzt werden können, meistens sogar effizienter. Generell gilt: Windgeneratoren vibrieren beim Laufen und die, die schon bei geringer Drehzahl Strom erzeugen, sind weniger leistungsfähig.

Kabelverbindungen, Dosen und Stecker

Gute Steckverbindungen sind außer Lötverbindungen das Beste. Die Verteilerplatte muss jedoch trocken und korrosionsfrei sein, am besten schützt man sie mit einem Silikonüberzug.

Bevorzugt man Lötverbindungen und hat man keinen Lötkolben, dreht man die Drähte zusammen und legt ein Stück Lötdraht zu dem freigelegten Draht. Dann wird die Stelle so in Alufolie gewickelt, dass kein Lötzinn herauslaufen kann. Zünde dann zwei Streichhölzer zugleich an und halte sie schnell unter die Stelle. Nach dem Abkühlen pack den verlöteten Draht aus und wickle Isolierband darum.

Strombedarf elektrischer Geräte

Anzahl	*Gerät*	*Watt*
1	Dreifarbenlaterne im Mast	25
1	Zweifarbenlaterne am Bug	25
1	Hecklicht	10
1	»Dampferlicht« (Motorfahrt)	25
1	Flutlicht unter der Saling	20
4	20 W Kabinenlampen	80
4	10 W Kabinenlampen	40
1	Kompasslicht	2
1	Lüftungsventilator	24
1	Funkgerät (Hören)	10
1	Logge	0,2
1	Echolot (LED-Anzeige)	1,2

Was man bei der Elektrik darf und was nicht

1 Bau die Batterien an einer gut zugänglichen Stelle, weit weg von jeder Hitzequelle, ein und sorge für gute Belüftung. Ausgetretener Dieselkraftstoff darf die Batterie nicht erreichen, da diese sonst korrodiert; außerdem können giftige Gase entstehen.

2 Halte die Batterie sauber und trocken, Kondenswasser kann zur Entladung führen.

3 Stell sicher, dass jedes Batteriekabel immer an den richtigen Pol angeschlossen wird.

4 Immer den Motor abstellen und alle Schalter ausschalten, bevor ein Batteriekabel gelöst wird.

5 Immer die Spannung und die Polarität beachten, wenn du eine Batterie anschließt.

6 Niemals die Lichtmaschine laufen lassen, wenn die Batterie abgeklemmt ist.

7 Alle Kabel sollten sicher angebracht und in Kabelschächten oder Kabelbäumen geführt werden.

8 Sicherungen und Sicherungsschalter sollten jeden Stromkreis an der Quelle unterbrechen können.

Kabelquerschnitt für ein Kupferkabel mit PVC-Isolierung in mm²

	Einfache Länge des Stromkreises			
Ampere	1 m	3 m	5 m	10 m
2	1,0	1,5	2,5	2,5
4	1,5	2,5	4	6
10	2,5	6	10	10
20	4	10	10	16
30	6	10	10	16
50	10	10	16	25
80	10	16	25	50
100	10	16	25	50
150	16	25	35	50
200	16	25	50	70
250	25	50	70	95

Die hier angegebenen Querschnittsflächen von Kabeln sind lediglich ein Anhalt. Stelle zunächst fest, wie viel Strom fließt: Teile die Leistung des Gerätes in Watt durch die Bordspannung in Volt, so erhältst du die Stromstärke in Ampere. Überlege dann, wie lang das einfache Kabel sein muss, um das Gerät zu versorgen. Geh mit diesen Werten in die Tabelle, dann erhältst du den Querschnitt des zu verwendenden Kabels.

Stromverbrauch in 24 Stunden

Gerät	*Leistung in Watt*	*Stunden*	*Verbrauch in Wattstunden*
Lüfter	24	½	12
Funkgerät	7,2	3	21,6
Navigationsinstrumente, Kompassbeleuchtung	3	7	21
Navigationslichter (Dreifarbenlaterne)	25	7	175
Kabinenbeleuchtung	2 x 20	4	160
Kabinenbeleuchtung	3 x 10	1	30

Gesamter Stromverbrauch in 24 Stunden: 419,6 Wattstunden oder 35 Ah bei 12 V.

Werkzeug

Ein Satz gutes Werkzeug hat den positiven Effekt, dass es dazu verlockt, Wartung und Reparaturen selbst vorzunehmen und so hohe Rechnungen zu vermeiden. Die Menge an Werkzeug, die du mitnehmen kannst, ist begrenzt durch die Größe deines Bootes und des Stauraums, die Menge der sonstigen Sachen, die du unbedingt mitnehmen willst, und durch deinen Geldbeutel.

Werkzeug muss vor Rost geschützt werden. Eine Möglichkeit dazu ist die Aufbewahrung in einem Plastik-Werkzeugkasten mit Fächern; er ist leicht und kann überall hin mitgenommen werden. In ihm bleibt das Werkzeug weithin rostfrei, und der Kasten selbst hinterlässt ebenfalls keine Rostspuren und Kratzer. Es hilft auch, das Werkzeug mit Vaseline einzureiben und es ab und zu mit einem Spray zu behandeln, auch wenn es davon etwas schmierig wird.

Es ist klar, welches die meisten auf einem Boot gebrauchten Werkzeuge sind – Schraubenschlüssel, Schraubendreher usw. –, aber es gibt außerdem besonders vielseitige Stücke, die sehr praktisch sind: Bohrer, Verstellschlüssel, Schraubzwingen oder andere Klemmen, Rohrzange, Imbusschlüssel und Mittel wie Zweikomponentenkleber. Ein Werkzeugsatz mit Ratschen, Nüssen und Verlängerungen hilft, in engem Raum und um Ecken zu schrauben.

Solch ein Satz enthält meistens auch unterschiedliche Schraubendreher-Einsätze für Schlitz- und Kreuzschlitzschrauben – ebenfalls, um an ganz engen Stellen arbeiten zu können. Gut ist auch ein Schraubendreher, der mit einer Feder die einzusetzende Schraube hält. Ein batteriebetriebener Schrauber eignet sich gut zum Einsetzen langer Schrauben, besonders dort, wo du die Hand kaum bewegen kannst.

In jeden Griff häufiger benutzter Werkzeuge solltest du ein Loch bohren, durch das du zum Sichern ein Bändsel ziehen kannst, wenn du im Mast oder außenbords arbeiten musst.

Schließlich sollte auch ein Spiegel dazugehören, der beweglich an einem Arm befestigt ist und mit dem man wie ein Zahnarzt hinter Ecken schauen kann. Fehlt der, tut es oft auch ein einfacher Taschenspiegel.

Bei schwierigeren Reparaturen helfen Elektrowerkzeuge Zeit zu sparen. Im Hafen kann man sie oft ans öffentliche Stromnetz hängen, aber nützlicher ist ein kleiner Stromgenerator, der neben den üblichen 220 V auch 24 V und 12 V liefert und mit dem dann auch die Batterien geladen werden können.

Vergiss nicht, die Elektrowerkzeuge im Winter, wenn das Boot aufgepallt und feucht ist, mit nach Hause zu nehmen. Am Ende einer Segelsaison sollte man auch den Werkzeugkasten und die Schapps, in denen Ersatzteile lagern, durchsehen und das Werkzeug reinigen, kaputtes wegwerfen und fehlendes ergänzen.

Je älter die Ausrüstung des Bootes ist, desto mehr Ersatzteile muss man mitnehmen. Es kann schwierig sein, Ersatzteile für ältere Maschinen zu bekommen, deshalb lohnt es, einen Vorrat an Teilen der Zündanlage, des Anlassers, der Lichtmaschine und auch des Motors selbst bei den Herstellern zu bestellen.

Es ist besser, im Fall eines Schadens gut mit Ersatzteilen versorgt zu sein, statt wertvolle Segelzeit damit zu verbringen, auf eines zu warten. Üblicherweise gibt der Hersteller an, welche Ersatzteile mitgeführt werden sollten und wer sie anbietet.

Denk auch daran, die Bedienungsanleitungen für alle Geräte an Bord zu haben, weil man mit guten Beschreibungen und Hinweisen doch häufig etwas reparieren kann.

Allgemeines Werkzeug
Eine Bohrmaschine, die sowohl mit 220 V wie auch mit der Bordspannung betrieben werden kann
Bügelsäge mit 4 Sägeblättern
Messer mit auswechselbaren Klingen
Kleine Säge für Holz
Satz Schraubendreher mit Plastikgriffen und Zubehör
Bohrersatz bis 12 mm mit Senkbohrern für Stahl, weiche Metalle und Holz
Satz Steckschlüssel, 6–20 mm
Meißel, 12 mm
Kombizange
Hammer, 150 g und 300 g
Holz- oder Plastikhammer
Maßband für cm und Zoll
Verstellschlüssel bis 40 mm

Werkzeug für Elektrik und Rohrleitungen
Rohrschneider, Rohrzange
Drahtschneider
Lötkolben mit Zubehör
Krimpzange
Prüfinstrument

Rigg- und Segelreparatur-Werkzeug
Takelmesser
Marlspieker
Hohlfitts fürs Spleißen
Kleedkeule
Draht
Bolzenschneider
Segelgarn, einfach und gewachst
Segelmacherhandschuh
Nadeln unterschiedlicher Größe
Satz zum Schlagen von Ösen

Motorenwerkzeug
Ölkanne
Handpumpe für Motorenöl
Satz Motorwerkzeug
Fühlerlehre
Drahtbürste
Gaslötlampe
Verstellzange
Durchschlag
Verstellschlüssel
Rund-, Flach- und Halbrundfeilen

Ersatzteile
Rumpf
Für GFK: Glasfasermatte und -tuch, Polyesterharz, Härter, Streckmetall, Epoxidharz, Epoxidspachtel,
Für Holz: Sperrholz, Bleiblech, Schrauben, Holzspachtel, Kalfaterband und -mittel
Für Metall: schnell bindender Zement, Epoxidharz, Unterwasser-Epoxy, Rostschutzfarbe

Rigg
Tauwerk für Fallen und Schoten
Drahttauwerk in der Länge des längsten Stags
Blöcke, Schäkel
Bolzen und Splinte
Spannschrauben, Wantenspanner, Wirbel
Draht, Plastikklebeband
Winschenersatzteile und Fett
Klinken und Federn

Elektrik
Kabel und Sicherungen
Isolierband
Anlasser und Bürsten
Generator oder Lichtmaschine
Destilliertes Wasser
Säuremessgerät
Batterieklemmen und -kabel
Dichtungsmittel
Leuchtmittel

Segel
Segeltuch im Gewicht vorhandener Segel
Schutz vor Abrieb
Segelgarn, Segeltape
Stagreiter und Mastrutscher
Segellatten

Rohrsysteme
Reparatursatz für die Toilette
Pumpen
Schläuche
Schlauchverbindungen und Schellen

Mechanik
Für den Benzinmotor:
Satz Dichtungen
Anschlussstücke
Kondensatoren
Zündspule
Verteilerkappe
Zündkabel
Stecker
Wasserpumpe und Keilriemen
Filter
Motoröl
Hydrauliköl
Schmierfett

Für den Dieselmotor:
Filter
Keilriemen
Einspritzdüsen und -leitungen
Impeller für Kühlwasserpumpe
Motoröl
Hydrauliköl

Lacke und Farben

Lackierte Boote
Kratzer muss man sofort ausbessern, wenn sie entstanden sind. Alle schadhaften Stellen, die man unbehandelt lässt, lassen Wasser unter den Lack gelangen und blättern ab. Wird es nötig, auch die Grundierung auszubessern, wird die obere Schicht nach der in der Anweisung des Herstellers festgelegten Trockenzeit aufgetragen, sonst dringt Feuchtigkeit in den Untergrund. Das hört sich nach unangenehmer Arbeit an, ist aber einfacher als eine kleinflächige Reparatur im GFK. Moderne Lackentferner unterschiedlicher Art machen das Entfernen einer Lackschicht einfach, zudem ist die Arbeit mit ihnen eine recht saubere Angelegenheit – es gibt also keinen Grund sein Boot schäbig aussehen zu lassen.

Holzlack
Ungepflegter Hochglanz fällt mehr als alles andere auf. Um farblosen Lack zu pflegen, spül ihn so oft wie möglich mit Frischwasser ab. Salz greift die Oberfläche stark an, und wenn unterwegs Blasen oder Schäden auftreten, behandle sie sofort. Du solltest immer eine verdünnte Lösung aus drei Teilen Lack und einem Teil Verdünnung für schnelles Ausbessern bereithalten. Wenn schwarze Verwitterungsflecken auftreten, muss die Lackschicht entfernt und das Holz angeschliffen werden, bis es wieder natürlich aussieht, bevor der verdünnte Lack aufgetragen wird. Nach jedem Anstrich schleife die Oberfläche wieder so weit an, bis sie matt und glatt ist, damit die nächste Schicht gut hält.

Es ist ratsam, das Neulackieren bereits im Herbst vorzubereiten, weil zwei rechtzeitig aufgebrachte Anstriche viel weniger Arbeit im folgenden Jahr erfordern und man schneller zum Segeln kommt. Im Frühling sollte es reichen, alles kurz anzuschleifen und noch zwei Anstriche aufzubringen.

Zweikomponentenlack bringt eine härtere Oberfläche und versiegelt das Holz sehr effizient. Man muss jedoch beim Auftragen sorgfältiger vorgehen und sich genau an die Anwendungsvorschriften halten.

Antifouling
Wenn du dir ein Boot aus zweiter Hand zugelegt hast, stell fest, welches Antifouling vorher verwendet wurde, damit du weißt, mit welchen Sorten es sich verträgt. Es gibt einige Produkte, die wie eine Barriere wirken und die man auftragen muss, wenn man die Zusammensetzung der alten Schicht nicht kennt. Für bestimmte Reviere eignen sich manche Antifoulings besser als andere. Am Ende der Segelsaison, wenn das Boot aus dem Wasser genommen wird, macht es sich bezahlt, allen Bewuchs sofort mit einem Hochdruckreiniger zu beseitigen. Das geht ganz leicht, solange das Boot noch nass ist, der Rumpf ist dann sauber und kann über Winter gut durchtrocknen. Im Frühjahr beginnt dann die Arbeit damit, den Rumpf so glatt wie möglich zu bekommen. Das ist für Fahrten- und Rennyachten gleich wichtig. Üblicherweise werden zwei Anstriche mit Antifouling empfohlen.

Polieren
Es empfiehlt sich, den GFK-Rumpf und die GFK-Flächen an Deck mindestens einmal im Jahr zu polieren. Die Gelegenheit dazu bietet sich während einer Liegezeit oder im Herbst. Das Ziel des Polierens ist es, einen Bewuchs auf dem GFK, besonders in der Nähe der Wasserlinie, zu verhindern. Beim Polieren wird der Rumpf auch genau auf kleine Kratzer untersucht, die behandelt werden müssen. Es hilft, den Zeitpunkt, an dem das Boot neu angestrichen werden muss, ein wenig nach hinten zu verschieben.

Das Streichen von GFK-Rümpfen
Solch ein Anstrich wird nötig, wenn entweder das Gelcoat so sehr gelitten hat, dass das Polieren nicht mehr ausreicht, oder wenn sich, vor allem bei weißen Rümpfen, die Farbe durch Schmutz verändert hat. Durch sorgfältiges Reinigen mit GFK-Putzmitteln und dem Polieren mit GFK-Politur kann dieser Prozess hinausgezögert werden. Aber irgendwann wird eine rigorosere Behandlung notwendig. Meistens wird dann ein Anstrich mit Zwei-Komponenten-Polyurethan in der ursprünglichen Farbe vorgenommen. Darauf spezialisierte Firmen können das gut erledigen, aber mit ein wenig Sorgfalt kannst du es auch selbst machen.

Um eine glatte, gleichmäßige Oberfläche zu erhalten, muss das Boot üblicherweise gespritzt werden, auch wenn sogar manche Profis dazu einen Pinsel oder eine Schaumstoffrolle nehmen. Bei einem Pinsel sammelt sich leicht trockene Farbe beim Griff und wandert dann hinunter zu den Borsten und in den Anstrich. Sobald das passiert, reinige oder wechsle den Pinsel. Um einen gleichmäßigen Anstrich zu erreichen, halte den Pinsel senkrecht zur Oberfläche, wobei die Borsten mit etwa 45° anliegen. Die Farbe muss gut durchgerührt und jeder Bodensatz aufgelöst sein, bevor du mit dem Streichen beginnst.

Lässt du die Arbeit durch einen Fachmann machen, sollte die Ausführung hervorragend sein, aber es werden auch leichte Unebenheiten und Reparaturstellen am Rumpf hervorgehoben, die vorher kaum sichtbar waren. Wenn das Boot jedoch im Wasser liegt, wird die Spiegelung wieder vermindert, und das vom Wasser reflektierte Licht lässt die Unvollkommenheiten verschwinden. Ganz sicher trägt ein solcher Anstrich auch dazu bei, dass das Boot wasserdichter wird.

Farben mischen

1 Mische nur Farben des gleichen Produkts.

2 Mische nicht mehr als zwei Farben, sonst wird der Ton »schmutzig«.

3 Probier die Mischung aus und notiere dir das Mischungsverhältnis.

4 Viele Farben sind schon das Ergebnis einer Mischung von Pigmenten, und weiteres Mischen kann zu erstaunlichen Ergebnissen führen.

5 Ist die Mischung so wie gewünscht, misch die gesamte Menge auf einmal.

6 Beim Tönen weißer Farbe nimm nur sehr geringe Mengen eines dunkleren Tons, sonst ist das Weiß verdorben.

7 Bei gemischten Farben bleibt der Ton weniger gut erhalten als bei reinen Farben, blasse Farbtöne bleichen aus.

8 Behalte Reste für spätere Ausbesserungen.

Die Menge der Farbe

Die folgenden Faustregeln dienen dazu, die ungefähr erforderliche Farbmenge für eine bestimmte Fläche zu berechnen. Die Mengenangaben auf den Dosen sind meistens etwas großzügiger bemessen.

Unter der Wasserlinie

Fahrtenboote mit mittlerem Tiefgang und rundem Bug: 0,63 x Wasserlinienlänge x (Breite + Tiefgang) = Oberfläche in m². Völlige Yachten wie Langkieler, Boote mit geringem Tiefgang und Motorsegler: 0,85 x Wasserlinienlänge x (Breite + Tiefgang) = Oberfläche in m².

Bordwand über der Wasserlinie

1,7 x (Wasserlinienlänge + Breite) x mittlere Höhe des Freibords = Oberfläche in m².

Deck

(Wasserlinienlänge + Breite) x 0,63 = Oberfläche in m².

Deckung der Farbe

	m²/Ltr
Primer	
Metallprimer	11
GFK-Primer	18,5
Vorstrichfarben	
Grundanstrich	10
Email	10
Zweikomponenten-Polyurethan	11
Unterwasserfarben	
Antifouling, normal	10
Antifouling, schwer	7
Andere Farben	
Antirutschfarbe fürs Deck	7,2
Decksfarbe	8,2
Farbloser Lack	13

Pantry

Für die Pantry gilt besonders: Sauber halten! Sobald sie anfängt, schmutzig zu werden, beginnt sie zu riechen; das ist nicht nur unhygienisch, sondern fördert auch die Seekrankheit.

Es muss dafür gesorgt sein, dass der Herd zum Saubermachen herausgenommen werden kann, weil im Seegang dort leicht Essen verschüttet wird. Schmutz sammelt sich auch in Ecken um die Spüle, und es lohnt, dort alle Ritzen mit Silikon zu versiegeln. Geschirr wird am besten in einer Schüssel abgewaschen, weil im Seegang der Stöpsel der Spüle hochgedrückt werden kann und du all dein heißes Wasser verlierst. Das Spülbecken eignet sich zum Abtropfen des Geschirrs.

Frischwasser

Ganz gleich, was für Tanks in einem Boot eingebaut sind, nach einer Weile schmeckt das Wasser schal. Die häufigste Quelle dieses Übels ist der Einlaufstutzen und mangelnde Qualität der Leitungen.

Es gibt unterschiedliche Tabletten und Flüssigkeiten, um den Tank zu säubern, und solltest du Probleme mit ihm haben, lohnt es sich, sie zu testen. Warte am besten, bis du irgendwo bist, wo genügend gutes Frischwasser für das geforderte mehrfache Spülen zur Verfügung steht.

Am Ende der Segelsaison solltest du die Tanks mit einem Haushalts-Bleichmittel reinigen und gut durchspülen, lass dann die Tanks über den Winter leer. Weil gefrierendes Wasser nicht nur in den Tanks, sondern auch besonders in den Leitungen Schaden anrichtet, die erst im nächsten Frühjahr erkennbar würden, sollten alle Wasserleitungen durchgeblasen und so entleert werden.

Gasleitungen

Wenn du den Verdacht hast, dass eine Gasleitung undicht geworden ist, kannst du das mit ein wenig Spülmittel feststellen, das auf der Leitung verteilt wird und über einem Leck eine Blase bildet; das funktioniert ähnlich wie bei einem Loch im Fahrradreifen.

Toilette

Wie die Pantry sollte auch die Toilette sauber gehalten werden, und jeder an Bord muss wissen, wie sie richtig bedient wird. Sobald die Toilette schmutzig wird und sich Geruch entwickelt, trägt das auch zur Seekrankheit und zu schlechter Stimmung an Bord bei.

Der ganze Raum muss regelmäßig gereinigt und desinfiziert werden. Dazu sollte man vom Hersteller empfohlene Mittel benutzen. Viele Haushalts-Toilettenreiniger sind an Bord zu aggressiv und können die Mechanik unter der Schüssel zerstören.

Auf See sollten immer Ersatzteile für Pumpe und Ventile vorhanden sein. Wenn du das Boot nach einem Törn oder einem Wochenende verlässt, stell sicher, dass die Toilette gut durchgespült und das Ventil geschlossen ist. Am Ende der Segelsaison sollte sie überprüft werden, einschließlich aller Leitungen und Anschlüsse. Es ist guter Brauch, nach jedem Benutzen das Seeventil zu schließen, weil sonst bei Krängung Wasser in die Schüssel kommt und überlaufen kann. Das wirkt wie ein Leck.

Bilge

Auch die Bilge sollte so sauber wie möglich sein. Vermeide Schmutz und Krümel hineinzufegen, nimm lieber ein Kehrblech. Achte darauf, dass die Ablauflöcher in den Schotten frei sind und dass das Wasser ganz nach unten gelangen kann, wo der Pumpenfilter ist. Schnell kann sich Abfall in der Bilge sammeln und zu stinken anfangen. Man kann sie mit Spülmittel reinigen, das von oben eingegossen wird, nach unten gelangt und dann abgepumpt und ausgespült wird.

Achte darauf, dass ein Filter am Ende des Absaugschlauches sitzt, welcher verhindert, dass Dreck in die Pumpe gelangt und sie verstopft. Die Bilge sollte nur dann gereinigt werden, wenn sichergestellt ist, dass kein ölhaltiges Wasser außenbords gelangt.

Belüftung

Gute Belüftung ist die Voraussetzung für ein sauberes und schimmelfreies Boot. Sie muss auch im Winter wirken, wenn das Boot abgedeckt ist, und es muss sichergestellt sein, dass auch unter der Plane Luft zirkulieren kann. Gehst du von Bord, lass Schrank- und Schapptüren offen stehen, aber so, dass sie nicht schlagen können.

Klapp alle Sitzpolster hoch, damit sie von unten Luft bekommen. Ein Luftentfeuchter kann gute Dienste leisten.

Kissen und Polster
Alle Kissen sollten abnehmbare Bezüge haben, die einfach gewaschen werden können. Moderne Polypropylengewebe sind gut geeignet, weil sie wenig Schmutz und Feuchtigkeit aufnehmen, trotzdem sollten sie zum Reinigen abgenommen werden können. Eine der besten Möglichkeiten, Polster im Winter schimmelfrei zu halten, ist neben dem Mitnehmen nach Hause eine elektrische Heizung im Boot.

Beleuchtung
Eine elektrische Beleuchtung erfordert Schalter, Kabel und Anschlüsse. Geht das Licht nicht an, ist es wahrscheinlich, dass die Glühlampe durchgebrannt ist, bis man feststellt, dass der Schalter korrodiert ist. Manche Schalter kann man kaum reparieren – sie müssen ersetzt werden, andere kann man auseinandernehmen.

Lässt man Lampen aus Versehen eingeschaltet, entleeren sich die Batterien. Wenn du das Boot verlässt, prüfe erstens, ob das Gas abgedreht, zweitens, ob der Batteriehauptschalter abgeschaltet ist und drittens, ob die Seeventile geschlossen sind.

Hausarbeit auf dem Boot

1 Wisch immer alle Essenspritzer sofort weg, damit sich kein Geruch bildet.

2 Hänge wenn irgend möglich alle Sachen zum Trocknen an Deck auf und nicht im Schiff, wo die Feuchtigkeit in die Polster und Kojen zieht. Handtücher und Wäsche gut trocknen lassen.

3 Glasfenster werden mit einer Mischung aus Essig und Wasser geputzt. Plastikscheiben sollten sehr vorsichtig nur mit Frischwasser und einem weichen Tuch abgewischt werden. Nicht stark reiben.

4 Kühlbox und Eisfach regelmäßig mit Soda oder Bleichmittel auswischen. Sind sie nicht eingeschaltet, lass sie weit offen stehen, damit irgendwelche Gerüche verschwinden. Lebensmittel in ihnen immer nur verpackt oder in Behältern lagern.

5 Ölflecken mit Trichlorethylen beseitigen.

6 Nimm keine Reinigungsmittel, die viel Schaum entwickeln, weil die viel Wasser verbrauchen. Geschirrspülmittel lösen sich in Salzwasser besser als Seife. Nimm zwei Schwämme, einen zum Abwischen von Flächen, den anderen fürs Grobe.

7 Halte die Bilge sauber, nimm dazu Bilgenreiniger und füge ein paar Tropfen Kiefernöl dazu, das verbessert den Geruch.

8 Um Emailspülbecken oder -toilettenschüsseln zu reinigen, füll sie mit Wasser und gib etwas Bleichmittel dazu, innerhalb weniger Stunden sollten sie sauber sein.

9 Zum Saubermachen der Kajüte benutze im Hafen einen Staubsauger mit Tank. Ist die Bilge trocken, solltest du mit dem Staubsauger losen Schmutz entfernen. Unzugängliche Ecken kannst du mit einem Besenstiel erreichen, an dem ein ausgestopfter Socken angebracht ist.

10 Untersuche einmal jährlich alle Kissen, Vorhänge und Teppiche auf Flecken. Die meisten modernen Gewebe kann man gut mit Wasser und Seife reinigen.

11 Zum Putzen von Metall solltest du nur Mittel benutzen, die für Boote empfohlen werden.

12 Lass Schubladen, Schapps, Schränke und den Niedergang so oft wie möglich offen stehen, um Schimmel und Faulen zu vermeiden.

Boote und das Recht

Die rechtlichen Probleme, die ein Bootseigner gelegentlich bekommt, können meistens einfacher vermieden als in Ordnung gebracht werden. Die folgenden Hinweise können das weite Gebiet der gesetzlichen Folgen des Bootsbesitzes nur anreißen und sollen lediglich helfen, dem Besitzer kleinerer Boote einen Anhalt zu geben.

Kauf und Verkauf

Auch wenn es nur wenige rechtliche Vorschriften für den Kauf und den Verkauf von Yachten gibt, unterscheiden sie sich von Land zu Land, deshalb muss man sich nach den Vorschriften erkundigen, bevor man sich vertraglich bindet.

Sei besonders vorsichtig beim Bootskauf, denn anders als bei anderen Gegenständen können Boote beliehen sein und es kann andere Eigentumsvorbehalte geben. Es gibt bestimmte Ansprüche z. B. aus Bergung, Reparaturen oder Kollisionen, die über einen Eigentümerwechsel hinweg bestehen bleiben. Ist das Boot im Schiffsregister eingetragen, so finden sich dort auch Eintragungen über Hypotheken, die solange bestehen, bis sie von offizieller Seite gelöscht sind.

Beim Kauf und beim Verkauf eines Bootes aus zweiter Hand sollte ein schriftlicher Vertrag vorliegen. Am besten beauftragt man damit einen Notar, auch wenn standardisierte Verträge benutzt werden. Wenn ein Makler den Verkäufer unterstützt, ist und bleibt er dessen Interessenvertreter.

Gebrauchtboote werden nach dem Grundsatz »gekauft wie besichtigt« gehandelt und, weil die meisten Verträge den Verkäufer von jeder Verantwortung für Beschädigungen am Boot befreien, ist es wichtig, das Boot genau zu untersuchen. Käufer sollten wissen, dass es in vielen Verträgen eine Rücktrittsklausel gibt, nach der der Vertrag bei durch einen Sachverständigen festgestellten Fehlern hinfällig wird. Auch die Wahl eines Sachverständigen ist nicht einfach. Wenn es möglich ist, sollte es ein Mitglied einer anerkannten Organisation von Fachleuten sein, denn das bedeutet, dass er qualifiziert und gegen von ihm verschuldete Fehler versichert ist.

Beim Kauf eines neuen Bootes, ganz gleich, ob vom Hersteller oder einem Händler, solltest du selbstverständlich den Kaufvertrag sorgfältig durchlesen, besonders auch die Abschnitte über Lieferverzug und Garantien, und zahle nie, auch nicht teilweise, ohne einen Gegenwert gesichert zu haben. Die meisten seriösen Hersteller geben bis zur Auslieferung Bankbürgschaften für An- und Teilzahlungen.

Liegeplätze

Die meisten Bootseigner haben Verträge mit Marinas oder Hafenbetreibern. Die sind meistens standardisiert; achte trotzdem darauf, welche Verpflichtungen und Haftungen des Betreibers vorliegen, darauf, inwieweit Arbeiten Dritter am Boot möglich sind und ob irgendwelche Zahlungen zu leisten sind, wenn das betroffene Boot verkauft wird.

Chartern

Ein schriftlicher Chartervertrag sollte klar die Rechte und Pflichten beider Seiten enthalten. Bevor du das Boot übernimmst, muss klar sein, inwieweit du persönlich Haftung für Schäden – besonders, wenn Dritte mit betroffen sind – übernimmst und welche Verpflichtungen entstehen, wenn du, verschuldet oder nicht, das Boot zu spät wieder ablieferst. Immer bist du für alle Schäden am Charterboot, die unter deiner Bootsführung entstehen, verantwortlich. Deshalb musst du ausreichend versichert sein.

Möchtest du dein Boot verchartern, setz dich mit deiner Versicherung und deinem Rechtsberater in Verbindung. Eine bestehende Versicherung muss möglicherweise erweitert werden und die Haftung des Charterers muss klar sein. Du solltest auf jeden Fall gegen Schäden am Boot, Verlust und Haftung gegenüber Dritten versichert sein.

Versicherungen

Du musst ausreichend versichert sein, sowohl für Schäden, die deinem Boot zugefügt werden, wie auch für solche, die du verursachst. Die meisten Eigner sind über Versicherungsagenturen versichert, die ihn beraten, welche Deckungssumme für dich und dein Boot angebracht sind.

Dein Versicherungsantrag muss in allen

Punkten sorgfältig und richtig ausgefüllt werden, weil sonst der Vertrag im Schadensfall ungültig werden kann und du auf allen Kosten sitzen bleibst.

Es lohnt, Versicherungen zu vergleichen. Die Bedingungen können weit auseinanderliegen und müssen genau verstanden werden. Die Verträge unterscheiden sich oft in Bezug auf Schäden durch Feuer, an Motoren und Elektrik und an Ausrüstungsteilen wie dem Dingi und dem Außenborder. Besondere Bedingungen betreffen auch das Fahrtgebiet und den Haftungsumfang gegenüber Mitseglern.

Schäden, die durch Abnutzung entstehen, sind oft nicht abgedeckt, und der Eigner wird besonders verpflichtet, das Boot in gutem Zustand zu halten. Manchmal sind Schäden, die außerhalb des Wassers verursacht worden sind, nicht eingeschlossen. Möchtest du, dass deine Versicherung in jedem Fall einspringt, musst du deinen im Vertrag festgelegten Verpflichtungen voll nachkommen.

Sollte ein Schadensfall eintreten, gib deiner Versicherung so bald wie möglich einen vollständigen Bericht. Muss schnell eine Entscheidung getroffen werden und der Versicherer ist nicht sofort erreichbar, wird vom Eigner verlangt, dass er so vorgeht, als sei sein eigenes Vermögen betroffen. Die Ansprüche werden vom Versicherungsagenten bearbeitet, der üblicherweise zwischen Eigner und Versicherer vermittelt.

Kollision und Bergung

Hast du das Pech, in eine Kollision verwickelt zu sein, halte alle Umstände des Vorgangs so bald wie möglich sorgfältig schriftlich fest. Genaue Zeiten, gefahrene Kurse, Kursänderungen, Geschwindigkeiten, Austausch von Signalen, Positionen, Wetter und Seegang müssen genau im Logbuch festgehalten werden. Wenn möglich, sollten Daten über die Beteiligten, die Fahrzeuge und besonders über Versicherungen unter den Beteiligten ausgetauscht werden. Es sollten keine Angaben über eigenes Verschulden gemacht werden!

Unter bestimmten Umständen kann die Haftung des Verursachers auf eine Höchstsumme beschränkt sein, die die entstandenen Kosten nicht deckt. Die Einzelheiten zu diesem Problem sind von Land zu Land unterschiedlich.

Gerade wegen solcher Fälle ist eine Versicherung notwendig, die dann für den vollen Umfang der Schäden einsteht.

Eine Bergung ist eine freiwillige Hilfe zum Erhalt eines Eigentums auf See. Ist diese erfolgreich, hat der Bergende einen Anspruch auf einen Bergelohn, dessen Höhe von vielen unterschiedlichen Faktoren abhängt, besonders vom Wert des geborgenen Fahrzeugs und der Gefahr, der der Bergende und die Besatzung des Betroffenen dabei ausgesetzt war.

Eine Bergung kann viele Formen annehmen und jeder freiwillige Beitrag dazu kann den Bergelohn erhöhen. Oft wird ein reines Abschleppen schon als Bergung betrachtet, deshalb sollte vor dem Schleppen klar sein, auf welcher Basis Hilfe geleistet wird.

Oft entscheiden nebensächliche Dinge darüber, ob eine Bergung stattgefunden hat, z. B. die Frage, wem die Schleppleine gehört, oder die, wer die Schleppleine an Bord des Geschleppten belegt hat.

Internationales Signalbuch

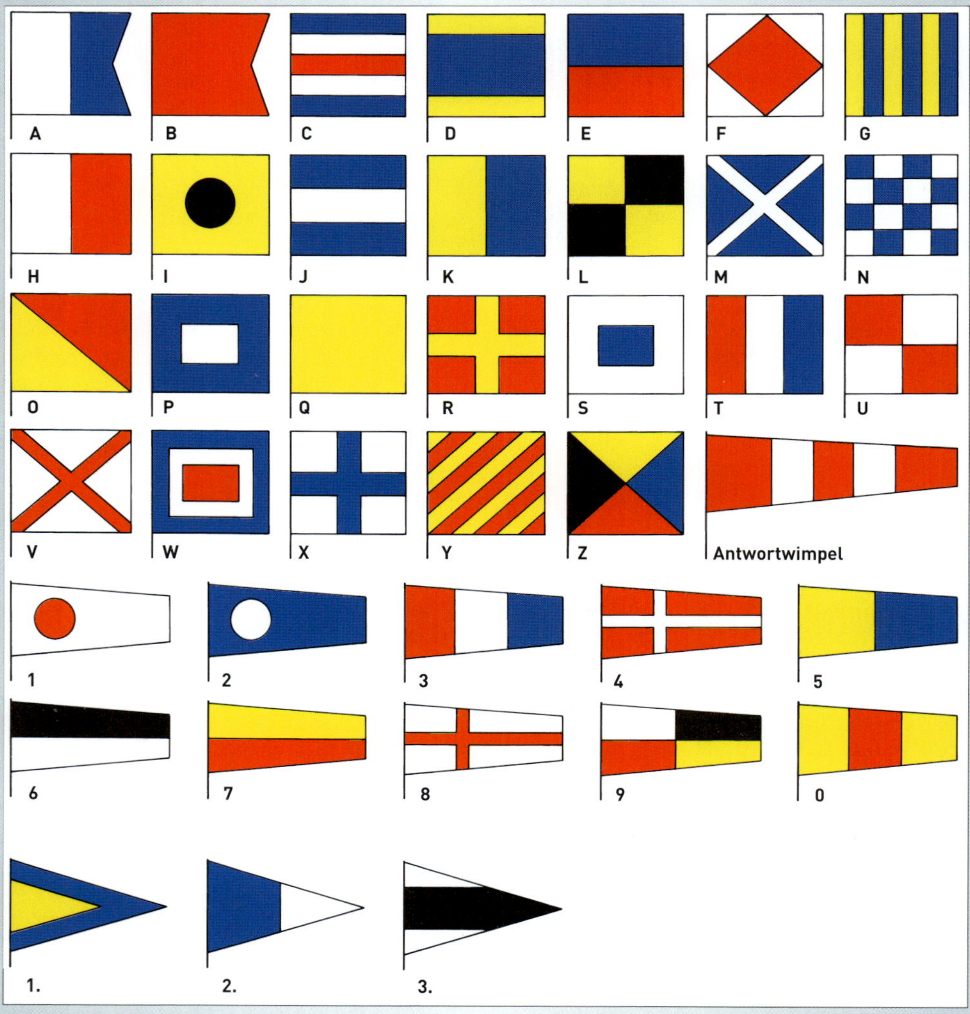

Internationale Signalflaggen werden üblicherweise in Vierergruppen untereinander gesetzt und von oben nach unten gelesen. Wenn mehrere Gruppen an einem einzigen Fall gesetzt sind, wird zwischen den Gruppen ein Abstand von 2 m eingehalten. Flaggensignale werden eigentlich nur in Codeform benutzt. Der Antwortwimpel wird bis auf halbe Höhe der Flaggleine geheißt, um ein Signal zu bestätigen bzw. zu erwidern. Er signalisiert auch einen Punkt oder ein Komma. Drei Hilfsstander dienen dazu, anzuzeigen, dass ein Buchstabe oder eine Zahl in einem Signal wiederholt wird, der erste gilt für das erste Zeichen usw.

Das phonetische Alphabet sollte im Funkbetrieb und in klarer Sprache benutzt werden.

A Alpha	**H Hotel**	**O Oscar**	**V Victor**
B Bravo	**I India**	**P Papa**	**W Whiskey**
C Charlie	**J Juliet**	**Q Quebec**	**X X-ray**
D Delta	**K Kilo**	**R Romeo**	**Y Yankee**
E Echo	**L Lima**	**S Sierra**	**Z Zulu**
F Foxtrot	**M Mike**	**T Tango**	
G Golf	**N November**	**U Uniform**	

Zunächst sprich das Wort normal aus, danach kündige dein Buchstabieren an mit »Ich buchstabiere« oder »I spell«, und dann benutze das phonetische Alphabet. Ziffern werden englisch ausgesprochen:

1 one/UNAONE	6 six/SOXISIX
2 two/BISSOTWO	7 seven/SETTESEVEN
3 three/TERRATHREE	8 eight/OKTOEIGHT
4 four/CARTEFOUR	9 nine/NOVENINE
5 five/PENTAFIVE	0 zero/NADAZERO

Bei Zahlen über neun wird jede Ziffer einzeln übertragen.

Das Morsealphabet wird meistens mit einer hellen Lichtquelle oder als Schallsignal übermittelt. Auch bestimmte Kennungen, z. B. von Funkfeuern, werden in ihm ausgesendet.

A	• —
B	— • • •
C	— • — •
D	— • •
E	•
F	• • — •
G	— — •
H	• • • •
I	• •
J	• — — —
K	— • —
L	• — • •
M	— —
N	— •
O	— — —
P	• — — •
Q	— — • —
R	• — •
S	• • •
T	—
U	• • —
V	• • • —
W	• — —
X	— • • —
Y	— • — —
Z	— — • •
1	• — — — —
2	• • — — —
3	• • • — —
4	• • • • —
5	• • • • •
6	— • • • •
7	— — • • •
8	— — — • •
9	— — — — •
0	— — — — —

Ende der Nachricht AR
• — • — •

Wartesignal AS
• — • • •

Punkt oder Dezimalzeichen AAA
• — • — • —

Allgemeiner Anruf AA
• — • —

Antwortsignal TTT TTT
— — — — —

Wort verstanden T
—

Streichsignal EEE EEE
• • • • • •

Die Ein-Buchstaben-Signale werden international gebraucht. Jeder Buchstabe des Alphabets mit Ausnahme des R steht für eine vollständige Meldung, wenn er einzeln übermittelt wird.

A Ich habe einen Taucher unten; halten Sie sich bei langsamer Fahrt gut von mir frei!
B Ich lade, lösche oder befördere gefährliche Güter!
C Ja!
D Halten Sie sich von mir frei, ich manövriere unter Schwierigkeiten!
E Ich ändere meinen Kurs nach Steuerbord!
F Ich bin manövrierunfähig; treten Sie mit mir in Verbindung!
G Ich benötige einen Lotsen (bei Fischereifahrzeugen: Ich hole die Netze ein)!
H Ich habe einen Lotsen an Bord!
I Ich ändere meinen Kurs nach Backbord!
J Ich habe Feuer im Schiff und gefährliche Ladung an Bord, halten Sie sich von mir frei!
K Ich möchte mit Ihnen in Verbindung treten! Oder: Aufforderung zur Übermittlung
L Bringen Sie Ihr Fahrzeug sofort zum Stehen!
M Meine Maschine ist gestoppt, ich mache keine Fahrt durchs Wasser!
N Nein!
O Mann über Bord!
P *Im Hafen*: Alle Mann an Bord, da das Fahrzeug auslaufen will! *Auf See bei Fischereifahrzeugen*: Mein Netz ist an einem Hindernis festgekommen!
Q An Bord ist alles gesund. Ich bitte um Verkehrserlaubnis!
S Meine Maschine geht rückwärts!
T Halten Sie sich von mir frei, bin beim Gespannfischen (nur als Flaggensignal)!
U Sie begeben sich in Gefahr!
V Ich benötige Hilfe!
W Ich benötige ärztliche Hilfe!
X Unterbrechen Sie Ihr gegenwärtiges Vorhaben (Manöver) und achten Sie auf meine Signale!
Y Ich treibe vor Anker!
Z Ich benötige einen Schlepper (bei Fischereifahrzeugen: Ich setze Netze aus)!

Nützliche Zwei-Buchstaben-Signale sind:
AC Ich gebe mein Fahrzeug auf!
AN Ich brauche einen Arzt!
BR Ich benötige dringend einen Hubschrauber!
CB Ich brauche dringend Hilfe!
DV Ich treibe!
EF SOS / MAYDAY ist aufgehoben!
FA Bitte geben Sie mir meine Position!
GW Mann über Bord, bitte nehmen Sie ihn auf!
JL Sie laufen in Gefahr auf Grund zu laufen!
LO Ich bin nicht auf meiner korrekten Position (von einem Feuerschiff zu geben)!
NC Ich habe einen Notfall und bitte um sofortige Hilfe!
PD Ihre Positionslichter sind nicht sichtbar!
PP Halten Sie sich gut von mir frei!
QD Ich mache Fahrt voraus!
QT Ich mache Fahrt achteraus!
QQ Verdacht auf Seuche an Bord!
QU Ankern verboten!
QX Bitte um Erlaubnis zum Ankern!
RU Halten Sie sich von mir frei, ich manövriere unter Schwierigkeiten!
SO Bringen Sie Ihr Fahrzeug sofort zum Stehen!
UM Der Hafen ist für jeden Verkehr gesperrt!
UP Bitte dringend um Genehmigung einzulaufen. Habe einen Notfall!
YU Ich möchte mit Ihnen mittels Flaggensignal Verbindung aufnehmen.
ZL Habe Ihr Signal aufgenommen, jedoch nicht verstanden!

Maße und Tabellen

Fuß in Meter

Fuß	Meter	Fuß	Meter
1	0,30	26	7,92
2	0,61	27	8,23
3	0,91	28	8,84
4	1,22	29	8,84
5	1,52	30	9,14
6	1,83	31	9,45
7	2,13	32	9,75
8	2,44	33	10,06
9	2,74	34	10,36
10	3,05	35	10,67
11	3,35	36	10,97
12	3,66	37	11,28
13	3,96	38	11,58
14	4,27	39	11,89
15	4,57	40	12,19
16	4,88	41	12,50
17	5,18	42	12,80
18	5,49	43	13,11
19	5,79	44	13,41
20	6,10	45	13,72
21	6,40	46	14,02
22	6,71	47	14,33
23	7,01	48	14,63
24	7,31	49	14,94
25	7,62	50	15,24

Meter in Fuß

Meter	Fuß	Meter	Fuß
1	3,28	26	85,30
2	6,56	27	88,58
3	9,84	28	91,86
4	13,12	29	95,14
5	16,40	30	98,43
6	19,69	31	101,71
7	22,97	32	104,99
8	26,25	33	108,27
9	29,53	34	111,55
10	32,81	35	114,83
11	36,09	36	118,11
12	39,37	37	121,39
13	42,65	38	124,67
14	45,93	39	127,95
15	49,21	40	131,23
16	52,49	41	134,51
17	55,77	42	137,80
18	59,06	43	141,08
19	62,34	44	144,36
20	65,62	45	147,64
21	68,90	46	150,92
22	72,18	47	154,20
23	75,46	48	157,48
24	78,74	49	160,76
25	82,02	50	164,04

Faden in Meter

Faden	Meter	Faden	Meter
1	1,83	26	47,55
2	3,66	27	49,38
3	5,49	28	51,21
4	7,32	29	53,04
5	9,14	30	54,86
6	10,97	31	56,69
7	12,80	32	58,52
8	14,63	33	60,35
9	16,48	34	62,18
10	18,29	35	64,00
11	20,12	36	65,84
12	21,95	37	67,67
13	23,77	38	69,49
14	25,60	39	71,32
15	27,43	40	73,15
16	29,26	41	74,98
17	31,09	42	76,81
18	32,92	43	78,64
19	34,75	44	80,47
20	36,58	45	82,30
21	38,40	46	84,12
22	40,23	47	85,95
23	42,06	48	87,78
24	43,89	49	89,61
25	45,72	50	91,44

Meter in Faden

Meter	Faden	Meter	Faden
1	0,547	26	14,217
2	1,094	27	14,764
3	1,640	28	15,311
4	2,187	29	15,857
5	2,734	30	16,404
6	3,281	31	16,951
7	3,828	32	17,498
8	4,374	33	18,045
9	4,921	34	18,591
10	5,468	35	19,138
11	6,015	36	19,685
12	6,562	37	20,232
13	7,108	38	20,779
14	7,655	39	21,325
15	8,202	40	21,872
16	9,749	41	22,419
17	9,296	42	22,966
18	9,842	43	23,513
19	10,389	44	24,059
20	10,936	45	24,606
21	11,483	46	25,153
22	12,030	47	25,700
23	12,577	48	26,247
24	13,123	49	26,793
25	13,670	50	27,340

Seemeilen (sm), Kilometer (km), Statute Miles (mi)

sm	km	mi	km	sm	mi	mi	km	sm
1	1,852	1,15078	1	0,53996	0,62137	1	1,60934	0,86898
2	3,70	2,30	2	1,08	1,24	2	3,22	1,74
3	5,56	3,45	3	1,62	1,86	3	4,83	2,61
4	7,41	4,60	4	2,16	2,49	4	6,44	3,48
5	9,26	5,75	5	2,70	3,11	5	8,05	4,34
6	11,11	6,90	6	3,24	3,73	6	9,66	5,21
7	12,96	8,06	7	3,78	4,35	7	11,27	6,08
8	14,82	9,21	8	4,32	4,97	8	12,87	6,95
9	16,67	10,36	9	4,86	5,59	9	14,48	7,82
10	18,52	11,51	10	5,40	6,21	10	16,09	8,69
11	20,37	12,66	11	5,94	6,84	11	17,70	9,56
12	22,22	13,81	12	6,48	7,46	12	19,31	10,43
13	24,08	14,96	13	7,02	8,08	13	20,92	11,30
14	25,93	16,11	14	7,56	8,70	14	22,53	12,17
15	27,78	17,26	15	8,10	9,32	15	23,14	13,03
16	29,63	18,41	16	8,64	9,94	16	25,75	13,90
17	31,48	19,56	17	9,18	10,56	17	27,36	14,77
18	33,34	20,71	18	9,72	11,18	18	28,97	15,64
19	35,19	21,86	19	10,26	11,81	19	30,58	16,51
20	37,04	23,02	20	10,80	12,43	20	32,19	17,38
21	38,99	24,17	21	11,34	13,05	21	33,80	18,25
22	40,74	25,32	22	11,88	13,67	22	35,41	19,12
23	42,60	26,47	23	12,42	14,29	23	37,01	19,99
24	44,45	27,62	24	12,96	14,91	24	38,62	20,86
25	46,30	28,77	25	13,50	15,53	25	40,23	21,72
26	48,15	29,92	26	14,04	16,16	26	41,84	22,59
27	50,00	31,07	27	14,58	16,78	27	43,45	23,46
28	51,86	32,22	28	15,12	17,40	28	45,06	24,33
29	53,71	33,37	29	15,66	18,02	29	46,67	25,20
30	55,56	34,52	30	16,20	18,64	30	48,28	26,07
31	57,41	35,67	31	16,74	19,26	31	49,89	26,94
32	59,26	36,82	32	17,28	19,88	32	51,50	27,81
33	61,12	37,98	33	17,82	20,51	33	53,11	28,68
34	62,97	39,13	34	18,36	21,13	34	54,72	29,55
35	64,82	40,28	35	18,90	21,75	35	56,33	30,41
36	66,67	41,43	36	19,44	22,37	36	57,94	31,28
37	68,52	42,58	37	19,98	22,99	37	59,55	32,15
38	70,38	43,73	38	20,52	23,61	38	61,15	33,02
39	72,23	44,88	39	21,06	24,23	39	62,76	33,89
40	74,08	46,03	40	21,60	24,85	40	64,37	34,76
45	83,34	51,79	45	24,30	27,96	45	72,42	39,10
50	92,60	57,54	50	27,00	31,07	50	80,47	43,45
55	101,86	63,29	55	29,70	34,18	55	88,51	47,79
60	111,12	69,05	60	32,40	37,28	60	96,56	52,14
65	120,38	74,80	65	35,10	40,39	65	104,61	56,48
70	129,64	80,55	70	37,80	43,50	70	112,65	60,83
75	138,90	86,31	75	40,50	46,60	75	120,70	65,17
80	148,16	92,06	80	43,20	49,71	80	128,75	69,52
85	157,42	97,82	85	45,90	52,82	85	136,79	73,86
90	166,68	103,57	90	48,60	55,92	90	144,84	78,21
95	715,94	109,32	95	51,30	59,03	95	152,89	82,55

Maße und Tabellen

Maße der Seeleute

Die alte Nautische Meile (1824 m) wurde durch die Seemeile (1852 m) ersetzt. Der Unterschied ist so gering, dass er für Yachtsegler unbedenklich ist.

1 Faden = 6 Fuß

1 Faden = 1,8288 Meter

1 Kabellänge = 100 Faden

1 Seemeile = 10 Kabellängen

1 Seemeile = 1852 Meter

1 Seemeile = 1,852 Kilometer

1 Seemeile = 1,15 Meilen

1 Knoten = 1 Seemeile pro Stunde

1 Kilometer = 0,539957 Seemeilen

1 Meile = 0,868976 Seemeilen

Elektrizität

Watt = Volt x Ampere Ampere = $\frac{\text{Volt}}{\text{Ohm}}$

Geschätzte Geschwindigkeit

Man erhält einen Wert für die ungefähre Geschwindigkeit, wenn man weiß, in welcher Zeit eine Bootslänge zurückgelegt wird.

$$\text{Geschwindigkeit in kn} = \frac{\text{Länge in Metern x 1,94}}{\text{Zeit in Sekunden}}$$

$$\text{Geschwindigkeit in kn} = \frac{\text{Länge in Fuß x 0,59}}{\text{Zeit in Sekunden}}$$

Frequenz – Wellenlänge

Frequenzen und Wellenlängen sind umgekehrt proportional zueinander. In anderen Worten: 300 kHz = 1000 m und 1000 kHz = 300 m. Die Umrechnungsformel lautet:

$$\text{Meter} = \frac{300\,000}{\text{kHz}} \qquad \text{kHz} = \frac{300\,000}{\text{m}}$$

1 MHz = 1000 kHz

Luftdruck

Die folgende Umrechnung gilt für 0 °C und die Standardschwerkraft von 980,665 cm/s^2:

1 Hektopascal = 0,02953 Zoll = 0,75 mm (Quecksilber)

1 Zoll = 33,86387 hPa = 25,4 mm

Geschätzte Geschwindigkeit

kn	m/s	mph
1,944	1	2,237
3,9	2	4,5
5,8	3	6,7
7,8	4	8,9
9,7	5	11,2
11,7	6	13,4
13,6	7	15,7
15,6	8	17,9
17,5	9	20,1
19,4	10	22,4
21,4	11	24,6
23,3	12	26,8
25,3	13	29,1
27,2	14	31,3
29,2	15	33,6
31,1	16	35,8
33,0	17	38,0
35,0	18	40,3
36,9	19	42,5
38,9	20	44,7
48,6	25	55,9
58,3	30	67,1
68,0	35	78,3

Temperatur-Umrechnung (Fahrenheit – Celsius)

°F	°C	°F	°C	°F	°C	°F	°C	°F	°C	°F	°C
00	-18	24	-4	48	9	72	22	96	36	121	49
01	-17	25	-4	49	9	73	23	97	36	122	50
02	-17	26	-3	50	10	74	23	98	37	123	51
03	-16	27	-3	51	11	75	24	100	38	124	51
04	-16	28	-2	52	11	76	24	101	38	125	52
05	-15	29	-2	53	12	77	25	102	39	126	52
06	-14	30	-1	54	12	78	26	103	39	127	53
07	-14	31	-1	55	13	79	26	104	40	128	53
08	-13	32	0	56	13	80	27	105	41	129	54
09	-13	33	1	57	14	81	27	106	41	130	54
10	-12	34	1	58	14	82	28	107	42	131	55
11	-12	35	2	59	15	83	28	108	42	132	56
12	-11	36	2	60	16	84	29	109	43	133	56
13	-11	37	3	61	16	85	29	110	43	134	57
14	-10	38	3	62	17	86	30	111	44	135	57
15	-10	39	4	63	17	87	31	112	44	136	58
16	-9	40	4	64	18	88	31	113	45	137	58
17	-8	41	5	65	18	89	32	114	46	138	59
18	-8	42	6	66	19	90	32	115	46	139	59
19	-7	43	6	67	19	91	33	116	47	140	60
20	-7	44	7	68	20	92	33	117	47	141	61
21	-6	45	7	69	21	93	34	118	48	142	61
22	-6	46	8	70	21	94	34	119	48	143	62
23	-5	47	8	71	22	95	35	120	49	144	62

Gewicht von Frischwasser

1 Liter wiegt 1 Kilogramm
1 Gallone (Imp) wiegt 10 brit. Pfund (Pounds, lbs)
1 Kubikmeter wiegt 1000 Kilogramm
1 Kubikfuß wiegt 62,32 brit. Pfund
1 Kubikmeter umfasst 1000 Liter
1 Kubikfuß umfasst 6,25 Gallonen
1 Gallone (Imp) sind 4,55 Liter
1 Kubikmeter sind 35,3 Kubikfuß

Umrechnung von Maßen

Multipliziere	mit	Ergebnis
Pint (Imp)	1,201	Pint (US)
Gallone (Imp)	4,546	Liter
Liter	0,22	Gallone (Imp)
Gallone (Imp)	1,201	Gallone (US)
Gallone (US)	0,8327	Gallone (Imp)
Liter/Sekunde	13,20	Gallonen/Min.

Multipliziere	mit	Ergebnis
Liter/Minute	$3{,}666 \times 10^{-3}$	Gallonen/Sekunde
oz (Imp)	28,41	Kubikzentimeter
oz (US)	1,041	oz (Imp)
Bogenminuten	0,01667	Bogengrad
Quadratyards	0,8361	Quadratmeter
Quadratmeter	1,196	Quadratyard
Horsepower	1,014	Pferdestärken
Meilen	1,609	Kilometer
Meilen	0,8684	Seemeilen
Meilen pro Stunde	1,609	Kilometer pro Stunde
Kubikzentimeter	$3{,}531 \times 10^{-5}$	Kubikfuß
Kubikmeter	1,308	Kubikyard
Kubikmeter	220,0	Gallonen (Imp)
Kubikyard	0,7646	Kubikmeter
Kubikyard	764,5	Liter
Faden	1,83	Meter
Fuß	0,3048	Meter
Zoll	25,40	Millimeter
Kilogramm	2,205	brit. Pfund
Kilometer	$3{,}281 \times 10^{3}$	Fuß
Kilometer	0,6214	Meilen
Kilometer/Stunde	0,5396	Knoten
Kilometer/Stunde	0,6214	Meilen/Stunde
Knoten	1,853	Kilometer/Stunde
brit. Pfund/Fuß^2	0,03591	Zentimeter Quecksilbersäule

Maße und Tabellen

Kimmentfernung für verschiedene Augeshöhen

Augeshöhe		Kimm-entfernung	Augeshöhe		Kimm-entfernung
Meter	Fuß	Seemeilen	Meter	Fuß	Seemeilen
1	3,3	2,1	16	52,5	8,3
2	6,6	2,9	17	55,8	8,6
3	9,8	3,6	18	59,1	8,8
4	13,1	4,1	19	62,3	9,1
5	16,4	4,7	20	65,6	9,3
6	19,7	5,1	21	68,9	9,5
7	23,0	5,5	22	72,2	9,8
8	26,2	5,9	23	75,5	10,0
9	29,6	6,2	24	78,7	10,2
10	32,8	6,6	25	82,0	10,4
11	36,1	6,9	26	85,3	10,6
12	39,4	7,2	27	88,6	10,8
13	42,7	7,5	28	91,9	11,0
14	45,9	7,8	29	95,1	11,2
15	49,2	8,1	30	98,4	11,4

Abstand eines Feuers in der Kimm – Sichtweite in Seemeilen

Feuerhöhe		Augeshöhe								
		Meter	1	2	3	4	5	6	7	8
Meter	Fuß	Fuß	3	7	10	13	16	20	23	26
10	33		8,7	9,5	10,2	10,8	11,3	11,7	12,1	12,5
14	46		9,9	10,7	11,4	12,0	12,5	12,9	13,3	13,7
18	59		10,9	11,7	12,4	13,0	13,5	13,9	14,3	14,7
20	66		11,4	12,2	12,9	13,5	14,0	14,4	14,8	15,2
24	79		12,3	13,1	13,8	14,4	14,9	15,3	15,7	16,1
28	92		13,1	13,9	14,6	15,2	15,7	16,1	16,5	16,9
30	98		13,5	14,3	15,0	15,6	16,1	16,5	16,9	17,3
34	112		14,2	15,0	15,7	16,3	16,8	17,2	17,6	18,0
38	125		14,9	15,7	16,4	17,0	17,5	17,9	18,3	18,7
40	131		15,3	16,1	16,8	17,4	17,9	18,3	18,7	19,1
44	144		15,9	16,7	17,4	18,0	18,5	18,9	19,3	19,7
48	157		16,5	17,3	18,0	18,6	19,1	19,5	19,9	20,3
50	164		16,8	17,6	18,3	18,9	19,4	19,8	20,2	20,6
55	180		17,5	18,3	19,0	19,6	20,1	20,5	20,9	21,3
60	197		18,2	19,0	19,7	20,3	20,8	21,2	21,6	22,0
65	213		18,9	19,7	20,4	21,0	21,5	21,9	22,3	22,7
70	230		19,5	20,3	21,0	21,6	22,1	22,5	22,9	23,2
75	246		20,1	20,9	21,6	22,2	22,7	23,1	23,5	23,9
80	262		20,7	21,5	22,2	22,8	23,3	23,7	24,1	24,5
85	279		21,3	22,1	22,8	23,4	23,9	24,3	24,7	25,1
90	295		21,8	22,6	23,3	23,9	24,4	24,8	25,2	25,6
95	312		22,4	23,2	23,9	24,5	25,0	25,4	25,8	26,2
100	328		23,0	23,8	24,5	25,1	25,6	26,0	26,4	26,8

Bestimmung der Entfernung durch Höhenwinkelmessung

Höhe des Objekts / Seemeilen	15 m (49 ft)	20 m (66 ft)	25 m (82 ft)	30 m (98 ft)	35 m (115 ft)	40 m (131 ft)	45 m (148 ft)	50 m (164 ft)	55 m (180 ft)	60 m (197 ft)
0,1	4°38'	6°10'	7°41'	9°13'	10°42'	12°11'	13°39'	15°07'	16°32'	17°57'
0,2	2°19'	3°05'	3°52'	4°38'	5°24'	6°10'	6°56'	7°41'	8°27'	9°12'
0,3	1°33'	2°04'	2°35'	3°05'	3°36'	4°07'	4°38'	5°09'	5°39'	6°10
0,4	1°10'	1°33'	1°56'	2°19'	2°42'	3°05'	3°29'	3°52'	4°15'	4°38
0,5	0°56'	1°14'	1°33'	1°51'	2°10'	2°28'	2°47'	3°05'	3°24'	3°42'
0,6	0°46'	1°02'	1°17'	1°33'	1°48'	2°04'	2°19'	2°35'	2°50'	3°05'
0,7	0°40'	0°53'	1°06'	1°20'	1°33'	1°46'	1°59'	2°13'	2°26'	2°39'
0,8	0°35'	0°46'	0°58'	1°10'	1°21'	1°33'	1°44'	1°56'	2°08'	2°19
0,9	0°31'	0°41'	0°52'	1°02'	1°12'	1°22'	1°33'	1°43'	1°53'	2°04
1,0	0°28'	0°37'	0°46'	0°56'	1°05'	1°14'	1°24'	1°33'	1°42'	1°51'
1,1	0°25'	0°34'	0°42'	0°51'	0°59'	1°07'	1°16'	1°24'	1°33'	1°41'
1,2	0°23'	0°31'	0°39'	0°46'	0°49'	1°02'	1°10'	1°17'	1°25'	1°33'
1,3	0°21'	0°29'	0°36'	0°43'	0°50'	0°57'	1°04'	1°11'	1°19'	1°26
1,4	0°20'	0°27'	0°33'	0°40'	0°46'	0°53'	1°00'	1°06'	1°13'	1°20
1,5	0°19'	0°25'	0°31'	0°37'	0°43'	0°49'	0°56'	1°02'	1°08'	1°14'
1,6	0°17'	0°23'	0°29'	0°35'	0°41'	0°46'	0°52'	0°58'	1°04'	1°10'
1,7	0°16'	0°22'	0°27'	0°33'	0°38'	0°44'	0°49'	0°55'	1°00'	1°06'
1,8	0°15'	0°21'	0°26'	0°31'	0°36'	0°41'	0°46'	0°52'	0°57'	1°02
1,9	0°15'	0°20'	0°24'	0°29'	0°34'	0°39'	0°44'	0°49'	0°54'	0°59
2,0	0°14'	0°19'	0°23'	0°28'	0°32'	0°37'	0°42'	0°46'	0°51'	0°56
2,1	0°13'	0°18'	0°22'	0°27'	0°31'	0°35'	0°40'	0°44'	0°49'	0°53'
2,2	0°13'	0°17'	0°21'	0°25'	0°30'	0°34'	0°38'	0°42'	0°46'	0°51'
2,3	0°12'	0°16'	0°20'	0°24'	0°28'	0°32'	0°36'	0°40'	0°44'	0°48
2,4	0°12'	0°15'	0°19'	0°23'	0°27'	0°31'	0°35'	0°39'	0°43'	0°46
2,5	0°11'	0°15'	0°19'	0°22'	0°26'	0°29'	0°33'	0°37'	0°41'	0°44'
2,6	0°11'	0°14'	0°18'	0°21'	0°25'	0°29'	0°32'	0°36'	0°39'	0°43'
2,7	0°10'	0°14'	0°17'	0°21'	0°24'	0°27'	0°31'	0°34'	0°38'	0°41'
2,8	0°10'	0°13'	0°17'	0°20'	0°23'	0°27'	0°30'	0°33'	0°36'	0°40
2,9	0°10'	0°13'	0°16'	0°19'	0°22'	0°26'	0°29'	0°32'	0°35'	0°38
3,0	0°09'	0°12'	0°15'	0°19'	0°22'	0°25'	0°28'	0°31'	0°34'	0°37
3,1	0°09'	0°12'	0°15'	0°18'	0°21'	0°24'	0°27'	0°30'	0°33'	0°36'
3,2	0°09'	0°12'	0°15'	0°17'	0°20'	0°23'	0°26'	0°29'	0°32'	0°35'
3,3	0°08'	0°11'	0°14'	0°17'	0°20'	0°22'	0°25'	0°28'	0°31'	0°34
3,4	0°08'	0°11'	0°14'	0°16'	0°19'	0°22'	0°25'	0°27'	0°30'	0°33
3,5	0°08'	0°11'	0°13'	0°16'	0°19'	0°21'	0°24'	0°27'	0°29'	0°32

Beaufortskala

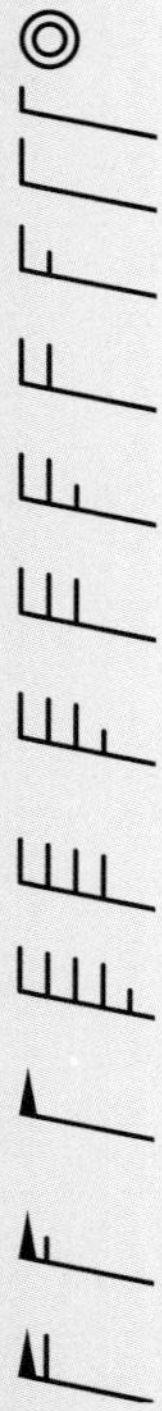

Windstärke in Bft	Windgeschwindigkeit in Knoten	Bezeichnung/Auswirkungen auf die See	Wellenhöhe auf offener See in m
0	< 1	**Stille**; spiegelglatte See.	
1	1–3	**Leiser Zug**; kleine schuppenförmig aussehende Kräuselwellen ohne Schaumköpfe.	
2	4–6	**Leichte Brise**; kleine Wellen, noch kurz, aber ausgeprägter. Kämme glasig, brechen sich nicht.	0,15
3	7–10	**Schwache Brise**; Kämme beginnen sich zu brechen, Schaum überwiegend glasig, ganz vereinzelt kleine weiße Schaumköpfe.	0,60
4	11–16	**Mäßige Brise**; Wellen noch klein, aber länger. Weiße Schaumköpfe ziemlich verbreitet.	1
5	17–21	**Frische Brise**; mäßige Wellen mit ausgeprägter langer Form. Überall weiße Schaumkämme. Ganz vereinzelt Gischt.	1,80
6	22–27	**Starker Wind**; Bildung großer Wellen beginnt, Kämme brechen und hinterlassen größere weiße Schaumflächen.	3
7	28–33	**Steifer Wind**; See türmt sich. Der beim Brechen entstehende weiße Schaum beginnt sich in Streifen in die Windrichtung zu legen.	4
8	34–40	**Stürmischer Wind**; mäßig hohe Wellenberge mit Kämmen von beträchtlicher Länge. Von den Kanten der Kämme beginnt Gischt abzuwehen. Schaum legt sich ausgeprägt in die Windrichtung.	5,50
9	41–47	**Sturm**; hohe Wellenberge, dichte Schaumstreifen in Windrichtung. »Rollen« der See beginnt. Gischt kann die Sicht schon beeinträchtigen.	7
10	48–55	**Schwerer Sturm**; sehr hohe Wellenberge mit langen überbrechenden Kämmen. See weiß durch Schaum. Schweres stoßartiges »Rollen« der See. Sicht durch Gischt beeinträchtigt.	9
11	56–63	**Orkanartiger Sturm/Orkan**; außergewöhnlich hohe Wellenberge. Luft mit Schaum und Gischt angefüllt.	11,30
12	64+	See vollständig weiß. Sicht sehr stark herabgesetzt. Jede Fernsicht hört auf.	13,70

Wachsysteme

A	D		D		D		D		D
B		D		D		D		D	

Mn 4 8 12 16 18 20 Mn 4 8

Sk	D	D	D	D							D	D	D	D	D	D
Af			D	D			D	D		D			D	D		D
Ac				D	D			D	D		D			D	D	
Bf	D			D	D			D		D	D			D	D	
Bc	D	D			D	D			D		D	D			D	D

Mn 4 8 12 16 20 Mn 4 8

Sk		D			D		D			D			D		D	
			D			D		D			D			D		D
	D			D			D		D			D			D	

Mn 3 6 9 12 15 18 21 Mn 3 6 9 12 15 18 21 Mn

Zwei-Wachen-Systeme (A und B) für zwei-, fünf- und dreiköpfige Crews. D = Wachdienst, Sk = Skipper, Mn = Mitternacht, Af/Bf = Wachführer, Ac/Bc = Wachcrew.

Hafensignale (international)

Hafenfeuer	Kennung	Bedeutung
	Funkelfeuer mit mindestens 60 Blitzen/min	Schwerer Notfall – alle Fahrzeuge anhalten bzw. Umleitungsanweisungen folgen
	Festfeuer oder unterbrochenes Feuer	Durchfahrt verboten
		Durchfahrt erlaubt – Einbahnverkehr
		Durchfahrt erlaubt – Zweibahnverkehr
		Durchfahrt nur auf ausdrückliche Anweisung

Sondersignale

	Festfeuer oder unterbrochenes Feuer	Durchfahrt verboten; gilt nicht für Fahrzeuge außerhalb des Hauptfahrwassers
		Durchfahrt nur auf ausdrückliche Anweisung; gilt nicht für Fahrzeuge außerhalb des Hauptfahrwassers

Glossar

Begriffe, die im Text nicht hinreichend erklärt sind, werden hier aufgeführt. Begriffe, die im Text klar definiert sind, sind hier nicht erwähnt.

A

Abdrift seitliches Abtreiben durch Einwirkung des Windes, auch »Versetzung durch Wind«
abfallen den Wind achterlicher einfallen lassen
Ablenkung Deviation, Kompassfehler durch Metall an Bord
Abreißen der Strömung geschieht, wenn der Wind zu weit von vorn kommt, um noch Vortrieb zu geben
achteraus in Richtung über das Heck
Achterholer Leine, mit der der Spi an Luv über den Spibaum geholt wird
Achterliek hintere Kante eines Segels
achtern hinten, am Heck
Achterstag Leine des stehenden Gutes, das den Mast nach achtern hält
Ankergeschirr alles, was zum Ankern nötig ist
Ankerlicht weißes Rundumlicht, das ein ankerndes Fahrzeug kennzeichnet
Ankerspill Ankerwinsch
anluven das Boot dichter an den Wind bringen
anschäkeln mit einem Schäkel befestigen
Antifouling Farbe, mit der das Unterwasserschiff gegen Bewuchs geschützt wird
aufpallen an Land stellen und abstützen
aufrichtendes Moment physikalische Kraft, die ein Boot aufrichtet
ausbaumen mit einer Spiere ein Segel ausstellen
Azimut Winkel am Zenit zwischen dem Nordmeridian und einem Vertikalkreis

B

back stehen Ein Segel steht back, wenn es an der »falschen« Seite gehalten wird.
back zurück
Backbord linke Schiffsseite, wenn man Richtung Bug schaut
Balkweger beidseitig parallel zur Oberkante des Rumpfes verlaufender Balken
Ballast Gewicht, welches dazu dient, das Schiff aufrecht zu halten
Ballastkiel schwerer Kiel, in dem der Ballast untergebracht ist
beidrehen das Boot mit backgestelltem Vorsegel und nach Luv gelegtem Ruder zum Stillstand bringen
beiliegen der Zustand, mit backgestelltem Vorsegel und nach Luv gelegtem Ruder stillzuliegen
belegen eine Leine an einem Poller oder einer Klampe befestigen
bemusen einen Haken mit einem Mausknoten (Mausing) sichern
benetzte Fläche die Fläche eines Bootes, die im Wasser liegt
Besan achteres Segel am hinteren Mast
betakeln mit Takelgarn umwickeln
Bilge tiefster Raum im Schiff, in dem sich Wasser sammelt
Bindereff ein Reff, das eingebunden wird
Blister großes Leichtwind-Vorsegel, das ohne Baum gefahren wird
Block bewegliche Halterung einer Scheibe, über die eine Leine läuft
Bordwand die Rumpfseite oberhalb der Wasserlinie
breitseits mit der Seite
Bucht eine Biegung in einer Leine
Bugkorb Geländer am Bug eines Bootes
Bugspriet Spiere, die am Bug nach vorn ragt und an der ein Hals eines Vorsegels angeschlagen wird

C

Cockpit Plicht, Sitzmulde an Deck

D

Deviation s. Ablenkung
Dingi leichtes Beiboot
Ducht Sitzbank im offenen Boot

F

Faden engl. fathom, Längenmaß, 1,83 m, besonders für Wassertiefen gebraucht
Fahrt durchs Wasser Geschwindigkeit im Verhältnis zum Wasser

Fahrt über Grund Geschwindigkeit im Verhältnis zum Grund
Fall Leine zum Setzen und Bergen eines Segels
feste Part beim Arbeiten mit Tauwerk das Ende, mit dem nicht gearbeitet werden kann
fieren eine Leine lockern, Lose in eine Leine geben
Fitt spitzes, manchmal hohles Werkzeug zum Spleißen
Fix der wahre Schiffsort
formverleimt bezeichnet eine Bootsbauart von Holzbooten, bei dem Schichten von Furnier in einer Form zu einem festen Bootskörper verleimt werden
Freibord die Höhe des Decks über der Wasseroberfläche
Fußreling niedriger Rand am Deck, der ein Abrutschen verhindert

G

Genickstag eine Leine des stehenden Gutes, die die Topps zweier Masten verbindet
Gennaker wie der Name sagt: ein Zwischending zwischen **Gen**ua und Spin**naker**, wird ohne Baum gefahren
Genua großes Vorsegel, dessen Schothorn deutlich hinter dem Mast steht
Gillung eine Segelfläche, besonders des Großsegels, die über die gerade Linie des Achterlieks hinausgeht und oft durch Segellatten gehalten wird
Großkreis ein Kreis auf der Erdoberfläche, dessen Mittelpunkt im Erdmittelpunkt liegt. Die kürzeste Verbindung zweier Punkte auf der Erdoberfläche ist immer ein Teil eines Großkreises.
Grummet ein endloser Ringstropp, der aus Kardeelen zusammengedreht wird

H

Hals die Ecke eines Segels zwischen Vor- und Unterliek
halsen mit dem Heck durch den Wind gehen
Heckkorb Geländer am Heck eines Bootes
hoch am Wind mit dicht gesetzten Segeln so segeln, dass der Winkel zwischen der Vorausrichtung des Schiffes und der Richtung, aus der der Wind kommt, sehr klein ist
Hubkiel einziehbarer Kiel

I

in Fahrt ein Boot, das nicht festgemacht ist oder ankert, befindet sich in Fahrt
in Linie Beim Peilen sind zwei Objekte in Linie, wenn sie in Deckung oder genau übereinander sind.
Isobare Linie gleichen Luftdrucks

K

kalfatern Schiffsplanken abdichten
kardanisch ein Art der Aufhängung, bei der der aufgehängte Gegenstand seine senkrechte und waagerechte Lage beibehält
Kardeel aus Fäden zusammengesetzter Strang eines geschlagenen Taus
Kartennull der Nullpunkt, auf den sich eine Wassertiefenangabe in der Karte bezieht
Karweel Holzbauweise, bei der die Beplankung aus aneinandergelegten Planken besteht
Katamaran Zweirumpfboot
Katboot ein Boot, das nur ein Großsegel führen kann
Kavitation Schaden am Propeller, der durch Unterdruck an den Flügeln entsteht
Ketsch zweimastiges Segelboot, bei dem der Besanmast niedriger als der Großmast ist und vor der Ruderanlage steht
Kicker rohrförmiger Baumniederholer, der auch den Baum stützt
Kielwasser die verwirbelte Wasserfläche hinter dem fahrenden Schiff
Klampe eine Vorrichtung aus Holz oder Metall, auf der eine Leine belegt werden kann
Klinkerbauweise Holzbauweise eines Bootes, bei dem sich die Planken überlappen
Klüverbaum eine Spiere vorn am Bug, die zum stehenden Gut gehört und verstagt ist

Glossar

Kopf die obere Ecke eines Segels
krängen das seitliche Neigen durch den Winddruck
kreuzen durch Wechsel des Kurses am Wind gegen den Wind vorankommen
Kurs die Richtung, in die ein Fahrzeug fährt
Kursgleiche eine Kurslinie, die alle Längenkreise im gleichen Winkel schneidet

L

Länge über alles die Gesamtlänge eines Bootes
Lateraldruckpunkt LDP der Punkt am Unterwasserschiff, in dem sich alle Kräfte gegen die Abdrift vereinen
laufendes Gut alle zum Segeln notwendigen Leinen, Blöcke und Spieren, die nicht fest mit dem Rigg verbunden sind
Lee die dem Wind abgewandte Seite des Schiffs
leegierig ein Segel- und Rudertrimm, der das Boot zum Abfallen bringt
Leeküste eine Küste, auf die das Schiff getrieben wird, wenn es nicht gegen den Wind ankommen kann
Liegeplatz Platz zum Anlegen eines Schiffs
Liek die Kante eines Segels
Log ein Gerät zum Messen der Geschwindigkeit und der zurückgelegten Strecke
Logge s. Log
lose Part beim Arbeiten mit Tauwerk das Ende, mit dem gearbeitet werden kann
loswerfen eine Leine schnell und ganz lösen
Luk eine mit einem Lukendeckel verschließbare Öffnung im Deck
Luke eine größere verschließbare Öffnung im Deck, Ladeluke
Lümmelbeschlag die Einrichtung, mit der der Baum am Mast beweglich angebracht ist
Luv die dem Wind zugewandte Seite des Schiffs
luvgierig ein Segel- und Rudertrimm, der das Boot anluven lässt

M

Mantel bei geflochtenem Tauwerk die äußere Schicht
marinisieren einen Automotor so ausstatten und verändern, dass er für ein Boot geeignet ist
Marlspieker ein spitzes Werkzeug für die Arbeit mit Tauwerk
Mastbiegung die in Grenzen veränderbare Biegung des Mastes, um die Segelform zu verändern (trimmen)
Mastneigung die in der Konstruktion für den Mast vorgesehene Abweichung von der Senkrechten, meistens nach achtern
Mastschiene eine an der achteren Seite des Mastes angebrachte Schiene, in der die Mastrutscher des Großsegels laufen
Maststufen am Mast befestigte Stufen, die ein schnelles, sicheres Aufentern ermöglichen
Mausing oder Musing die Sicherung eines offenen Hakens mit einem Bändsel
Meridian Längenkreis, jeder über die Pole laufende Großkreis auf der Erdoberfläche
Messmeile eine an Land markierte Strecke von einer Seemeile, deren Beginn und Ende von Bord aus gepeilt werden kann und die zum Eichen eines Logs genutzt wird
Mittagsbreite eine verhältnismäßig einfache Art der astronomischen Beobachtung, mit der beim höchsten Sonnenstand die Breite bestimmt wird
mittschiffs in der Mitte des Schiffs

N

Niederholer eine Leine, eine Talje oder eine Einrichtung, mit der ein Segel oder eine Spiere nach unten gehalten wird

P

Peilung die optische Feststellung einer Richtung vom Schiff zu einem Objekt
Plicht Cockpit, Sitzmulde an Deck
Pütting Metallbeschlag, an dem die Wanten befestigt sind und über den deren Kräfte auf den ganzen Bootsrumpf verteilt werden

Q

querab im Winkel von etwa 90°

R

raum eine Windrichtung, bei der der Wind achterlicher als beim Am-Wind- bzw. Halbwindsegeln einfällt
raumschots Einfallen des Windes zwischen »halbem Wind« und »vorm Wind«
Reacher ein Segel zum Raumschotssegeln
Reff das Verkleinern der Segelfläche, um bei stärkerem Wind nicht zu viel Druck im Segel zu haben
Reffleine eine Leine, mit der beim Reffen ein Großsegel an den Baum geholt werden kann
Reling ein Geländer um ein Schiff
Relingstütze eine Stütze in der Reling, mit der die Relingsdurchzüge (-drähte) gehalten werden
Rollreff das Verkleinern eines Segels durch Aufrollen
Ruderdolle die drehbare Halterung eines Riemens beim Rudern

S

Saling die waagerechte Strebe, mit der das Oberwant vom Mast weggehalten wird
Schäkel ein mit einem Schäkelbolzen oder einer Klinke verschließbare Vorrichtung zum Befestigen von Leinen und Ketten
schamfilen scheuern
Scheibe ein Rolle zum Umlenken einer Leine
scheinbarer Wind der Wind, der auf einem Schiff bei Fahrt gemessen wird
Schoner ein Segelschiffstyp mit Schratsegeln und zwei oder mehr Masten, bei dem der hintere Mast höher als der vordere oder gleich hoch ist
Schot eine Leine zum Einstellen des Segels zum Wind
Schotblock eine Halterung für eine Umlenkscheibe für die Schot. Der Schotblock ist auf der Schotschiene verstellbar.
Schothorn die Ecke eines Segels, an der die Schot befestigt wird
Schott Zwischenwand auf einem Schiff, die es in Längsrichtung in (wasserdichte) Abteilungen aufteilt
schralen Der Wind schralt, wenn er vorlicher einfällt.
Schwert besonders bei Jollen verwendetes Brett, das in der Mitte des Bootes nach unten ins Wasser ragt, um den Kurs zu stabilisieren
Seele einer Leine der meistens sehr starke Kern einer geflochtenen Leine
Seeventil der verschließbare Ein- oder Auslass durch eine Bordwand
Segeldruckpunkt SDP der Punkt in der Segelfläche, in dem alle Wirkungen des Windes sich vereinen
Segellatte eine Latte aus Holz oder Kunststoff, die in einer Lattentasche am Achterliek des Segels dieses ausstellt
Segelmacherhandschuh ein Handschutz, mit dem bei Näharbeiten die Nadel durch das Tuch gedrückt wird
Sicherheitsgurt ein Gurtgestell, das zusätzlich zur Rettungsweste getragen wird oder in sie eingearbeitet ist, an der die Sicherheitsleine einer Person befestigt wird
Slup ein Segelschiffstyp mit einem Mast
Sorgleine ein Sicherungsleine, mit der ein zu bewegender Gegenstand gesichert wird
Spannschraube s. Wantenspanner
Speigatt die Öffnung, durch die Wasser von Deck nach außen abfließen kann
Spiere ein Rundholz oder ein Rohr, das zum laufenden Gut gehört
Spinnaker ein großes Segel für achterlich einfallenden Wind, das mit einem speziellen Baum gefahren wird
Spleiß die Verbindung zweier Leinen oder einer Leine in sich selbst durch Verflechten des Materials
Splint ein verbiegbarer, meistens gespaltener Stift zum Sichern einer Schraube oder eines Bolzens
Stag eine Leine des stehenden Gutes, die den Mast nach vorn oder achtern hält
Stagreiter die Rutscher, mit dem ein Vor- oder Stagsegel am Stag befestigt wird
Standlinie in der Navigation eine beobachtete oder errechnete Linie, auf der das Schiff steht
stecken eine Leine durch Lösen und erneutes Belegen verlängern
stehendes Gut das Tauwerk und die Profilstangen des Riggs, die beim Segeln nicht verändert werden
Steuerbord die rechte Schiffsseite, wenn man Richtung Bug schaut

Glossar

Steven der senkrecht ins Schiff eingebaute Balken an Bug und Heck oder die dort angebrachten Verstärkungen bei modernen Bauten
Streckleine eine beiderseits über das Deck gespannte Leine zum Einklinken der Sicherheitsleinen der Crew
Stropp ein kurzes Stück Tauwerk
Stützsegel ein Schratsegel, das das Rollen vermindert, häufig auf Fischerbooten zu sehen
Süll ein schützender Rand um das Cockpit oder ein Luk

T

Takelage das Rigg
takeln das Rigg in einen segelfertigen Zustand bringen, auftakeln
Takelungsart die unterschiedliche Art, ein Schiff mit einem Rigg zu versehen
Talje ein System aus einer Leine und mehreren Scheiben, um durch größeren Weg größere Kraft zu erzeugen
Tausendfüßler ein aus Tauwerksfasern geknüpfter Schutz gegen das Schamfilen
Tide die durch die Anziehungskräfte von Mond und Sonne hervorgerufene Gezeit
Tidenhub der Unterschied zwischen Niedrig- und Hochwasser
Tiefgang der Abstand zwischen dem tiefsten Punkt eines Schiffs und der Wasseroberfläche
Toppnant eine Leine, mit der eine Spiere nach oben gehalten wird; wird besonders beim Spibaum so bezeichnet
Traveller eine Schiene, auf der der Schlitten mit der unteren Befestigung der Großschot läuft; mit ihm kann das Großsegel bei gleichbleibender Spannung nach Luv oder Lee gesetzt werden
Treibanker ein vom Schiff aus ausgebrachter Körper, der den Wasserwiderstand erhöht, um die Geschwindigkeit zu verringern
trimmen in eine bestimmte Form bringen

U

über Stag gehen beim Wenden auf die andere Seite gehen
überholen hier: weit auf eine Seite neigen
überkommen ein Segel kommt über, wenn es in der Wende oder Halse vom Wind auf die andere Seite gedrückt wird
Unterliek untere Kante des Segels

V

Verdrängung Gewicht eines Wasserfahrzeugs, dargestellt anhand der verdrängten Wassermenge
Vermessung das Ausmessen eines Schiffs oder eines Bootes, häufig zum Festlegen eines Rennwertes
vor dem Wind die Fahrtrichtung mit dem Wind
vor Topp und Takel ohne gesetzte Segel
Vorleine die Leine, die beim Festmachen ein Boot nach vorn sichert, beim Beiboot die Leine zum Festmachen
Vorliek Vorderkante eines Segels
Vorstag eine Leine des stehenden Gutes, die den Mast nach vorn hält

W

wahrer Wind der Wind, der nicht von der Fahrt beeinflusst ist
Want eine Leine des stehenden Gutes, die den Mast seitlich hält
Wantenspanner Spannschraube, mit der das Tauwerk des stehenden Gutes gespannt wird
Warpanker ein kleinerer Anker, der benutzt wird, um ein Schiff ohne Antrieb eine kleine Strecke zu verholen
Wasserlinienlänge LWL die Länge des ins Wasser eintauchenden Teils des Schiffs
Wasserpass aufgemalter oder -geklebter Steifen, der das Unterwasserschiff von der Bordwand trennt
wenden mit dem Bug durch den Wind gehen
Winsch Winde zum Dichtholen einer Leine oder Kette
Wurfleine dünne Leine, die an Land geworfen wird, damit ein Festmacher geholt werden kann

Y

Yawl zweimastiges Segelboot, bei dem der Besanmast niedriger als der Großmast ist und hinter der Ruderanlage steht

Register

Danksagung

Der Herausgeber hat von folgenden Personen, Firmen und Institutionen wertvolle Hilfe erhalten: Jazz Wilson, der die Fahrtgebiete bearbeitet hat; Alison Tomlinson; Sonya Larkin; Candy Lee; Jan Storr; Wally Buchanan, Takelmeister; David Johnston von Ingledew, Brown, Bennison and Garret; Roy Flooks; John Hutchinson; Ted Spears; Brookes and Gatehouse Ltd; Conyer Marine Ltd; Fource Four Chandlery; International Association of Lighthouse Authorities; International Paint; Keen International Marine Elektronics; Kemp Masts Ltd; Lewmar Marine Ltd; Lucas Marine; Marlow Ropes Ltd; Royal Cork Yacht Club; Royal Ocean Racing Club; Royal Thames Yacht Club; Royal Yachting Association; Schermaly Ltd; Simpson Lawrence Ltd; Sowester; Stowe Equipment Ltd; Thomas Foulkes; Volvo Penta; Westerly Marine Construction Ltd; Yachting Magazine (für die Hilfe bei US-Charter-Firmen). Die überarbeitete Auflage von 2006 schuldet Mike Senior viel Dank für seine Hilfe.
Der Übersetzer dankt ganz besonders der Firma A. W. Niemeyer für ihre freundliche Hilfe.

Bildnachweise

u = unten; m = Mitte; r = rechts; l = links; o = oben

Seite	
7	©Panoramic Images/Getty Images
8/9	©Photogrpher's Choice/Getty
11	©Popperfoto
12/13 o	©Mary Evans Picture Library
12/13 u	©Museum of the City of NewYork/Robert Harding Picture Library
4/15	©Photonica/Getty Images
21	©Philipp Mohr/Alamy
23	©Ingrid Abery/Actionplus
25	©Paul A. Souders/Corbis
29	©Ingrid Abery/Actionplus
30	©Marlow Ropes Ltd
32	©Daniel Forster/Time Live Pictures/Getty Images
40/41	©Neil Rabinowitz/Corbis
42 o	©Ingrid Abery/Actionplus
42 m	©Sylvia Cordaiy Photo Library Ltd/Alamy
42 u	©Ingrid Abery/Actionplus
50	©Christel Clear
52	©Christel Clear
57	©Photo Resource Hawaii/Alamy
62	©Kos Picture Source/Alamy
65	©Richard Walch
66 o	©Ingrid Abery/Actionplus
66 u	©Christel Clear
74/75	©Ingrid Abery/Actionplus
81	©Christel Clear
82/83	©Crewsaver
84/85	©Christel Clear
86/87	©Robert Frerck/Stone/Getty Images
89	©Christel Clear
92/93	©Ingrid Abery/Actionplus
95	©John Watney
96	©BYB/Rex Features
98	©John Kershaw/Alamy
102/103	©Tony Arruza/Corbis
104	©Samy Sarkis/Alamy
110/111	©BSH, Hamburg
112	©Raytheon Marine
116/117	©B&G
119	©Raytheon Marine
122	©Ingrid Abery/Actionplus
127 o	©Garmin
127 u	©Ingrid Abery/Actionplus
128	©Christel Clear
129 o	©Yeoman
129 u	©Doug Wilson/Alamy
130	©Brian SeedArt Directors Photo Library
131 l	©Art Directors Photo Library
131 r	©Ann Welch
133	©Metereological Office
134	©Robert Harding Picture Library
135 o	©Walter Rrawlings/Robert Harding Picture Library
135 u	©R. K. Pilsbury
136/137	©Ingrid Abery/Actionplus
140	©Jim Leggrett/Daily Telegraph Colour Library
142	©Manfred Fenzl
143 o	©Jan Werner
143 u	©Manfred Fenzl
144	©Nico Krauss
145	©Thomas Ebelt
146/147	©Heike Stavginski
149	©Bernhard Bartholmes
151	©Bodo Müller
152	©Ingrid Abery/Actionplus
154/155	©Tom Morrison/Stone/Getty Images
159	©Peter Smith Studios
170	©A. T. Willett/Alamy

Der Herausgeber hat sich bemüht, alle Bildnachweise korrekt anzugeben. Der Verlag entschuldigt sich für etwaige Fehler und bittet, darüber informiert zu werden, um sie in folgenden Auflagen korrigieren zu können.